Helen Barnacle

Sie darf mich nicht weinen sehen

Ins Deutsche übertragen von
Cécile G. Lecaux

BASTEI LÜBBE TASCHENBUCH
Band 61 485

1. Auflage: April 2002

Vollständige Taschenbuchausgabe

Bastei Lübbe Taschenbücher ist ein Imprint
der Verlagsgruppe Lübbe

Deutsche Erstveröffentlichung
Titel der englischen Originalausgabe:
DON'T LET HER SEE ME CRY
© 2000 by Helen Barnacle
© für die deutschsprachige Ausgabe 2002 by
Verlagsgruppe Lübbe GmbH & Co. KG,
Bergisch Gladbach
Lektorat: Martina Sahler
Titelbild: ZEFA
Einbandgestaltung: Gisela Kullowatz
Satz: hanseatenSatz-bremen, Bremen
Druck und Verarbeitung: Cox & Wyman, Ltd.
Printed in Great Britain
ISBN 3-404-61485-2

Sie finden uns im Internet unter
http://www.luebbe.de

Der Preis dieses Bandes versteht sich einschließlich
der gesetzlichen Mehrwertsteuer.

Für Ali

Du hast mich so viel gelehrt, und als ich einen Grund
brauchte, um weiterzuleben, warst du da.

Namen und andere Details wurden verändert, um die Anonymität der in diesem Buch erwähnten Personen und Organisationen zu wahren.

─────── INHALT ───────

DANKSAGUNG

Die Arbeit an diesem Buch war eine der anregendsten, emotionalsten und lohnendsten Erfahrungen meines Lebens. Bevor ich die Namen jener Menschen nenne, die unmittelbar an der Entstehung dieses Buches mitgewirkt haben, möchte ich einigen anderen meinen Dank aussprechen, die, wenn auch teilweise nur für sehr kurze Zeit, eine Rolle in meinem Leben gespielt, vor allem aber einen Beitrag zu meinem Überleben auf dem von mir eingeschlagenen Pfad geleistet haben.

Ron, meinem Bruder, der ein ganz besonderer Mensch ist, danke dafür, dass er es so viele Jahre erduldet hat, sich hilflos zu fühlen, ohne je den Glauben an mich zu verlieren.

Dame Phyllis Frost und Pater Brosnan, denen es gelungen ist, beim zuständigen Minister eine Änderung des Gesetzes durchzusetzen, demzufolge Babys nur bis zum Alter von einem Jahr bei ihrer Mutter im Gefängnis bleiben durften. Ihrer Hartnäckigkeit habe ich vier kostbare Jahre mit Ali im Gefängnis zu verdanken – ohne sie hätte ich sieben lange Jahre auf meine Tochter verzichten müssen. Es ist schwer, das ganze Ausmaß meiner Dankbarkeit auszudrücken; ich kann nur sagen, dass es nicht zuletzt ihren Bemühungen zu verdanken ist, dass Ali und ich uns heute so nahe stehen und so viel Spaß miteinander haben.

Meinen Gesangslehrern, Murray und Anna Madardy, die meine Gesangsstunden zu einer spirituellen Erfahrung gemacht haben.

Weitere ganz besondere Freunde, die uns auf unserem Weg begleitet haben, sind Corliss Searcey, Kurt Searcey, Greg Sneddon, Maud Clark, Sue Wong, Pete, David, Jan und Annie (Sänger/Freunde von TRAMM), Elizabeth Meikle, Cheryl Cornish, Tony Longo, Ian Freckleton, Elva Murray, Peter Rostran und Danni Sinclair. Es gibt noch zahlreiche andere, deren Namen hier nicht aufgeführt sind, denen ich zu Dank verpflichtet bin.

Viele Personen haben mir beim Schreiben geholfen. Mein Dank geht vor allem an:

Den Australia Council, der mir ein Stipendium eingeräumt hat und mir somit nicht nur die finanziellen Mittel, sondern auch die für die Fertigstellung dieses Projektes erforderliche Zeit und den Raum verschafft hat, und dem Jessie Street Trust, der mir 1996 einen Zuschuss bewilligte, von dem ich mir eine neue Computeranlage anschaffen konnte.

Den Mitarbeitern von Random House Australia, insbesondere Fiona Henderson, deren Enthusiasmus für die Story mich sehr motiviert hat. Danke an alle Mitarbeiter von Random House, mit denen ich zu tun hatte; sie alle waren ausgesprochen respektvoll, und es war eine Freude, mit ihnen zu arbeiten.

Meiner Agentin Fiona Inglis von der Literatur-Agentur Curtis-Brown. Fiona hat als erste »Außenstehende« meinen ersten Manuskriptentwurf gelesen. Ohne ihre redaktionelle Hilfe und ihren Rat in den Anfangsstadien wäre das Manuskript vielleicht nie zu einem Verleger gelangt. Vielen Dank für Ihre Zeit, ihren Einsatz, ihre konstruktive Kritik und Ihre Zuverlässigkeit.

Meinem Lektor Jo Jarrah danke für die endlosen Fragen und das sichere Gespür dafür, was wie am besten funktionieren würde. Danke dafür, dass Sie mir geholfen haben, verworrene Gedanken und Sätze in eine zusammenhängende, flüssige Geschichte zu verwandeln, für Ihren Respekt und Ihr Fingerspitzengefühl gegenüber einigem sehr heiklen Material, für Ihre ständige und geduldige Ermutigung, die mir eine positive Einstellung zu meiner Arbeit vermittelt hat, sowie dafür, dass Sie mir während des ganzen redaktionellen Prozesses das Gefühl gegeben haben, diese ganze Arbeit sei wichtig. Danke.

Amanda George und Ron dafür, dass sie meine ersten Entwürfe begutachtet haben. Ron, danke für deine nicht nachlassende Unterstützung und dafür, dass du dir die Zeit genommen hast, mir mit Einfällen und Änderungsvorschlägen zu helfen. Danke dir, Amanda, für das viele Lesen, die konstruktive Kritik und das positive Zureden, vor allem aber für deine Freundschaft.

Und allen Frauen im Gefängnis – gestern, heute und morgen – möchte ich sagen:

Ich liebe diese Frauen.
Ich gehöre zu ihnen.

VORWORT

Sie haben mich verhaftet und eingesperrt.

»Bitte holen Sie mich raus. Ich kann hier nicht bleiben!«, flehe ich meinen Anwalt an.

Er sieht mich nur ungerührt an.

»Sie müssen mich hier rausholen! Es ist bald Weihnachten. Ich kann doch nicht Weihnachten im Gefängnis verbringen!«, versuche ich es noch einmal. Mein Lebensgefährte hat organisiert, dass der Anwalt mich im Gefängnis besucht, um mit mir über den abgelehnten Kautionsantrag zu sprechen. Er ist zwar noch sehr jung, arbeitet aber für eine sehr angesehene Kanzlei. Ich dachte, er würde dafür bezahlt, mich rauszuholen, und nicht, um mir zu eröffnen, dass ich hier bleiben muss.

»Bedaure. Mehr kann ich nicht für Sie tun«, entgegnet er.

»Was soll das heißen? Verstehen Sie denn nicht, was ich sage? Ich werde hier drin verrückt!« Ich bettle ihn an und denke mit Grauen an den trostlosen Schlafsaal, der so plötzlich zu meinem neuen Zuhause geworden ist. Ich lasse den Blick durch den Besucherraum des Gefängnisses schweifen, als hielte ich Ausschau nach einer Fluchtmöglichkeit, weg von den Wellblechwänden und vergitterten Fenstern um uns herum. Der glänzende Linoleumboden mit dem verwirbelten Muster unter meinen Füßen ...

»Sie werden hier bleiben müssen, bis Sie die erste Verhandlung hinter sich haben. Zwei Kautionen wird man Ihnen niemals einräumen«, erklärt mir der Rechtsanwalt mit desinteressiertem Blick. Er könnte ebenso gut in einer Fremdsprache sprechen. Er scheint das Ausmaß meiner Verzweiflung nicht zu begreifen.

Es ist Oktober 1979, und ich sitze wegen zweier verschiedener Drogendelikte in Untersuchungshaft im Fairlea Frauengefängnis von Melbourne. Vor ein paar Monaten, im Juni, bin ich schon einmal wegen Heroinbesitzes verhaftet worden. Ich war bis zum Prozess auf Kaution draußen, als die Polizei auf die Idee kam, mich der Mittäterschaft in einem viel schwereren Fall zu beschuldigen, sodass mir plötzlich auch noch Beihilfe zur Heroineinfuhr zur Last gelegt wurde, zusammen mit vier anderen Personen, die schon einige Monate zuvor eingesperrt worden waren.

Tief im Innersten fühle ich, dass ich ein zu guter, zu netter Mensch bin, um im Gefängnis zu sitzen, aber Polizei und Justiz sehen das anders. Schuldig? Mir eine Nadel in den Arm gestochen zu haben, jawohl, das gebe ich zu. Aber ich verstehe einfach nicht, warum mich das zur Kriminellen macht. Ich weiß, dass ich selbstzerstörerisch und egoistisch bin, aber darum bin ich doch noch kein »schlechter« Mensch, oder? Ich habe nie jemanden bestohlen, überfallen oder angegriffen. Ich war immer der Meinung, dass man andere nicht übervorteilen oder ihre Privatsphäre verletzen darf, und in all den Jahren meiner Drogenkarriere habe ich diese Grenze niemals überschritten. Ich würde eher einen Entzug in Kauf nehmen, als jemand anderen zu bestehlen. Ich habe auch noch nie einen Freund betrogen. Das Einzige, worin ich immer wieder unehrlich bin, ist mein Heroinkonsum, und abgesehen von der Schande, die damit einhergeht, dass man als »Fixer« abgestempelt ist, bin ich stolz auf meine Art, mit anderen Menschen umzugehen.

Ich verkaufe Stoff an ebenfalls drogensüchtige Freunde, um meine eigene Sucht zu finanzieren, und »normale« Leute mögen das als »kriminell« betrachten, aber meine Freunde und ich sehen das anders, auch wenn es natürlich illegal ist. Und natürlich ist genau das der Knackpunkt. Wie auch immer. Ich kann – und will – mich einfach nicht damit abfinden, dass ich, Helen Barnacle, im Gefängnis sitze. Ich dürfte nicht hier sein, sage ich mir immer wieder. Vielleicht habe ich nicht viel Selbstachtung, aber in meinem Innersten steckt ein unerschütterlicher Kern.

Ich versuche erneut, meinen Rechtsanwalt umzustimmen. »Es muss doch irgendetwas geben, das Sie tun können, um mich hier rauszuholen. Gefängnisse sind etwas für Kriminelle, gewalttätige Menschen.« Letzteres ist allerdings unzutreffend – die meisten Frauen machen sich gewaltfreier Verbrechen schuldig. Der Anwalt schüttelt wieder den Kopf. Ich kann einfach nicht glauben, wie kalt ihn das lässt, wie ausdruckslos und gleichgültig er mich ansieht. Ich bin kein gewalttätiger Mensch, aber jetzt bin ich so aufgebracht, dass ich ihm am liebsten in sein glatt rasiertes Mittelklasse-Bubigesicht schlagen würde. Ich umfasse meine Knie ganz fest mit den Händen und beiße die Zähne zusammen.

Während ich dasitze und ihn anstarre, wird mir bewusst, wie sehr ich mir wünschte, er würde auch nur ein Funken Mitgefühl für meine Situation zeigen. Allerdings verzichte ich lieber darauf, das laut auszusprechen. Er ist noch sehr jung und vermutlich neu im Geschäft, aber ich bin auch jung, gerade 25, und ich finde, er sollte etwas Verständnis für mich aufbringen.

Mein Leben verändert sich so schnell, entgleitet meiner Kontrolle. Unzusammenhängende Gedanken wirbeln durch meinen Kopf wie ein albtraumhaftes Karussell ... meine unglückliche Jugend, der Tod meiner Mutter vor sechs Monaten, die Entfremdung von meinem Vater, die sinnlosen Versuche meines Bruders, mir zu helfen, die Härten der Drogenwelt, mein Abstieg von der Klassenbesten in der Grundschule zur Drogensüchtigen/Kriminellen, meine verpatzte Gesangskarriere, die Scham und die Isolierung. Und die geliebte kleine Tochter, die in meinem Bauch heranwächst – was soll aus ihr werden?

Plötzlich scheint meine Welt in den Händen von Personen zu liegen, die mich überhaupt nicht kennen: Polizisten, Staatsanwälte, Richter. Schlimmer noch, sie scheinen mir nur Hass und Verachtung entgegenzubringen. Ich habe mich noch nie so verloren, allein und verängstigt gefühlt.

Wer *bin* ich?, frage ich mich immer wieder. Was mache ich hier, und wie um alles in der Welt hat es so weit kommen können? Ein letztes Flehen an mich selbst und jeden, der geneigt ist, mir zuzuhören.

Erst die folgenden Jahre sollten Antworten bringen. In ihrem Verlauf erlebte ich die Geburt meiner Tochter und die niederschmetternde Trennung von ihr, meinen eigenen Absturz in tiefe Depressionen mit Selbstmordgedanken und den Verlust zahlreicher Freunde durch eine Überdosis. Aber in diesem Augenblick im Oktober 1979, als mein Herz vor Trauer weinte und mein ganzer Körper kraftlos in sich zusammensackte vor Verzweiflung, fiel die Zellentür hinter mir zu, und ich war ganz allein in meinem Verlies aus Beton und Stahl. Ein klaffender, einsamer Ort. Das Einzige, woran ich mich eines Tages würde klammern können, war meine noch ungeborene Tochter Ali. Eines Tages würde ich sie im Arm halten.

Die Mutterschaft würde mich bedingungslose Liebe lehren, und daran würde ich festhalten.

Aber diese Erkenntnisse lagen noch weit in der Zukunft ...

Teil I

LEBEN

Kapitel 1

DAS MÄRCHEN DER KINDHEIT

Den Großteil meiner Kindheit habe ich in der Mac-Gregor Street in Parkdale gewohnt, in einem staatlich geförderten Haus für Kriegsveteranen, zusammen mit Mum, Dad und meinem Bruder Ron, der drei Jahre älter ist als ich. Das mit Holzschindeln verkleidete Haus war in einem hässlichen Blaugrün gestrichen, eine Farbe, die meine Eltern bei der Auswahl wohl schön fanden – oder sie war gerade im Sonderangebot! Parkdale liegt 24 Kilometer südlich von Melbourne, an die Küste der Port Phillip Bay geschmiegt, und 1953, dem Jahr meiner Geburt, bestand der Ort vornehmlich aus freien Grundstücken. Das Land war in Bauparzellen aufgeteilt worden für Kriegsveteranen. Die Hypotheken waren sehr niedrig, sodass das Leben dort recht preisgünstig war. Ich schätze, das sollte eine Art Anerkennung des Staates für geleistete Dienste im Krieg sein.

Mein Vater hatte im Zweiten Weltkrieg in der Marine gedient und meine Mutter bei der Luftwaffe. Ich glaube, wenn mein Dad nicht geheiratet und Kinder in die Welt gesetzt hätte, wäre er bei der Marine geblieben, da er Reisen und das Leben auf See liebte. Bei den meisten unserer Nachbarn verhielt es sich ähnlich; nach ihrer Rückkehr aus dem Krieg hatten sie geheiratet und eine Familie gegründet. Und so entstand eine Gemeinschaft von Menschen gleicher Interessen, und Ron und ich hatten viele gleichaltrige Spielkameraden. Mehrere Familien spielten jeden Sonntag auf der örtlichen Anlage Tennis, und mein Vater gehörte dem lokalen Fußballverein an. Wir liebten Fußball (mit australischen Regeln), und in unserer Familie musste man ein Fan von Collingwood sein. Wir gingen oft zu Spielen, bei denen Ron und ich lauthals die tollen »Woods« anfeuerten. Mein Vater rief zusammen mit einigen anderen Anwohnern den Mordialloc Youth Club ins Leben, der jungen Leuten verschiedene Sportarten anbot, Fitnesstraining und Turnen. Ziemlich oft organisierten Nachbarfamilien ein Wochenendpicknick, und wir fuhren alle mit Thermoskannen und Picknickkörben ausgestattet raus. Wir spielten Kricket oder Federball oder gingen schwimmen, wenn wir beispielsweise am Lake Eildon waren. In den Weihnachtsferien zelteten wir manchmal in Phillip Island, Wilsons Promontory oder Rosebud – immer in Strand- oder Flussnähe, da Ron und ich so gern schwammen. Eine Zeitlang waren wir auch Mitglied im Rettungsschwimmer-Verein von Parkdale.

Solange ich denken konnte, war Libby meine beste Freundin. Sie war genauso alt wie ich, und obwohl wir verschiedene Schulen besuchten, blieben wir bis zum Ende unserer Grundschulzeit – oder zumindest von 5 bis 10 – beste Freundinnen. Danach verbrachten wir dann mehr Zeit mit Freunden aus unseren jeweiligen Schulen. Libby hatte eine ältere Schwester im gleichen Alter wie Ron. Ihre Familie wohnte eine Straße weiter, und ich ging gerne zu Libby, weil ihre Mutter, die im Gegensatz zu meiner Mum nicht berufstätig war, oft leckere Kuchen backte, deren Duft einem schon von weitem entgegen wehte. Auch war es dort irgendwie heimeliger als bei uns, vermutlich auch das, weil ihre Mum immer zu Hause war. Meine arme Mum war ständig auf der Arbeit, weshalb Ron und ich nachmittags zahlreiche Hausarbeiten erledigen mussten. Aber wir beklagten uns nicht, denn auch wir hatten ein gutes Leben, nur ein wenig anders als jenes von Familien, in denen die Mutter Hausfrau war.

Unser Dad pachtete einen Friseurladen auf der anderen Seite des Nepean Highway, dichter beim Haupteinkaufszentrum von Parkdale. Er war ein guter Herren-Friseur, aber ich vermute, dass der Laden trotzdem nicht besonders gut lief, da meine Mutter immer arbeiten gehen musste. Ihr Job in einer Wäscherei war sehr anstrengend, und sie musste den ganzen Tag stehen. Es war eine sehr große Wäscherei, und manchmal jobbte auch ich in den Sommerferien dort. Ich erinnere mich noch gut daran, wie heiß und feucht es dort war, aber ich bekam etwas Geld dafür, dass ich Handtücher faltete, sodass ich die Arbeit toll fand. Die meisten Sommerferien verbrachten wir bei einer meiner Kusinen auf einer Farm in Hamilton im westlichen Bezirk von Victoria, wo Mum ursprünglich herstammte und die meisten ihrer sechs Geschwister immer noch lebten. Manchmal besuchten wir auch eine andere von Mums Schwestern auf ihrer Farm in Pakenham, etwa eine Stunde südöstlich von Melbourne. Ron und ich liebten unsere Ferien auf den Farmen, und unsere Cousins und Cousinen brachten uns auf ihren Pferden das Reiten bei.

Mum arbeitete etwa 15 Jahre in der Wäscherei, bevor sie in einer Fabrik anfing, die Autoteile produzierte. Mum hatte nichts gelernt, ihre beruflichen Möglichkeiten waren begrenzt. Damals in den 50er und 60er Jahren besaßen die meisten Familien in unserer Nachbarschaft Telefon, wir jedoch nicht. Wenn Ron und ich also unterwegs waren und Mum daheim eine Nachricht zukommen lassen wollten, riefen wir bei Ivy und Cobber an, unseren Nachbarn von gegenüber, und die richteten sie ihr dann aus. Unsere Kleidung war ebenfalls im Vergleich zu jener der anderen Kinder recht schäbig. Mum nähte viele meiner Kleider selbst, aber manchmal bekamen wir auch abgelegte Sachen von Verwandten, die mir sehr gut gefielen, da sie in der Regel von besserer Qualität waren als jene, die wir uns leisten konnten.

Jedes Wochenende waren wir drüben bei Libby, wo stets köstliche Düfte der Küche entströmten. »Gibt es heute was zum Naschen, Mrs Bott?«, fragte ich jedes Mal, wenn ich durch die Hintertür die warme, einladende Küche betrat. Damit meinte ich Teigreste in Schüsseln und an Knethaken. Hinterher gingen wir dann rüber zum kleinen Schuppen hinter dem Toilettenhäuschen. Dort konnten wir ganz für uns allein Pläne schmieden und geheime Schätze aufbewahren. Dort führten wir wichtige Gespräche und hielten »Konferenzen« ab. Dann wieder machten wir aus Rosenblütenblättern Parfum oder hüpften auf unseren Pogo-Sticks umher. Wenn wir nicht in unserem Spielhaus waren, unternahmen wir Fahrradtouren oder spielten Tennis oder Basketball. Am schönsten war es, wenn Libby bei mir oder ich bei ihr übernachtete. Ich wüsste nicht, dass wir uns je gestritten hätten – ich erinnere mich nur an den Spaß, den wir Kinder in unserer abenteuerlichen Fantasiewelt hatten.

Als Ron und ich noch Grundschüler waren, pachtete mein Vater ein größeres Ladenlokal in Parkdale. Dieses befand sich im Gegensatz zu dem anderen im Haupteinkaufszentrum, und es gehörte eine Wohnung dazu, sodass wir für etwa sechs Jahre dorthin umzogen und unser Haus in der MacGregor Street vermieteten. Der neue Laden warf auch nicht mehr ab, und so arbeitete unsere Mum weiter in der Wäscherei in Mentone, einem Nachbarort. Sie wurde regelmäßig wütend und schimpfte mit Dad, wenn sie nach der Arbeit heimkam und die Kasse leer vorfand. Geld schien der Hauptgrund für Streitigkeiten zwischen den beiden zu sein, wenngleich sie sich nur selten in unserer Gegenwart stritten. Als wir hinter dem Laden wohnten, bekamen Ron und ich die Spannungen das erste Mal mit. Sie versuchten, sich in unserem Beisein zusammenzureißen, aber manchmal konnten wir sie spätabends hinter der verschlossenen Schlafzimmertür streiten hören. Allerdings belastete uns das nicht sehr; wir waren glückliche Kindern, auch wenn wir nie zusammen etwas unternahmen. Wir hatten beide viele Freunde und waren ständig irgendwo zum Spielen unterwegs. Wir kamen eigentlich nur zu den Mahlzeiten nach Hause.

An meinem ersten Schultag – ich war erst Wochen zuvor fünf geworden – ließ meine Mutter mich weinend unter dem Unterstand auf dem Pausenhof zurück, aber in der ersten Pause waren meine Tränen bereits versiegt. Ich lebte mich mühelos in der Schule ein und liebte die Freundschaften und die geistige Anregung. In der vierten Klasse freundete ich mich mit Kym aus meiner Klasse an. Sie und ich hatten beide gute Noten, waren voller Leben, fantasievoll und spielten gern im Freien. Wir liebten einander heiß und innig und verbrachten auch die Zeit außerhalb der Schule zusammen, da das neue Ladenlokal meines Vaters in der Parkers Road nur eine Straße von dort entfernt war, wo Kym mit ihrer Mutter wohnte. Obwohl ihr Vater noch lebte, besuchte er sie nur gelegentlich, da er im Krieg schwer verwundet worden war und rund um die Uhr gepflegt werden musste.

Kym und ich gingen nur dann von der Schule direkt nach Hause, wenn es sich nicht vermeiden ließ. Viel lieber blieben wir nach Unterrichtsende dort und vergnügten uns auf dem Spielplatz, wo wir auf dem Klettergerüst herumturnten oder auf der Drehscheibe im Kreis flogen. Ich liebte es, den Wind auf meinem Körper zu spüren, wenn ich mich immer schneller und schneller drehte. Ich fühlte mich stark und unbesiegbar.

Kym nahm Ballettunterricht und sang für ihr Leben gern; ich ging zur Gymnastik und liebte ebenfalls Musik. Also gaben wir kleine Konzerte mit uns selbst als Stars, bei denen wir sangen und uns die Seele aus dem Leib tanzten vor einem geladenen Publikum aus Kindern und Erwachsenen aus der Nachbarschaft. Wir stellten Lieder und Tanzschritte ganz allein zusammen und hielten uns für »genial«. Wir probten wochenlang: »Nein, Kym, ich finde, du solltest auf das linke Bein wechseln und die Arme weiter ausbreiten«, stellte ich fest. »Kannst du den Spagat mit dem rechten Bein voran machen anstatt mit dem linken?« Man hätte meinen können, ich wäre Expertin auf diesem Gebiet – jedenfalls hielt ich mich dafür. Anschließend lag es dann an Kym, mich bei meinen Showeinlagen zu beraten.

Ich hatte von Geburt an einen Kniestellungsfehler, sodass ich nicht gerade stehen konnte: Ein Knie schob sich immer vor das andere. Der Arzt riet mir, Sport zu treiben, um zu versuchen, das zu korrigieren, und so hatte meine Mum mich im Turnverein angemeldet, der sich in derselben Straße befand wie der Laden meines Vaters. Mit Mrs Wilson als Lehrerin lernte ich das Turnen so sehr lieben, dass ich mir ein Leben ohne gar nicht mehr vorstellen konnte. Ich wurde auch ziemlich gut und gewann gleich am Ende des ersten Jahres einen Preis für das Vereinsmitglied, das die größten Fortschritte gemacht hatte. Unsere Kindermannschaft trat bei Turnwettbewerben in ganz Melbourne an und war sogar recht erfolgreich. Außerdem trat ich dem Verein Mordialloc

Youth Club bei, um häufiger als einmal in der Woche turnen zu können.

Als ich zehn oder elf war, schied ich aus Mrs Wilsons Gruppe und dem Youth Club aus, um einem anderen, wettbewerbsorientierteren Verein in Mordialloc beizutreten, in dem ich in der Einzel- und in der Mannschaftswertung erfolgreich war. Dort war Mrs Graham Lehrerin, und ihre erfolgreichen Mannschaften waren in der ganzen Wettkampfwelt bekannt. Meine Mum hatte keinen Führerschein, sodass wir zum Turnunterricht mehrere Kilometer weit laufen mussten. Mum blieb und sah dem Unterricht zu, da ich noch zu jung war, um allein im Dunkeln nach Hause zu gehen. Sie sammelte das Geld ein und führte die Anwesenheitsliste, und es machte ihr einfach Spaß, dazuzugehören. Ich ging an ein oder zwei Abenden in der Woche hin, dazu samstagmorgens und zum Einzelunterricht an einem Nachmittag, aber samstags brauchte Mum nicht mitzukommen, da es da noch hell war und ich mit dem Fahrrad fahren konnte. Ich liebte es, diesen Teil meines Lebens mit Mum zu teilen, die mir wertvolle Tipps geben konnte, da sie ja regelmäßig beim Training dabei war. An den »Turntagen« wachte ich morgens mit einem strahlenden Lächeln auf den Lippen auf und sprang förmlich aus dem Bett. Es war wie im Märchen.

Beim Turnunterricht begleitete uns Mrs Rattigan auf dem Klavier, und die klassischen Stücke, die sie spielte, waren so schön, dass sie mir mitten ins Herz drangen. Manchmal, wenn mein eigener Unterricht vorbei war, überredete ich Mum, noch zu bleiben, um den älteren Mädchen beim Training zuzusehen. Mrs Rattigan war eine kleine, fröhliche, stämmige Frau, und ich durfte neben ihr sitzen und mich in den Pausen mit ihr unterhalten, wobei ich zusah wie ihre Finger über die Tasten glitten. Die Musik faszinierte mich ebenso wie die Namen der Komponisten auf den Notenblättern.

Ich liebte Beethovens »Mondscheinsonate«. Wenn Mrs Rattigan sie spielte, schloss ich die Augen und stellte mir einen sternenklaren Nachthimmel vor, mit einem Mond, der silbrig auf eine Wasseroberfläche herabschien. Es kam mir vor, als könnte ich ihn berühren, mein Herz öffnete sich und nahm die wundervollen Klänge in sich auf. Manchmal glaubte ich, mein Herz würde bersten vor Glück. Oft wusste ich nicht, wie lange ich vor mich hin geträumt hatte, bis die Musik verklang und ich in die Gegenwart des Turnunterrichts zurückkehrte. Manchmal wusste ich nicht, was ich mehr liebte, das Turnen oder die Musik.

Was Mrs Rattigan mir über Mozart und Beethoven erzählte, begeisterte mich so sehr, dass ich mehr wissen wollte. Zufällig befand sich die Leihbibliothek von Parkdale direkt gegenüber von Dads Friseurladen, und so bat ich am nächsten Freitagabend – ich ging immer freitags in die Bücherei – die Bibliothekarin, mir zu helfen. Wir schlugen die Namen der Komponisten nach, und nachdem wir Bücher über sie in den Regalen gefunden hatten, kehrte ich zufrieden mit meiner Lektüre nach Hause zurück und las Abend für Abend über ihr Leben.

Da ich die Schule anregend und interessant fand, gehörte ich oft zu den Lieblingsschülern der Lehrer. In der vierten und fünften Klasse hatte ich dieselbe Lehrerin, Mrs Andrews. Sie war eine freundliche, lebhafte Frau, die auf einer alten »Quetschkommode« spielte. Sie liebte Musik, die im Unterricht einen entsprechend großen Stellenwert hatte. Mrs Andrews holte mich oft nach vorn und ließ mich allein singen.

»Komm, Helen, sing uns ›Cockles and Mussels‹«, sagte sie. Und ich ging ohne jede Verlegenheit nach vorn und ließ meine klare Stimme erklingen: »*Singing cockles and mussels alive, alive-oh*«. Mir kam es ganz natürlich vor, vorn zu stehen und »den Ton anzugeben«.

Im Laufe des Schuljahres brachte Mrs Andrews mir bei, im Kanon mit dem Rest der Klasse zu singen. Ich war fasziniert davon, wie die Stimmen sich zu einem noch volleren, noch schöneren Ton miteinander verbanden. Ich glaube, Mrs Andrews weckte meine Leidenschaft für die Musik, denn ich fing an, nicht mehr nur ans Singen zu denken, sondern erwog, auch ein Instrument zu erlernen ... vielleicht Klavier? Ich hatte ständig kleine Melodien im Kopf, und oft sang oder summte ich vor mich hin, wenn ich zur Schule ging oder fuhr. Ich wollte in der Lage sein, meine eigenen Melodien zu spielen. Ich wollte eigene Musik erschaffen, und so fragte ich Mum schließlich, ob ich Klavierunterricht nehmen dürfe.

»Vielleicht wenn du älter bist«, sagte sie, und damit musste ich mich fürs Erste begnügen. Wenigstens hatte sie nicht »nein« gesagt. Mein Dad hatte eine gute Singstimme, aber weder er noch Mum hatten je irgendeine musikalische Ausbildung genossen. Ich weiß noch, dass mein Vater auf Straßenfesten sang, bei denen alle Nachbarn zusammenkamen. Nachdem sie ein paar Bier intus hatten, bat Ivy von gegenüber Dad immer, ein Lied anzustimmen.

Die meisten Leute bei uns tranken regelmäßig – Alkoholkonsum galt als gesellig –, und in der Nachbarschaft gab es nie einen Mangel an Bier, weil alle ihr eigenes brauten, was entsprechend wenig kostete. Wir Kinder gingen zu Bett, wenn wir es leid waren, ihnen beim Singen zuzuhören, aber es machte Spaß, sie alle so guter Laune zu sehen. Sie waren nette Menschen, die enge Freundschaft verband, auch wenn ich immer das Gefühl hatte, dass unsere Mum zurückhaltender war als die anderen, vermutlich, weil sie die ganze Woche arbeiten ging. Ivy, Alice (von nebenan) und Doris (sie wohnte ein paar Häuser weiter) trafen sich an mehreren Nachmittagen in der Woche, um etwas zusammen zu trinken (selbst gebrautes Bier), eine Zigarette zu rauchen und zu klönen, bevor ihre Männer von der Arbeit nach Hause kamen. Sie hatten alle eigene Kinder, auch wenn die Familien in der Regel nicht groß waren, und das Hauptinteresse galt Themen aus der Nachbarschaft, dem örtlichen Fußballverein und Jugendklub.

Neben der Musik liebte ich so ziemlich jede Sportart, die an der Schule angeboten wurde. Ich nahm in verschiedenen Mannschaftssportarten an Schulwettkämpfen teil. Aufgrund meiner Leistungen hegten meine Eltern hohe Erwartungen an mich und rechneten fest damit, dass ich am Ende des Schuljahres zu den Besten meines Jahrgangs gehörte und auch bei meinen Turnwettbewerben auf einem der vordersten Plätze rangierte. Ich erinnere mich noch, wie mein Vater gegenüber Verwandten am Telefon prahlte, und ich war stolz darauf, dass er so zufrieden mit mir war – anders als bei Ron, dem die Schule keinen großen Spaß machte. Ron machte seine mäßigen schulischen Leistungen aber durch Sport wieder wett und war ein sehr guter Hochspringer. Außerdem war er Turner und lernte im Jugendklub Boxen. Dad brachte ihn zum Training.

Ich glaube, es hat Ron gefuchst, dass ich in allem gut war, vor allem, wenn unser Vater mich als Beispiel anführte – und ich muss gestehen, ich war eine ziemliche Angeberin! Dad war sehr stolz auf meinen Erfolg und sorgte dafür, dass das auch jeder erfuhr. Unsere Eltern bestanden darauf, dass Ron zu meinen Turnwettkämpfen kam, und ich musste mir seine Boxkämpfe ansehen. Es war ein komisches Gefühl, ihn oben im Ring zu sehen, wie er einen anderen Jungen windelweich prügelte. Meistens waren Rons Kämpfe okay, weil er gut war und immer gewann, aber ich erinnere mich noch an einen Abend, an dem sein Gegner nicht kam und sie ihn gegen einen älteren und kräftigeren Jungen antreten ließen. Wir mussten mitansehen, wie er systematisch auseinander genommen wurde, wobei sein Kopf bei jedem Haken seines Kontrahenten fast von seinen Schultern zu fliegen schien. Er taumelte halb bewusstlos durch den Ring, bis der Kampf schließlich abgebrochen wurde. Es war grässlich und so unfair, und mir war ganz übel, was mich überraschte, da mir gar nicht bewusst gewesen war, dass er mir so viel bedeutete. Ich habe keinen Schimmer, was in meiner Mutter vorging.

Erst als wir längst erwachsen waren, gestand Ron mir, dass er das Boxen gehasst habe. Ich denke, unser Dad glaubte, es wäre gut für ihn ... Es sollte ihn abhärten, einen »richtigen« Mann aus ihm machen. Dad war so wie die meisten Männer in unserem Bezirk der Ansicht, sein Sohn müsse ein ganzer Kerl sein und kämpfen können, immerhin war es noch nicht allzu lange her, dass sie selbst aus dem Krieg heimgekehrt waren. Unglücklicherweise war Ron als Kind recht dürr, und so meinte Dad wohl, er müsste ihn »aufbauen«.

Ron und ich waren typische Geschwister, und als wir noch klein waren, hassten wir einander wie alle anderen Geschwister der Nachbarschaft. Es war üblich, dass man seinem Bruder oder seiner Schwester möglichst aus dem Weg ging. Wir stritten wegen jeder Kleinigkeit, darüber, wer zuerst ins Bad durfte, wer die Kartoffeln für das Abendessen schälen musste oder Milch holen sollte – was Mum regelmäßig den letzten Nerv raubte. Ich war das »brave« kleine Mädchen, was Ron wütend machte, und er war der »nicht so brave« kleine Junge, aber da er drei Jahre älter und entsprechend kräftiger war als ich, konnte er mich bis zu einem gewissen Grad herumschubsen.

Es war in der Zeit, als wir hinter dem Laden wohnten, ich muss etwa zehn gewesen sein, als meine Mum schließlich meinem Betteln nachgab, Klavierspielen lernen zu dürfen. Sie suchte mir eine Lehrerin, die in unserer Straße wohnte, und so ging ich zum Unterricht zu Mrs Hill. Ich liebte es, und niemand musste mich je zum Üben anhalten, auch wenn ich anfangs noch kein eigenes Klavier hatte. Da ich gute Fortschritte machte, schlug Mrs Hill vor, ich sollte an einem Musikwettbewerb teilnehmen. Mum und ich klapperten verschiedene Händler nach einem gut erhaltenen Klavier ab, auf dem ich üben konnte. Sie war nicht bereit, viel Geld dafür auszugeben, weil sie nicht sicher sein konnte, ob ich das Klavierspielen auch beibehalten würde, aber ich wusste bereits, dass ich dabeibleiben würde. Ich fing mit »Präludium« an und arbeitete mich langsam hoch. Da ich so interessiert und selbstsicher war, machte ich bald Fortschritte und erzielte hervorragende Ergebnisse.

Als Ron und ich noch klein waren, etwa elf und acht, beschloss unser Vater, beim Windhundrennen mitzumischen. Nachdem wir wieder in unser Haus in der Mac-Gregor Street gezogen waren, bauten wir den alten Hühnerstall in eine Zwingeranlage für mehrere Hunde um. Wir fingen mit nur einem Hund an, aber als dieser erfolgreich lief, schafften wir im Laufe der Jahr noch zahlreiche mehr an. Ron und ich liebten die schönen treuen Tiere, und es machte uns Spaß, zum Rennen zu gehen. Wir wurden damit betraut, die Hunde morgens auszuführen, was einige Zeit in Anspruch nahm, da sie mehrere

Kilometer laufen mussten. Ich glaube, diese morgendlichen Spaziergänge gehörten zu den ganz seltenen Gelegenheiten, bei denen Ron und ich nicht stritten. Wenn wir zurückkamen, gehörte es zu meinen Pflichten, ihnen die Fußballen mit Lanolin einzureiben, damit sie nicht rissig wurden vom Laufen auf Asphalt.

Mein Lieblingshund war Fury, und Rons Smokey. Fury gewann nur ein einziges unbedeutendes Rennen, aber wir liebten ihn trotzdem beide. Wenn sich uns ein Fremder näherte, knurrte er unglaublich böse. Smokey war ein Champion und hielt einige Zeit den Bahnrekord. Zweimal in der Woche fuhren wir zum Rennen, montags im Olympic Park und donnerstags im Sandown Park. Außerdem starteten unsere Hunde gelegentlich noch auf ländlichen Bahnen. Wir besaßen Fotos von den Erfolgen unserer Hunde, und die waren an einer Bilderschiene entlang der Wohnzimmerwände aufgehängt, auch wenn die meisten Smokey zeigten. Wir hatten über einen Zeitraum von etwa fünf Jahren eine Reihe von Greyhounds; einige gehörten uns, andere trainierten wir für andere Besitzer, aber keiner von ihnen wurde so erfolgreich wie Smokey. Mum hatte schon immer die Familienfinanzen verwaltet, und schließlich, nach mehreren erfolglosen Jahren, lag sie Dad in den Ohren, die Hunde abzuschaffen. Ich kann nur ahnen, was es gekostet haben muss, die wachsende Zahl von Hunden zu halten – zweifellos mehr, als sie beide zusammen verdienten. Dad hatte immer gehofft, es wäre irgendwann ein zweiter Champion darunter, aber diese Hoffnung erfüllte sich nie.

Wir lebten sechs Jahre hinter dem Friseurladen, bevor wir diesen abgaben und mein Vater eine Stelle als Auslieferungsfahrer in der Wäscherei annahm. Wir zogen wieder in unser Haus in der MacGregor Street. Es lag nur einen Kilometer entfernt, gleich auf der anderen Seite des Highways, sodass der Umzug keine nennenswerten Veränderungen in unserem Leben nach sich zog. Da unsere Eltern beide ganztags arbeiteten und die Hypothek niedrig war, waren wir froh, dass sie uns von ihrem doppelten Einkommen Extras ermöglichen konnten, wie Turnen und Klavierunterricht für mich und Fitness und Boxen für Ron. Später gab Ron das Bobybuilden und Boxen auf, um dem örtlichen Segelklub beizutreten und jobbte auch für viele Bootsbesitzer. Aber ein eigenes Boot besaß er nie; das überstieg die finanziellen Möglichkeiten meiner Eltern.

Erst als ich um die zwölf war, verspürte ich erste Anzeichen von Unrast. Zunehmend fühlte ich mich unsicher und bedrückt. Daheim veränderte sich die Beziehung zwischen unseren Eltern schleichend, auch wenn sie versuchten, ihre Probleme vor uns zu verbergen. Zwischen ihnen schien sich Feindseligkeit zu entwickeln, aber sie setzten sich nie mit uns hin, um mit uns über ihre Gefühle oder Beziehung zu sprechen. Ron und ich hörten sie immer öfter hinter verschlossener Schlafzimmertür streiten, und spätabends schlichen wir uns möglichst nah heran, um zu lauschen. Mum verlor nie ein Wort darüber, so als wäre alles in bester Ordnung.

Unser Vater kapselte sich immer mehr ab und gab in den nächsten Jahren auch den Fußballverein und seine Mitarbeit am Jugendklub auf. Wir stellten auch die Besuche bei Verwandten ein, gingen an den Wochenenden nicht mehr zum Picknick, zum Tennis oder zu irgendwelchen Feiern, wenngleich Ron und ich unsere Aktivitäten und Freundschaften zu den Kindern aus der Nachbarschaft beibehielten. Als Familie isolierten wir uns jedoch von den anderen. Mum sprach weiterhin gelegentlich mit Ivy und den anderen Frauen, aber ich bin nicht sicher, ob sie ihnen je von ihrer gestörten Beziehung zu meinem Vater erzählt hat. Mit der Zeit stellten die Nachbarn sich auf Dads Zurückhaltung ein. Ron und ich sprachen manchmal bei Ivy und Cobber über die Stimmung daheim. Wir mochten sie und vertrauten ihnen – sie schienen uns zu verstehen und hießen uns immer willkommen. Unser einstmals glückliches Zuhause hatte sich in eine trostlose Insel voller Spannungen und Unsicherheiten verwandelt. Unser ehemals so geselliger Vater hatte sich völlig abgeschottet.

Etwa um diese Zeit betrat ich eines Nachmittags Rons Zimmer und fand ihn gekrümmt vor Schmerzen im Bett vor. Mum war bereits bei ihm und hatte den Arzt gerufen. Es war schrecklich, ihn so leiden zu sehen. Ein paar Tage später, nach einigen Tests, wurde ein Magengeschwür diagnostiziert, und Ron bekam Tabletten verschrieben, die Mum immer als »Nervenpillen« bezeichnete. Ich kann mich noch gut erinnern, wie Rons Tabletten auf dem Küchentisch standen. Er nahm sie während seiner ganzen Jugendjahre und entwickelte in dieser Zeit ein nervöses Zucken im Gesicht.

Bei uns daheim herrschte eine sonderbare Atmosphäre, und Fragen von Rons oder meiner Seite waren unerwünscht. Wir hatten beide Angst vor unserem völlig veränderten Vater und seiner Unnahbarkeit; wir hatten ständig das Gefühl, als wäre er eine tickende Zeitbombe, auch wenn er niemals die Hand gegen uns erhob. Mum ihrerseits wich unseren Fragen aus. Ron reagierte auf unser neues Umfeld mit großer Nervosität und verkroch sich in sein Schneckenhaus, während meine Stimmung von einem Extrem ins andere fiel. Tagelang war ich still und brav, um dann urplötzlich auszurasten, laut und fordernd zu werden und Antworten auf die Frage zu verlangen, weshalb Dad uns so behandelte. Je älter ich wurde, desto wütender machte mich die respektlose Art, mit der er Mum behandelte. Sie hatte es nicht verdient, dass man ihr mit Herablassung begegnete, und ich konnte nicht verstehen, weshalb sie sich ihm gegenüber immer unterwürfiger benahm. Unsere Mum war noch nie sehr gesprächig gewesen, und man konnte sie auch ganz sicher nicht als gefühlsbetont bezeichnen, aber sie war ein lieber Mensch, und wir wussten immer, dass sie uns lieb hatte. Unsere Familie brach auseinander.

Als ich 13 war und Ron 16, veränderte sich unsere Beziehung langsam. Aus geschwisterlicher Rivalität entwickelte sich etwas, innerhalb dessen Platz war für Mitgefühl. Da wir nie wussten oder verstanden, was zwischen unseren Eltern vorging, hatte ich das Bedürfnis, Ron um mich zu haben. Ich tat mich schwer damit, mit meinem Vater zu kommunizieren, der sich oft weigerte, mit mir zu reden. Es schien, als würde er immer mehr versuchen, mich zu kontrollieren, je mehr ich mich von einem Mädchen in eine junge Frau verwandelte, die nach Unabhängigkeit trachtete – und je mehr ich aufbegehrte, desto wütender wurde er. Das führte dazu, dass Ron und ich uns zusammentaten in dem Versuch, die verzwickte Situation zu lösen. Ich wusste, dass Ron auf mich aufpasste, auch wenn er mir gegenüber keine offene Zuneigung zeigte. Ich fühlte mich »sicher«, wenn er da war.

Zu dieser Zeit bauten meine Eltern auf der rückwärtigen Seite des Hauses ein Zimmer an. Eigentlich sollte ein Aufenthaltsraum dort entstehen, aber sofort nach der Fertigstellung richtete Mum ihr Schlafzimmer dort ein, auch wenn sie weiterhin den Haushalt führte und die Rechnungen bezahlte, als wäre alles noch in Ordnung. Unser Dad schien sich emotional und verbal immer mehr von Mum zu distanzieren. Er schrie sie nicht an; vielmehr war es so, als hätte er sich in einen Eisblock verwandelt. Zwischen ihnen herrschte ein gespenstisches Schweigen, das nur unterbrochen wurde von Augenblicken unverhohlener Grobheit. Jeden Abend hockte er nach dem Essen vor dem Fernseher. Die Art, wie er Mum behandelte, verwirrte und ärgerte mich zunehmend. Ich verstand nicht, was sie falsch gemacht haben sollte, womit sie das verdient hatte. Wenn sie das Essen vor ihn auf den Tisch stellte, grunzte er entweder nur oder ignorierte sie völlig, und während der Mahlzeit wurde kein Wort gewechselt. Nach einiger Zeit hatte ich die Nase voll und fing an, ihm die Meinung zu sagen.

»Willst du dich nicht bedanken?«, fragte ich ungehalten. Mum kehrte ihm einfach den Rücken und ging, und Ron senkte den Blick und fing an zu essen. Die beiden stellten ihn nie zur Rede und begehrten nie auf. Mich trieb das zur Verzweiflung. Ich verstand einfach nicht, warum sie den Mund hielt.

Wenn ich allein mit ihr war, fragte ich: »Warum lässt du dir gefallen, wie er dich behandelt?«

»Weil es einfacher ist, als mit ihm zu streiten. Ich möchte nur den lieben Frieden wahren, und es ist nicht hilfreich, dass du dich immer wieder mit ihm anlegst.«

»Aber ich halte das nicht aus – er darf dich nicht behandeln wie Luft.«

»Es macht mir nichts aus. Das ist mir lieber, als mit ihm zu streiten«, antwortete sie.

»Das ist doch Unsinn!«, rief ich aufgebracht und stürmte davon, immer zorniger, verwirrter und frustrierter. Es war so anders als das Familienleben, das wir früher gekannt hatten. Aber seine Ablehnung galt nicht nur Mum. Er hatte für niemanden mehr ein gutes Wort übrig. Er kritisierte frühere Freunde und deren Lebensweise, Rons Freunde, meine Freunde – niemand war ihm gut genug.

Ich konnte einfach nicht akzeptieren, dass Mum dieses ständige Pendeln zwischen Schweigen und Wutausbrüchen zuließ – auch wenn ich zugeben muss, dass nur Dad und ich dafür sorgten, dass regelmäßig die Fetzen flogen. Ron respektierte Mums Wunsch, den Frieden zu wahren, und schloss sich ihrem Schweigen an. Das schien sie einander näher zu bringen, da Mum Rons Verhalten billigte und dankbar war, wenigstens von seiner Seite Unterstützung zu erfahren. So wurden die beiden immer stiller und ich immer wütender und lauter, wenn es auch Zeiten gab, da ich das genaue Gegenteil war. Es schien keinen Mittelweg zu geben, keinen Raum für Diskussionen und Kompromisse. Ich war entweder verängstigt und unterwürfig oder ging in die Luft. In gewisser Weise machte mich das zum Außenseiter innerhalb der Familie, und nach und nach begannen Mum und Dad, mich als das eigentliche Problem zu betrachten. Dad sprach überhaupt nicht mehr mit mir, und ich konnte nur vermuten, dass meine laute, fordernde Art Grund war für seine Ablehnung. In kürzester Zeit war aus seinem Lieblingskind eine Tochter geworden, die er gewaltsam beherrschen wollte. Und das erreichte er mit Überheblichkeit und Herablassung. In einer Entwicklungsphase, in der ich Unterstützung gebraucht hätte, um mich auf gesunde Art und Weise von meinen Eltern zu lösen und größere Unabhängigkeit zu entwickeln, wurde ich immer unsicherer und unfähiger, meine Gefühle und Bedürfnisse zum Ausdruck zu bringen oder zu verstehen. Insgeheim wünschte ich, meine Mum würde Dad verlassen. Ich brauchte jemanden, mit dem ich reden konnte, aber innerhalb der Familie gab es keine solche Vertrauensperson: Ron, nicht minder verwirrt als ich, ging ganz darin auf, Mum in jeder Weise zu unterstützen, während diese ihre ganze Energie auf ihre Rolle als Friedensstifterin konzentrierte. Auch wenn Ron und ich die Situation besprachen, waren wir doch nur zwei hilflose Kinder, die keine Möglichkeit hatten, irgendetwas an ihrer familiären und häuslichen Situation zu ändern. Man sagt ja, jede Familie hätte ihren Sündenbock, und bei uns schien ich in diese Rolle hineinzuwachsen!

Kapitel 2

DIE NICHT MEHR SO HEILE MÄRCHENWELT

Noch hatten die emotionalen Spannungen daheim sich nicht auf die Schule und meine anderen Aktivitäten ausgewirkt, und als ich mit 12 Jahren von der Grundschule in Parkdale abging, verließ ich sie als Musterschülerin. Ich bekam auch einen Stipendiumsscheck als Finanzierungshilfe für die Highschool. Ich bin sicher, dass Mum dankbar dafür war, da das Geld bei uns daheim knapp war. Im Februar 1966, ein paar Wochen nach meinem 13. Geburtstag, machte ich mich in meiner neuen Schuluniform ganz aufgeregt auf den Weg zur Mordialloc-Chelsea Highschool. Ron besuchte schon länger diese Highschool, und Mum sagte, ich solle mich ihm für den vier Kilometer langen Schulweg mit dem Rad anschließen. Ich hielt einigen Abstand zu ihm und seinen Freunden, weil ich dachte, die kleine Schwester im Schlepptau wäre ihnen peinlich. Im Übrigen zog ich es ebenfalls vor, nicht mit ihnen gesehen zu werden!

Kym und einige andere Freunde von mir aus der Grundschule und dem Gymnastikkurs wechselten ebenfalls auf diese Highschool, aber ich fühlte mich trotzdem unwohl. Was mich an der neuen Schule am meisten einschüchterte, war ihre *Größe*. Es gab dort etwa viermal so viele Schüler wie in der Grundschule, und sie stammten aus verschiedenen Vororten von Parkdale bis Chelsea, die mit der Bahn immerhin fünf Haltestellen auseinander lagen. Die Kinder auf der Grundschule kamen alle aus Parkdale. Ich fühlte mich ein bisschen verloren inmitten der vielen zweistöckigen roten Backsteingebäude. Darüber hinaus musste ich mich an die Aufsichtsschüler gewöhnen, die dafür sorgten, dass die Vorschriften eingehalten wurden und man beispielsweise auf dem Weg zur oder von der Schule Mütze und Blazer trug. Alles war so anders als das, was ich bisher gekannt hatte. Anstatt nur einen Klassenlehrer und ein festes Klassenzimmer zu haben, mussten wir lernen, uns pünktlich von einem Klassenraum zum anderen zu begeben. Auch musste ich mich daran gewöhnen, dass jedes Fach von einem anderen Lehrer unterrichtet wurde. Ich war es gewohnt, eine »gute« Schülerin zu sein – und mich einer gewissen Beliebtheit beim Lehrkörper zu erfreuen –, sodass ich das neue, anonymere Umfeld als leicht beängstigend empfand. Hier war ich nichts Besonderes mehr, und das vermisste ich. Die vergleichsweise kurze Zeit, die man mit den verschiedenen Lehrern verbrachte, bedeutete, dass man sie nicht so gut kennen lernte wie die Grundschullehrer, und das verunsicherte mich. Trotzdem kam ich, da mir das Lernen leicht fiel, zumindest nach außen hin ganz gut zurecht.

Im Laufe des ersten Jahres an der Highschool entwickelte sich in mir eine zunehmende Rastlosigkeit. Am Ende des Schuljahres war ich nur Sechste meines Jahrgangs; Kym und eine Freundin aus dem Gymnastikkurs hatten mich überrundet. Für mich war das ein Schock. Ich fühlte mich zum ersten Mal im Leben als Versager oder hatte zumindest das Gefühl, meinen eigenen hohen Anforderungen an mich selbst nicht genügt zu haben, was an meinem Selbstvertrauen nagte. Ich fing an zu glauben, Kym und die anderen wären intelligenter als ich und ich würde den Anschluss verpassen, was rückblickend ziemlich albern war, da nur fünf Mitschüler besser waren als ich. Irgendwie gelangte ich zu der Überzeugung, dass ich über Erfolg und Misserfolg keine Kontrolle hätte und es wohl nur Glück war, dass ich auf der Grundschule so gut abgeschnitten hatte. Ich war überzeugt davon, dass meine Freunde immer besser und ich immer schlechter würde, bis sich schließlich herausstellte, dass ich dumm war. Ich fühlte, wie ich den Halt verlor, ohne zu begreifen, warum ...

Dort, wo früher Zuversicht und Träume vom Erfolg mein Denken beherrscht hatten, machten sich jetzt Selbstzweifel breit. Natürlich verlor ich daheim kein Wort über meine Gefühle, da mir unser Zuhause schon längst nicht mehr wie ein sicherer Hafen vorkam. Mum war schrecklich still geworden, auch wenn sie mich weiterhin zur Gymnastik begleitete. Ich glaube, sie betrachtete das ebenso wie ich als eine willkommene Gelegenheit, der drückenden Atmosphäre zu Hause zu entkommen. Sie wurde für Ron und mich zum Fels in der Brandung, auch wenn ich ihre Unterwürfigkeit Dad gegenüber immer noch nicht akzeptieren konnte. Sie musste ihre Ehe als deprimierend empfinden, war aber immer fair uns gegenüber. Mein Dad schien jegliche Kommunikation – zumindest positiver Art – vollends eingestellt zu haben. Er starrte nur noch stundenlang in die Glotze, Abend für Abend, wortlos, aber innerlich oft kochend vor Wut.

Ich glaube nicht, dass Dad je die Hand gegen Mum erhoben hat; er beschränkte sich darauf, sie tagtäglich mit herabwürdigenden Kommentaren zu verletzen. Er führte schon längst keine richtigen Gespräche mehr mit uns, auch wenn er uns weiterhin herumkommandierte und ausschimpfte, wenn wir unsere Pflichten nicht zu seiner Zufriedenheit erfüllt hatten.

Nachdem er nicht mehr in der Wäscherei arbeitete, nahm mein Vater verschiedene schlecht bezahlte Jobs zwischen kurzen Phasen der Arbeitslosigkeit an. Er schien bereit, alles zu versuchen, hatte diverse Auslieferungsjobs und versuchte sich auch mehrfach als Vertreter. Schließlich verschaffte Mum ihm eine Anstellung in der Autoteile-Fabrik, in der sie selbst beschäftigt war. Ron und ich hatten Mum und Dad oft über Geld streiten hören, und sie kauften auch immer die preiswertesten Lebensmittel und Kleidungsstücke. Es war nicht etwa so, dass Dad dumm gewesen wäre – eher das Gegenteil –, aber während der großen Depression hatte er in den Pensionen seiner Mum mithelfen müssen, und ich denke, Depression und Krieg hatten seinem beruflichen Werdegang im Weg gestanden. Ich kann nur annehmen, dass seine Arbeitsstellen ihn frustrierten. Vielleicht war das auch ein Grund dafür, dass er sich so abkapselte. Vielleicht litt er auch unter Depressionen. Das Wort fiel in diesem Zusammenhang jedoch nie, sodass ich an dieser Stelle nur Vermutungen anstellen kann.

Meine Klavierlehrerin, Mrs Hill, zog von Parkdale weg, sodass meine Mutter für mich eine andere Lehrerin vor Ort suchte. Ich ging zu Fuß zur ersten Stunde. Aber als sie die Tür öffnete, befielen mich Zweifel. Gegen die Schüchternheit ankämpfend, stellte ich mich höflich vor. Ihre Reaktion bestand darin, ärgerlich zu seufzen, als hätte ich sie bei etwas Wichtigem gestört. Für mich sah sie aus wie eine hakennasige Hexe, und im Gegensatz zu der immer freundlichen Mrs Hill war sie brummig und abweisend und ihr Haus düster und feucht.

»Spiel eins der Prüfungsstücke aus der dritten Stufe«, befahl sie knapp. Mein Herz schwoll an vor Stolz, als ich selbstsicher das Notenbuch aufschlug und zu spielen begann. Ich wusste, dass ich begabt war, da ich bei dem letzten Musikwettbewerb einen Ehrenpreis bekommen hatte. Ich brauchte die Noten nicht abzulesen, da ich meine Stücke alle auswendig kannte, und ich ließ mich von meinem Herzen durch die ernsten und fröhlichen Passagen leiten, die ich so liebte. Wie immer verlor ich mich ganz in der Schönheit der Musik, bis ich am Ende die Hände von den Tasten nahm. Zuversichtlich erwartete ich ihr Lob.

»Hmmm ...« grunzte sie. »Ich denke, wir fangen mit ein paar Tonleitern und Übungen an.« Sie verlor kein Wort darüber, wie ich gespielt hatte, und ich hatte sofort das Gefühl, dass sie mich nicht leiden konnte. Ich fing an, jede von ihr gewünschte Tonleiter zu spielen, aber wenn ich die Hände nicht vorschriftsmäßig hielt, schlug sie mir mit einem Lineal auf die Finger. Nach einigen Monaten bei der neuen Lehrerin kam ich zu dem Schluss, dass ich doch nicht so begabt wäre, ganz so, wie ich inzwischen in der Schule meine Intelligenz in Frage stellte. Diese Behandlung war nach Mrs Hills Freundlichkeit um so schwerer zu akzeptieren, aber ich beschwerte mich nicht, vielleicht deshalb, weil auch meiner Mutter nie ein Wort der Klage über die Lippen kam.

Ich übte immer weniger und freute mich auch nicht mehr auf die Unterrichtsstunden. Ich war nicht mehr mit dem Herzen dabei und suchte auch nicht mehr nach Büchern über meine Lieblingskomponisten. Die Musik nahm in meinem Leben einen immer geringeren Stellenwert ein, und das Üben wurde zur lästigen Pflicht.

Anfang 1967 nahm Kym auf Drängen ihrer Mutter das Stipendium einer Privatschule an. Eigentlich hatte sie keine große Lust, die Schule zu wechseln, wollte aber ihre Mutter nicht enttäuschen, sodass ich meine beste Freundin verlor. Natürlich hatte ich noch viele andere Freunde an der Schule und war nicht allein. Ich war weiterhin eine gute Schülerin und gewann ein staatliches Stipendium, das half, die Kosten meiner weiteren Schulbildung zu tragen. Auch im Sport war ich erfolgreich, zweifellos dank meiner vielen Jahre als aktive Turnerin. Mit 14 Jahren und im zweiten Jahr auf der Highschool war ich Vertrauensschülerin, beliebt und erfolgreich. Noch gab es keine äußeren Anzeichen für meine innere Zerrissenheit.

Aber schon im dritten Highschool-Jahr zeigten sich dann erste Risse in meinem Panzer. Obwohl Kym auf der Privatschule nicht glücklich war und auf unsere Highschool zurückkam, war ich nicht mehr so viel mit ihr zusammen wie vorher. Ich hatte zwischenzeitlich eine neue Freundin gefunden, Julie, die mit ihrem Vater nach Parkdale gezogen war. Ihm gehörte eine Milchbar am Ort, und sie lebten in einer Wohnung hinter dem Laden so wie wir früher. Ich weiß nicht, was aus Julies Mutter geworden war, aber sie wohnte nicht bei ihnen, und Julie erwähnte sie nie. Meine neue Freundin interessierte sich mehr für Jungs als für Hausaufgaben, und ich war ganz fasziniert von ihr. Sie kam mir so weltgewandt vor, verglichen mit mir und meinen anderen Freundinnen. Ich kannte nur die Schule, Gymnastik und Klavierunterricht und kam mir neben ihr schrecklich dumm vor, aber ich war gewillt zu lernen und sperrte Augen und Ohren auf.

Es dauerte nicht lange, und meinen Eltern wurden die ersten negativen Kommentare über mich zugetragen. Normalerweise beschwerten sich die Lehrer über Ron, weil ihm die Schule einfach keinen Spaß machte und er seine Hausaufgaben regelmäßig »vergaß«. Er und seine Freunde waren im Unterricht Störenfriede und galten allgemein als Nervensägen. Ich kann mich noch gut an die ersten Beschwerden über mich erinnern. Mein Erdkundelehrer sagte Mum, ich würde meine Aufgaben vernachlässigen, mich nicht konzentrieren und im Unterricht die ganze Zeit mit Julie tuscheln. Er war der Ansicht, dass ich zu besseren Leistungen fähig wäre. Auch meinte er, wir würden die anderen Schüler ablenken und Julie hätte einen schlechten Einfluss auf mich. Ich fühlte mich in die Defensive gedrängt, weil dieser besonders aufmerksame Lehrer gespürt hatte, dass mit mir etwas nicht stimmte – und das, wo ich mir solche Mühe gab, meine zunehmende Unsicherheit zu überspielen. Er war vermutlich der erste Mensch, dem auffiel, dass ich Probleme hatte, aber unglücklicherweise schenkten meine Eltern dem keine allzu große Beachtung. Sie sprachen ja kaum noch miteinander, auch wenn sie sich alle Mühe gaben, nach außen hin die Illusion einer glücklichen Familie aufrechtzuerhalten, beispielsweise, indem sie gemeinsam an den Elternabenden teilnahmen.

Als Vierzehnjährige wusste ich, dass meine Welt sich verändert hatte, weil mir ständig schwer ums Herz war. Ich wachte längst nicht mehr mit einem Lächeln auf den Lippen auf, verstand aber nicht, warum, und wusste auch nicht, wie ich darüber sprechen sollte. Meine Mutter beklagte sich nie, und ich orientierte mich an ihr.

Etwa um diese Zeit brach Mum plötzlich in der Küche zusammen, und es dauerte lange, bis sie wieder zu sich kam. Ich hatte schreckliche Angst, als ich neben ihr kniete und mich über sie beugte. »Wach auf!«, rief ich immer wieder und schüttelte sie, weil ich nicht wusste, was ich sonst tun sollte.

Schließlich liefen Ron und mein Vater herbei und nahmen die Dinge in die Hand. Ich muss nach ihnen gerufen haben. Nach einer Zeit, die mir vorkam wie eine Ewigkeit, blinzelte Mum und schlug für einen Moment die Augen auf. Sie sah benommen und verwirrt aus. Wacklig stand sie auf und setzte sich auf einen Küchenstuhl, um Atem zu schöpfen und wieder ganz zu sich zu kommen.

»Tut mir Leid, keine Sorge«, seufzte sie. »Ich bin in ein paar Minuten wieder auf dem Damm.« Sie versuchte, tief durchzuatmen, und ich konnte ihr ansehen, dass sie sich damit noch schwer tat. Nach einer Weile wurde ihre Atmung gleichmäßiger. Sie stand auf, trat an die Spüle und fuhr fort, das Gemüse zu putzen, als wäre nichts gewesen. Bis zum heutigen Tag weiß ich nicht, ob es an ihrem niedrigen Blutdruck lag, an Hormonstörungen oder sonst etwas. Sie hat nie davon gesprochen, und ich weiß nicht einmal, ob sie deswegen beim Arzt war. Niemand sagte uns Kindern irgendetwas, und als ich sie später fragte, was mit ihr los sei, tat sie meine Frage mit einem Schulterzucken ab. Ich fing an, zu glauben, ich hätte Halluzinationen; es war, als lebten wir in einem Vakuum.

Das einzig Gute, das sich aus unserem gestörten Familienleben ergab, war, dass Ron und ich uns näher kamen. Nicht in einer offenen, emotionalen Weise – so etwas gab es in unserer Familie nicht –, aber im Unterbewusstsein spürte ich, dass er für mich mehr zur Vaterfigur wurde, und ich vertraute ihm. Er schien sich zu einem verantwortungsbewussten und fürsorglichen Menschen zu entwickeln. Er hatte inzwischen seinen Führerschein und wurde langsam erwachsen. Auch schien er mit unserer familiären Situation besser klarzukommen als ich, obwohl er an diesem Magengeschwür litt. Ich schätze, er fraß vieles in sich hinein. Wahrscheinlich ließ er sich wohl nur nicht anmerken, was in ihm vorging, so wie Mum, aber nach außen hin machte es den Anschein, als belastete ihn das alles weniger. Bei Ron äußerte sich der durch familiäre Spannungen erzeugte Stress in körperlichen Symptomen, die medikamentös behandelt werden konnten wie das Magenge-schwür und der nervöse Tick; bei mir hingegen traten unkontrollierbare, später auch selbstzerstörerische Reak-tionen auf, auch wenn die Ursache bei uns beiden psy-chischer Natur war.

Als ich mich körperlich und emotional weiterentwickelte und auch mein Unabhängigkeitsbedürfnis wuchs, wurde der Abgrund zwischen meinem Vater und mir immer grö-ßer. Inzwischen war ich 15 und wollte mit Schulfreunden ausgehen. Außerdem interessierte ich mich für einen Jun-gen meiner Stufe: Nikki. Ich brauchte Dads Erlaubnis, um abends irgendwo hinzugehen. Da er mich mit Schwei-gen strafte, musste ich schon montags anfangen zu bet-teln, am Freitag- oder Samstagabend ausgehen zu dürfen. Ich gewöhnte mich daran, dass es Tage dauerte, ehe er mir antwortete, ob ich überhaupt ausgehen durfte. Ge-wöhnlich ließ er mich die ganze Woche schmoren, um sich dann erst – gewöhnlich positiv – am Abend vor mei-ner Verabredung zu äußern.

»Darf ich Samstagabend mit Nikki ausgehen? Seine Band spielt in einem Tanzlokal, und sein Vater fährt uns hin«, fragte ich vorsichtig an. Keine Antwort. Er saß nur da und starrte auf den Fernseher, als hätte er mich nicht gehört. Ich holte tief Luft, bemühte mich, ruhig zu blei-ben, und versuchte es noch einmal.

»Dad«, fragte ich noch einmal, diesmal etwas lauter, »darf ich Samstagabend mit Nikki ausgehen?« Nikki, der ebenfalls Klavierunterricht nahm, besaß ein Key-board und spielte in einer Band, die von seinem Vater ge-managt wurde. Wir fühlten uns zueinander hingezogen, mit der Musik als gemeinsamem Hobby. Es war das ers-te Mal, dass ein Junge mein Interesse erwiderte.

Am nächsten Abend nach dem Essen stand ich dann

wieder im Wohnzimmer, zwei Meter von Dads Sessel entfernt, rang die Hände und blickte abwechselnd von seinem Profil auf die Zimmerdecke und zurück, während er in den Fernseher glotzte. Wieder antwortete er nicht. Ich versuchte es noch mehrere Male, bevor ich beschloss aufzugeben, zumindest bis zum folgenden Abend, an dem ich erneut meinen ganzen Mut zusammennehmen musste. Es war erniedrigend, wie ein Idiot dazustehen und von ihm ignoriert zu werden. Manchmal waren Mum und Ron mit im Raum und sahen fern, aber sie mischten sich nie ein. Ich bin sicher, dass es Dad ein Gefühl großer Macht verlieh, die Familie durch sein Schweigen in Atem zu halten.

Mittwochabend versuchte ich es erneut. Seine Kälte machte mir Angst, aber gleichzeitig führten die angestauten Emotionen bei mir immer wieder zu verbalen Attacken gegen ihn.

»Dad, darf ich Samstagabend mit Nikki ausgehen? Seine Band hat einen Auftritt.« Ich kam mir langsam vor wie eine Schallplatte, nur dass mein Magen sich verkrampfte vor Nervosität, weil ich gezwungen war, mich Abend für Abend zu wiederholen. Ich wusste, dass es ihm selbst auch auf die Nerven gehen musste, immer wieder dieselbe Frage zu hören, aber er antwortete immer noch nicht. An manchen Abenden hatte ich Angst, dann wieder war ich frustriert oder wütend, aber vor allem verlor ich zunehmend den Respekt vor ihm. Es war einfach unfair.

»Warum antwortet er mir nicht einfach?«, fragte ich später, als Mum ins Zimmer kam. Sie zuckte nur die Achseln; sie wusste auch keine Antwort.

Dann, Donnerstagabend: »Dad, darf ich am Samstagabend mit Nikki ausgehen?« Keine Antwort, oder er gab etwas Abfälliges von sich, das nichts mit der Frage zu tun hatte. Ich wiederholte mich noch ein halbes Dutzend Male, bevor ich aufgab und mich zu meinen Büchern auf mein Zimmer zurückzog. Ich weiß auch nicht, warum ich es so lange versuchte, aber vermutlich war das ein Hinweis darauf, wie hilflos ich mich in dieser Umgebung fühlte und vielleicht auch, wie sehr ich ihn in meiner Kindheit geliebt hatte. Ich kam einfach nicht dahinter, was in seinem Kopf vorging, und mit der Zeit wurde mein Gefühl der Demütigung so groß, bis ich schließlich zu nervös und ängstlich wurde, um überhaupt noch etwas zu fragen. Es ist schwer zu beschreiben, welche Gefühle sein Verhalten in mir auslöste, aber in Gedanken sah ich ihn damals wie einen weißen Blitz vor mir, unnahbar und gezackt. Ein Blitz kann einen jederzeit treffen und verletzen – oder sogar töten. Ich lernte, was Angst ist, und das verunsicherte mich, weil ich damit nicht umzugehen wusste.

Schließlich griff meine Mutter ein. Ich weiß nicht, ob sie sich vorher mit Dad abgesprochen hatte, aber sie tat es einfach. »Frag ihn nicht mehr«, sagte sie eines Tages zu mir. »Wenn du ausgehen willst, frag mich«, beendete sie die unhaltbare Situation.

»Danke, Mum«, antwortete ich, erleichtert, mich nicht mehr an ihn wenden zu müssen.

Von diesem Zeitpunkt an hielt ich mich nur noch an sie, was Jahre völligen Schweigens zwischen meinem Vater und mir zur Folge hatte.

Das war ein Wendepunkt innerhalb der Familie. Mum übernahm die Entscheidungsgewalt in allem, was unsere Erziehung betraf, sodass mein Vater ab sofort von solcherlei Fragen ausgeschlossen war. Ich erfuhr später von Ron, dass Mum in dieser Zeit erwog, sich von meinem Vater zu trennen und eine Wohnung für uns drei zu suchen. Ich war damals 15. Ron hatte die Highschool abgeschlossen und begann eine Ausbildung im Marketing-Bereich. Er arbeitete Teilzeit an einer Tankstelle und war bereit, Mum finanziell zu unterstützen. Ron erzählte mir erst 20 Jahre später davon, und seitdem habe ich oft versucht, mir auszumalen, wie anders alles gekommen wäre, wenn Mum ihr Vorhaben in die Tat umgesetzt hätte. Aber letztlich traute sie sich doch nicht, obwohl Ron sogar eine Wohnung für uns gefunden hatte. Sie erklärte Ron, dass sie zu viel Geld und Arbeit in das Haus gesteckt hatte, um es aufzugeben, auch wenn sie nicht die Absicht hatte, sich je mit meinem Dad zu versöhnen. Ich glaube, dass ihre Entscheidung von großer Tragweite für mein eigenes emotionales Wohlbefinden war, mit weitreichenden Konsequenzen auf den weiteren Verlauf meines Lebens.

Im selben Jahr wurde ich bei Turnwettkämpfen von Mädchen geschlagen, die mich noch nie hatten überrunden können. Ich war schockiert und erschrocken, und es erschütterte mein Selbstvertrauen. Ständig hatte ich das Gefühl, jeden Moment das Gleichgewicht zu verlieren. Eines Abends, als ich beim Turnunterricht eine Brücke schlug, kippte ich seitlich weg und blieb gekrümmt liegen. Die Lehrerin und Mum halfen mir aufzustehen, aber ich hatte Schwierigkeiten beim Gehen. Röntgenbilder zeigten eine Bandscheibenverletzung an der Lendenwirbelsäule. Das folgende Jahr über ging ich täglich ins Fitnessstudio, vor allem, um die Muskeln längs des Rückgrats zu festigen. Außerdem musste ich dreimal die Woche zur Wärmebehandlung und Krankengymnastik. Meine Frustration und Enttäuschung, als mein Rücken trotz aller Anstrengungen nicht besser wurde, nahmen in dem Maße zu, in dem mein Selbstvertrauen schwand.

In meinem vierten Jahr auf der Highschool verschlechterten meine schulischen Leistungen sich weiter, und auch die Situation daheim spitzte sich zu. Mein Bruder und meine Mutter schlossen sich enger zusammen. Ron spielte jetzt eine wichtige Rolle als Friedensstifter, aber ich wollte nichts davon wissen, und das allseitige Schweigen und die Gefühlskälte machten mich aggressiv. Es kam mir so unaufrichtig vor, dass keiner von uns aussprach, was in ihm vorging. Mein Frust entlud sich zunehmend in heftigen verbalen Ausbrüchen, häufig beim Abendessen und immer gegen meinen Vater gerichtet. Meist wurden diese Ausbrüche von seiner Unhöflichkeit Mum gegenüber ausgelöst, auch wenn es bei unseren Auseinandersetzungen immer öfter um mein respektloses Benehmen ihm gegenüber ging. Ich hatte mich auch verändert. Ich wurde immer verantwortungsloser und unvernünftiger, meine verbalen Attacken waren mit Flüchen und Schimpfwörtern durchsetzt. Auch hatte ich entdeckt, wie angenehm ein Alkoholrausch war, obwohl ich nicht zu Hause trank. Mein Verhalten stieß allerseits auf Ablehnung, und ich wusste, dass ich Mum das Leben zusätzlich erschwerte, aber ich kam nicht dagegen an. Ich war wie ein Vulkan, der nur darauf wartete, auszubrechen, um die unerträgliche Stille zu durchbrechen. Ich konnte Zorn in mir wachsen fühlen wie einen Fötus, der sich zu einem Ungeheuer entwickelte, das ich eines Tages zur Welt bringen würde. Ich zweifelte nicht daran, dass es dazu kommen würde – es war nur eine Frage der Zeit.

Und dann war es soweit. Im Fitnessstudio lernte ich einen Jungen kennen, der sich für mich interessierte und mit mir ausgehen wollte. Ich war nicht mehr mit Nikki zusammen, wenngleich wir noch Freunde waren. Der Typ hieß Peter und machte einen sehr netten Eindruck. Ich fühlte mich zwar nicht übermäßig zu ihm hingezogen, war aber interessiert, und scinc Aufmerksamkeiten waren Balsam für mein angeschlagenes Selbstwertgefühl. Wir gingen ein paar Mal nach dem Training in den Pub; aufgrund meiner Körpergröße wirkte ich älter als 15. Zwischen Peter und mir entwickelte sich mit Knutschen und harmlosem Petting eine ganz normale Romanze unter Teenagern. Tatsächlich war es eher unschuldig verglichen mit dem, was einige meiner Freundinnen trieben, aber da ich nicht mehr mit meinem Vater sprach, machte er sich falsche Vorstellungen davon, was zwischen Peter und mir war.

Eines Abends, nachdem wir im Fitnessstudio und anschließend im Pub gewesen waren, fuhr Peter mich nach Hause und parkte seinen Wagen vor dem Haus. Wir umarmten uns und fingen an, uns leidenschaftlich zu küssen. Nach einiger Zeit wurde urplötzlich die Beifahrertür aufgerissen, und eine Hand packte mich.

»Geh ins Haus!«, befahl mein Vater zornig, als er mich aus dem Auto zerrte.

Geschockt von seiner Einmischung in meine Privatsphäre rief ich: »Ist schon okay, Peter«, während mein Vater mich über den Randstreifen und den Gehweg ins Haus schleifte. »Wir sehen uns beim Training!« Ich wusste nicht, was ich sonst sagen sollte, und im Übrigen war mein Vater mir kräftemäßig überlegen. Als er mich schließlich durch die Tür stieß, riss ich mich los.

»Verpiss dich!«, schrie ich ihn an, bevor ich durch die Küchentür stürmte und diese hinter mir zuschlug. »Was glaubst du denn, wer du bist?«

»Komm sofort zurück!«, brüllte er und versuchte, mich einzuholen. Er holte rasch auf, aber ich schaffte es durch die nächste Tür, die ich ihm ebenfalls vor der Nase zuschlug.

»Verpiss dich! Du hast nicht das Recht, so mit mir

umzuspringen! Du hast doch keine Ahnung, was vorgeht!«, kreischte ich. Und natürlich war genau das Teil des Problems: es blieb seiner Fantasie überlassen, sich vorzustellen, was ich trieb. Wir arbeiteten uns Türen knallend durch das Haus, wobei er immer wütender wurde, bis er mir schließlich in mein Zimmer folgte und mich auf das Bett warf wie einen Sack Kartoffeln. Dann war er über mir, einen Arm erhoben, um mich windelweich zu prügeln. Ich krümmte mich und versuchte, mich weitestgehend vor den unausweichlichen Schlägen zu schützen, mit denen er mich gleich traktieren würde. Da hörte ich meine Mutter schreien, und Ron stürmte durch die Tür herein. Ron packte meinen völlig durchgedrehten Vater von hinten und zog ihn von mir fort, bevor er ernsthaft zuschlagen konnte. Ich kann mich nur noch daran erinnern, dass ich, als ich schließlich einen Blick riskierte, Mum in meiner Zimmertür stehen sah, kreidebleich im Gesicht. Ich war selbst geschockt, da ich mir keiner Schuld bewusst war. Immerhin hatte ich bislang noch nicht einmal mit Peter geschlafen. Aber offenbar dachte Dad, ich würde herumhuren, zumal er mehrfach abfällige Bemerkungen über meinen Alkoholkonsum gemacht hatte.

Wie auch immer. Ron schaffte ihn aus meinem Zimmer, und ich hörte nichts mehr. Mir war klar, dass die Situation daheim endgültig außer Kontrolle war und ich weg musste. Da Mum Dad allem Anschein nach nie verlassen würde, würde ich eben gehen müssen, auch wenn ich noch zur Schule ging. In dieser Nacht verlor ich auch den letzten Rest von Respekt vor meinem Vater.

Nur acht Wochen nach Beginn meines fünften Highschool-Jahres, kurz nach meinem sechzehnten Geburtstag, platzte die Illusion, dass ich trotz allem zurechtkam, wie eine Seifenblase. Ich konnte den Schein nicht länger wahren und brachte das Monster zur Welt, das mit Vornamen »Wut« hieß und mit Nachnamen »Frust«.

Ich geriet mit der stellvertretenden Schuldirektorin aneinander, die auch meine Lehrerin im Fach »Zeitgenössische Geschichte« war. Ich hatte sie nie leiden können und interessierte mich nicht die Bohne für dieses Fach. Ich sah keinen Sinn darin, mich näher mit der Vergangenheit zu befassen, wollte ich doch selbst am liebsten die letzten Jahre meines eigenen Lebens auslöschen. Das Einzige, das für mich zählte, war die Gegenwart, und es fiel mir schwer genug, diese zu verstehen, auch ohne in der Vergangenheit herumzuwühlen, sodass ich es kategorisch ablehnte, für dieses Fach zu lernen. Ich fing an, den Unterricht zu stören, und wurde ins Büro des Direktors beordert. Mir stand die Sturheit ins Gesicht geschrieben, und innerlich kochte ich vor Zorn. Ich war eigentlich gar nicht so schlimm gewesen, sondern hatte vor allem im Unterricht gequatscht und Klassenkameraden abgelenkt, wenn ich auch zugeben muss, dass ich im Unterricht weder zuhörte noch mich konzentrierte und auch die Schulaufgaben nicht erledigte.

»Ich möchte das Fach zeitgenössische Geschichte abwählen«, teilte ich ihm in Gegenwart seiner Stellvertreterin mit, die mich zornig anfunkelte. Ich warf ihr einen hasserfüllten Blick zu. Wir kamen schon seit Jahren nicht miteinander aus, und nun stand der Höhepunkt des Konfliktes bevor.

»Das solltest du nicht tun«, entgegnete er. »Du bist eine viel zu gute Schülerin.«

»Ich kann nicht. Ich hasse Zeitgenössische Geschichte!«, warf ich theatralisch ein. Ich hatte zu Hause nie gelernt Konflikte auszutragen, und verstand mich auch nicht besonders gut darauf, meine Gefühle zu vermitteln.

Ich wusste nur, dass ich in diesem Büro unterlegen war und möglichst schnell da raus wollte.

»Geh und denk darüber nach. So schlimm kann es doch nicht sein«, sagte er. Er ließ sich noch eine Weile über meine Leistungen aus und über den Respekt, den ich mir an der Schule erworben hatte »blablabla«. Beide hielten an ihrem Standpunkt fest und wollten mir nicht erlauben, das Fach abzuwählen. Aufgrund ihrer Überlegenheit kam es mir vor, als hätte ich keinerlei Mitspracherecht, so wie bei meinem Vater – niemand hörte mir zu.

»Ihr könnt mich mal«, dachte ich bei mir. Und so verließ ich mit 16 Jahren die Schule, um nie wieder dorthin zurückzukehren. Auch hatte ich in den vergangenen Monaten bereits immer weniger Zeit mit meinen Freunden verbracht. Rückblickend denke ich, dass es im Grunde gar nicht um Zeitgenössische Geschichte ging. Ich schätze, ich hatte für mich bereits entschieden, von der Schule abzugehen – ich hatte nur eine Gelegenheit gebraucht, um einen Eklat herbeizuführen, der mir mein Vorhaben ermöglichte. Es ist wirklich schade, dass ich nichts vom Verhandeln, von Kompromissen oder Kommunikation verstand.

Ich ging heim und teilte meiner Mutter meinen Entschluss mit. Sie verstand auch nicht, was mit mir los war, auch wenn sie wusste, dass ich unglücklich war. So viel hatte ich ihr immerhin mitteilen können, aber auch sie schien nicht in der Lage zu sein, mir zu helfen, schon gar nicht, was meinen Abgang von der Schule betraf, da sie wusste, dass das zu einem weiteren Riesenkrach mit meinem Vater führen würde. Ich sehnte mich danach, dass sie sich für mich einsetzte und mich vor ihm beschützte, aber sie hatte sich noch nie gegen ihn aufgelehnt. Ich wünschte, ich hätte mit ihr darüber sprechen können, wie unsicher ich geworden war, wie sehr mein Selbstbewusstsein gelitten hatte, wie groß die Versagensangst geworden war, wie ich an meiner Intelligenz zweifelte und fürchtete, bei den Prüfungen durchzufallen. Ich wünschte, ich hätte zum Ausdruck bringen können, was für ein verlorenes und verängstigtes kleines Mädchen ich war. Wie sehr ich wünschte, sie hätte mir irgendwie helfen können, sie hätte die Verantwortung für mich übernommen oder mich bei der Hand genommen, denn ich war außer Kontrolle geraten und wollte nur noch weg von der Schule. Ohne Abschluss abzugehen war immer noch besser, als bei den Prüfungen zu versagen.

»Ich muss zum Psychiater oder so was. Ich weiß auch nicht, was mit mir los ist«, sagte ich zu ihr.

»Ich auch nicht«, entgegnete sie. »Aber du wirst nicht zu Hause hocken und Däumchen drehen. Wenn du nicht mehr zur Schule gehen willst, musst du dir eine Arbeit suchen.« Ich erkannte einen Ausweg, und so unterhielten wir uns über meine Möglichkeiten. Ich hatte ganz impulsiv gehandelt und hatte keine langfristigen Pläne – ich wollte nur eine möglichst rasche Lösung.

»Okay, du kannst abgehen«, sagte sie, »Aber nur, wenn du eine Lehre machst«. Sie wollte nicht, dass ich mein ganzes Leben in Fabriken arbeiten musste. Die einzige Ausbildung, die mir einfiel, war eine Friseurlehre. Ich dachte zurück an meine Kindheit, als ich noch mit Puppen gespielt und diese frisiert hatte. Das hatte mir immer Spaß gemacht.

»Keine Sorge«, sagte ich, und wir kümmerten uns kurzfristig um eine Friseurlehre im Salon um die Ecke. Ich wusste von Anfang an, dass ich nie als Friseurin arbeiten würde, aber ich war entschlossen, die Bedingung zu erfüllen, die meine Mutter für meinen Abgang von der Schule gestellt hatte.

Mein Vater war außer sich, als er von meinen Plänen erfuhr. Er und Mum lagen sich deswegen eine Woche lang in den Haaren. Aber unsere Beziehung war bereits zu kaputt und zu sehr von gegenseitigem Mangel an Respekt gekennzeichnet, als dass ich etwas um seine Meinung gegeben hätte.

Ursprünglich wollte ich Musik und Sport studieren, aber zum Teufel damit! April 1970, ich war 16 Jahre alt, und von meinen Kindheitsträumen war nur ein Scherbenhaufen übrig.

Kapitel 3

SCHLUSS MIT DER SCHULE

Ich ging jeden Tag zu Fuß zur Arbeit, wusch Kunden die Haare, fegte den Fußboden und lernte färben, bleichen, schneiden, legen, eben alles, was man mit Haaren machen kann. Außerdem besuchte ich einmal in der Woche die Friseurschule, wo ich in der Theorie, die ich recht interessant fand, die Beste war, während die Praxis mich eher langweilte. Genau genommen empfand ich die Friseurschule als lästige Pflicht, aber man musste sie abschließen, um als Friseurin arbeiten zu dürfen, und ich hatte Mum hoch und heilig versprochen, wenigstens diese Ausbildung abzuschließen.

Die Arbeit im Salon war ganz okay. Ich freundete mich mit Sheryl an, die ebenfalls die Mordialloc Highschool besucht hatte. Sie war nur ein Jahr älter als ich und wohnte zwei Straßen weiter, sodass wir anfingen, zusammen auszugehen. Nach der Arbeit fuhr ich mit öffentlichen Verkehrsmitteln zum Fitnessstudio, um mein Training und meine Rückenübungen zu absolvieren. Ich ging weiter zum Turnen, startete bei Wettkämpfen aber nur noch in der B-Mannschaft. Noch war es mir nicht möglich, auszuziehen, weil ich im ersten Lehrjahr nur 13 Dollar die Woche verdiente. Auch fühlte ich mich noch nicht reif und unabhängig genug, um diesen Schritt zu wagen; bis zu einem gewissen Grad war ich noch abhängig von Mum und Ron.

Das erste Jahr verlief ereignislos, und es sah ganz so aus, als käme ich gut zurecht. Ich nahm wieder Klavierunterricht, diesmal allerdings bei einem jungen Mann namens Chris. Allerdings nahm ich den Unterricht nicht besonders ernst und übte auch nicht viel, aber es machte mir Spaß, weil Chris witzig und selbst ein wenig unvernünftig war.

Ich nahm auch ein Angebot als Turnlehrerin am Mordialloc Youth Club an, eine ziemlich große Verantwortung für eine Sechzehnjährige. Obgleich das Unterrichten mir Freude machte, war es nicht dasselbe, wie selbst aktiv zu sein, und ich sehnte mich danach, wieder mit der A-Mannschaft Wettkämpfe bestreiten zu können. Ich wurde immer unzufriedener damit, auf niedrigerem Niveau zu starten, und verlor immer mehr das Interesse. Die ständigen Schmerzen taten ein Übriges.

Parallel zu der Erkenntnis, dass meine Turnerkarriere endgültig vorbei war, fing ich an, ziemlich regelmäßig nach dem Fitnessstudio in den Pub zu gehen, um meinen Frust im Alkohol zu ertränken. Am Jahresende beschloss ich, die Stelle als Turnlehrerin nicht zu verlängern, und Chris zog nach Sydney, sodass ich auch das Klavierspielen aufgab. Ich legte meine Verpflichtungen eine nach der anderen ab.

Im Friseursalon schloss ich bald eine neue Freundschaft, diesmal mit Sue, die in meinem zweiten Lehrjahr dort anfing. Wir mussten förmlich aufeinander gewartet haben, denn wir verstanden uns auf Anhieb prächtig. Sue war ein paar Jahre älter als ich. Sie war temperamentvoll, laut und besaß Führerschein und ein eigenes Auto. Sie brachte mich immer zum Lachen und ließ mich vergessen, was ich weggeworfen hatte: Schule, Turnen, eine Chance, als Lehrerin zu arbeiten, Klavierunterricht ... Ihr Freund, Dennis, war wegen Diebstahls zu 18 Monaten

Haft verurteilt worden, sodass Sue sich sehr einsam und allein fühlte. Sie war froh, jemanden gefunden zu haben, mit dem sie einen draufmachen konnte und der ihr über die schmerzliche Trennung von ihrem Freund hinweg half. An manchen Wochenenden fuhren wir zum Ararat-Gefängnis in Victoria, um Dennis zu besuchen.

Im darauffolgenden Jahr gab ich das Training und die Rückenschule auf. Ich nahm etwa 13 Kilo zu und entdeckte die »Freuden« zunehmenden Alkoholkonsums. Sue und ich zogen fast jeden Abend nach der Arbeit los und betranken uns, um anschließend in dem kleinen Bungalow zu übernachten, den sie in Sandringham gemietet hatte, einem weiteren Vorort an der Port Phillip Bay, nur zehn Minuten von Parkdale entfernt. Bei Sue zu übernachten verschaffte mir außerdem eine willkommene Möglichkeit, der bedrückenden Atmosphäre daheim zu entrinnen. Ich war immer noch rational oder intelligent genug, um zu wissen, dass der Pfad, dem ich folgte, mich nicht weit bringen würde, und bis vor kurzem war ich jemand gewesen, der etwas leistete. Ich fing an, mir Dinge vorzugaukeln, träumte davon, Sängerin zu werden, und nahm Gesangsunterricht.

Hiervon abgesehen bestand das Leben aus Arbeit und dem Pub. Es kam häufig vor, dass Sue und ich nach nur zwei Stunden Schlaf zur Arbeit fuhren. Ich bin ziemlich sicher, dass wir die meiste Zeit noch halb betrunken waren. Obwohl ich nur noch selten zu Hause war, hielt ich den Kontakt zu Mum aufrecht, die Sue wie alle meine Freunde in der Vergangenheit willkommen hieß. Ein bis zweimal in der Woche fuhren wir abends zu mir, und meine Mutter kochte uns etwas, bevor wir in den Pub zogen. Irgendwie wusste sie, dass wir etwas Vernünftiges zu essen brauchten. Wir erzählten ihr von unseren Saufgelagen und Eskapaden, und sie sagte nie ein böses

Wort. Sie akzeptierte Sue als meine neue beste Freundin und schien sich für uns zu freuen, dass wir so viel Spaß hatten. Vielleicht war es für sie eine Erleichterung, dass ich nicht mehr daheim wohnte. Immer, wenn wir dort waren, war Dad entweder draußen oder saß im Wohnzimmer vor dem Fernseher. Wir ignorierten ihn einfach. Er hatte kein Wort mehr mit mir geredet, seit ich von der Schule abgegangen war, nicht einmal im Streit. Wir blieben in der Küche, bei Mum, die sich über unsere Gesellschaft zu freuen schien.

Ron lebte damals noch bei unseren Eltern, war aber selten zu Hause. Er machte sich gut bei Repco (einem großen Autoteilehersteller) und schien für sich eine sinnvolle Beschäftigung gefunden zu haben, die ihm außerdem Spaß machte. Tatsächlich schien es, als wäre jetzt er der Erfolgreichere von uns beiden, nachdem er die Highschool abgeschlossen und anschließend studiert und eine ordentliche Stelle gefunden hatte. Wir beide hatten in diesen Jahren nur sehr wenig Kontakt, vor allem deshalb, weil ich mich nur so selten zu Hause blicken ließ. Er behielt auch seinen Teilzeitjob an der Tankstelle bei, da Geldverdienen für ihn vorrangig geworden war. Ich glaube, er hatte es zu seinem Lebensziel erklärt, der Arbeiterklasse zu entrinnen. Er hatte das Segeln als Hobby beibehalten und interessierte sich jetzt außerdem für Autorennen; er fing in der Formel-Ford-Kategorie an und gewann später sogar die Meisterschaft.

Unser Vater interessierte sich ebenfalls für Autorennen, und so richtete er seine Aufmerksamkeit jetzt auf Ron, den er auch zu Rennen begleitete. Ron und ich hatten die Rollen getauscht, und es war, als würde ich gar nicht existieren.

Eines Abends lernten Sue und ich im Pub eine Gruppe Jungs kennen, die am Wochenende gerne surfen gingen, und wir schlossen uns ihnen an. Sie legten uns gegenüber einen ausgeprägten Beschützerinstinkt an den Tag, sodass wir uns in ihrer Gesellschaft sicher fühlten. Wenn wir nicht Dennis besuchten, fuhren wir mit einer Flasche Whisky, einer Flasche Brandy und einer Flasche Cola in Sues Wagen drauflos. Wir fuhren nach Phillip Island, wo wir am Strand schliefen, und bis wir dort waren, waren wir bereits zugedröhnt. Irgendwann kam ich mit einem der Jungs zusammen. Wieder ein Peter. Er war Heizungsbauer und ein oder zwei Jahre älter als ich. Mit 17, kurz vor meinem 18 Geburtstag, schlief ich das erste Mal mit einem Mann. Ich lernte seine Mutter kennen, und wir verstanden uns so gut, dass ich schließlich die Plauderei mit ihr interessanter fand als die Gespräche mit ihm! Peters Vater war Alkoholiker, und seine Mutter trennte sich später von ihm und ließ sich scheiden. Peter war ebenfalls ein ziemlich starker Trinker, dessen Führerschein wegen Trunkenheit am Steuer eingezogen worden war. In gewisser Weise war er genau wie ich auf dem absteigenden Ast, aber wir hatten alle Arbeit, sodass wir uns einbildeten, es wäre alles in Ordnung. Mit 18 machte ich gleich meinen Führerschein und kaufte auf Pump eine alte Rostlaube von einem Auto, wobei meine Mutter bei der Bank für mich bürgte.

Sue und ich ließen uns weiter fast jeden Abend nach der Arbeit im Pub voll laufen und feierten anschließend bei einem der Jungs oder bei Sue weiter, zumindest bis Dennis' Entlassung unmittelbar bevorstand. Dennis war ein gutmütiger Kerl, den ich als Freund sehr lieb gewann. Sue und er setzten ihre Beziehung nach seiner Haftentlassung fort, und es dauerte nicht lange, bis sie Heiratspläne schmiedeten. Natürlich setzte das Sues ausschweifendem Lebenswandel der vergangenen anderthalb Jahre ein Ende, während ich gerade erst richtig auf den Geschmack gekommen und nicht geneigt war, kürzer zu treten – im Gegenteil. Ich schloss mich einer anderen Clique an, der auch ein paar von den Jungs angehörten, die ich zusammen mit Sue kennen gelernt hatte, und stürzte mich in die Pub-Szene von Frankston, einem kleinen Vorort von Melbourne, ebenfalls an der Küste gelegen, etwa 45 Minuten von der Stadt entfernt.

Die Szene war die gleiche – junge Leute, die meisten berufstätig, aber vergnügungssüchtig und ziemlich verantwortungslos. Zumindest galt das für die Leute, mit denen ich zusammen war. Auch waren in Frankston mehr Drogen und verschreibungspflichtige Medikamente im Umlauf wie Duramin, das Pseudoephedrin enthielt, ein Hauptbestandteil in Amphetaminen (Speed). Ich lernte bald, dass man, wenn man zusätzlich zur inzwischen üblichen abendlichen Alkoholmenge ein paar Duramin schluckte, die ganze Nacht durchmachen konnte. Das aufputschende Speed in dem Duramin schien die betäubende Wirkung des Alkohols aufzuheben. Die Droge half mir dann auch, etwas von dem Gewicht zu verlieren, das ich zugelegt hatte, seit ich nicht mehr turnte. Mit Peter war nach etwa drei Monaten Schluss, aber ich hatte noch Jahre sporadisch Kontakt zu seiner Mutter – wir schrieben uns sogar, als ich im Gefängnis war.

Etwa um diese Zeit verbrachte ich mal wieder einen Abend zu Hause. Mum nahm ein Bad und rief mich hinterher in ihr Zimmer. »Könntest du dir das mal ansehen? Die Seife ist eben gegen diesen Knubbel unter meinem Arm gestoßen«, sagte sie, einen ängstlichen Ausdruck auf dem Gesicht. Sie hob den Arm, um mir die Stelle zu zeigen, und ich konnte den Knubbel ebenfalls durch den Stoff ihres Unterhemdes fühlen. Meines Wissens hatte sie nie mit irgendjemandem über irgendwelche ihrer Krankheiten gesprochen, um so ungewöhnlicher war es also, dass sie mich jetzt einbezog, obwohl es vermutlich einfach daran lag, dass ich inzwischen älter war. In dieser Familie schien niemand Krankheiten besondere Aufmerksamkeit zu schenken. Dass sie sich mir in dieser Situation anvertraute, war somit vermutlich ein Hinweis darauf, wie groß ihre Angst war. Natürlich war ich damals zu unsensibel, um das zu spüren.

»Was glaubst du, was das ist?«, fragte ich sie, als handle es sich um etwas so Banales wie einen Schnupfen.

»Ich weiß auch nicht ... Ich denke, ich gehe morgen besser zum Arzt.« Wenn meine Mutter erwog, den Arzt aufzusuchen, musste sie annehmen, dass es etwas Ernstes sein könnte.

Sie ging gleich am nächsten Tag, und der Doktor ordnete sofort eine Biopsie an, die im örtlichen Krankenhaus vorgenommen werden musste. Nach etwa einer Woche lagen die Ergebnisse vor. Sie sagte, sie wären »nicht gut«, woraus ich schloss, dass es sich um eine bösartige Geschwulst handelte. Sie wurde umgehend ins Krankenhaus eingewiesen, um den Knoten operativ entfernen zu lassen. Die nachfolgende Laboruntersuchung bestätigte den Krebsverdacht. Schon kurze Zeit nach dem Eingriff teilten die Ärzte ihr mit, es wäre »alles in Ordnung«, sie hätten den Krebs entfernt, bevor sich Metastasen bilden konnten. Ron, Dad und ich atmeten auf, wenn auch nicht gemeinsam, und Mum kehrte an ihren Arbeitsplatz zurück.

Das Leben ging weiter, ich hatte gelegentliche Auftritte als Sängerin und gewann sogar einige Wettbewerbe in verschiedenen Pubs, hatte aber alles in allem das Gefühl, auf der Stelle zu treten.

Ich wurde immer rastloser, und als Chris, mein ehemaliger Klavierlehrer, nach Sydney zog, beschloss ich, ihm zu folgen. Immerhin hatte er versprochen, mir zu helfen, mich in der dortigen Club-Szene zu etablieren, zumal er selbst sich bereits einen Namen in der Musikszene gemacht hatte.

Aber aufgrund mangelnden Selbstvertrauens brachte ich es nur zu einigen wenigen schlecht oder gar nicht bezahlten Auftritten. Ich weiß auch nicht, warum ich mich nicht an einen Agenten wandte. Ich war wohl noch sehr naiv und kannte niemandem im Musikgeschäft, der mich beraten hätte, nachdem sich herausgestellt hatte, dass Chris sich doch mehr für meinen Körper interessierte als für meine Musikkarriere. Ich war verwirrt und enttäuscht von ihm, da ich fest daran geglaubt hatte, dass er mir völlig uneigennützig helfen würde. Und so beschloss ich nach etwa einem halben Jahr, nach Melbourne zurückzukehren.

Dort fand ich schon bald einen Job in einer Fabrik; ich musste einzelne Komponenten für Funkgeräte zusammensetzen. Ich arbeitete am Fließband, und das vorgegebene Tempo war beachtlich. Ich war stolz, als man mich am schnellsten Ende des Bandes einsetzte – meine Erwartungen und Ansprüche waren eben bescheiden geworden. Schon bald knüpfte ich an mein altes Leben an.

Daheim zu wohnen kam nicht mehr in Frage; Mum war zwar bereit, mich zu unterstützen, machte aber keinen Hehl daraus, dass ich bei ihr und Dad nicht mehr willkommen war. Allerdings wollte sie mich auch nicht auf die Straße setzen, sodass sie mir erlaubte, kurze Zeit bei ihnen unterzukommen, bis ich etwas Eigenes gefunden hatte. Zwei Wochen später machte mich Ron auf eine kleine Wohnung auf der Rückseite eines Hauses in Bonbeach aufmerksam, nur wenige Bahnhaltestellen vor Frankston. Sie gehörte Arbeitskollegen von ihm, die meine Vermieter wurden. Ron arbeitete inzwischen für cinc große internationale Werbeagentur und war überaus erfolgreich. Obwohl wir uns nicht oft sahen, blieben wir in Kontakt und telefonierten mindestens einmal im Monat. Ich hatte mein Klavier von zu Hause mitgenommen, da ich den Traum von einer Musikkarriere noch nicht ganz aufgegeben hatte, und ich übte jeden Nachmittag nach der Arbeit mehrere Stunden. Allerdings passierte auf musikalischer Ebene nicht viel – ich wartete wohl darauf, entdeckt zu werden, was sehr unwahrscheinlich war in Anbetracht der Tatsache, dass ich nur in dem Bungalow in Bonbeach sang!

Die meisten Abende verbrachte ich in irgendeinem Pub in Frankston, nur wenige Kilometer von zu Hause entfernt, trank zu viel und schluckte Duramine. In Frankston fühlte ich mich wohl, und ich lernte viele junge Leute kennen, die so drauf waren wie ich, wenn auch viele von ihnen ein weniger geregeltes Leben führten, da sie arbeitslos waren und noch tiefer im Drogen-Alkohol-Kreislauf steckten.

Erste Bekanntschaft mit der Spritze machte ich eines Abends, als ich mit Andy, einem jungen Typen aus Frankston, den ich sehr mochte, auf eine Party ging. Obwohl er erst siebzehn war und somit ein paar Monate jünger als ich, war er bereits ein erfahrener Drogenkonsument. Wir kamen zu einem etwas heruntergekommenen Haus, das auf den ersten Blick nichts Besonderes war. Als jedoch die Tür aufging und wir eintraten, machte ich große Augen: So etwas hatte ich noch nie gesehen. Überall lagen Leute in verschiedenen Posen auf dem Fußboden, inmitten von Spritzen, Löffeln und anderen »Accessoires«. Wir durchquerten das Wohnzimmer, und Andy begrüßte unterwegs diverse Bekannte. Auf dem Flur und in den Schlafzimmern trafen wir auf weitere Junkys in verschiedenen Stadien des Drogenrausches.

Viele saßen vornübergebeugt mit schlaff herabhängendem Kopf da. Andere, die den Kopf noch erhoben hielten, hatten sichtlich Mühe, die Augen offen zu halten.

Andy und ich hatten früher am Abend Acid eingeworfen und waren ebenfalls auf einem Trip, allerdings einem eher schwachen. Im Übrigen stand ich nicht so auf Acid oder LSD. Da diese Drogen Halluzinationen hervorriefen, verlor man oft völlig den Bezug zur Realität und legte sehr sonderbares Verhalten an den Tag. Wenn man dann am nächsten Tag aufwachte, hatte man oft keine Ahnung, wo man war oder was man getan hatte. Für gewöhnlich wurde LSD in Form kleiner Pillen gehandelt (die auf Tesafilm klebten, um nicht verloren zu gehen). Manchmal war es ganz lustig, zu halluzinieren und Dinge zu sehen, die gar nicht da waren, und in den Siebzigern wurde Acid oft als psychedelische Droge bezeichnet. Aber manchmal kam es auch zum Horrortrip, aus dem es kein Entrinnen gab, da die halluzinogene Wirkung sechs bis acht Stunden anhielt. Manchmal lösten die Trips bei mir mehr Beklemmungen aus als gute Laune, aber das Zeug war einfach im Umlauf, und wenn meine Freunde es nahmen, tat ich es ihnen gleich, einfach weil es keinen Spaß machte, »nüchtern« mit Leuten zusammen zu sein, die auf einem Trip waren.

Seit ich das Haus betreten und die Leute gesehen hatte, war ich neugierig und wollte es unbedingt probieren. Alle sahen zufrieden und abgehoben aus. Ich wandte mich an Andy. »Ich will auch was davon haben«, sagte ich ohne Zögern.

»Nein, willst du nicht«, entgegnete er, in einem vergeblichen Versuch, mich vor mir selbst zu schützen.

»Doch, bitte«, bettelte ich.

Aber er war entschlossen, hart zu bleiben. »Nein, Helen, tu das nicht. Das bringt dich nur in Schwierigkeiten.

Glaub mir, das ist es nicht wert«, sagte er, während er einen Schuss für sich selbst vorbereitete.

Du mieser egoistischer Blödmann, dachte ich, während ich zusah, wie er das Pulver auf einen Löffel gab, ein paar Tropfen Wasser hinzufügte, die Mischung mit einem Streichholz erhitzte, bis das Pulver sich aufgelöst hatte, und dann die Flüssigkeit mit einer Spritze aufzog. Dann band er sich den Oberarm ab, bis seine Armvene hervortrat, und ich sah, wie er die Nadel hineinstach und langsam den Kolben der Spritze herunterdrückte. Dann zog er die Nadel wieder heraus, stillte die Blutung, indem er fest mit dem Finger auf die Einstichstelle drückte, lehnte sich zurück an die Wand und sackte entspannt zusammen. Seine Augenlider wurden schwer, und er ließ wie alle anderen kraftlos den Kopf hängen.

»Wow ...«, sagte er, nachdem der erste »rush« vorbei war. »Toller Stoff.«

Ich war jetzt endgültig entschlossen, diese Droge auszuprobieren. Ich nahm an, dass es sich um Heroin handelte, aber es konnte auch Morphium oder Pethidin sein – wer wusste das schon? Mir war das eigentlich ziemlich egal. Ich wollte einfach etwas davon haben und meinen Willen durchsetzen. Ich wollte mich so fühlen wie er aussah.

»Bitte, Andy. Ich möchte es wirklich ausprobieren«, versuchte ich es noch einmal, in der Hoffnung, dass er weniger Widerstand leisten würde, jetzt da er stoned war. Ich bettelte und flehte, bis er sich schließlich geschlagen gab. Er fing an, mir einen Schuss zu mischen, während ich mir mit einem Gürtel den Oberarm abband.

»Zieh den Gürtel ganz fest zu und mach mehrmals hintereinander die Faust auf und zu«, wies Andy mich an. »Dadurch schwellen die Venen an.« Während ich mich ganz darauf konzentrierte, meinen Arm vorzubereiten, erhitzte er in einem Löffel das mit Wasser versetzte Pulver. Als er die Spritze aufgezogen hatte, richtete er sein Augenmerk auf meinen Arm und suchte nach einer geeigneten Vene. Er hatte schon bald eine gefunden. Ich war nervös, aber auch erfüllt von freudiger Erwartung. Mir war ein wenig flau im Magen wie vor einer Spritze beim Arzt. Wie gebannt sah ich zu, wie Andy langsam die Flüssigkeit in meine angeschwollene Vene spritzte. Er wies mich an, den Gürtel von meinem Arm zu lösen und einfach fallen zu lassen. Sofort fühlte ich, wie das, was alle als »rush« bezeichneten, mir geradewegs ins Gehirn schoss.

»Wow!«, rief ich aus, als meine Lider auch schon schwer wurden.

Ich liebte die Droge von der Sekunde an, da sie das erste Mal in meinen Blutkreislauf gelangte. Sie war ganz anders als LSD, Alkohol, Marihuana, Hasch oder Speed. Es war das tollste Gefühl, das ich je gespürt hatte, obwohl mir schlecht wurde und ich ins Bad rennen musste, um mich zu übergeben. Es kommt oft vor, dass jemand, der das erste Mal Heroin spritzt, sich übergeben muss. Als ich zurückkam, setzte ich mich wieder zu Andy, der immer noch zusammengesunken an der Wand lehnte.

»Bist du okay?«, fragte er.

»Ja, großartig. Tausend Dank.« Es ist schwer zu beschreiben, aber plötzlich war die Welt in Ordnung. Es ging mir gut. Ich fühlte innerlich eine Wärme anstatt der üblichen Unzufriedenheit und Unruhe. Ich war voller Liebe. Ich liebte Andy ... Ich liebte die ganze Welt ... Es war ein unbeschreibliches Gefühl, und die Erinnerung an diesen ersten Eindruck brannte sich in mein Hirn. In den folgenden Jahren sollte ich immer wieder verzweifelt diesem überwältigenden Glücksgefühl nachjagen.

Etwa um diese Zeit, da ich viel in Frankston herumhing, lernte ich noch weitere neue Freunde kennen. Rhonda, die Unmengen von Alkohol konsumierte, lehnte Drogen strikt ab, aber Peter, einer ihrer Brüder, war bereits süchtig, was seiner Familie sehr zu schaffen machte. Ich lernte ihn ebenfalls kennen und war eine Zeit lang sogar mit ihm zusammen. Ursprünglich sah ich in ihm einen Kumpel, mit dem man wunderbar mit Drogen experimentieren konnte. Unsere Beziehung wurde auch von einigen romantischen Zwischentönen begleitet, da ich ihn attraktiv fand, aber letztlich entwickelte sich nichts Ernstes daraus, weil er sich immer merkwürdiger benahm. Er und ich warfen zusammen haufenweise Acid ein – »Clearlight« hießen die Pillen – und waren fast jeden Abend zugeknallt. Nach einigen Monaten regelmäßigen LSD-Konsums sah ich beim Autofahren immer wieder Straßenlaternen vor mir auf die Straße springen. Das machte mich fertig, vor allem, als ich merkte, dass die Halluzinationen und Flashbacks nicht aufhörten, wenn ich keine Tabletten nahm. Dieser Realitätsverlust gefiel mir gar nicht, sodass ich zu Rhondas Freude fortan die Finger ließ von LSD und Peter. Obwohl Peter ihr Bruder war und sie ihn sehr gern hatte, hatte Rhonda auch ein wenig Angst vor ihm. Er litt so häufig unter Halluzinationen, dass sein Verhalten für seine Familie immer beängstigender wurde; er war wie jemand, der eine psychotische Phase durchmachte und an den man nicht mehr herankam.

Ich persönlich fand es okay, stoned zu sein, aber der Realitätsverlust war mir nicht geheuer. Halluzinogene Drogen machten es außerdem unglaublich schwer, einer geregelten Arbeit nachzugehen. Aufgrund ihrer aufputschenden Wirkung konnte man nicht mehr schlafen und war manchmal mehrere Tage am Stück wach. Das war nicht weiter schlimm, wenn man nicht arbeiten ging, aber ich war darauf angewiesen, Geld zu verdienen. Ich zog nie ernsthaft in Betracht, von Arbeitslosengeld zu leben. Ich wollte nur diese angenehme innere Wärme und Ruhe fühlen, und das erreichte ich mit Narkotika wie Morphium, Pethidin und Heroin, die beruhigend wirkten und nicht aufputschend. Auch wenn man nach dem Schuss halb – oder manchmal auch ganz – bewusstlos war, fühlte man sich im Großen und Ganzen einfach sorglos und völlig unbeschwert. Die innere Wärme, die man verspürte, wenn man wieder zu sich kam, war wunderbar. Auch wenn man lethargisch wird – in dieser Hinsicht kann Heroin eine Droge sein, die in die Isolation führt –, wird der Stoff seinem Ruf als schmerztötendes Mittel zweifellos gerecht. Es ist kein Zufall, dass so viele Süchtige aus Familien stammen, in denen Gewalt an der Tagesordnung ist.

Peter wurde in den kommenden Jahre mehrfach während psychotischer Schübe, die offenbar auf seinen ständigen Acid-Konsum zurückzuführen waren, in die Psychiatrie eingewiesen. Rhonda und ich besuchten ihn häufig und waren geschockt von den hohen Medikamentendosen – vorwiegend Sedativa –, die ihm verabreicht wurden. Er war nur noch ein Schatten seiner Selbst. Von dem kräftigen, intelligenten und enthusiastischen jungen Mann war nichts geblieben. Irgendwie wirkte er »gebrochen«. Nachdem ich mit eigenen Augen gesehen hatte, welchen psychischen Schaden Acid ihm zugefügt hatte, war ich sehr zufrieden mit mir, weil ich dieser Droge abgeschworen hatte. Das gab mir das Gefühl, mein Leben im Griff zu haben. Alles ist relativ, und wenn man selbst nicht viel erreicht hat im Leben, ist es immer praktisch, sich jemanden anzusehen, dem es noch viel schlimmer geht als einem selbst ...

Kurze Zeit später wurde Rhonda plötzlich und unerwartet sehr krank. Nierenversagen wurde diagnostiziert, und sie musste zur Dialyse, bis eine Spenderniere für sie gefunden war. Sie hielt sich tapfer, aber von Partys und Alkohol hielt sie sich fern. Neben der Arbeit, meinen Besuchen bei Rhonda im Krankenhaus und den Nächten in den Pubs tauchte ich immer tiefer in die Drogenszene ein und schloss mich den entsprechenden Leuten an. Parallel hierzu nabelte ich mich von meiner Familie ab und schaute nur noch sporadisch bei meiner Mutter vorbei. Ich war immer mal wieder auf Partys, bei denen Heroin konsumiert wurde, und wenn welches verfügbar war, genehmigte ich mir auch einen Schuss. Noch gierte ich nicht danach, sondern begnügte mich damit, in Kreisen zu verkehren, in denen die Droge kursierte und immer mal wieder etwas für mich abfiel.

Ich machte Bekanntschaft mit einer Clique von jungen Leuten aus Neuseeland. Es waren größtenteils Jungen, aber auch zwei Mädchen in meinem Alter und ein paar junge Frauen Anfang zwanzig darunter. Manchmal hingen wir in einem Dutzend herum. Sie wohnten in zwei Ferienhäusern in St. Kilda, etwa sieben Kilometer südlich von Melbourne. Sie tranken kräftig und rauchten Gras (Marihuana). Ein paar von ihnen kamen außerdem an Heroin heran, also zog ich mit und nahm etwas mehr, wenn auch weiterhin nur gelegentlich an den Wochenenden. Ich erzählte Rhonda nichts von meinem Heroinkonsum, da ich wusste, dass sie dann ausrasten würde, zumal ihre Prioritäten sich verschoben hatten – für sie war vorrangig, bis zu ihrer Nierentransplantation am Leben zu bleiben. Es war deprimierend, ihren körperlichen Verfall mit anzusehen. Aber ich konnte nicht viel für sie tun, außer ihr Mut zu machen. Sie war zu krank, um sich viel zu bewegen und musste wieder zu ihren Eltern ziehen, damit diese sich um sie kümmern konnten, wenn sie nicht im Krankenhaus war.

An einem Wochenende besuchten mich meine neuseeländischen Freunde in Bonbeach, und dabei kam die Idee auf, gemeinsam nach Sidney zu ziehen. Ich war begeistert!

Zwei Wochen später brachen wir in zwei vollbesetzten Autos auf. Wir wollten uns, sobald wir dort waren, Arbeit suchen und das Datum unserer Rückkehr offen lassen. Am nächsten Tag rief ich meine Vermieter an und bat sie, meine Sachen in den freien Schuppen im Garten meiner Eltern bringen zu lassen, kündigte meine Stelle und war schon startklar. Als wir aufbrachen, hatte ich 50 Dollar in der Tasche.

Unterwegs machten wir Halt, um einige neuseeländische Freunde von ihnen in Canberra zu besuchen. Wir zogen ein paar Tage durch die dortigen Kneipen und fuhren dann weiter. Als wir Sydney erreichten, waren wir fast pleite. Zu acht kratzten wir gerade genug Geld zusammen, zum zwei Zimmer in einer schäbigen Pension in Darlinghurst am Rande von Sydneys Rotlichtbezirk Kings Cross mieten zu können. Fred bekam als Erster Arbeit. Er war Metzger und fand immer schnell eine Stelle; außerdem war er sehr nett und umgänglich. Das war für uns alle ein Glücksfall, da wir kein Geld mehr hatten und uns langsam der Magen knurrte. Fred konnte aus dem Laden etwas Fleisch mitnehmen, das wir abends mit zwei Scheiben Brot aßen.

Fred und ich teilten uns mit den Kakerlaken ein Zimmer der Pension, obwohl wir anfänglich nichts miteinander hatten. Ich war jetzt 19 und Fred 24, und in den ersten Monaten waren wir nur gute Freunde und schliefen in getrennten Betten. Es dauerte allerdings nicht lange, bis Fred durchblicken ließ, dass er an mehr als einer rein freundschaftlichen Beziehung interessiert war. Er war ein im Aussehen durchschnittlicher Typ, nicht viel größer als ich, mit mittelbraunem welligen Haar und Schnauzer. Obwohl ich mich körperlich nicht im Geringsten zu ihm hingezogen fühlte, hatten wir viel Spaß und kamen gut miteinander aus. Er war sanftmütig und überhaupt nicht dominant oder besitzergreifend wie mein Vater, was ich sehr schätzte.

Unser Zimmer in der Pension war wirklich ein Dreckloch, und wenn wir morgens aufwachten, sahen wir Kakerlaken um den Abfalleimer herumkrabbeln, die es auf die Reste von unseren Fleischbroten abgesehen hatten. Ich fühlte mich schmutzig und hoffte inständig, dass ich bald Arbeit finden würde, damit wir uns eine neue Unterkunft suchen konnten. Nach zwei Wochen fand ich einen Job als Kellnerin im Woollahra Hotel, ein paar Kilometer östlich von Darlinghurst, das auch ungelernte Kräfte einstellte. Kurz darauf entwickelte sich zwischen mir und Fred eine Liebesbeziehung. Es erschien mir einfach leichter und praktischer, wenn wir uns Miete und andere Kosten teilen, und im Übrigen mochten wir uns sehr. Wir fanden bald eine geeignetere Pension in Paddington, die nur fünf Minuten von der Bar entfernt lag, in der ich arbeitete, und zehn Minuten von Freds Arbeitsstelle. Wir hatten einen kombinierten Wohn-Schlafraum mit einer Kitchenette. Das Zimmer gefiel uns, und wir richteten uns für eine Weile dort ein. Wir waren beide recht zurückhaltend und erwarteten voneinander nicht viel mehr als ein wenig finanzielle und seelische Unterstützung, und so funktionierte unsere Beziehung, auch wenn sie nicht gerade aufregend war.

Kapitel 4

ICH WERDE SÄNGERIN

Fred und ich kehrten 1976 nach einem sechsmonatigen Aufenthalt in Neuseeland nach Melbourne zurück. Ich war inzwischen 22 und Fred 27. Fred und ich fanden eine Wohnung in St. Kilda und beschlossen, uns dort für einige Zeit einzurichten. Mum ging es nicht gut. Der Krebs war wieder ausgebrochen, und schon bald musste ihr eine Brust abgenommen werden. Nach dem Eingriff gönnte sie sich nur einen Monat Ruhe, bevor sie sich wieder ganz in die Arbeit stürzte. Ich glaube, sie fühlte sich nie wohl, wenn sie zu viel Zeit für sich hatte – wahrscheinlich kam sie dann ins Grübeln. Ich bin sicher, dass die Gesellschaft ihrer Arbeitskollegen für sie angenehmer war als die eisige Stille in den eigenen vier Wänden. Mum war sehr liebenswert und fand trotz ihrer stillen, zurückhaltenden Art schnell Anschluss.

Ich kann mich noch an ein Gespräch mit ihr erinnern über die neuen BHs mit einem ausgepolsterten Körbchen, die sie kaufen musste, aber ich habe nie daran gedacht, sie zu fragen, wie sie sich nach der Brustamputation *fühlte*. Wir sprachen nur über die rein physischen Aspekte ihrer Operation. Ich glaube, niemand aus unserer Familie hat sie je gefragt, wie sie sich fühlte.

An diesem Punkt in meinem Leben – so wie an jedem anderen, fürchte ich – hatte ich keinen Schimmer, was sie von mir dachte, und ich wagte es nicht, ihr von meincm Drogenkonsum zu erzählen. Ich wollte ihr nicht noch zusätzliche Sorgen bereiten, auch wenn ich anfing, mir einzubilden, sie wüsste etwas. Mütter scheinen ein Gespür zu haben für Dinge, die man ihnen verschweigt, wenngleich man auch sagt, dass Paranoia Hand in Hand geht mit den Geheimnissen und Lügen, die der illegale Drogenkonsum nach sich zieht. Da Fred und ich es schafften, unsere Arbeitsplätze zu behalten, fiel es uns verhältnismäßig leicht, unser »anderes« Leben vor der Außenwelt zu verbergen.

Als Fred und ich seit etwa einem Monat wieder in Melbourne waren, begann ich, die Zeitung nach Inseraten zu durchforsten, in denen Sängerinnen gesucht wurden. Bei jedem Ortswechsel wurde meine Motivation geweckt, einen neuen Versuch zu wagen, den Durchbruch als Sängerin zu schaffen, auch wenn mir bewusst war, dass es wohl immer nur ein Nebenjob bleiben würde, wenn ich nicht großes Glück hatte oder mich mehr dafür einsetzte.

Schließlich meldete ich mich auf ein Zeitungsinserat hin zum Vorsingen für eine Band namens TRAMM. Die Band bestand aus fünf Sängern und acht Musikern, denen ich ein paar Songs vortrug. Das war mein erstes Vorsingen für eine Band, und zu meiner eigenen Überraschung sang ich sicher und mit Selbstvertrauen. Hinterher setzten sie sich mit mir zusammen und unterhielten sich mit mir. Ich fühlte mich sofort wohl in ihrer Mitte. Sie schienen beeindruckt von meiner Stimme und boten mir an, der Band auf der Stelle beizutreten. Alles in allem gehörten der Band 14 Personen an, wenngleich die Zahl variierte. Ich eingeschlossen waren wir drei Frauen. Annie, eine zierliche Blondine, sang den Sopran, während Jan und ich abwechselnd die tiefen Partien sowie jene mittlerer Tonlage sangen. Jan war brünett und ich rothaarig – es war also alles vertreten!

Wir klangen ehrlich gut, weil der Band einige exzellente Musiker und großartige Sänger angehörten, vor allem Peter und David. Sie waren die Lead-Sänger, doch wir bekamen alle Gelegenheit, im einen oder anderen Song den Hauptpart zu singen. Peter und David waren außerdem sehr talentierte Unterhalter, und wir traten in Pubs, auf Hochzeiten und bei anderen Anlässen auf. Mit 22 Jahren glaubte ich ernsthaft, das wäre mein großer Durchbruch. Aber insgeheim blieben die nagenden Zweifel, und ich fühlte mich von den anderen ein wenig eingeschüchtert. Sie waren so talentiert, und ich war immer der Meinung, ihnen nicht das Wasser reichen zu können. Gleichzeitig war ich glücklich und motiviert. Obwohl der Schatten der Heroinsucht immer noch über mir hing, glaubte ich wirklich, endlich das Selbstvertrauen aufzubringen, das ich in der Droge suchte. Was ich außerdem bei dieser Band fand, waren ganz besondere Freunde, auch wenn mir erst Jahre später klar wurde, wie wichtig ihre Freundschaft für mich noch sein sollte.

Etwa sechs Monate nachdem Fred und ich nach Melbourne zurückgekommen waren, fiel es uns aufgrund unserer zunehmenden Abhängigkeit und dem entsprechend ansteigenden Drogenkonsum immer schwerer, unser Problem zu verheimlichen. Wir selbst beharrten immer noch stur darauf, nur Gelegenheitsfixer zu sein. Es ist weit verbreitet, dass Drogenabhängige hinsichtlich ihres Drogenkonsums lügen oder ihn rundheraus abstreiten, so ähnlich wie Alkoholiker, die sich selbst etwas vormachen bezüglich der Menge, die sie in sich hineinschütten. Unsere Freundin Danni sprach uns eines Abends darauf an. Nachdem wir uns alle einen Schuss gesetzt hatten, lehnten wir uns entspannt mit hängendem

Kopf zurück, bevor sie auf den Straßenstrich von St. Kilda zurückkehrte. In den siebziger Jahren war St. Kilda eine kleinere Version von Sydneys Kings Cross, mit der gleichen Art Nachtclubs, Prostituierten, Transen und Junkies. Ich habe nie verstanden, wie Danni so etwas tun konnte, aber sie lebte von der Prostitution ... zumindest verdiente sie genug, um für ihren eigenen Drogenbedarf und den ihres Lebensgefährten aufzukommen. Prostitution war etwas, das ich selbst niemals ernsthaft als Einnahmequelle in Erwägung hätte ziehen können. Der Gedanke, mit fremden Männern Sex zu haben, war etwas, das keine Droge der Welt mir hätte erträglich machen können – ganz egal, wie viel Geld oder Stoff man mir geboten hätte.

Danni gehörte zusammen mit Chipper, Sue, Stella, Rikki, Raelene und einigen anderen zu den wenigen Personen, denen Fred und ich genug Vertrauen entgegenbrachten, um uns in ihrer Gegenwart einen Schuss zu setzen oder ihnen Stoff abzukaufen. Wir waren alle etwa im gleichen Alter, und ich hatte sie alle mit 17 oder 18 kennen gelernt, als ich mit dem Heroin angefangen hatte, auch wenn ich damals nur selten in St. Kilda auf die Rolle gegangen war. Für gewöhnlich arbeiteten sie als Prostituierte, um Geld für den nächsten Schuss zu verdienen, und die meisten waren lesbisch, wenn auch nicht Danni und Stella. Fast alle waren in der Kindheit sexuell missbraucht worden und konnten auf keine familiäre Unterstützung bauen. Mir ging auf, dass sie auf den Straßen ihre eigene Familie gebildet hatten, und für sie war es ein Weg, das Gleichgewicht in ihrem Leben bis zu einem gewissen Grad wiederherzustellen, wenn sie Männern Geld für den Sex mit ihnen abnahmen; das gab ihnen das Gefühl, nicht mehr hilfloses Opfer zu sein wie in ihrer Kindheit, sondern die Dinge unter Kontrolle zu haben. Ich stand Danni näher als den anderen, aber in den folgenden Suchtjahren freundete ich mich mit ihnen allen gut an.

Wie auch immer. Als wir an jenem Abend dasaßen und den »rush« genossen, machte Danni eine sehr treffende Bemerkung. »Ihr beide hängt an der Nadel«, sagte sie wissend. Danni ging auf den Strich seit sie 12 war, und sie wusste, wie viel Stoff wir konsumierten.

»Quatsch«, brach es einstimmig aus Fred und mir hervor.

»Nein, wir hängen nicht an der Nadel«, versicherte ich ihr. »Wir nicht ... nein!« Da wir noch nie süchtig gewesen waren, waren wir noch sehr naiv und wussten nicht, was uns erwartete oder welche Auswirkungen die Sucht auf unser Leben haben konnte.

»Trotzdem, seid vorsichtig«, sagte sie weise.

Unseren Protesten zum Trotz wurden die körperlichen Anzeichen jeden Tag deutlicher: Schweißausbrüche, Gänsehaut und Schauer, bis wir »gefrühstückt«, sprich, uns den ersten Schuss des Tages genehmigt hatten. Früher hatte es zum Frühstück Toast und Kaffee gegeben, aber die Zeiten waren vorbei. Es war immer ein so wunderbares Gefühl, zu spüren, wie das Heroin durch unseren Körper strömte, dass die vorausgehende Übelkeit, die Angst und die Zweifel schnell vergessen waren. Auch war mir aufgefallen, dass ich inzwischen um die Mittagszeit regelmäßig Gänsehaut bekam und mir ganz übel wurde vom »Entzug«, sodass ich oft auf einen Sprung nach Hause düste, um mir einen Schuss zu setzen. Fred und ich wussten beide, dass Danni Recht hatte, weigerten uns aber stur, es zuzugeben.

Fred arbeitete als Fleischer in einem Schlachthof in Dromana, ziemlich weit weg von der Mornington-Halbinsel, und ich war als Sekretärin angestellt, nachdem ich nach unserer Rückkehr aus Neuseeland einen sechswöchigen Kurs absolviert hatte. Ich hatte genug von stumpfsinniger Fließbandarbeit und eine Stelle bei einer Computerfirma in St. Kilda gefunden. St. Kilda war der Stadtteil von Melbourne, in dem Drogen am leichtesten zu beschaffen waren, sodass meine Arbeitsstelle für mich günstig gelegen war. Ich brauchte nur um die Ecke zu gehen, und war schon bei meiner Freundin Danni oder einem der anderen Mädchen, denen ich traute, um mir Stoff zu besorgen. Manchmal machte ich mich schon in der Mittagspause auf die Suche nach Danni, Stella oder Chipper, dann wieder wartete ich bis Feierabend. Natürlich war das nicht immer so einfach, wie es sich vielleicht anhört. Es war nicht so, als ginge ich mal eben auf einen Sprung in die Eisdiele. Tatsächlich war das Beschaffen des Stoffs zum Kotzen und konnte zwischen einer Stunde und einem ganzen Tag in Anspruch nehmen. Manchmal war einfach niemand auffindbar, der dealte, und dann wieder hatte Danni selbst nichts mehr. Manchmal konnte keiner von uns vor Mitternacht Stoff auftreiben, sodass die Beschaffung einen immer umfangreicheren Teil unserer Freizeit beanspruchte. Auch überstiegen die Kosten für unseren Heroinkonsum inzwischen unsere Einkünfte aus den »regulären« Jobs, und so kam es, dass wir, wenn wir einen guten Dealer aufgetan hatten, ein paar Gramm mehr kauften, die wir in kleinere Portionen teilten und als »*caps*« Portionen zu 50 weiterverkauften. Die Gewinnspanne verschaffte uns ein paar Schuss gratis. Wir mussten täglich ein bis zwei Gramm verkaufen, um unseren eigenen Verbrauch zu finanzieren. Da wir ziemlich viele Freunde und Bekannte in der Drogenszene hatten, war es nicht weiter schwer, wenn auch manchmal zeitaufwändig, sechs bis acht Schuss am Tag loszuwerden.

Irgendwann unterhielten Fred und ich uns ernsthaft über unsere Situation, und wir beschlossen, aus Melbourne wegzugehen, um zu versuchen, uns von den Fesseln der Sucht zu befreien. Hinzu kam, dass wir auch der Polizei aufgefallen waren, weil wir uns so viel auf der Straße herumtrieben. Die Sache wurde langsam brenzlig. Ich war der Meinung, wir müssten weit weg, nicht nur nach Sydney, wo wir noch andere Heroinsklaven kannten. Schließlich schlug Fred Darwin vor. Er war schon einmal dort gewesen, und es hatte ihm gefallen. Warum nicht? Ich liebte ein warmes Klima, und Darwin klang beinahe nach einer tropischen Insel. Ich brauchte nicht viel Überzeugungskraft. Wir wollten versuchen, von der Droge loszukommen und noch einmal von vorn anzufangen, einen neuen Versuch wagen, in ein normales Leben zurückzufinden. Wir waren zuversichtlich, es schaffen zu können, wenn wir nur aus unserem Umfeld herauskamen.

Nachdem der Entschluss erst gefasst war, kündigte ich – ich konnte immer noch nicht glauben, dass man mich bisher nicht gefeuert hatte – und organisierte ein Meeting mit der Band und unserem Manager Steve, um sie davon zu unterrichten, dass ich nach Darwin gehen würde. Ich war seit fast 18 Monaten bei TRAMM und wusste, dass es hart werden würde, weil ich alle Bandmitglieder so gern hatte. Der Abschied von der Band war wie ein Abschied von meinem Traum, Sängerin zu werden.

Doch ich steckte zu tief drin. Die Sucht hatte Fred und mich fest im Griff, und wir mussten unbedingt weg. Diese Flucht nach vorn schien uns der einzige Ausweg zu sein – ein One-Way-Ticket nach Darwin!

--- Teil II ---

TOD

Kapitel 5

AUF DEM WEG IN DEN KNAST

1979. Nach Jahren vergeblicher Entziehungsversuche und einer abgebrochenen Methadon-Therapie war ich nach Melbourne zurückgekehrt. Von Fred hatte ich mich getrennt und war an einen Mann geraten, der dealte, aber selbst keine Drogen nahm. Anfangs erschien es mir noch praktisch, einen Partner zu haben, der mich mit Stoff versorgte, aber es dauerte nicht lange, und romantische Gefühle wichen Tyrannei und Abhängigkeit – das Ende vom Lied war, dass ich so süchtig war wie noch nie und von meinem »Freund« halb tot geschlagen wurde.

Der Zustand meiner krebskranken Mutter hatte sich im Laufe der Jahre stetig verschlechtert, und Anfang 1979 starb sie dann eines Abends im Krankenhaus. Ich war nicht bei ihr; niemand von der Familie war bei ihr.

Ein paar Tage später nahm ich an der Beerdigung teil, bei der ich mich an Ron hielt. Er und mein Vater hatten alles veranlasst, da ich in meinem Zustand nicht in der Lage war, auch nur den geringsten sinnvollen Beitrag zu leisten. Ich war vollauf mit meinen eigenen Problemen beschäftigt. Ich glaube, ich weinte mich an Rons Schulter aus, aber offen gestanden empfand ich nicht viel, weil ich so abgestumpft war vom Heroin. Ich brauchte einen Puffer zwischen mir und der Welt, zwischen mir und all diesen verwirrenden Gefühlen – zwischen mir und der Trauer um Mum, die ich nie richtig gekannt hatte. Danach kehrte ich nie wieder in mein Elternhaus zurück, auch wenn Ron einige Zeit bei Dad wohnte, um ihm in dieser Situation beizustehen. Ich hatte lange Zeit keinen Kontakt mehr zu Dad; ich wusste nicht, wozu das gut sein sollte.

Außerdem veränderte sich mein Leben sechs Wochen nach Mums Tod in einer Weise, auf die mich nichts und niemand hätte vorbereiten können.

Obwohl ich damals mit einem Mann – Frank – zusammenlebte, dem ich weismachte, ich hätte meine Sucht überwunden, behielt ich meine kleine Wohnung im Osten von St. Kilda die ganze Zeit bei, da sie mich kaum etwas kostete und mir einen letzten Rest von Unabhängigkeit ermöglichte. Ich arbeitete auch wieder für dieselbe Computerfirma als Empfangsdame und Sekretärin.

Eines Tages, als ich mich gerade auf den nächsten Schuss vorbereitete, erhielt ich einen verzweifelten Anruf von Fred (wir waren auch nach der Trennung Freunde geblieben, und er wohnte gleich um die Ecke). Ich wusste, dass er in Malaysia gewesen war, um Stoff für einen Dealer zu schmuggeln, und ich erwartete ihn täglich zurück. (Während unserer Zeit in Darwin hatte auch ich zweimal Heroin von Malaysia nach Australien geschmuggelt. Beim zweiten Mal war ich von der Flughafenpolizei verhört worden und hatte solche Angst ausgestanden, dass ich es nicht wieder gewagt hatte.)

»Du musst mir helfen!«, flehte er mich an.

»Was ist denn los?«, fragte ich. »Ist mit dir alles in Ordnung?« Ich hielt mich am Telefon immer bedeckt, da man nie wissen konnte, ob ein Anschluss von der Polizei abgehört wurde.

»Nein, gar nichts ist in Ordnung«, entgegnete er. »Ich

muss dich treffen – jetzt gleich.« Er klang extrem nervös.

Wir trafen uns, und er erzählte mir die ganze Geschichte. Er hatte Stoff in Malaysia abgeholt und war vor zwei Tagen damit nach Melbourne zurückgekehrt, aber der Dealer, der ihm den Flug finanziert hatte und ihn am Flughafen abholen sollte, war nicht aufgetaucht. Fred hatte seine Telefonnummer nicht und somit auch keine Möglichkeit, ihn zu kontaktieren. Und so hatte er jetzt eine große Menge Heroin in seiner Obhut (mehr als wir selbst uns je hätten leisten können), für das ein anderer bezahlt hatte. Er hatte sich in einem Motel eingemietet, weil er es nicht wagte, mit einer solchen Menge Stoff in seine Wohnung zurückzukehren. Fred fürchtete, der Dealer könnte denken, er hätte ihn hereingelegt, und so bat er mich, den Stoff an einem sicheren Ort aufzubewahren, bis er den Typen ausfindig gemacht hatte. Ich kannte den betreffenden Dealer und war sicher, dass einer von uns ihn in den nächsten Tag würde auftreiben können. Ich hatte keine größeren Bedenken. Ich konnte den Stoff in meiner Wohnung in St. Kilda verstecken und spekulierte darauf, etwas für mich abzweigen zu können, nur ein ganz klein wenig ... gerade genug für ein paar Schuss. Frank würde nie etwas davon erfahren.

Fred hatte große Angst, aber ich beruhigte ihn. Ich war ganz aufgeregt bei der Aussicht auf ein paar Schuss gratis. In gewisser Weise hoffte ich sogar, dass es Tage dauern würde, bis wir den Dealer ausfindig machten. Wir fuhren zurück zu dem Motel, in dem Fred untergekommen war, und er übergab mir den Stoff. Ich wickelte ihn in eine Strickjacke und achtete darauf, keine Fingerabdrücke auf dem Päckchen zu hinterlassen, das ich hinter dem Rücksitz meines Wagens versteckte. Beruhigt, dass der Stoff gut untergebracht war, wollte Fred aus dem Motel auschecken und in seine eigene Wohnung zurückkehren. Ich meinerseits fuhr auf direktem Weg zu mir.

In dem Augenblick, da ich in die Auffahrt zu meinem gemütlichen kleinen Heim einbog, veränderte mein Leben sich unwiderruflich. Urplötzlich sprangen mehrere Männer hinter den Büschen vor und umstellten meinen Wagen. Scheiße! Jetzt nehmen sie mich hoch!, dachte ich und erfasste sofort den Ernst der Lage. Ich hatte nie erwartet, dass mir so etwas noch einmal passieren würde, was vermutlich naiv gewesen war, aber die Fähigkeit, in einer Fantasiewelt zu leben, ist eine unverzichtbare Komponente der Persönlichkeit eines Süchtigen. Wenn man nicht ständig stoned ist, wird einem schnell klar, dass dieser komplizierte Lebensstil, der auf Angst, Scham und Versteckspielen basiert, im Grunde ein Albtraum ist.

Die Fahrertür wurde aufgerissen, und Männer, die aussahen, als wäre mit ihnen nicht gut Kirschen essen – Beamte vom Drogendezernat, wie ich bald erfahren sollte – zerrten mich aus dem Auto und in meine Wohnung. Sie befahlen mir, mich hinzusetzen und mich still zu verhalten, was mir nur recht war, da ich mich fühlte, als würde ich gleich ohnmächtig werden. Den ganzen Weg die Treppe hinauf hatten sie mich mit Fragen bombardiert, und in der Wohnung fuhren sie mit der Befragung fort, wobei ich erst von einem Mann, dann von einer Frau und schließlich wieder von dem Mann verhört wurde, während ihre Kollegen meine Wohnung auseinander nahmen und meine Sachen achtlos verstreuten. Sie bezeichneten das als »polizeiliche Durchsuchung«. Sie fragten nach Fred, wollten wissen, wie lange ich ihn kannte. Als sie sogar den Namen des verschwundenen Dealers erwähnten, wusste ich, dass ich ernsthaft in der

Patsche steckte. Offensichtlich hatte jemand ihnen einen Tipp gegeben, und sie setzten mich unter Druck, damit ich den Dealer belastete. Niemals würde ich auch nur ein Wort über irgendjemanden sagen; nur meine eigene Heroinsucht war ich bereit einzugestehen.

Zwei von den Beamten waren unten geblieben, um meinen Wagen zu filzen, und ich wusste, dass es nur eine Frage der Zeit war, bis sie den Stoff fanden. Natürlich tauchte bald im Schlafzimmerschrank mein »Besteck« auf, das sie mir zeigten. Sie breiteten die Spritzen und das andere Zeug auf dem Tisch aus wie Trophäen. Das Ganze wurde ja mit jeder Minute schlimmer! Dann kamen die Detectives von draußen durch die Tür und legten das noch in die Strickjacke eingewickelte Päckchen daneben. Sie hatten nicht lange gebraucht, um es im Kofferraum zu entdecken.

Wem der Stoff gehörte, wollte sie wissen. Wenigstens wussten sie, dass es nicht meiner war, auch wenn das keinen Unterschied machte, da sie mir immer wieder drohten, mir die Straftat anzulasten, wenn ich mich weigerte, den Namen des Eigentümers zu nennen. Es schien sie nicht sehr zu kümmern, wer nun die Verantwortung für den Drogendeal übernahm, Hauptsache, sie konnten eine Verhaftung vorweisen. Mir war klar, dass ich in großen Schwierigkeiten steckte, weil es sich um eine große Menge Heroin handelte, und so sagte ich nicht viel, verriet ihnen kaum mehr als meinen Namen und meine Adresse (die meines Lebensgefährten). Das machte sie natürlich wütend, aber ich war nicht bereit, irgendjemanden zu verpfeifen, auch wenn es aussah, als würde ich für eine Weile hinter Gitter wandern.

Ich vergaß meinen Stolz und bettelte darum, mir noch einen Schuss setzen zu dürfen, bevor sie mich zum Verhör aufs Revier brachten. Ein einziger Schuss würde das

Ganze ein klein wenig erträglicher machen. Ich wusste, dass ich bald schlecht dran sein würde, und das war im Augenblick meine Hauptsorge. Wenn man süchtig ist, fällt es einem schwer, weiter zu denken als bis zum nächsten Schuss, und das Wissen um die Schmerzen, die psychischen und physischen Qualen, die bald einsetzen würden, machte mir Angst. Aber die Beamten zeigten kein Mitleid und lehnten meine Bitte ab.

Ich verbrachte ein paar Stunden auf dem Revier in der Russell Street in der Innenstadt und hielt trotz ihrer Bemühungen, mich zu einer Aussage zu bewegen, dicht. Ich berief mich auf mein Aussageverweigerungsrecht und antwortete auf jede Frage mit »Kein Kommentar«. Mir war ein Anruf bei einem Anwalt erlaubt worden, dessen Name mir mein Lebensgefährte für einen solchen Notfall genannt hatte (er war es auch gewesen, der mir geraten hatte, ohne Anwalt überhaupt nichts zu sagen). Unnötig zu sagen, dass das Verhältnis zwischen mir und den Beamten vom Drogendezernat gespannt war, aber einer der Typen schien mir etwas freundlicher als die anderen zu sein, obwohl er keine Information aus mir herausbekam. Im Gegensatz zu den anderen blieb er freundlich und respektvoll. Ich dachte, ich täte ihm vielleicht Leid und er hätte vielleicht sogar ein schlechtes Gewissen, weil sie mich wegen Drogenbesitzes festnageln wollten, obwohl sie wussten, dass der Stoff gar nicht mir gehörte. Die Beamtin schien mich regelrecht zu hassen.

Schließlich wurde ich in den Zellentrakt gebracht, wo ich bleiben sollte, bis das Gericht am nächsten Morgen die Arbeit aufnahm. In der Zelle war ich für mich allein und dachte an die Möglichkeit, am nächsten Morgen auf Kaution frei zu kommen. Allerdings ging mir bald auf, dass das ein zweischneidiges Schwert war. Einerseits wollte ich unbedingt raus, vor allem, um mir einen Schuss zu setzen und den Entziehungssymptomen ein Ende zu machen. Andererseits, wenn man mir eine Kaution gewährte, würde zweifellos mein Lebensgefährte auf mich warten ... und auf eine Erklärung. Er würde erfahren, dass ich meine Wohnung beibehalten und die ganze Zeit gespritzt hatte, wodurch wiederum ans Licht käme, dass ich ihn belogen hatte bezüglich meiner Abstinenz. Ich wagte gar nicht, daran zu denken, was das bedeutete. Ich fragte mich, woher die Drogenpolizei den Tipp gekommen hatte, dass ich Stoff spazieren fuhr. Es sah aus, als wäre Fred beschattet worden.

Da ich schon einmal in Südmelbourne gesessen hatte, wusste ich, was mich erwartete. Trotzdem war es für mich wie ein tätlicher Angriff auf meinen Körper, zumal ich schon bei meiner Verhaftung an ersten Entzugserscheinungen gelitten hatte. Meine fensterlose Zelle bestand aus vier massiven Betonmauern, die mit Graffiti übersät waren, und frische Luft kam nur durch eine winzige Lüftungsöffnung hoch oben an einer Wand. Es gab kein natürliches Licht abgesehen von dem bisschen, das durch die kleine Klappe fiel, wenn ein Beamter diese öffnete, um mir etwas mitzuteilen oder etwas zu Essen hindurchzureichen. Ich fror und fühlte mich schrecklich alt. Als ich versuchte, es mir so gemütlich wie möglich zu machen, jagte mir ein kalter Schauer über den Rücken. Ich kam mir vor wie in einem mittelalterlichen Verlies.

Von irgendwo in der Nähe konnte ich, vermutlich durch die Türklappe, alle paar Minuten Männer rufen hören: »Ich will was zu rauchen!«, »Ich will meinen Anwalt sprechen!«, oder »Ich will telefonieren!« Die Forderungen waren endlos und setzten sich den ganzen Tag und die ganze Nacht fort. Die meisten wurden ignoriert.

Von einem Ende der Zelle zum anderen waren es etwa sechs Schritte. Ich fragte mich, wie viele Menschen hier schon auf und ab gegangen waren. Es ist üblich, dass Gefangene auf und ab gehen. Manchmal bezeichnet man das als »Knastschlurfen«, weil viele Häftlinge beim Gehen die Füße schleifen lassen, ein Zeichen der beengten Verhältnisse und der Motivationslosigkeit.

In der Zelle war es sehr düster, und es kam mir vor, als würden die Wände eine fast greifbare Verzweiflung ausdünsten. Sie vermischte sich mit dem Heroingeruch, den mein schwitzender, von Schüttelfrost geplagter Körper verströmte. Ich war eine einsame Gestalt hier zwischen diesen vier kalten, gefühllosen Wänden, aber ich war nicht allein, auch wenn ich mir noch nie so verlassen vorgekommen war. Ich hatte mein Recht auf Privatsphäre verloren. In der oberen rechten Ecke, dort, wo Wand und Decke aufeinander trafen, befand sich ein kleines Auge, und ich wusste nie, wann es mich ansah. Ich war schockiert, als ich die Linse entdeckte.

Nachdem ich mehrere Stunden abwechselnd auf der Pritsche gehockt und auf und ab gegangen war, musste ich dringend auf die Toilette wegen des Durchfalls und der Magenkrämpfe, die der Heroinentzug bewirkte. Ich versuchte, den Gang aufs Klo möglichst lange hinauszuschieben, aber Durchfall und Übelkeit waren unkontrollierbar.

»Ich hätte gern etwas Intimsphäre, bitte«, sagte ich zu dem kleinen auf mich gerichteten Auge. Aber ich konnte einfach nicht länger warten. Ich musste die Toilette benutzen. Ich machte drei Schritte, hockte mich auf die Klobrille und ließ peinlich berührt den Kopf hängen, als könnten auch sie mich nicht sehen, wenn ich sie nicht sah.

Wie viele von euch beobachten mich auf dem Überwachungsmonitor? Gafft ihr Bullen mich mit heraushängender Zunge an, wenn ich meine Hose runterlasse? Ist das eure Art der Unterhaltung? Genießt ihr meinen Mangel an Intimsphäre, jetzt da ich eine Kriminelle bin, obwohl ich noch nicht verurteilt wurde? Diese Fragen gingen mir unablässig im Kopf herum. Im Herzen rechnete ich allerdings damit, schon in Kürze rechtmäßig verurteilt zu sein.

Ich blieb auf der Toilette sitzen, körperlich und seelisch am Ende. »Ich brauche einen Arzt und keine Polizei«, sagte ich laut und blickte vergebens hinauf zu dem Kameraauge. Es kam mir furchtbar unfair vor. »Glaubt ihr wirklich, dass ihr die Welt verbessert, indem ihr Menschen wie mich quält?«

Ich blieb lange auf der Toilette sitzen; der Durchfall war so schlimm, dass es einfacher war, gleich sitzen zu bleiben, auch wenn die Scham unerträglich war. Ich wünschte, ich könnte mich selbst die Toilette hinunterspülen. Mir war klar, dass ich in deren Augen genau dort hingehörte.

»Du bist nichts als Abschaum, du dreckiger Junkie! Ich hätte dich in der Gosse lassen sollen, wo ich dich gefunden habe!«, hatte ich schon tausend Mal von Frank zu hören bekommen. Ich konnte jetzt noch hören, wie er mich in einem Wutanfall angebrüllt hatte, als ich etwas falsch gemacht hatte. Aber er konnte mich anschreien, so viel er wollte, weil da dieser winzige Teil von mir war, der sich weigerte, diese Beschimpfungen anzunehmen. Und auch wenn dieser Teil kleiner und kleiner geworden war, hatte er nie völlig aufgehört zu existieren. *Ich gehöre nicht in die Gosse, und du hast mich auch nicht dort aufgelesen,* dachte ich bei mir, wenn ich es auch in der Regel nicht wagte es laut auszusprechen. Ich hatte meine kleine Wohnung in St. Kilda, und alles darin gehörte mir, und das war weit entfernt von der Gosse. Manchmal widersprach ich doch, und diese winzigen Anflüge von Stolz hielten mich am Leben. Jetzt wurde mir bewusst, wie kostbar mein Stolz war. Er half mir, diese Hölle von einem Leben durchzustehen, für das ich mich entschieden hatte.

Zeitweise hatte ich in der winzigen Zelle akuten Durchfall und musste mich gleichzeitig übergeben. Der Gestank, der nicht entweichen konnte, hing schwer in der Luft. Wenn ich nicht gerade auf der Toilette hockte, versuchte ich, auf und ab zu gehen, sechs Schritte hin und sechs zurück, um die Krämpfe zu lindern, die meine Beine unkontrolliert zucken ließen. Aber dann war ich auch dazu nicht mehr in der Lage; ich hatte einfach nicht mehr die Kraft. Ich legte mich auf die hölzerne Pritsche und deckte mich mit der schmutzigen Armeedecke zu, die der Staat den Häftlingen in Untersuchungshaft zur Verfügung stellte. »Ist es Nacht da draußen in der wirklichen Welt?«, fragte ich die kleine Linse. Ich wusste, dass ich über Nacht bleiben musste, aber nicht, ob die Nacht schon angebrochen war.

Ich versuchte verzweifelt zu schlafen, während mein Körper förmlich nach einem Schuss schrie und ich mich danach verzehrte, zu fühlen, wie die Wärme des Heroins durch meine Adern strömte. Meine Muskeln verkrampften sich und zuckten, vor allem an den Beinen. Ich stöhnte. Mir war erst heiß, dann wieder kalt, ich schwitzte und fröstelte abwechselnd, mein ganzer Körper schmerzte, und ich hatte Gänsehaut. Wenn ich nur einen ganz kleinen Schuss gehabt hätte, hätte der Schmutz in der Zelle mir nichts mehr ausgemacht. Nur ein Schuss, und diese Hölle wäre vorüber, zumindest für ein paar Stunden, bis der Entzug von vorne begann ... begleitet von quälendem Verlangen.

Irgendwann fiel ich in unruhigen Schlaf und wälzte mich stöhnend und schwitzend auf der Pritsche herum. Angst wurde zu Grauen, wenn ich einen Eindringling spürte, der mich von oben beobachtete. Als ich aus meinem Albtraum in die Realität meiner kargen Zelle zurückkehrte, glaubte ich erst, der Richter hocke hoch über mir, aber als ich dann zu mir kam, sah ich, dass es nur das Kameraauge war.

Jede noch so langsame Bewegung schmerzte höllisch, körperlich wie seelisch. Der Morgen brach an, nicht vom Tageslicht angekündigt, sondern von einem Beamten an der Türklappe. Schaudernd zwang ich mich, die müden Augen zu öffnen. Ich war wie erschlagen.

»Der Anwalt ist hier. Es ist gleich Zeit fürs Gericht«, sagte eine Stimme durch die Klappe.

Zeit, mich der Realität zu stellen, sagte ich mir.

Die schwere Stahltür schwang ächzend auf, und ein Polizist führte mich den Gang hinunter in einen kleinen Raum. Dort erwartete mich der Anwalt in seinem hübschen sauberen Hemd und Anzug bereits. Ich fühlte mich verglichen mit ihm sofort wie eine hoffnungslose dreckige Versagerin. Er überraschte mich damit, dass er mir mitteilte, es wäre noch gar nicht sicher, dass mir eine Kaution gewährt würde. Ich hatte geglaubt, das geschähe mehr oder weniger automatisch. Ich hatte ja keinen Schimmer von der Gesetzlage.

Kurze Zeit später wurden wir in den Gerichtssaal gerufen, und am Ende des Haftprüfungstermins wurde mir tatsächlich eine Kaution verweigert, was bedeutete, dass man mich in den U-Haft-Trakt des Fairlea Frauengefängnisses bringen würde. Dort würde ich bis zum Prozess bleiben müssen.

Als die Polizei mich zu meiner Zelle zurückbrachte, holte mein Anwalt uns auf dem Gang ein. »Ich komme in den nächsten Tagen zu Ihnen ins Gefängnis«, sagte er. »Wir müssen noch vor dem Supreme Court Kaution beantragen. Es wird allerdings mindestens zwei Wochen dauern, bis Ihr Fall verhandelt wird.«

»Dem Supreme Court?«, fragte ich verwirrt. Ich dachte immer, der Supreme Court wäre den wirklich schlimmen Verbrechern vorbehalten.

»Ja ... Ich erkläre Ihnen alles Weitere im Gefängnis.«

Der Polizeibeamte und ich bogen um eine Ecke, und ich stand wieder in der Tür zu der schmutzigen stinkenden Zelle. »Großartig!«, sagte ich. »Wie lange dauert es noch, bis ich ins Gefängnis gebracht werde?«

»Weiß ich nicht genau«, antwortete er. »Möglicherweise heute Nachmittag, vielleicht aber auch erst morgen.«

»Großartig!«, sagte ich noch einmal. »Vielen Dank«, rief ich ihm noch zu, als ich hörte, wie sich der Schlüssel im Schloss drehte.

Ich warf mich auf die Pritsche und wartete wieder. Während des Haftprüfungstermins hatte die Angst mich abgelenkt, aber jetzt war die Ernüchterung um so größer, als ich mir den Schweiß von der Stirn wischte. Mir war klar, dass ich im Gerichtssaal ausgesehen haben musste wie die letzte Schlampe.

Gefängnis, sagte ich mir und versuchte, die Wende in meinem Leben zu begreifen. Auch wenn ich etwas Angst hatte, sagte ich mir, dass es nicht viel schlimmer kommen konnte, als es jetzt schon war. Ich dachte an meine vielen alten Freundinnen aus St. Kilda, die bereits in Fairlea einsaßen. Wenigstens würde ich schon viele Frauen dort kennen, auch wenn ich nicht wusste, was genau mich erwartete. Ich fragte mich, ob Fred inzwischen erfahren hatte, was mit seinem Dope passiert war. Wenn ja, würde er sich in die Hose machen, aber im Augenblick konnte ich nur begrenztes Mitleid für ihn aufbringen – immerhin steckte ich in weit größeren Schwierigkeiten als er! Ich hoffte nur, er wusste, dass ich weder ihn noch sonst jemanden verpfeifen würde. Außerdem musste ich Ron Bescheid geben, damit er sich keine Sorgen machte wegen meines plötzlichen Verschwindens. Um meinen Vater machte ich mir keine Gedanken. Darum würde Ron sich schon kümmern. »Was für eine Scheiße!«, sagte ich laut.

In den nächsten Stunden versuchte ich zu schlafen, aber die Muskelkrämpfe ließen mich nicht zur Ruhe kommen. Ich wurde es leid, die drei Schritte zur Toilette zu gehen, um mich zu übergeben oder meinen Darm zu entleeren. Der Durchfall war unvorstellbar. Meine Gedanken waren ziemlich durcheinander, während die Realität meiner Situation immer wieder schwach durch die Mauer meiner körperlichen Qualen drang. Dann hörte ich, wie die Türklappe geöffnet wurde.

»Der Van ist da, um Sie ins Gefängnis zu bringen!«, rief eine schroffe Stimme durch die kleine Öffnung. »Ich bin in fünf Minuten zurück, um Sie zu holen.«

Mein Mund blieb trocken, und kein Wort kam über meine Lippen. Vor einiger Zeit war mir eine kalte Dusche gestattet worden, aber ich hatte keine Kleider zum Wechseln und durfte mir auch das völlig zerzauste Haar nicht bürsten. Ich konnte meinen eigenen Gestank nicht ertragen.

Ich hievte mich von der Pritsche, die mir als Bett gedient hatte, und ließ die schmutzigen Decken achtlos zu Boden fallen. Mir wurde schwindlig, und meine Knie waren weich wie Pudding. Ich schwankte, als ich versuchte, mich aufzurichten. Mein Körper versuchte weiter, das Gift auszuscheiden, und ich war bereits wieder in Schweiß gebadet. Plötzlich gaben meine Beine nach, und ich sank auf dem kalten Steinboden in mich zusammen, inmitten der schmutzigen Decken. Mir tat der Häftling Leid, der sie als Nächstes würde benutzen müssen.

Ein paar Minuten später hörte ich einen Schlüssel im Schloss, und die Stahltür schwang auf. Ein Teil der Zelle wurde von Tageslicht erhellt, und ich kniff die Augen zu gegen die ungewohnte Helligkeit.

»Zeit zu gehen«, sagte einer der Beamten. Es waren zwei. Sie standen in der Tür und kamen nicht herein, als würden sie sich eine Seuche holen, wenn sie die Zelle betraten. So wie ich mich fühlte und zweifellos auch aussah, konnte ich es ihnen nicht verübeln.

»Hatten Sie eine schlimme Nacht?«, fragte einer von ihnen mit einem Hauch von Mitgefühl.

»Ja«, entgegnete ich knapp, da ich einfach nicht die Energie aufbringen konnte, mehr zu sagen.

Schweigend begleiteten sie mich zu einem großen Polizei-Van. Das Führerhaus vorne war hell, mit vielen Fenstern. Hinten befand sich, völlig getrennt vom Führerhaus, ein großer Blechkasten, in dem die Häftlinge transportiert wurden. Er war der Zelle, die ich gerade verlassen hatte, verblüffend ähnlich. Obwohl der Wagen aus Metall war anstatt aus Beton, war er ebenso düster, schmutzig und isolierend. War der Van erst losgefahren, konnten die Beamten, die den Transport begleiteten, die Häftlinge weder sehen noch hören.

Ich hievte mich mit schwachen Armen hinein, und sie verriegelten die Tür hinter mir. Ich fror und fühlte mich entsetzlich leer, als ich mich auf eine der Holzbänke links und rechts des mit Graffiti vollgeschmierten Kastens fallen ließ. Jedes Mal, wenn der Wagen bremste, rutschte ich bis ans andere Ende der glatten Bank. Ich versuchte, mich festzuhalten, war aber inzwischen vom

Entzug derart geschwächt, dass ich sofort wieder am anderen Ende landete, wenn mich die Kräfte verließen und ich loslassen musste.

Als ich etwas über Augenhöhe ein kleines Fenster sah, stand ich auf, um zu versuchen, einen letzten Blick auf die Zivilisation zu werfen, aber das Fenster war so engmaschig vergittert, dass ich kaum etwas erkennen konnte. »Adieu, grausame Welt«, sagte ich. Ich konnte mir die Menschen vorstellen, die ihrem geregelten Leben nachgingen. *So wie du selbst gestern noch,* dachte ich bei mir. Heute hatte sich die Welt drastisch verändert. Nein, heute hatte sich *meine* Welt verändert. Ich fing an, die wahre Bedeutung von Freiheit zu ermessen, und das Gefühl des Verlustes keimte in mir auf.

Etwa eine halbe Stunde später erreichten wir das Gefängnis. Der Beamte am Steuer des Vans hupte. Und ich hörte, wie ein Rolltor zur Seite glitt. Der Van fuhr ein letztes Mal an, und ich rutschte wieder bis ans andere Ende der Bank. Dann blieb der Transporter stehen. Ich stürzte beinahe bei dem Versuch, das Gleichgewicht zu halten. Ein paar Minuten später öffnete der Beamte die Hecktür, und ich durfte aussteigen. Wieder blendete mich das Sonnenlicht, und es dauerte eine Weile, bis meine Augen sich an die Helligkeit gewöhnt hatten. Als ich schließlich wieder ganz normal schauen konnte, sah ich, wie mich eine Gefängniswärterin von Kopf bis Fuß abschätzig musterte.

»Kommen Sie mit«, sagte sie nicht unfreundlich. An ihrem Gürtel baumelte ein dicker Schlüsselbund, der beim Gehen laut klirrte. Ich folgte ihr durch eine Reihe von Türen, die sie erst auf- und hinter uns wieder absperren musste. Das Gebäude sah sehr alt aus, und da es aus Wellblech gebaut war, wirkte das Ganze irgendwie nicht solide genug für ein Gefängnis.

Schließlich gelangten wir in einen mittelgroßen Raum, dessen Wände rechts und links der Tür von Holzschränken und Metallspinden bedeckt waren. Der Linoleumboden war alt, aber auf Hochglanz poliert – tatsächlich sah der ganze Raum so sauber aus, als wäre er frisch desinfiziert. Dadurch fühlte ich mich nur umso schmutziger, wie der dreckige Müll, als den mich viele betrachteten. »Abschaum!« Dieses Wort schien sich für alle Ewigkeit in mein Hirn eingebrannt zu haben. Vermutlich dachte das auch die Wärterin. Ich bemerkte einen zweiten, kleineren Raum, der an den Hauptraum angrenzte. Auf einem Pult direkt davor lag ein großes aufgeschlagenes Buch.

»Wie ist Ihr Name?«, fragte die Gefängniswärterin; der Aufnahmeprozess hatte begonnen.

»Ziehen Sie sich aus und legen Sie Ihre Kleider dorthin«, befahl sie und zeigte auf eine Stelle auf dem Fußboden.

»Soll das ein Witz sein?«, fragte ich, um Zeit zu schinden. Ich brauchte einen Moment, um mich an den Gedanken zu gewöhnen, mich vor ihr nackt auszuziehen. Eine zweite Frau, die keine Uniform trug, war ebenfalls anwesend. Später erfuhr ich, dass es sich um eine Insassin handelte, die in der Kleiderausgabe arbeitete.

Die Beamtin brauchte meine Frage nicht zu beantworten; ihr Blick verriet mir, dass sie es ernst meinte. Ich hätte weinen mögen, hielt die Tränen aber zurück. Vor Scham und vom Entzug schwitzte ich sogar noch mehr als zuvor. Ich stand reglos da, wie gelähmt vor Demütigung.

»Los, los, machen Sie voran! Ziehen Sie alles aus. Wir haben nicht den ganzen Tag Zeit«, wiederholte sie ungeduldig. »Ihre Sachen werden gereinigt und für Sie aufbewahrt. Solange Sie nur in Untersuchungshaft sind, dürfen Sie Ihre eigene Kleidung tragen. Haben Sie etwas zum Wechseln dabei?«

»Nein«, antwortete ich und legte Stück für Stück meine Kleider ab.

»Dann bekommen Sie Gefängniskleidung von uns«, entgegnete sie. »Haben Sie irgendwelche unverwechselbaren körperlichen Merkmale wie Narben oder Tätowierungen?«, wollte sie als Nächstes wissen und ließ den Blick über meinen Körper gleiten, als wären wir bei einer Fleischbeschau. Sie ging hinüber zu dem großen Buch und griff nach einem Kugelschreiber.

»Nein.«

Sie fand trotzdem welche. In der Spalte »Merkmale und Narben« vermerkte sie: »Rechter Arm Einstichstellen; linker Arm Einstichstellen; rechter Oberschenkel 18 gelbe Blutergüsse; linker Oberschenkel 3 gelbe Blutergüsse«.

Ich war sehr verlegen, vor allem wegen der Blutergüsse an den Beinen. Sie stammten von Spritzen, die ich mir dort gesetzt hatte, um sichtbare Einstiche an den Armen zu vermeiden. Ich sah auf das Datum oben auf der Seite: 16. Juni 1979. Ich war 25 Jahre alt.

Die andere Frau verließ den Raum durch eine Seitentür, und kurz darauf hörte ich Wasser rauschen.

»Wenn ich Ihre sämtlichen Kleidungs- und Schmuckstücke vermerkt habe, können Sie baden gehen. Im Bad liegt ein Handtuch bereit«, sagte die Beamtin, als hätte sie diese Prozedur schon Millionen Male vollzogen.

»Darf ich meinen Schmuck anbehalten, nachdem Sie ihn registriert haben?«, fragte ich.

»Nein«, antwortete sie.

»Was ist mit den Ohrsteckern?«

»Verboten.«

»Aber dann wachsen meine Ohrlöcher wieder zu.«

»Das lässt sich nicht vermeiden. Niemand hier darf Ohrringe tragen. Sie könnten bei einem Kampf gewaltsam herausgerissen werden und zu Verletzungen führen«, erklärte sie mir ruhig.

Hierauf reichte sie mir eine Flasche. »Verteilen Sie das in Ihrem Haar«, wies sie mich an. »Das ist ein Mittel gegen Läuse.«

»Danke«, sagte ich verdutzt. »Aber ich habe keine Läuse.« Ich schob die Flasche zurück und fragte mich, ob sie es mir angeboten hatte, weil ich so schmutzig aussah.

»Das spielt keine Rolle. Sie müssen es trotzdem anwenden. Das muss jeder, der herkommt. Nehmen Sie das mit, tragen Sie es auf das Haar auf und verteilen Sie es mit dem Kamm, während Sie baden. Sie können es anschließend ausspülen.«

Ich ging nach nebenan ins Bad, froh, einen Moment für mich allein zu sein. Ich stieg in die Wanne und setzte mich. Aufgrund des Entzugs bekam ich bei der Berührung mit dem Wasser sofort eine Gänsehaut. Ein Schauer jagte den anderen, aber das saubere Wasser fühlte sich trotzdem gut an. Es war eine dieser großen altmodischen Wannen auf Füßen, und ich lehnte mich zurück, sodass mein Körper größtenteils bedeckt war. *Für diese Dinger zahlen Liebhaber in Antiquitätengeschäften ein Vermögen,* dachte ich, sah aber dann, dass das Emaille stellenweise abgesprungen war. Ich hätte nie gedacht, dass ich einmal in einem Gefängnis in einer solchen Wanne ein Bad nehmen würde.

»Welche Größe hast du?«, fragte die zweite Frau und steckte den Kopf zur Tür herein.

»Zwölf, glaube ich«, antwortete ich.

Sie ging und kam kurz darauf mit Unterwäsche und einem gestreiften Gefängniskleid zurück. »Wenn du fertig bist, zieh das an und geh dann zurück zu der Beamtin nach nebenan. Mach nicht zu lange«, sagte sie.

Aufgrund des Entzugs ging es mir so schlecht, dass ich nach meiner Aufnahme zur Beobachtung auf die Krankenstation geschickt wurde, anstatt in den Zellentrakt. Als ich eintrat, sah ich ein halbes Dutzend Betten, je drei auf jeder Seite des Raumes. Offenbar war ich die einzige Patientin. Ich brauchte unbedingt jemanden, mit dem ich sprechen konnte, um mir meine Beklemmungen und meine Ängste vor dem Unbekannten von der Seele zu reden. Und ich wünschte, es wäre noch jemand da, jemand, der ebenso als Abschaum gehandelt wurde wie ich. Die Krankenstation war steril und vom Rest der Vollzugsanstalt isoliert. Die Fenster waren übermalt worden, sodass ich nicht mal raussehen konnte. Ich kam mir vor wie in einem Kokon. Die einzigen Unterbrechungen der Monotonie traten ein, wenn ich mich übergeben musste, aber ich wusste, dass das in ein paar Tagen vorbei sein würde. Wie sehnte ich mich danach, dass die körperlichen Entzugserscheinungen aufhörten. Ich hatte keine Ahnung, wie ich mich fühlen würde, wenn meine Gedanken nicht mehr ganz darauf konzentriert waren, wie elend es mir ging. Dann würde ich mich mit meiner rechtlichen Situation auseinander setzen müssen sowie mit dem Gefühl der Leere, das aufkommen würde, nachdem ich jetzt keinen Zugriff mehr auf Heroin hatte.

Während meines Aufenthaltes auf der Krankenstation führte die Schwester routinemäßig alle üblichen medizinischen Tests durch. Sie gab sich wirklich Mühe, nett zu sein; ich glaube, sie war froh, eine Patientin zu haben, um die sie sich kümmern konnte. Ich schätze, sie mochte mich sogar, da sie mich bis zu meiner Kautionsverhandlung als Putzhilfe auf der Krankenstation behielt. Es gab nicht viel zu putzen, da ich die einzige Patientin war, aber wenigstens bekam ich so ein Gehalt – etwa 1 $ am Tag. Das wiederum bedeutete, dass ich mir an den »Kantinentagen« einmal in der Woche Kaffee, Schokolade und Toilettenartikel kaufen konnte.

Nach sieben oder acht Tagen bekam ich Besuch von meinem Anwalt, der mich im Besuchsraum erwartete und mit mir die morgige Kautions-Anhörung vor dem Supreme Court besprach.

Am nächsten Morgen wurde ich schon früh geweckt, machte mich fertig und wartete dann auf den Van, der mich zum Gericht bringen würde. Die Übelkeit war verflogen, auch wenn ich immer noch ziemlich schlapp war. Ich fürchtete mich ein wenig vor dem Gericht, zumal es beim letzten Mal nicht gut ausgegangen war für mich, und doch war ich einigermaßen zuversichtlich, am Nachmittag freizukommen.

Tatsächlich ging alles ganz schnell. Ehe ich wusste, wie mir geschah, verkündete der Richter, dass die Kaution gewährt wurde, und ich wurde in den Zellentrakt zurückgebracht, während der Papierkram erledigt wurde. Die kommenden zwei Stunden in diesen ekelhaften Zellen zogen sich endlos in die Länge, aber dann hörte ich endlich Schlüsselklirren, die Zellentür schwang auf, und ich wurde in die Freiheit entlassen.

Draußen erfuhr ich, dass die Polizei Fred beschattet und seine Anrufe zu meiner Wohnung in St. Kilda zurückverfolgt hatte, um dann dort auf meine Rückkehr zu warten. Offenbar hatte Fred einer süchtigen Prostituierten, der er in der Vergangenheit schon einige Schuss spendiert hatte, von seinem Dilemma mit dem verschwundenen Dealer erzählt, woraufhin sie ihn prompt an die Polizei verpfiffen hatte.

Wie sich herausstellte, sollte mir nicht viel Zeit bleiben, mich wieder in der Freiheit einzurichten. Nur 16 Wochen nach meiner Entlassung auf Kaution kochte ich eines Abends gerade in Franks Wohnung das Abendessen, als ich aus dem Fenster blickte und sah, wie mehrere Polizeiwagen vor dem Haus hielten. Die Beamten hatten Frank und drei Freunde von ihm bei sich. Als die Cops die vier Männer zum Haus führten, rannte ich nach oben, schnappte mir mein Fixerbesteck, lief zur Hintertür raus und warf den Beutel über den Zaun. Als ich wieder ins Haus kam, waren sie bereits dort. Ich betete, dass sie mich nicht gesehen hatten.

Die Hausdurchsuchung dauerte Stunden. Es war ein großes Haus. Schließlich kamen zwei Beamte in die Küche, wo man uns zu warten befohlen hatte, und warfen mehrere mit einem weißen Pulver gefüllte Plastikbeutel auf den Tisch.

»Sehen Sie mal, was wir gefunden haben«, sagten sie.

Ich traute meinen Augen nicht. Frank bewahrte nie Drogen in meiner Nähe auf – wenn ich das geahnt hätte, hätte ich mir ein paar Schuss gratis genehmigt! Ich war von Anfang an sicher, dass man ihm den Stoff untergeschoben hatte. Niemals hätte Frank Dope in seinem Haus aufbewahrt. Aber das schien keine große Rolle zu spielen. Wir wurden alle zur örtlichen Polizeiwache gebracht und wegen Besitzes und Verabredung zum Schmuggel einer unter das Betäubungsmittelgesetz fallenden Substanz festgenommen. Für mich interessierten sie sich erst, als sie erfuhren, dass ich bereits wegen einer anderen Drogensache auf Kaution draußen war. Ich hatte wirklich Pech, und jetzt steckte ich in ernsthaften Schwierigkeiten. Niemals würde man mich auf Kaution rauslassen, nachdem gegen mich ja bereits ein Verfahren lief. Schon am nächsten Morgen wurden meine Befürchtungen wahr. Frank und seine Kumpel kamen alle auf Kaution raus, während mein Antrag abgelehnt wurde.

Also zurück in den Knast! Der 31. Oktober 1979. Als die Zellentür auf der Polizeiwache von Frankston hinter mir ins Schloss fiel, schauderte ich. Natürlich hatte ich wieder mit dem Heroin angefangen, sobald ich draußen gewesen war. Das würde eine weitere lange, kalte Nacht werden.

Als am nächsten Morgen der Gefängnis-Van kam, konnte ich nur hoffen, dass ich Brechreiz und Durchfall für die Dauer der Fahrt zum Gefängnis unter Kontrolle halten konnte. Nach meiner Ankunft, wurde ich wie beim ersten Mal durch die Aufnahmeprozedur geführt, nur dass man mich diesmal bereits kannte. Wieder kam ich auf die Krankenstation, aber diesmal zweifelte ich nicht daran, dass ich lange genug bleiben würde, um den Trakt der Untersuchungshäftlinge kennen zu lernen. Die Krankenschwester empfing mich beinahe wie eine alte Freundin. Sie schien sich zu freuen, mich zu sehen, und ich glaube, sie mochte mich wirklich. Ich machte ja auch keinen Ärger, sondern war einfach nur krank. In den nächsten Tagen führte sie die gleichen Tests durch wie schon vor vier Monaten.

»Wann war Ihre letzte Menstruation?«, fragte sie.

»Keine Ahnung«, antwortete ich. »Als ich das letzte Mal hier war, musste ich die Pilleneinnahme unterbrechen, weil ich nicht rechtzeitig zum Arzt konnte, um mir neue verschreiben zu lassen. Ich glaube, seitdem hatte ich keine Periode mehr. Ich war sauer deswegen, weil ich bei meiner letzten Einweisung gerade erst nach zwei Jahren Pause das erste Mal wieder meine Tage bekommen hatte.« Bei den meisten Frauen, die Heroin nehmen, setzt die Monatsblutung aus.

Die Schwester stellte weitere Fragen zu meinem Zyklus – oder besser seinem Ausbleiben. Jedenfalls beschloss sie, neben den anderen Urin- und Bluttests auch einen Schwangerschaftstest durchzuführen. Ich schenkte dem keine weitere Beachtung.

Ein paar Tage später, als Übelkeit und Durchfall abgeklungen waren, durfte ich in den U-Haft-Trakt wechseln, in dem an die 20 Frauen untergebracht waren. Ich war geschockt, als ich dort eintraf. Ich hatte gehört, dass das Gefängnis vor dem Krieg als Klinik für Geschlechtskrankheiten gedient hatte, was erklärte, warum die Gebäude so alt aussahen. Als ich den Schlaftrakt betrat, stellte ich fest, dass es sich im Grunde nur um einen rechteckigen Wellblechschuppen mit Bettreihen entlang dreier Wände handelte. Wenn man auf seinem Bett lag, brauchte man nur den Arm auszustrecken, um das Nachbarbett zu berühren. Am Fußende jedes Bettes lagen ordentlich gefaltete graue Armeedecken; wenn es kalt war, stapelten wir so viele auf unseren Betten, wie wir kriegen konnten. Manchmal lastete das Gewicht der Decken ebenso schwer auf mir wie das eigentliche Strafvollzugsystem. Und ganz gleich, wie viele Decken man über sich gebreitet hatte, richtig warm wurde einem doch nie.

An einem Ende des Schuppens, der durch eine niedrige Wand abgetrennt war, befand sich der »Aufenthaltsraum«, in dem wir nach dem Umschluss von 16:30 Uhr zusammensaßen und bis zum Abend fernsahen, quatschten und dabei Tee oder Kaffee tranken.

Eine gute Freundin von mir, Stella, saß ebenfalls in U-Haft, und so organisierten wir für mich das Bett neben ihrem. Ich kannte Stella fast so lange wie Fred, Chipper und Danni. Wir hatten über Jahre gemeinsam konsumiert und uns gegenseitig Stoff verkauft, wenn wir gerade keinen ordentlichen Dealer hatten. Danni, Stella und ich hatten uns immer wieder gegenseitig ausgeholfen, und wir vertrauten uns, sodass ich es als tröstlich empfand, in meiner aktuellen Lage eine so gute Freundin an meiner Seite zu haben.

Dank Stella fand ich mich schnell zurecht. Sie brachte mich viel zum Lachen, und wir dachten nicht oft an den Ernst unserer Lage, speziell meiner. Sie saß ebenfalls wegen illegalen Drogenbesitzes, aber es ging um eine vergleichsweise geringfügige Menge. Nach und nach gewöhnte ich mich an die tägliche Routine. Um 7 Uhr wurden wir von Schließern geweckt, die die Türen aufsperrten und uns zum Aufstehen aufforderten. Wir standen auf und gingen zum Frühstück in den gemeinschaftlichen Speisesaal in einem nur 15 Meter entfernten Gebäude hinüber. Hinterher kehrten wir in den Schlafsaal zurück, um dort Ordnung zu schaffen und uns für die Arbeit fertig zu machen. Arbeiten konnten wir in der Wäscherei, der Schneiderei, im Garten oder als Putzhilfen. Um 8 Uhr wurden wir zum »Appell« gerufen, mussten uns in einer Reihe aufstellen und uns eine nach der anderen melden, wenn unser Name aufgerufen wurde. Danach gingen wir bis 11:30 Uhr an unsere Arbeit. Das Mittagessen wurde im Speisesaal eingenommen, und den Rest der einstündigen Pause durften wir im Freien verbringen. Um 12:30 Uhr folgte ein zweiter Appell, wonach wir bis 15:30 Uhr an unsere Arbeit zurückkehrten. Bis zum Umschluss um 16:30 Uhr waren U-Häftlinge und bereits verurteilte Insassen zusammen.

Von dieser Routine wich man nur am Wochenende ab, an denen uns eine Extra-Stunde gewährt wurde und der Appell erst um 9 Uhr stattfand. Jeden Samstag folgte auf den Appell eine »Inspektion«, die darin bestand, dass der Gefängnisdirektor jeden einzelnen Gefängnistrakt auf seine Sauberkeit hin überprüfte. In seiner Gegenwart mussten wir stehen bleiben, bis er mit seiner Prüfung fertig war. Wenn er zufrieden war, bekamen wir den Rest des Wochenendes frei.

Ich arbeitete im Garten, als »Gärtnerin«, wie sie es nannten. Was für ein Witz! Was eigentlich ein interessanter Job hätte sein können, wurde uns von den Wärterinnen vermiest. An manchen Tagen mussten wir Schubkarren mit Betonbrocken, Abfall oder Blättern beladen – oder mit sonst was, das herumlag – und diese an einer anderen Stelle auf dem Gelände entleeren. Später am Tag wurde uns dann befohlen, denselben Müll von dort wieder woanders hin zu karren. Es war die reinste Beschäftigungstherapie, anstatt uns etwas Sinnvolles aufzutragen wie einen Gemüsegarten anzulegen oder etwas in der Art. Natürlich wusste man bald, welche Wärter einen mit sinnloser Schufterei beauftragten. Wenn man sich beklagte, provozierten sie einen so lange, bis man die Beherrschung verlor, um einen anschließend wegen Beleidigung dranzukriegen. An manchen Tagen war diese Verschwendung von Lebenszeit, dieses Scheißdasein, kaum zu ertragen. Bei diesen Wärtern bot sich kaum eine Möglichkeit zur Rehabilitierung, aber wenn ein anständiger Wärter Dienst tat, durften wir auch sinnvolle Arbeiten verrichten und wurden auch respektvoll behandelt.

So oft wie möglich versuchte ich, mit Rasenmähen beauftragt zu werden – es gab auf dem Gefängnisgelände ein großes Oval sowie verschiedene andere Grünflächen. Das Gefängnis lag auf fünf Morgen Land entlang des Yarra River in Fairfield, einem Vorort im Norden Melbournes, und war von einer wunderschönen Parkanlage umgeben, sodass der deprimierende Anblick der alten Gebäude etwas gemildert wurde. Wenn ich es geschafft hatte, mit Mäharbeiten betraut zu werden, stieg ich in ein Paar Gummistiefel, startete den Rasenmäher – ein Lärm, der alle anderen Gefängnisgeräusche wie die Lautsprecher übertönte – und mähte nach Herzenslust zumindest bis zur Mittagspause. An jenen Tagen träumte ich, während ich den Rasenmäher schob, vor mich hin, und da ich »draußen« war, genoss ich das Gefühl, »frei« und für mich allein zu sein.

Nach der Arbeit begaben wir uns zum Abendessen in den Speisesaal, wo auch die Post ausgegeben wurde. Bis 16:30 Uhr durften wir uns mehr oder weniger frei bewegen, dann war »Umschluss«. Dann mussten wir uns zum Appell in unsere Schlafsäle begeben und sahen die Wärter erst zur Medikamentenausgabe zwischen 20:30 Uhr und 21 Uhr wieder.

Die Routine war so öde und langweilig, dass wir uns mit der Zeit aufführten wie unartige Kinder. Was wir wirklich gebraucht hätten, wäre der Kontakt zu Ärzten und Anwälten gewesen und nicht zu Polizisten und Gefängniswärtern, aber das sah das System nun einmal nicht vor.

Wir freuten uns jeden Abend auf die Medikamentenausgabe, nur weil das eine willkommene Unterbrechung der unerträglichen Langeweile war. Wir bekamen unsere Dosis verschriebener Medikamente, gewöhnlich Schlafmittel, die sie uns natürlich gerne ausgaben. Manchmal, nur um überhaupt etwas zu tun, lösten wir die Tabletten auf und spritzten sie uns. Wir fanden das spaßig, aber tatsächlich schläferte das Mittel uns nur ein, sobald es in den Blutkreislauf gelangte.

Eines Abends nach der Ausgabe der Schlaftabletten ging ich aufs Klo, zog die weiße, pulvrige Flüssigkeit mit einer Spritze auf und injizierte sie mir. Stella war es gelungen, eine Spritze hereinzuschmuggeln, und wir warteten alle, bis wir dran waren. Nachdem ich mir den Schuss gesetzt hatte, musste ich schnell zurück in den Aufenthaltsraum, wo ich mich in einen Sessel setzte, den Kopf an die Rückenlehne legte und die Augen schloss. Ich wachte erst Stunden später wieder auf, als die Schließerinnen ihre Runde drehten und uns befahlen, ins Bett zu gehen. Beim Klang ihrer Stimmen schüttelte ich den Kopf, um den künstlichen Schlaf abzuschütteln, und schaute mich um. Stella machte einen ziemlich benommenen Eindruck, und das Gleiche galt zweifellos auch für mich. Wir schleppten uns in unsere Betten und schliefen weiter. Wenigstens vergingen die Nächte so schneller, aber allmählich wünschte ich mir, mein ganzes Leben im Dämmerzustand zu verbringen.

Wir versuchten, unsere Situation mit Humor zu nehmen, aber in den dunkleren Momenten konnte ich die Langeweile, das monotone Einerlei, nicht ertragen. Ich fand, dass ich nicht hierher gehörte. Genau genommen traf das auf fast alle Insassinnen zu. Die meisten Frauen, die ich im Knast kennen lernte, waren so nett, ganz anders, als man sich weibliche Häftlinge vorstellt. Die meisten stammten aus Familien, in denen Vernachlässigung und Missbrauch an der Tagesordnung waren, und sie nahmen illegale Drogen, um der Erinnerung zu entfliehen. Nur sehr wenige unter uns hatten ein Gewaltverbrechen begangen. Ich konnte einfach nicht akzeptieren, dass man mich eingesperrt hatte, auch wenn ich wusste, dass es keinen Ausweg gab. Ich dachte nicht ernsthaft an Flucht, weil die Vorstellung, von allen gejagt zu werden, mich abschreckte. Auch war ich der felsenfesten Überzeugung, dass ich bald wieder auf freiem Fuß sein würde.

Nach etwa zwei Wochen in U-Haft wurde ich über Lautsprecher ausgerufen, als ich gerade morgens auf

dem Weg zur Arbeit war. »Helen Barnacle zur Krankenstation«, hallte es durch die Flure und über das ganze
Gelände.

»Ich möchte mal wissen, was die von mir wollen«,
sagte ich zu Stella an meiner Seite. Ich hatte keine Lust,
zur Krankenstation zu gehen, folgte dem Aufruf aber
dennoch, da ich keinen Ärger wollte.

»Kommen Sie herein und setzen Sie sich«, sagte die
Schwester in mütterlichem Tonfall, als sie mich in ihr
Büro führte. »Ich muss mit ihnen sprechen«.

Ich war sofort misstrauisch. Mir war klar, dass sie
mich nicht geholt hatte, um mir mitzuteilen, dass ich
künftig auf Kosten der Gefängnisleitung Heroin verabreicht bekäme, und das war die einzige Neuigkeit, die
mich seitens der Krankenstation interessiert hätte. Ich
war immer noch unruhig und launisch vom Entzug und
wollte einfach nur in Ruhe gelassen werden. Aber da ich
keine Wahl hatte, nahm ich auf dem Stuhl ihr gegenüber
Platz.

»Ich habe gerade aus dem Labor das Ergebnis eines
der Urintests bekommen«, teilte sie mir mit und legte
hierauf erst einmal eine Pause ein, um tief Luft zu holen.
»Sie sind schwanger.« Sie starrte mich von hinter ihrem
Schreibtisch unverwandt an. »Der Doktor kommt heute
Nachmittag.«

»Wie bitte?«, fragte ich schockiert und im ersten Moment überzeugt, dass ich mich verhört hatte. »Das kann
nicht sein«, fuhr ich dann mit schwacher Stimme fort.
Mein Verstand war wie gelähmt, sodass ich die ganze
Tragweite dieser Nachricht noch gar nicht erfassen
konnte. »Ich habe doch nicht einmal mehr meine Tage.
Wie sollte ich da schwanger werden?«, fragte ich fle-
hend.

»Dass die Periode eine Weile ausbleibt, bedeutet nicht

zwangsläufig, dass eine Empfängnis ausgeschlossen ist«, entgegnete sie.

»Eine Weile? Das waren immerhin zwei Jahre. Ich hatte zwei Jahre lang keine Periode mehr ... oder nur ein oder zweimal. Wie soll das gehen?«

Es hätte zu keinem ungünstigeren Zeitpunkt passieren können, obwohl in Anbetracht meines Lebenswandels wohl jeder Zeitpunkt ungünstig gewesen wäre. Ich beugte mich vor, barg den Kopf in den Händen und brach in Tränen aus, als die Realität mich einholte. Die Schwester ließ mich eine Weile in Frieden. Ich war am Boden zerstört. Mein Körper fing eben erst an, sich von den körperlichen Folgen des Entzugs zu erholen. Ich war so schwach, dass ich kaum die Arme über den Kopf heben konnte, und ich hatte viel an Gewicht verloren. Meine ganze Welt war aus den Fugen geraten – die Verhaftung, das Gefängnis und jetzt das.

Sofort fing ich an, meine Möglichkeiten zu durchdenken, wobei eine Abtreibung mir am logischsten erschien. Mir war klar, dass die Schwester gegen Abtreibungen war, das verrieten mehrere Plakate, die sie überall auf der Krankenstation aufgehängt hatte, und so behielt ich meine Gedanken für mich. Ich weinte Tränen der Verwirrung und Verzweiflung. Ich fühlte mich selbst noch wie ein Kind, und jetzt sollte ich Mutter werden! Das überstieg mein Vorstellungsvermögen. Die Schwester versuchte nach Kräften, mich zu trösten.

Später am Nachmittag wurde ich wieder auf die Krankenstation gerufen, nachdem der Doktor eingetroffen war. Niedergeschlagen betrat ich das Behandlungszimmer und legte mich auf die Liege. Der Doktor öffnete die wenigen Knöpfe, die an meinem Gefängniskleid noch vorhanden waren, und begann, meinen Bauch abzutasten, wobei er vor sich hin grummelte.

»Sie sind etwa im fünften Monat«, schloss er, als er das Kleid wieder über meinem Bauch zusammenzog.

»Unmöglich!«, rief ich aus. Mein Körper wies noch kein äußerliches Zeichen einer Schwangerschaft auf. Nach vielen Jahren der Heroinsucht bestand eine große Diskrepanz zwischen meinem physischen Ich und meinem denkenden Ich. Mein Körper war kein Tempel – er war lediglich eine äußerliche Hülle, innerhalb derer ich existierte.

Der Doktor ging und ließ mich allein mit meiner Verwirrung. Es schien ihn nicht zu interessieren, wie ich zu dieser Neuigkeit stand. Einige Minuten später knöpfte ich das Kleid wieder zu und verließ langsam die Station, wobei ich einer Begegnung mit der Schwester aus dem Weg ging. Mir war nicht nach Reden. Glücklicherweise saß sie gerade mit dem Doktor in ihrem Büro. Ich war ganz verloren in meinen eigenen wirren Gedanken. Ich fing an zu begreifen, dass eine Abtreibung nicht in Frage kam. Ich war 25 Jahre alt, psychisch noch heroinsüchtig und hatte möglicherweise eine längere Gefängnisstrafe vor mir. *Das ist nicht der richtige Zeitpunkt für eine Geburt!,* sagte ich mir. Eine Geburt sollte ein freudiges Ereignis sein, und ich fühlte mich wie eine Leiche. Ich wusste, dass es so nicht sein sollte. Ich hatte niemandem etwas zu bieten. Ich war ja ganz offensichtlich nicht einmal in der Lage, mich um mich selbst zu kümmern.

Da ich noch in U-Haft war, durfte ich auch unter der Woche Besuch empfangen, ein Privileg, das reguläre Häftlinge nicht hatten. Ich bat meinen Bruder und Frank, mich zu besuchen. Der Mittwochnachmittag kam.

»Helen Barnacle ins Besucherzimmer!«, schallte es aus den Lautsprechern.

Mein Magen verkrampfte sich vor Anspannung. Ich

fühlte mich wie damals, als ich noch ein junges Mädchen war und meinen Vater um etwas bitten musste. Ich fürchtete mich so sehr vor ihrer Reaktion und war mir fast sicher, dass sie mich verdammen würden. Ron würde sagen, ich wäre nicht in der Lage, mich um ein Baby zu kümmern, und Frank würde kein Kind mit mir haben wollen. Immerhin hatten wir keine ganz feste Beziehung. Ich fühlte mich nicht wie eine werdende Mutter, sondern wie ein Kind, das Mist gebaut hatte. Manchmal gab Ron sich sehr distanziert, wenn es um Gefühle ging, und in letzter Zeit verhielt er sich mehr wie ein Vater als ein Bruder. Trotzdem war die Zeit gekommen, sie beide einzuweihen.

Ich betrat das Besucherzimmer und nahm auf der Häftlingsseite des Tisches Platz. Berührungen waren nicht erlaubt. Privatsphäre ebenso wenig. Da meine Drogensucht bekannt war, waren mir bislang Kontaktbesuche noch nicht gestattet worden. So etwas musste man sich verdienen. Nicht unbedingt ideale Voraussetzungen, um eine solche Nachricht bekannt zu geben!

»Hallo, Ron, hi, Frank«, sagte ich, bemüht, ruhig zu bleiben. Sie waren beide auf der Hut und fragten sich ganz offensichtlich, was es so Wichtiges gab, dass ich sie unter der Woche herbat.

»Entschuldigt, dass ich euch so kurzfristig hergebeten habe, aber ich habe Neuigkeiten, die ich euch mitteilen möchte«, sagte ich lahm. »Ich bin schwanger.«

Nervös sah ich sie an und wartete auf ihre Reaktion. Wie wünschte ich, ich könnte einfach davonlaufen. Mir war klar, dass sie nicht beeindruckt sein würden, und selbstverständlich würden sie mir die Schuld geben – das taten Männer doch immer. Ich wusste, dass Frank die Verantwortung für den »Unfall« nicht übernehmen würde. Beide bemühten sich, die Fassung zu bewahren, so als unterhielten wir uns darüber, was es zum Mittagessen geben würde, aber ihre Gesichter sprachen Bände.

»Und was willst du jetzt tun?«, fragte Ron.

Mich für den nächsten Schlag wappnen, dachte ich bei mir. »Es gibt nichts, was ich tun könnte«, antwortete ich. »Ich bin im fünften Monat.«

Schweigen. Ron zog die Brauen hoch; ihm hatte es fürs Erste die Sprache verschlagen. Es war kein geeignetes Umfeld für so brisante Neuigkeiten. Wir alle brauchten Zeit, um die neue Situation zu erfassen. Ich hatte sie ja selbst noch nicht verarbeitet.

Wir nutzten die halbe Stunde Besuchszeit, die uns zustand. Ich spürte, dass sie es kaum erwarten konnten, von hier weg zu kommen, aber zu höflich waren, um vor der Zeit zu gehen, und so unterhielten wir uns über Banalitäten, bis die Beamtin uns auf das Ende der Besuchszeit hinwies. Damals kannte Ron Frank nur oberflächlich, aber die beiden kamen ganz gut miteinander aus. Ich hatte Ron nichts davon erzählt, dass Frank dealte; Ron hielt ihn für einen ganz normalen Typen mit eigenem Geschäft. Ich hatte nie den Mut, ihn aufzuklären.

Ich war erleichtert, dass es heraus war, fühlte mich aber auch verurteilt. Ich wusste, dass sie beide mich für unfähig hielten, mich um ein Baby zu kümmern. Mir war klar, dass beide der Ansicht waren, ich könnte nicht auf mich selbst aufpassen, und die Umstände schienen ihnen Recht zu geben. Auch benahm ich mich in ihrer Gegenwart immer wie ein Kind. Es kam mir vor, als hätte ich zwei Väter, die beide missbilligend auf mich herabblickten, nur dass ich 25 war und sie nur ein paar Jahre älter.

Obwohl ich mich niedergeschlagen fühlte, rührte sich bereits ansatzweise der Beschützerinstinkt gegenüber meinem ungeborenen Kind, und etwas in meinem Inneren veränderte sich kaum merklich. Vielleicht war es Akzeptanz, vielleicht auch Resignation gegenüber der Tatsache, dass ich ein Kind bekommen würde. Ganz sicher empfand ich keine Freude darüber, dass ich schwanger war – Ambivalenz wäre wohl zutreffender –, aber nachdem eine Abtreibung nicht mehr möglich war, erfüllte mich das Bewusstsein, dass in mir ein Baby heranwuchs, mit ehrfürchtigem Staunen. Mir war klar, dass ich das Kind niemals zur Adoption freigeben könnte, ich würde also Mutter werden. Ich behielt meine Gefühle für mich, da ich mich nicht sicher und wohl genug fühlte, sie mit Ron oder Frank zu besprechen.

Ich wusste, dass Frank kein Kind mit mir hatte haben wollen; unsere Beziehung war zu kompliziert und nicht gefestigt genug. Tatsächlich fing ich jetzt erst an zu erfassen, dass unsere Beziehung jeder Grundlage entbehrte. Auch hatte er mir von Anfang an nicht über den Weg getraut, weil ich ihn von Anfang an belogen hatte bezüglich meiner Sucht. Ich war froh, nicht mehr zu fixen. Wenigstens würde das Kind nicht süchtig zur Welt kommen. Plötzlich dämmerte mir, dass ich mit einem Fötus im Bauch den furchtbaren Entzug durchgemacht hatte. Es grenzte an ein Wunder, dass das Baby überlebt hatte. *Das muss ein sehr willensstarkes Baby sein,* sagte ich mir. Und diese Willenskraft würde es noch brauchen.

Einen Monat später, im sechsten Monat der Schwangerschaft, begann mein Körper, sich nach außen hin zu verändern. Ich war nicht glücklich darüber, dass mein Bauch sich plötzlich vorwölbte. Es war unbequem, aber ich wusste, dass das erst der Anfang war. Alle meine Freundinnen in Fairlea bemutterten mich, vor allem Stella. Eines Tages, als zwei Frauen vor uns aneinander gerieten, nahm Stella meinen Arm und führte mich aus der

Gefahrenzone, wobei sie meinen Bauch gegen eventuelle Schläge oder Tritte abschirmte. Ich fand das total süß, und es vermittelte mir ein Gefühl der Geborgenheit. Mir wurde klar, dass ich bei Frank nie etwas Ähnliches empfunden hatte, schon gar nicht in der letzten Zeit.

Danni, meine alte Freundin aus der Fitzroy Street, schrieb mir fast jede Woche, konnte mich aber nicht besuchen, da sie selbst vorbestraft war. Eines Tages beschloss sie, mich dennoch zu besuchen, und plötzlich war sie da und kam mit der Beamtin von der Aufnahme in den Speisesaal. Als sie mich sah, lief sie auf mich zu und umarmte mich. »Ich habe beschlossen, mich wegen ein paar Anklagen [wegen Prostitution] einlochen zu lassen«, teilte sie mir mit.

»Ist nicht dein Ernst!«, rief ich verdutzt aus.

»Doch«, entgegnete sie. »Ich vermisse dich. Es ist nicht mehr dasselbe da draußen ohne dich.«

»Du bist unglaublich! Es ist so schön, dich zu sehen!« Ich war wirklich überglücklich.

»Ich bleibe nur ein paar Tage. Ich muss ein paar hundert Dollar an Bußgeldern bezahlen, und da dachte ich mir, ich sitze die Zeit lieber ab. Das war die einzige Möglichkeit, dich zu sehen!«, erklärte sie mir lachend.

Obwohl wir nicht im selben Schlafsaal untergebracht waren, weil ich noch in U-Haft war, verbrachten Stella und ich die Mittagszeit sowie die freie Stunde nach der Arbeit mit Danni. Wir waren draußen so eng befreundet gewesen. Es bedeutete mir sehr viel, dass Danni sich freiwillig hatte einsperren lassen, nur um mich zu sehen. Ich konnte es immer noch nicht fassen.

»Du steckst ganz schön in der Tinte«, eröffnete sie mir am nächsten Tag in der Mittagspause. »Die Cops halten dich für einen ganz großen Fisch in der Drogenszene«, sagte sie. »Ich habe versucht, ihnen klar zu machen, dass sie auf dem Holzweg sind, aber sie haben mich nur ausgelacht.«

»Ja, ich weiß, aber was soll ich tun? Ich sage gar nichts.«

»Du könntest mehrere Jahre bekommen, weißt du. Draußen machen sich alle große Sorgen um dich.«

Danni verbrachte ein paar Tage bei mir und Stella, dann durfte sie wieder gehen, weil sie ihre Geldbußen »abgesessen« hatte. Wir verabschiedeten uns von ihr und blickten ihr nach, als sie durch das Tor in die Freiheit zurückkehrte. Wir lachten noch Wochen später über ihren »Besuch«.

Kurze Zeit später tauchten zwei Männer im Gefängnis auf, um sich mit mir »zu unterhalten«. Ich begab mich ins Besuchszimmer, nachdem ich über Lautsprecher ausgerufen worden war und wusste gleich, dass sie Polizisten waren. Schon bald erfuhr ich, dass sie von der Bundespolizei waren und mich zum Vorwurf der »Verschwörung zur Einfuhr illegaler Drogen« verhören wollten, dem Gegenstand meines zweiten Verfahrens. Die beiden lächelten mich an, als wären wir alte Freunde oder als wollten sie zumindest Freundschaft schließen.

Wie merkwürdig, dachte ich. Ich konnte nicht verstehen, warum sie mich sprechen wollten, nachdem bereits Anklage gegen mich erhoben worden war.

Sie stellten sich vor, aber ich vergaß ihre Namen sofort wieder. Sie drängten mich, ihnen Informationen über die Männer zu liefern, die mit mir zusammen festgenommen worden waren, vor allem über meinen Lebensgefährten Frank. Sie boten mir sogar einen Deal an – Haftverschonung, wenn ich als Zeugin der Anklage aussagte. Sie versuchten, mir Angst einzujagen, indem sie mir mit einer langen Haftstrafe drohten für den Fall, dass ich schuldig befunden wurde, aber ich konnte nichts zu Drogen sagen, nur meinen eigenen Konsum eingestehen. Ich fand es sonderbar, dass sie das nicht begreifen wollten. Mein Schweigen ärgerte sie und machte sie noch beharrlicher.

»Ihnen ist doch klar, dass Sie Jahre sitzen werden, wenn Sie nicht mit uns reden«, sagte einer von ihnen.

Leider wusste ich, dass er vermutlich Recht hatte. »Da habe ich Pech gehabt«, entgegnete ich. »Ich kann Ihnen nicht helfen. Ich habe Ihnen nichts zu sagen.« Ich wollte nicht über einen meiner Mitangeklagten sprechen, und ich weigerte mich, eine schriftliche Erklärung zu verfassen oder zu unterschreiben, weshalb es bei einem kurzen Besuch der beiden Cops blieb. Auch war ich auf keinen ihrer Deals eingegangen. Ich wäre mir schäbig dabei vorgekommen, jemand anderen ans Messer zu liefern, nur um meine eigene Haut zu retten.

Kapitel 6

VORÜBERGEHENDE FREIHEIT

Im Januar 1980, als ich im siebten Monat schwanger war, kam es zum Prozess bezüglich meiner ersten Anklage wegen Heroinbesitzes, und ich wurde tatsächlich »nicht schuldig« gesprochen.

Ich war unsäglich erleichtert, aber mir war auch klar, dass ich Glück gehabt hatte. Obwohl die Detectives und ich beide wussten, dass das beschlagnahmte Heroin nicht mir gehört hatte, hätte ich schuldig befunden werden können, weil ich es zum Zeitpunkt meiner Verhaftung bei mir gehabt hatte.

Da ich erst Kaution in der zweiten Strafsache beantragen musste, konnte ich das Gefängnis noch nicht gleich verlassen. Eine Woche später musste ich wieder vor Gericht erscheinen. Diesmal wurde meinem Antrag auf Kaution stattgegeben, und ich kehrte triumphierend ins Gefängnis zurück in dem Bewusstsein, dass ich noch am selben Tag entlassen werden würde. Frank musste nur noch das Geld für die Kaution auftreiben, dann würde er kommen und mich holen.

Am Nachmittag wurde ich entlassen. Als ich durch das Tor ging und Frank auf mich zukommen sah, fühlte ich mich euphorisch, frei zu sein und erlöst von meinem öden Dasein hinter Gittern. Ich freute mich auf eine Cola und einen Becher Joghurt. Es ist wirklich erstaunlich, was man im Gefängnis vermisst. Erleichtert war ich außerdem, weil ich jetzt mein Kind in Freiheit zur Welt bringen konnte.

Nachdem ich wieder bei Frank eingezogen war, lud der eines Abends Ron zum Essen ein. Ron hatte immer noch keine Ahnung, dass Frank und seine Kumpel wegen Besitzes und Schmuggels mit Heroin angeklagt worden waren, da sie schon einen Tag nach ihrer Verhaftung auf Kaution auf freien Fuß gesetzt worden waren. Ron und Frank wollten sich mit mir darüber unterhalten, was aus dem Baby werden sollte, wenn es erst auf der Welt war, doch ich machte ihnen unmissverständlich klar, dass ich es nicht zur Adoption freigeben würde.

Ein paar Wochen später gegen 5 Uhr in der Früh, zwei Wochen vor dem errechneten Termin, lag ich mit Frank im Bett, als ich plötzlich wach wurde, aufstand und fühlte, wie mir Flüssigkeit an den Beinen herablief. Ich konnte es nicht abstellen, und da ich erst glaubte, ich hätte ins Bett gemacht, schämte ich mich furchtbar. Ich ging um das Bett herum ins Bad, und jetzt kam Panik in mir auf. Ich hatte so etwas noch nie erlebt, nahm also an, dass es mit der Schwangerschaft zu tun hatte, obwohl ich eigentlich erst in zwei Wochen ausgerechnet war. Ich hatte mich während der Schwangerschaft nicht groß informiert und auch an keinem Schwangerschaftskurs teilgenommen, da ich ja die meiste Zeit im Gefängnis gesessen hatte. Das war für mich eine schwere Zeit gewesen – der Prozess, der Entzug, die Entscheidung, das Baby zu behalten. Ich fühlte mich immer noch emotional völlig distanziert von dem Wesen in meinem Bauch.

Ich versuchte, mich etwas sauber zu machen, ging dann nach unten und rief das Krankenhaus an. Nachdem ich mein Problem erklärt hatte, teilten sie mir mit, die Fruchtblase sei geplatzt.

»Kommen Sie am besten sofort her«, sagte die

Schwester ruhig. »Keine Panik, aber verlieren Sie keine Zeit.«

Plötzlich wurde mir erst bewusst, dass die Geburt unmittelbar bevorstand. *Wow,* dachte ich bei mir, *Wahnsinn!*

Inzwischen war auch Frank wach geworden, und wir stiegen in den Wagen, wobei ich mir sechs dicke Handtücher unterlegte, die das Fruchtwasser aufsaugen sollten. Frank war etwas nervös und raste die ganze Strecke bis zum Krankenhaus, eine Fahrt von etwa einer Dreiviertelstunde. Dann setzte er mich am Haupteingang ab.

»Bis später«, sagte er und gab mir einen Kuss. Er wollte nicht bleiben. »Ich kann kein Blut sehen«, sagte er. »Ich rufe später an und frage nach, wie es läuft.«

Die Schwester kam mit einem Rollstuhl und schob mich rein. Bald darauf fand ich mich mit mehreren Frauen, bei denen die Geburt unterschiedlich weit fortgeschritten war, in einem Saal wieder. Ich bekam einen Einlauf und wurde angewiesen, mich zu bewegen, um die Wehen herbeizuführen, die offenbar in kürzeren Abständen kommen sollten, nachdem die Fruchtblase geplatzt war. Ein paar Stunden später tat sich immer noch nichts, sodass erwogen wurde, die Wehen künstlich einzuleiten. Aber kurz darauf verkürzten sich die Abstände zwischen den Wehen, und ich wurde in einen anderen Raum gebracht, in dem ich von Menschen in weißen Kitteln umringt wurde.

Eine Schwester ganz in Weiß fing an, mir zu erklären, wie ich atmen und wann ich pressen sollte. Es war eine blutige und schmerzhafte Angelegenheit, die gar kein Ende mehr nehmen wollte. »Pressen!«, befahl sie. Und dann wieder »Pressen!«

»Ich brauche eine Pause«, flehte ich ganz außer Atem.

»Pressen! Keine Pause, noch nicht. Hier, setzen Sie

die Sauerstoffmaske auf. Nur noch ein paar Mal, dann haben Sie es geschafft.«

Ich war schweißgebadet und todmüde. Ich hatte keine Ahnung, wie lange ich nun schon presste, aber es kam mir verdammt lange vor.

»Pressen!«, sagte sie wieder.

Dann hörte ich jemand anders sagen: »Der Kopf kommt!«

»Pressen!«, wiederholte die Schwester. »Nur noch ein paar Mal!«

»Das haben Sie vorhin schon gesagt«, entgegnete ich nach Luft ringend. Ich nahm die Sauerstoffmaske wieder ab; ich hatte das Gefühl, sie würde mich zusätzlich beim Atmen behindern.

»Noch mal, noch mal!« Plötzlich gerieten am Fußende des Bettes alle in Bewegung.

Ich hörte ein Baby schreien. Um exakt eine Minute nach vier am Nachmittag des 18. März 1980, wurde meine kleine Tochter geboren. Das Kreißsaal-Personal versicherte mir, es sei eine leichte Geburt gewesen.

»Dann möchte ich nicht wissen, wie eine schwierige aussieht!«, entgegnete ich nur halb im Scherz.

Eine der Schwestern brachte mein Baby und legte es mir auf den Bauch. Zum ersten Mal hielt ich dieses winzige Bündel Mensch im Arm.

»Es ist ein Mädchen«, sagte ich zu den Schwestern. »Sie ist so winzig, so wunderschön.« Ich war überwältigt und fasziniert, dass ich etwas so Perfektes geschaffen hatte, auch wenn ich wusste, dass Frank enttäuscht sein würde – er hatte sich einen Jungen gewünscht. Wenn ich etwas so Zauberhaftes bewerkstelligt habe, kann ich keine so große Versagerin sein, sagte ich mir.

Am Abend besuchte Frank mich mit seinen Kumpeln im Krankenhaus. Sie waren betrunken, und er schien sehr stolz zu sein, als er unsere Tochter sah, wenn er auch die meiste Zeit mit seinen Freunden herumalberte. Obwohl ich mit ihnen lachte, war ich nicht mit dem Herzen dabei. Außerdem war ich noch müde von den Strapazen der Geburt. Sie blieben auch nicht lange, und ich schlief wieder ein, Erholung, die ich dringend brauchte.

Die nächsten Tage verbrachte ich im Krankenhaus. Die Krankenschwester zeigte mir, wie ich mein Baby halten und stillen musste. Ich lernte, sie zu baden und zu wickeln. Wie ein Schwamm saugte ich all diese Informationen in mich auf. Ich war jetzt eine Mutter, und ich genoss dieses Gefühl mit meiner neugeborenen kleinen Tochter.

Ein paar Tage nach der Geburt kam jemand mit irgendwelchen Papieren vorbei. Mein Baby brauchte einen Namen. Frank und ich hatten abgemacht, dass ich bei einem Mädchen entscheiden durfte. Ich erkannte, welches Glück ich hatte, ein Mädchen zur Welt gebracht zu haben. Ich wusste tief in meinem Inneren, dass sie mir nicht nur Tochter, sondern auch Freundin sein würde. In dem Augenblick, da sie das Licht der Welt erblickte, veränderte sich etwas in meinem Inneren. Sie hatte mir das Leben geschenkt. Sie war in den Augenblicken tiefster Hilflosigkeit und Verzweiflung in mein Leben getreten. Ihre Stimme hatte gesagt: »Tu es nicht, ich brauche dich. Es gibt niemanden sonst auf der Welt, bei dem ich aufwachsen möchte.«

Da meine eigene Mutter vor fast einem Jahr gestorben war, würde sie ihre Enkeltochter nie kennen lernen. Sie wäre begeistert gewesen von einem Enkelkind, und da es bei mir lag, meinem kleinen Mädchen einen Namen zu geben, entschied ich mich für den Namen meiner Mutter, Alice, kurz Ali. Vielleicht war es ein Tribut an sie, obwohl der Name mir auch unabhängig davon gut gefiel.

Ich hatte immer das Gefühl, dass Mums Leben überschattet gewesen war von Trauer und dass ihre Trauer ihr Leben vorzeitig beendet hatte. Vielleicht würde ja der kleinen Ali das erfüllte Leben beschieden sein, dass meiner Mutter aus irgendeinem Grund verwehrt geblieben war. Mir gefiel auch der Vergleich mit Alice im Wunderland, diese ganze Fantasie und Verrücktheit, die mich wohl an mein eigenes Leben erinnerte. Ich fing an zu hoffen, dass sie mir nicht allzu sehr nachschlagen würde!

Glücklicherweise hatte ich eine Tante, Isabel, die nach langer Pause wieder in mein Leben trat und mir eine Weile mit Ali behilflich war. Sie war die Schwester meiner Mutter, die auch Mum vor ihrem Tod gepflegt hatte. Aufgrund meiner langjährigen Heroinsucht waren sämtliche familiären Kontakte außer zu meinem Bruder abgebrochen. Tante Isabel war wunderbar und erinnerte mich an die Mutter, die ich nie richtig kennen gelernt hatte. Sie sah sogar aus wie Mum.

Etwa eine Woche nach meiner Entlassung aus dem Krankenhaus besuchte ich Tante Isabel für ein paar Tage auf ihrer Farm in Pakenham, etwa eine Stunde südöstlich von Melbourne, und nahm eine kleine Menge Heroin mit. Ich war zu dieser Zeit nicht abhängig, spritzte aber immer noch hin und wieder. Vor dem Verlangen, das ab und an aufflackerte, schien es kein Entrinnen zu geben. Ich hatte ein schlechtes Gewissen, wenn ich mir im Badezimmer einen Schuss setzte, aber die Schuldgefühle waren nicht groß genug, mich davon abzuhalten. Ich fühlte immer noch diese Leere in mir. Ich hatte nie gelernt, meine Gefühle auszudrücken, und mein Selbstwertgefühl war gleich null. Obwohl Ali das Gefühl der Unzulänglichkeit ein wenig aufgehoben hatte, erschien mir die Zukunft jetzt umso beängstigender.

Mein nächster Prozess, bei dem die Anklage auf Schmuggel und Besitz illegaler Betäubungsmittel lautete, ging mir nicht aus dem Kopf, und ich wusste, dass Mütter ihre Babys im Gefängnis nur bis zum Alter von einem Jahr bei sich behalten durften. Der Prozess nahm erschreckende Ausmaße an, zumal wir zu fünft auf der Anklagebank sitzen würden. Die Polizei versuchte immer noch, weitere Komplizen zu ermitteln. Ich hoffte inständig, dass ich nicht ins Gefängnis zurückmusste.

Leider war meine neue Freundschaft zu Tante Isabel nicht von Dauer. Nur drei Monate nach Alis Geburt brach sie in der Küche zusammen und war kurz darauf tot. Obwohl ich nicht ständig dort gewohnt hatte, war ich viel dort gewesen und hatte es als Erleichterung empfunden, ab und an von Frank wegzukommen.

In den Wochen darauf nahm mein Drogenkonsum stetig zu, bis ich – wie nicht anders zu erwarten gewesen war – wieder an der Nadel hing. Auch zu Hause spitzte sich die Situation zu, obwohl ich Frank, der offenbar beruflich sehr eingespannt war, kaum zu Gesicht bekam. Inzwischen war mir permanent flau in der Magengegend. Ich hörte nach zehn Wochen auf zu stillen, da meine Milch offenbar nicht nahrhaft oder zu belastet war; zweifellos wirkte sich mein hoher Stresspegel ebenso auf die Qualität der Muttermilch aus wie der steigende Drogenkonsum. Und als dann mit der Umstellung Alis auf die Flasche die letzte Hemmschwelle fiel, hielt mich nichts mehr davon ab, noch mehr Heroin zu spritzen. Der bevorstehende Prozess ging mir nicht aus dem Kopf und verfolgte mich bis in den Schlaf, um mich mit Albträumen zu quälen. Da ich nicht wusste, was aus mir und Ali werden würde, stand ich unter permanentem Stress.

Am Morgen des 25. August 1980 stand ich auf, versorgte Ali und putzte das verfluchte Haus, bevor mir eine

Zeitung in die Hände fiel, die Frank auf dem Sofa hatte liegen lassen. Ich setzte mich mit einer Tasse Kaffee an den Tisch, um sie zu lesen, und stieß bald auf eine Überschrift auf Seite drei: »JUNGEN FINDEN LEICHE EINES UNBEKANNTEN AUF STILLGELEGTER BAHNSTRECKE«. Ich las den darunter stehenden Artikel, der davon berichtete, wie zwei Jungen in der Nähe einer stillgelegten Gleisanlage außerhalb von Melbourne eine männliche Leiche entdeckt hatten. Der Tote wies Einschüsse in Rücken und Bauch auf.

Ich dachte nicht weiter darüber nach, bis ich am folgenden Tag in der Zeitung ein kleines Foto von Fred auf der Titelseite sah. Die Polizei hatte den Toten auf dem Nebengleis als Fred identifiziert. Er war ermordet worden. Fred ... mein Freund, mein ehemaliger Lebensgefährte. Wir waren zusammen durch Australien gereist, waren gemeinsam in die Heroinsucht abgeglitten, und jetzt war er tot? Seit Alis Geburt hatte ich ihn nur noch einmal wöchentlich gesehen, aber wir hatten öfter telefoniert.

Das kann nicht sein, sagte ich mir. Ich hatte ihn noch vor zwei Tagen gesehen, das musste ein Irrtum sein. Mein Herz raste, und es fühlte sich an, als würde es jeden Moment meinen Brustkorb sprengen. In der Drogenszene waren dauerhafte Freundschaften selten, aber unsere hatte getragen von gegenseitigem Respekt und echter Zuneigung, alle Höhen und Tiefen überstanden.

»Ich glaube das nicht!«, sagte ich laut. Der Schock brach über mich herein wie eine Springflut. Irgendwo tief im Inneren wusste ich, dass sein Tod etwas mit Heroin zu tun hatte, und als ich weiterlas, wurde meine Vermutung bestätigt: die Polizei sprach von einem schmutzigen Verbrechen in Drogenkreisen. Fred wurde als »kleiner Fisch« innerhalb eines Drogenringes beschrieben, als Verbrecher mit ellenlangem Vorstrafenregister und sogar als »gewaltbereiter« Krimineller mit Verbindungen zum Rotlichtmilieu. Ich hatte Fred in den sieben oder acht Jahren, die ich ihn kannte, nie gewalttätig erlebt. Was für eine Art, ihn zu beschreiben, jetzt da er tot war.

Den Rest des Tages lief ich ganz benommen von dem Schock im Haus umher. Ich erledigte einige Hausarbeiten, um mich abzulenken, als würde das etwas nützen ... Als Frank später am Abend nach Hause kam, erzählte ich ihm die schreckliche Nachricht, aber er reagierte gleichgültig. Für ihn waren Süchtige keine Menschen, sondern nur Abschaum. »Der war doch nur ein Junkie«, sagte er verächtlich.

Was für ein kaltherziges Arschloch du bist, dachte ich und musterte ihn angewidert. Wir lebten in verschiedenen Welten, und der Abgrund zwischen uns war längst unüberwindbar geworden. Er war nie für mich da, wenn ich jemanden brauchte.

Am nächsten Morgen wurde ich von einem lauten autoritären Klopfen an der Tür bei der Hausarbeit gestört. Ich kannte dieses Klopfen.

»Polizei!«, rief eine Stimme von draußen. Sie waren vom Morddezernat und wollten mich zu Freds Tod befragen. Sie waren die letzten, mit denen ich sprechen wollte. Ich traute ihnen nicht über den Weg.

Ich suchte ein paar Sachen für Ali zusammen, die ich unterwegs bei meinem Vater vorbeibringen wollte, der sich bereit erklärt hatte, sich um sie zu kümmern. Er war sechs Monate nach dem Tod meiner Mutter eine Beziehung mit Jan eingegangen – eine Freundin meiner Mutter, die wir schon als Kinder gekannt hatten. Ich brauchte jemanden, der Ali versorgte, da ich nicht wusste, wie lange die Befragung auf dem Revier dauern würde. Ich hatte schreckliche Angst: das Drogendezernat war eine Sache, aber das Morddezernat, das war noch viel schlimmer. Ich fühlte mich eingeschüchtert.

»Fred hat sich große Sorgen um Sie gemacht«, teilten sie mir auf der Fahrt im Wagen mit, als spürten sie meine Angst. »Er meinte, Sie könnten die Nächste auf der Abschussliste sein. Er hat mit uns gesprochen«, sagten sie und musterten mich dabei prüfend. Ich fühlte mich sofort unbehaglich angesichts ihres schleimigen, manipulativen Auftretens.

Ich glaube euch kein Wort, dachte ich bei mir. Diese Typen waren mir unheimlich. »Ja, sicher«, antwortete ich laut. Mir war klar, dass sie versuchen würden, mir Angst zu machen, damit ich mit Informationen herausrückte. Sie waren sicher, dass ich etwas wusste.

Wir gelangten zur Wache, und zwei Detectives führten mich in einen kleinen Raum. Einer der beiden Männer war freundlich, der andere hässlich, eine Rolle, die er umso überzeugender spielte, als er eine hässliche Visage hatte. Ich weiß nicht mehr wie der freundliche Polizist hieß, aber der Name seines hässlichen Kollegen war Jim, und er führte sich auf wie ein Klugscheißer, was der Sache nicht eben förderlich war. Ich hasste die abfällige Art, in der sie von Süchtigen sprachen, als handle es sich um Untermenschen. Für mich stand sofort fest, dass er niemals erfahren würde, was in meinem Kopf vorging. Hier saß ich nun in einem Verhörzimmer des Morddezernats, wo ich doch allein sein wollte, um im Stillen um Fred zu trauern.

Nach ein paar Stunden sinnloser Fragerei hatte sich mein Zorn in niederschmetternde Trauer verwandelt. Fred war tot. Ich hatte ihn noch vor ein paar Tagen gesehen. Ich fing an zu weinen, und mit den Tränen kam die Angst. Was für eine Vergeudung von Leben.

»Haben Sie Hunger? Sollen wir Ihnen etwas holen?«, fragten sie, Mitgefühl heischend. Ganz plötzlich hatten sie sich in zwei »gute« Cops verwandelt. Jim ging zur Tür und rief nach draußen, jemand solle mir etwas zum Mittagessen holen. Sie hielten mich jetzt schon den halben Tag fest. Ich machte mir gar nicht erst die Mühe, ihnen zu sagen, dass ich gar keinen Appetit hatte.

»Ich bin traurig, ihr verdammten Idioten. Ein Freund von mir wurde ermordet!« Ich schüttelte ungläubig den Kopf. Unglaube darüber, dass Fred nicht mehr lebte, Unglaube darüber, dass die Polizei offenbar annahm, ich sei in den Mord verwickelt. Unglaube darüber, dass es mit mir so weit gekommen war. Das Einzige, was ich jetzt brauchte, war ein Schuss. Ich wollte nur weg.

Schließlich, nach einem ganzen Tag auf dem Revier, ließen sie mich gehen, und ich hörte auch nichts mehr von ihnen.

Dass ich wieder an der Nadel hing, trieb mich zur Verzweiflung. Frank und ich stritten oft. »Du Junkie-Schlampe«, beschimpfte er mich. Ich kehrte ihm einfach den Rücken und schaltete ab. Seine Beschimpfungen prallten einfach von mir an. Ich wahrte mein Geheimnis und schlich mich an den meisten Tag aus dem Haus, um zu fixen. Es gab nur einen Mensch auf der Welt, bei dem ich Stoff zu kaufen wagte, und das war Danni, die mir ab und ab sogar einen Schuss spendierte. Ich wusste, dass sie mich nicht verpfeifen würde, nicht einmal dann, wenn jemand versuchen sollte, die Wahrheit aus ihr herauszuprügeln, aber sie wohnte am anderen Ende der Stadt, und an manchen Tagen war es für mich nicht einfach, hinzukommen.

»Ich kann nicht zum Quatschen bleiben«, sagte ich. »Ich will nur was kaufen.« Sie wusste, dass mir eine lange Gefängnisstrafe drohte, wenn ich schuldig gesprochen wurde, sodass sie das Heroin, das ich so verzweifelt brauchte, ohne viel Worte beschaffte.

»Sei vorsichtig«, sagte sie. Ich wusste, dass sie das sehr ernst meinte. Sie war mir immer eine gute Freundin gewesen. Verglichen mit mir konsumierte sie Unmengen, sodass sie auch dealen musste, um ihre Sucht zu finanzieren. Sie erzählte ständig von dem Tag, an dem sie aufhören würde.

Eines Tages, als ich zu ihr kam, um Stoff zu kaufen, überraschte sie mich mit der Neuigkeit, einen Entzug machen zu wollen. »Ich habe Berge von Serepax und Valium und mache einen Entzug!«

»Scheiße!«, entgegnete ich verblüfft. »Glaubst du wirklich, du schaffst es?«

»Klar. Es wird schon gehen, ich mache das nicht zum ersten Mal.«

»Es wird furchtbar«, gab ich zu bedenken.

»Quatsch, ich packe das schon, Schätzchen.«

»Du bist ja vielleicht optimistisch!« Das war noch etwas, das ich an ihr mochte. Ganz gleich, in welchen Schwierigkeiten sie steckte, sie sah immer die positive Seite. Ich bewunderte sie dafür, dass sie sich von nichts und niemandem unterkriegen ließ. Tatsächlich fühlte ich mich stark zu ihr hingezogen, was ich ihr aber nie sagen oder zeigen würde. Das war ein weiteres von meinen Geheimnissen. Danni war damals 24, zwei Jahre jünger als ich, und sie ging schon ihr halbes Leben auf den Strich, um ihre Sucht zu finanzieren. Mit der Zeit hatten sich zwischen uns gegenseitiger Respekt und Liebe entwickelt. Außerdem fand ich sie interessant ... nein, mehr noch, sie faszinierte mich.

Manchmal, wenn ich tagsüber keinen Stoff hatte besorgen können, musste ich mich abends rausschleichen, wenn Frank zu Hause war, weil ich sonst Entzugserscheinungen bekommen und mir eine Ausrede einfallen lassen musste für die Übelkeit und die Schweißausbrüche. Ich wartete, bis er vor dem Kamin einschlief, schnappte mir Ali in ihrer Babyschale und fuhr davon, um zwei Stunden später zurückzukommen. Ich betete immer, dass Frank nicht aufwachte, hatte aber für den Fall der Fälle eine glaubhafte Ausrede parat. Er erwischte mich nie, und jedes Mal, wenn mein nächtlicher Ausflug unbemerkt geblieben war, durchflutete mich unbeschreibliche Erleichterung. Aber es war die ganze Aufregung wert.

Es wurde immer schwieriger, das Geld für den Stoff zu beschaffen, aber irgendwie gelang es mir, allen Widrigkeiten zum Trotz, weiter zu konsumieren. Ich hatte noch eine andere Quelle, einen Dealer, der nicht viel Ahnung von Stoff hatte. Ich hatte ihn überredet, mir das Verschneiden und Portionieren des Dopes zu überlassen, wobei ich immer geringe Mengen für mich abzweigen konnte. Man musste erfinderisch sein, um Mittel und Wege zu finden, sich für wenig Geld oder sogar kostenlos Stoff zu beschaffen. Mit 26 Jahren war das mein Leben: Angst, Stoff beschaffen und fixen. Und das einzig Sichere an meiner Zukunft war der bevorstehende Prozess. Ich wusste nicht einmal genau, ob ich Ali bei mir würde behalten können.

Ali lenkte mich von meinem gestörten Verhältnis zu meinem Vater ab, und da ich ihn so selten sah, hatten wir auch lange nicht mehr gestritten. Ron war zum Mittelsmann zwischen Dad und mir geworden und hatte meinen Vater über die Anklagen informiert – nicht, dass das nötig gewesen wäre, immerhin hatte es in der Zeitung gestanden. Mein Vater und ich wechselten nie ein Wort über meine Drogensucht. Jan hielt sich weitgehend aus allem raus, und sie machte es ein wenig leichter, auch wenn ich sie nicht mehr so wie früher als Verbündete betrachtete, seit sie uns mitgeteilt hatte, dass sie meinen Vater heiraten wolle. Es lag fast zehn Jahre zurück, dass ich von daheim ausgezogen war, sodass ich, abgesehen von Ron, nicht mehr viel Familiensinn hatte.

Kapitel 7

DER PROZESS

Mein zweiter Prozess wegen Verabredung zum Heroinschmuggel und illegalem Drogenbesitz sollte im August 1980 beginnen, kurz nach Freds Ermordung. Die Polizei schien sich letztlich mit uns fünf begnügen zu wollen, die bereits ganz zu Anfang angeklagt worden waren. Viele andere, die meisten von ihnen Süchtige, waren unter Druck gesetzt worden, hatten aber einen Deal mit der Polizei geschlossen und sich mit Informationen Straffreiheit erkauft. Offenbar waren sie in das staatliche Zeugenschutzprogramm aufgenommen worden. Wir übrigens plädierten auf »nicht schuldig«, aber ich war die einzige Frau und auch der einzige Junkie auf der Anklagebank. Ich durfte weiterhin auf Kaution draußen bleiben, während die anderen in U-Haft kamen.

Am Morgen des ersten Prozesstages gab ich Ali einen Kuss, nachdem ich sie bei Dad und Jan abgeliefert hatte, und fuhr dann in die Stadt zu meinem Verteidiger. Er war ein älterer Herr, dem ich mich bestimmt hätte anvertrauen können, wenn die Ereignisse mich nicht so durcheinander gebracht hätten. Es wurde so viel gelogen, dass ich mich die meiste Zeit nicht traute, überhaupt irgendetwas zu sagen. Frank hatte für uns alle einen Rechtsbeistand besorgt, und der junge Anwalt, der mich bei meinem vorausgegangenen Kautionsantrag vertreten hatte, gehörte ebenfalls zum Team der Verteidigung. Als wir die Straße überquerten und den Supreme Court ansteuerten, war ich extrem verunsichert hinsichtlich dessen, was mich erwartete. Wie sich herausstellte, war meine Anwesenheit in den ersten Verhandlungstagen gar nicht notwendig, weil aufgezeichnete Beweismittel vorgebracht wurden, die mich nicht betrafen. Aufgrund dessen versuchte mein Verteidiger zu erreichen, dass mein Fall separat verhandelt wurde, womit er jedoch scheiterte. Unter »Verabredung zu einer Straftat« verstand man im Grunde »aktive Mitwisserschaft«, sodass es aufgrund meiner bekannten Drogensucht und Beziehung zu einem der Angeklagten nicht schwer war, mich in den Fall hineinzuziehen.

Wir fünf mussten bis zum Eintreffen des Richters auf einer Bank ganz hinten im Gerichtssaal sitzen. Die Anwälte unterhielten sich derweil ganz vorn, in ziemlicher Entfernung von uns. Neben den vier Männern saß ein Wachmann, und zwischen mir und den anderen Angeklagten saß eine Beamtin, die verhindern sollte, dass wir miteinander sprachen. Als der Richter eintrat, mussten wir aufstehen und den Kopf beugen. Nachdem er hinter einem imposanten pultartigen Möbel Platz genommen hatte, das oben auf einem Podium stand, durften wir uns wieder setzen. Die Einzigen, die den Mund aufmachen durften, waren Anwälte und Richter sowie auf eine spezielle Aufforderung hin die Zeugen. Ich versuchte, mich auf das Gesagte zu konzentrieren, aber es war zwecklos. Ich verstand das Fachchinesisch nicht. Tagelang ging es hin und her, ohne dass ich verstand, was vor sich ging. Es war eine fremdartige Welt, von der ich mich ausgeschlossen fühlte, obwohl wir fünf die Hauptpersonen in diesem Stück waren.

Ali war bei Prozessbeginn gerade sechs Monate alt, und nach den ersten zwei Wochen hatte die Polizei mich derart eingeschüchtert, dass ich erwog, für eine Weile zu meinem Vater zu ziehen, wenigstens bis zum Prozessende. Sie behaupteten, irgendwelche Unterwelt-Gestalten besäßen Pläne von Franks Haus und beabsichtigten, es in die Luft zu jagen. Auch wenn diese Geschichte ziemlich verrückt klang, machte sie mir Angst, und ich wollte nicht riskieren, dass Ali etwas passierte. Ich beschloss, bei Dad und Jan unterzukriechen, die sich mit Begeisterung um Ali kümmerten, während ich tagsüber im Gerichtssaal saß. Mein Vater war in Pension gegangen, sodass sie beide den ganzen Tag daheim waren. Es war eine schwierige Zeit, und unser Verhältnis war gespannt. Es war viele Jahre her, seit ich daheim gewohnt hatte, und mein Drogenkonsum und das damit einhergehende Verhalten befremdeten sie.

Obwohl ich zu dieser Zeit auf Kaution draußen war, war ich tief unglücklich, und ein Arzt verschrieb mir Temazepam gegen die Beklemmungen und dazu das Schlafmittel Mogadon. Trotzdem gerieten meine Emotionen und mein Drogenkonsum immer mehr außer Kontrolle. Rückblickend muss ich gestehen, dass es wohl besser gewesen wäre, wenn sie mich eingesperrt hätten, wenn auch nur zu meiner eigenen Sicherheit. Die anderen vier wurden jeden Nachmittag ins Gefängnis zurückgebracht, woraus ich schloss, dass die Polizei mich offenbar nicht länger als eine Gefahr für die Allgemeinheit betrachtete. Sie zeigten keinerlei Interesse daran, mir die Kaution zu entziehen. Ich schätze, sie ahnten nicht, wie stark meine eigene Sicherheit und Gesundheit gefährdet waren, wenngleich es sie wohl kaum interessiert hätte, auch wenn sie es gewusst hätten.

Drei Monate lang musste ich jeden Tag vor Gericht erscheinen. Es sah ziemlich schlecht aus für uns, was mich im Hinblick auf die Zukunft immer mehr verunsicherte.

Da Frank im Gefängnis saß, war es schwierig, mit ihm in Verbindung zu treten um mit ihm über die Verhandlung zu sprechen, sodass ich im Grunde ganz auf mich allein gestellt war. Im Geheimen spritzte ich mir weiterhin so viel Heroin, wie ich kriegen konnte. Heroin war das einzige, was mir eine gewisse Entspannung von all dem Stress verschaffte, und da der Druck immer größer wurde und ich niemanden hatte, der mir zur Seite gestanden hätte, wurde auch das Bedürfnis, allem zu entfliehen, immer größer.

Am Tag der Urteilsverkündung gab ich Ali am Morgen einen Abschiedskuss und trat nervös die letzte Fahrt in die Stadt zu meinem Anwalt an, um mit ihm mein letztes Gespräch als freier Mensch zu führen. Sein Büro befand sich in den Owen Dixon Chambers, einem dieser gewaltigen Wolkenkratzer gleich gegenüber vom Supreme Court. Drinnen glich es einem Labyrinth aus Fluren, Büros und Fahrstühlen. Ich hatte nicht gewusst, wie ich mich emotional auf diesen Tag vorbereiten sollte, und so hatte ich mich nur mit einem Heroinvorrat eingedeckt. Ich betrat den Fahrstuhl und fuhr ein paar Stockwerke hoch, um dann die Toilette aufzusuchen und mir den letzten Schuss als freie Bürgerin zu setzen. Es bereitete mir keine Freude mehr. Die Droge war zu einem unverzichtbaren Bestandteil meines Lebens geworden, so ähnlich wie eine Tasse Kaffee am Morgen; durch sie fühlte ich mich einfach nur »normal«.

Was sollte ich mit meinem Besteck anfangen? Über dieses Problem hatte ich schon länger nachgegrübelt. Ich befürchtete, dass die Nadel meiner Spritze bei meiner Aufnahme im Gefängnis vom Metalldetektor entdeckt wurde. Ich steckte sie in eine Packung Taschentücher. Nachdem ich mir den Schuss gesetzt hatte, verließ ich die Toilette und entdeckte auf einem der zahlreichen Flure einen Abfallcimcr. Ich zögcrtc kurz, bevor ich die Taschentücher hineinfallen ließ. Das Gefühl des Verlustes befiel mich sofort. Ich wollte es mir schon anders überlegen, wusste aber, dass es zu riskant war. Jetzt befand sich sogar mein Drogenkonsum außerhalb meiner Kontrolle, und das machte mir an der ganzen Sache am meisten Angst.

»Wiedersehen, alter Freund«, sagte ich, als mein Blick der Spritze in das Dunkel des Metalleimers folgte. Ein Teil von mir wollte ihr nachspringen und sie zurückholen, während der zweite Teil mit der Realität rang. Ich stand lange da und starrte in den Eimer. Ich wagte es nicht, wegzugehen, wohl wissend, dass jeder Schritt in Richtung Gericht mich einen Schritt näher an den Verlust meiner Freiheit heranführte.

Ich hatte eine kleine Menge Heroin bei mir, die ich ins Gefängnis einschmuggeln wollte, so viel wie ich mir hatte leisten können. Ich musste den Stoff in einer Körperöffnung verstecken, meiner Vagina. Ich rechnete nicht damit, dass man mich noch einmal laufen ließ. Was soll ich nur tun, wenn mir die Drogen ausgehen?, fragte ich mich. Aber der Gedanke war einfach zu schrecklich, und so zwang ich mich, mich darauf zu konzentrieren, das Dope zu verstecken. Versteckspiele gehörten längst zu meinem Alltag.

Ich ging zu Fuß von der Kanzlei zum Supreme Court. Am Nachmittag wurde ich von einem Wachmann am Arm gepackt und zum Zellentrakt, der zum Gericht gehörte, geführt. Plötzlich galt ich wieder als Gefahr für die Allgemeinheit. Obwohl ich nicht zum ersten Mal in einer dieser Zellen eingesperrt war, empfand ich es als furchtbar und fühlte Panik in mir aufsteigen. Es tröstete mich ein wenig, dass ich später etwas Stoff schnupfen konnte (durch ein Nasenloch hochziehen), aber ich würde ihn erst aus seinem Versteck holen, wenn ich im U-Haft-Trakt war. Wie sehr ich wünschte, ich hätte eine Spritze einschmuggeln können! Aber wenigstens war es gelungen, ohne Komplikationen Heroin ins Gefängnis zu schaffen. Beim Schnupfen braucht man natürlich eine größere Menge Heroin und erreicht damit nur eine geringere Wirkung, und ich verfügte nur über eine geringe Menge, die ich mir einteilen musste.

Im Gefängnis traf ich meine alte Freundin Stella wieder, die in der Zwischenzeit verurteilt worden und im Trakt der Langzeithäftlinge untergebracht war. Nach ein paar Tagen konnte sie mir eine Spritze borgen. Ich tischte ihr das Märchen auf, dass ich arrangiert hätte, dass mir Heroin in den Knast geschmuggelt wurde, und ich die Spritze an diesem Tag brauchte. Es stimmte sogar, dass ich versuchte, Stoff zu organisieren, aber die Spritze brauchte ich unbedingt, damit mein geringer Vorrat länger hielt. Ich hatte keiner Seele verraten, dass ich Heroin besaß, das wäre zu riskant gewesen, und zum Teilen reichte es ohnehin nicht.

Meine ersten Tage in Haft waren ganz okay, obwohl ich Ali vermisste. Aber als die Zeit verging und mein Heroinvorrat schwand, ging es für mich ums Überleben. Wenn ich den Stoff aufgebraucht hatte, war ich verloren. Ich versuchte, nicht daran zu denken, doch nach fast einer Woche in U-Haft war es dann soweit, und ich war gezwungen, mich der Realität zu stellen.

Ich wachte schon mit einem unheilvollen Gefühl auf, und ein kalter Schauer jagte mir den Rücken hinunter. Mein ganzer Körper schmerzte, und ich fühlte mich verschwitzt und abstoßend. Ich war im Schlafsaal des Untersuchungsgefängnisses untergebracht, und es war mein fünfter Morgen im Knast. Ich kannte dieses Gefühl so gut. Ich hatte keinen Stoff mehr, sodass ich nichts dagegen tun konntc, und ich wusstc, dass cs in den nächsten Tagen immer schlimmer werden würde.

Auch eine halbe Stunde nach dem Wecken lag ich noch im Bett. Eigentlich musste ich wieder vor Gericht. Ich schwitzte, litt an akuten Entzugserscheinungen und wälzte mich unter Schmerzen hin und her. Ich lehnte mich aus dem Bett und erbrach mich in einen Eimer, der dort bereitstand. Mein hässliches Umfeld war auch nicht hilfreich. Das Gefühl kollektiver Leere innerhalb dieser Wände war überwältigend.

Ich hörte, wie ein Wärter erneut die Tür zum Schlafsaal öffnete und sich meinem Bett näherte. Ich blieb unter der Bettdecke liegen. »Ich gehe heute nicht ins Gericht«, sagte ich mit schwacher Stimme.

»Kommen Sie, Helen, Sie müssen hin«, entgegnete der Beamte.

»Ich fühle mich nicht wohl. Ich möchte im Bett bleiben.« Ich drehte mich um, zog die Decken fest um mich und hoffte, er würde wieder gehen.

»Hören Sie, es tut mir Leid, ich kann sehen, das es Ihnen nicht gut geht, aber Sie müssen aufstehen«, entgegnete er. »Wenn Sie bis zum Gefängniseingang gehen, können die Kollegen einen Doktor rufen, der dann zu Ihnen in die Zelle im Gericht kommt.«

Ich fühlte mich einfach zu elend, und mir war alles egal. Ich antwortete nicht.

»Ich komme in zehn Minuten wieder, um Sie zu holen, okay?« Das war keine Frage, sondern ein Befehl. Allein beim Gedanken an eine Dusche bekam ich Schüttelfrost. Ich wusste nicht, wie ich mich aufraffen und es bis zum Gericht schaffen sollte, aber mir war klar, dass ich keine andere Wahl hatte.

Sie würden mich zwingen zu gehen, also stand ich schließlich zittrig auf, zog mich an und ließ mich zum

Gefängniseingang bringen. Den Wärtern war es egal, wie ich mich fühlte, sie waren nur darauf bedacht, ihre Arbeit zu tun, und in meinem Fall bedeutete das, mich zum Gericht zu schaffen. Das war ihr Job. Als ich in einer Zelle beim Supreme Court saß, wurde ein Arzt gerufen. Er gab mir ein paar Tabletten. Ich wusste nicht einmal, worum es sich handelte, aber ich sagte mir, dass sie wohl besser wären als gar nichts. Ich sagte ihm nicht, dass es sich um Entzugserscheinungen handelte. Er strahlte völlige Gleichgültigkeit aus, und mir war auch nicht nach Reden zumute. Der Richter sah schließlich ein, dass ich aus Krankheitsgründen nicht verhandlungsfähig war, und das Gericht vertagte sich. Mir war das gleich. Wieder eine Nacht im Gefängnis und am nächsten Morgen zurück ins Gericht. Immer weiter. Schlaflose Nächte, Schwitzen, rastloses Herumwälzen, Albträume, gefolgt von ebenso endlosen Tagen. Aber nach fünf oder sechs Tagen hörte die Übelkeit auf, und ich hatte das Schlimmste überstanden, zumindest an körperlichem Entzug. Dann kam die Lethargie: Ich verspürte keinerlei Motivation oder Wunsch zu leben, ich wollte nur, dass alles endlich ein Ende hatte. Ein paar Tage später ging mein Wunsch in Erfüllung.

Der letzte Prozesstag brach an, und wie gewöhnlich fuhr der Van mich zum Gericht. Ein winziger Funken Hoffnung in mir sagte mir, dass eine kleine Chance bestand, dass ich an diesem Tag in die Freiheit entlassen wurde, aber mein rationaleres Ich wusste, wie unwahrscheinlich das war. Gegen Mittag war die Zusammenfassung abgeschlossen, und nach einer Pause zog sich die Jury zur Beratung zurück. Sie brauchten nicht lange, was nicht weiter verwunderlich war, aber das Warten zehrte doch an meinen Nerven. Ich konnte fühlen, wie das Tor zur Freiheit sich schloss, als wir zur Urteilsverkündung von unseren Zellen zurück in den Gerichtssaal gebracht wurden. Der Richter rief nacheinander unsere Namen auf und verlas die jeweiligen Anklagepunkte. Abschließend forderte er den Obmann auf, bekannt zu geben, zu welchem Urteil die Geschworenen gelangt waren.

Nach der Verlesung jedes Namens und jeder Anklage antwortete der Obmann »Schuldig, Euer Ehren.«

Ich fühlte mich ernüchtert. Meine tiefste Verzweiflung während des ganzen Prozesses hatte in Zusammenhang gestanden mit meinem Drogenkonsum und meinem Entzug. Es war schwer gewesen, an irgendetwas anderes zu denken. Viele der Süchtigen, die im Laufe des Prozesses als Zeugen ausgesagt hatten, waren tiefer in den Fall verstrickt gewesen als ich, hatten aber mit der Polizei ausgehandelt, als Gegenleistung für ihre Kooperation straffrei auszugehen. Sie wurden nicht einmal wegen Beihilfe angeklagt und bekamen nach ihrem Auftritt im Zeugenstand sogar Polizeischutz. Ich habe gehört, einige von ihnen hätten sogar Geld und Flugtickets bekommen.

Obwohl die Schuldsprüche an diesem Tag bekannt gegeben wurden, mussten wir uns bis zur Verteidigungsvorbringung noch eine Woche gedulden. Bei einer solchen Verteidigungsvorbringung führt der Beklagte für gewöhnlich Leumundszeugen an, die zu seinen Gunsten aussagen, und der Anwalt kann dem Richter auch einige Hintergrundinformationen über seinen Mandanten liefern. Ich war inzwischen ohne Stoff schon viel klarer, und mir wurde erst jetzt langsam bewusst, wie daneben ich während der ganzen Prozedur gewesen war. Und mir dämmerte jetzt erst, wie tief ich tatsächlich in der Patsche steckte ...

Am 10. Dezember 1980, vier Tage vor meinem

27. Geburtstag, wurde das Strafmaß verkündet. Als ich in den Saal geführt wurde, blickte ich mich um und sah Ron im Zuschauerraum sitzen. Ich nahm an, dass er in den letzten Wochen sehr nervös gewesen sein musste. Meine Verteidigungsvorbringung nahm nicht viel Zeit in Anspruch, denn obgleich ich meinen Lebenslauf für meinen Anwalt aufgeschrieben hatte und Ron versuchte, sich für mich einzusetzen, gab es im Grunde nicht viel, das für mich gesprochen hätte. Ich sollte erst Jahre später die Fähigkeit entwickeln, mein Verhalten objektiv zu beurteilen. Mein Anwalt hoffte, der Richter würde meine Drogen-Vergangenheit berücksichtigen und mich in den Entzug schicken anstatt ins Gefängnis, aber der Richter war offenbar der Ansicht, ich hätte ein gutes Leben mit reichlich Chancen gehabt und es hätte keinen wirklichen Grund für meine Drogensucht gegeben.

Er verurteilte mich zu 12 Jahren Gefängnis bei einer Mindestverbüßung von 8 Jahren und verdonnerte bis auf eine Ausnahme alle anderen zu noch höheren Haftstrafen, wobei die längste 25 Jahre bei einer Mindestverbüßung von 21 Jahren lag, das Höchstmaß für ein Verbrechen dieser Art. So viel zu meinen Hoffnungen auf ein Rehabilitationsprogramm oder ein *Section 28*, bei dem die Strafe eine Drogentherapie beinhaltete.

Als wir hinausgeführt wurden, warf ich einen Blick auf Ron, der mir ein schwaches resigniertes Lächeln schenkte. Ich wurde in den Zellentrakt zurückgebracht, und mein Anwalt traf kurze Zeit später dort ein, um das Urteil mit mir zu besprechen und mir das ganze Fachchinesisch in Klartext zu übersetzen. Er riet mir dringend davon ab, in Berufung zu gehen.

»In Anbetracht der hohen Haftstrafen, die über Ihre Mitangeklagten verhängt wurden, denke ich, Sie sollten das Urteil akzeptieren und von einer Berufung absehen«, riet er mir weise, obgleich ich selbst der Ansicht war, ich hätte noch eine Chance verdient. »Wenigstens liegt das Strafmaß bei Ihnen an der unteren Grenze«, meinte er.

»Na ja, also ... Scheiße, so ein Pech«, war alles, was ich zu diesem Zeitpunkt dazu sagen konnte. Er erzählte mir, dass Frank bereits davon gesprochen habe, in Berufung gehen zu wollen. Ich musste mich nicht sofort entscheiden, und so ließ ich mir ein paar Tage Zeit, um darüber nachzudenken. Dann erhielt ich einen Brief und einen Anruf von Frank in Pentridge: Er teilte mir mit, sie wären alle überein gekommen, in Berufung zu gehen, und überredete mich, mich ihnen anzuschließen. Er meinte, es würde seltsam aussehen, wenn ich nicht mitzog. Schließlich gab ich nach und handelte gegen den Rat meines Anwalts.

Ein paar Wochen später wurde mir schriftlich mitgeteilt, dass die Staatsanwaltschaft ebenfalls gegen mein Strafmaß Revision eingelegt hatte: Sie beantragte eine Verlängerung der Haftstrafe! In der Mitteilung stand:

GRÜNDE FÜR DEN REVISIONSANTRAG

1. Das verhängte Strafmaß ist ganz offensichtlich in jeder Hinsicht unangemessen.
2. Der vorsitzende Richter hat den Aspekt der Abschreckung im vorliegenden Fall nicht angemessen berücksichtigt.
3. Der vorsitzende Richter hat jene Beweise dafür, dass Helen Barnacle vollwertige Komplizin der illegalen Drogengeschäfte war, nicht gebührend berücksichtigt.
4. Der vorsitzende Richter hat Helen Barnacles frühere Drogensucht viel zu hoch bewertet und strafmindernd berücksichtigt.

Versehen mit dem Datum vom 5. Januar 1981.

»Verfluchte Scheiße!«, rief ich, nachdem ich den Brief laut vorgelesen hatte. Stella und noch zwei weitere Freundinnen sahen mir über die Schulter.

»Scheiße!«, sagte auch Stella. Wenigstens war ich von Menschen umgeben, die mich und meine Situation verstanden. Es war ein großer Schock für mich, dass die Staatsanwaltschaft tatsächlich meinte, meine Haftstrafe sei zu gering ausgefallen und ich wäre eine Hauptakteurin bei Franks Deals gewesen. Allerdings war ich daran wohl selbst schuld, da ich der Polizei so wenig verraten hatte. Jetzt würde es so oder so eine neue Schlacht vor Gericht geben, und ich musste mich auf einen langen Aufenthalt im Knast einstellen.

Es gab niemanden, dem ich mein Herz ausschütten konnte, da es in dieser Sache so viele Geheimnisse gab, die ich nicht einmal Ron anvertraut hatte, und im Großen und Ganzen hatte mein Drogenkonsum ja auch nichts mit dem Prozess zu tun. Ron hatte erst kürzlich erfahren, dass Frank mit Drogen zu tun hatte. Und auch von der Gewalt, die ich erlebt hatte, hatte ich ihm nie etwas erzählt. Ich wollte nicht, dass er in diese Welt hineingezogen wurde, zumal er sich immer noch nicht von dem Schock erholt hatte, dass Frank ein Dealer gewesen war. Davon einmal abgesehen konnte ich ihn nur während der Besuchszeit sehen, und da waren wir nie allein.

Unmittelbar nach der Urteilsverkündung sprachen Ron und ich über Alis und meine Zukunft. Wir kamen überein, dass sie bei mir bleiben sollte, auch wenn das nach den geltenden Gefängnisvorschriften nur noch einige Monate möglich sein würde, genau bis zu ihrem ersten Geburtstag im März 1981. Ron und ich waren uns darin einig, dass jeder Zeitraum, so gering er auch sein mochte, besser war als nichts, und im Übrigen hatten wir auch noch keine alternative Lösung gefunden. Wir fingen beide gerade erst an, die Realität meiner Strafe zu begreifen und was das für Ali bedeutete. Sie war noch bei Dad und Jan, und ich hielt über Ron Kontakt zu ihnen. Nach den zahlreichen heftigen Auseinandersetzungen, die wir gehabt hatten, als ich für die Dauer des Prozesses bei ihnen gewohnt hatte, sprachen wir nicht mehr miteinander, es sei denn, es ging um Ali. Mein Vater war anderer Meinung als wir und meinte, Ali wäre bei ihm und Jan besser aufgehoben als bei mir im Gefängnis, aber ich sprach nie persönlich mit ihm, sondern überließ das Ron.

Die ersten Monate meiner Haftstrafe überstand ich verhältnismäßig leicht, nicht zuletzt deshalb, weil ich Meisterin darin war, mir etwas vorzumachen und die Wirklichkeit zu verdrängen. Außerdem war ich der Ansicht, dass das Strafmaß ja bis zum Abschluss des Revisionsverfahrens noch nicht feststand und somit noch nichts entschieden war. Ich klammerte mich an die Hoffnung, dass mir vielleicht doch noch das Glück lachen würde. Aber der Hauptgrund, weshalb ich in dieser Zeit so gut zurechtkam, war der, dass ich Ali bei mir hatte. Ich hätte ja nie geahnt, dass es mir so viel bedeuten könnte, ein Kind zu haben. Zwar dachte ich immer noch nichts bis zum Ende durch, aber in dem Augenblick, da Ali auf die Welt gekommen war, hatte sich in mir etwas verändert. Ich hatte nie zuvor etwas empfunden, das auch nur annähernd an die Liebe heranreichte, die ich als Alis Mutter fühlte. Sie war bedingungslos und allgegenwärtig. Weder Angst noch Zweifel, nur Liebe. Sie war das Einzige in meinem Leben, dessen ich mir absolut sicher war.

Nach der Urteilsverkündung wurden Ali und ich in einem kleinen Zimmer neben der Krankenstation untergebracht. Es war zwar kaum geeignet für eine Mutter mit einem Kleinkind, aber okay für die wenige kostbare Zeit, die uns blieb. Aber sie musste das Gefängnis nach ihrem ersten Geburtstag im März 1981 verlassen, trotz all meinen Bemühungen, die bestehende Vorschrift zu ändern, dass Kinder nur bis zum Alter von einem Jahr bei ihrer Mutter bleiben durften. Ich hatte an Minister geschrieben, an Phyllis Frost und Pater Brosnan, den Kaplan von Pentridge. Aber obwohl ich keine positive Reaktion erzielt hatte, bevor Ali das Gefängnis verlassen musste, war der Kampf noch nicht vorbei, und diese Menschen setzten sich weiter für mich ein.

Ali kam zu meinem Dad und Jan, die inzwischen geheiratet hatten und sie beide förmlich anbeteten. Sie war das einzige Enkelkind. Jetzt konnte ich Ali nur noch an den Wochenenden sehen, wenn Dad und Jan oder Ron sie für eine Stunde ins Besucherzimmer mitbrachten oder an einem Samstag im Monat, an dem Kinder unter 12 Jahren von 9 Uhr bis 15 Uhr bleiben durften. Die samstäglichen Besuche waren ein Riesenspaß, da die Kinder sich frei auf dem Gefängnisgelände bewegen konnten und bis in unsere Zellen kamen. Ich war inzwischen auf Trakt 1 der Vollzugsanstalt verlegt worden, in dem vornehmlich Frauen untergebracht waren, die lange Haftstrafen verbüßten.

Im Mai 1981, zwei Monate nachdem Ali das Gefängnis verlassen hatte, mussten wir fünf wieder vor dem Supreme Court erscheinen, wo uns der Ausgang unserer Berufung mitgeteilt werden sollte. Es war mein erstes Wiedersehen mit Frank seit der Urteilsverkündung im vergangenen Dezember. Als ich ihn den Saal betreten sah, kam er mir vor wie ein Fremder. Es war so viel passiert seit der Zeit, da wir ein Paar gewesen waren. Er schenkte mir ein warmes Lächeln, und ich lächelte zurück. Er wurde ans andere Ende der Bank geführt, und man erlaubte uns nicht, nebeneinander zu sitzen.

Dann kamen die drei Richter herein, und wir erhoben uns, bis sie am Richtertisch auf dem Podium Platz genommen hatten, von wo sie auf uns herabsahen. Es folgten die üblichen Gerichtsformalitäten. Die vier Männer waren vor mir dran, und ihre Berufungsanträge waren allesamt abgelehnt worden, was mich darauf vorbereitete, dass auch bei mir alles beim Alten bleiben würde. Dann war ich an der Reihe, und ich wurde aufgefordert, mich zu erheben.

»Ihr Strafmaß wird auf 15 Jahre mit einer Mindestverbüßung von 12 Jahren angehoben«, verkündete einer der Richter. Es war ein Mehrheitsentscheid, nachdem zwei der drei Richter der Ansicht gewesen waren, eine Erhöhung des Strafmaßes sei angebracht. Ich traute meinen Ohren nicht. Dann sagte er so etwas wie: »... dass Sie eine Frau sind und ein kleines Kind haben ist noch lange kein Grund, Sie mit einer geringeren Haftstrafe davonkommen zu lassen als Ihre Mitangeklagten.« Meine Gedanken wirbelten wild durcheinander, und ich bekam nichts mehr mit. Ich weiß nur noch, dass ich mich an der Rückenlehne des Stuhles vor mir festhielt, weil ich fürchtete, meine Beine würden jeden Moment nachgeben.

Ich setzte mich ganz benommen und nahm die Realität in mich auf. Zwei Drittel der Mindeststrafe würde ich absitzen müssen, also acht Jahre, sofern man mir alle möglichen Straferlasse für gute Führung bewilligte. Meine Mindestverbüßung war um vier Jahre erhöht worden, aber wenigstens würde man mir die Zeit anrechnen, die ich seit Prozessbeginn bereits eingesessen hatte, also immerhin ein paar Monate. Bei meiner frühestmöglichen Entlassung würde Ali acht Jahre alt sein.

Nachdem die Richter den Saal verlassen hatten, war ich immer noch damit beschäftigt, meine Gedanken zu ordnen. Als wir gingen, winkte Frank mir zu und schenkte mir ein schwaches Lächeln. Er war ebenfalls sprachlos und sah ein wenig verlegen aus, vermutlich weil er mich dazu überredet hatte, Berufung einzulegen. Ich konnte nichts anderes tun, als zu resignieren und mich auf mindestens acht Jahre hinter Gitter einzustellen. Ich konnte es nicht ertragen, darüber nachzudenken, was das für Ali und mich bedeutete. Es schien, als hätte sich alles verschworen, um uns ein glückliches Zusammenleben zu verwehren. Wie würde es wohl sein, eines Tages aus der Haft entlassen zu werden und mit einem Kind wiedervereint zu sein, mit dem ich nicht mehr zusammengelebt hatte, seit es ein Jahr geworden war? Wie würde die achtjährige Ali dazu stehen, eine Mutter zu haben, die für sie fast eine Fremde war? Obwohl ich bereits anfing zu akzeptieren, dass ich loslassen musste, glomm in mir noch ein winziger Funke Hoffnung. Ohne ihn hätte es keinen Sinn gemacht weiterzuleben.

Kapitel 8

DAS EINSTELLEN AUF
EINE LANGE HAFTSTRAFE

Obwohl Ali schon acht Wochen von mir getrennt war, hatte ich die Hoffnung noch nicht völlig aufgegeben, dass die bestehenden Vorschriften dahingehend geändert werden könnten, dass Kinder länger bei ihrer Mutter im Gefängnis bleiben durften. Allerdings sah ich nach meiner Berufung und ihrem katastrophalen Ausgang das Gefängnis mit anderen Augen, nahm vielleicht zum ersten Mal gewisse Einzelheiten wahr.

Unter den Strafvollzugsanstalten Australiens gehörte Fairlea, wenn es auch schon sehr alt war, zweifellos zu den besseren. Damals war es das einzige Frauengefängnis in Victoria, sodass dort Frauen untergebracht waren, bei denen die Sicherheitsanforderungen von minimal bis maximal reichten. Häftlinge mit längeren Haftstrafen wurden, bis sie etwa die Hälfte ihrer Strafe verbüßt hatten, als hohes Sicherheitsrisiko eingestuft, hiernach konnten sie bei entsprechendem Benehmen vom Hochsicherheitstrakt in jene mit mittlerer oder geringer Sicherheit wechseln. In Fairlea mussten die verschiedenen Sicherheitsstufen auf fünf Morgen Land mit verschiedenen separaten Gebäuden verteilt werden.

Das Gelände war rund und von einer Mauer umgeben. Die Mauer war ursprünglich aus Backsteinen, reichte bis in Augenhöhe und war zusätzlich am oberen Rand entlang mit Stacheldraht gesichert. In den achtziger Jahren, als Fairlea fast vollständig abgerissen und neu errichtet wurde, wurden die Backsteine durch eine hohe Betonmauer mit Rasierklingendraht ersetzt, sodass man nur noch die Wipfel der höchsten Eukalyptusbäume des umliegenden Parks sehen konnte.

Drinnen gab es einen vorgelagerten Verwaltungsblock mit einem großen Saal, der als Freizeit- und Besuchsraum diente. Ein paar Schritte zur Linken befanden sich Großküche und Speisesaal, wo die meisten Insassen sämtliche Mahlzeiten einnahmen. Auf der gegenüberliegenden Seite des Saales befanden sich die Zellentrakte, angefangen bei Trakt 1, ein mit Maschendraht umzäunter rechteckiger Schlafblock, in dem die Langzeithäftlinge untergebracht waren. Dann folgte Trakt 2, der aus zwei von einem Flur getrennten quadratischen Räumen bestand, in denen je zwölf Betten standen. Hier waren Gefangene mit kurzen Haftstrafen untergebracht. Auch dieser Block war von einem Maschendrahtzaun umgeben. Der nächste Block beherbergte die U-Häftlinge und fasste etwa 18 Frauen, die noch nicht rechtskräftig verurteilt waren und denen entweder eine Kaution verweigert worden war, oder aber man hatte ihnen eine gewährt, aber sie waren nicht in der Lage gewesen, das Geld oder entsprechende Sicherheiten aufzubringen. Jenseits des Maschendrahtzauns, der diesen Block umgab, befanden sich die Cottages 1 und 2. Das waren die »Luxusunterkünfte« für Langzeithäftlinge, die sich als vertrauenswürdig erwiesen hatten. Die Cottages sahen aus wie ganz normale Häuser und wurden von sechs bis acht Frauen bewohnt. Sie verfügten über eine Wasch- und Kochmöglichkeiten und über mehrere einzelne Schlafräume auf beiden Seiten eines Flures. Die Frauen in den Cottages konnten sich abends ihr Essen selbst zubereiten. Neben den Cottages befand sich das in Fertigbauweise errichtete Education Centre, und geschlossen wurde der Kreis vom »Zellenblock« – den Strafzellen. Tagsüber vermischten sich die Häftlinge aller Blocks und wurden erst zum Umschluss um 16:30 Uhr getrennt.

Das Gelände war sehr hübsch angelegt mit einigen ausladenden alten Bäumen und einem Oval mit Basketball-/Tennisplatz. In den Jahren, die ich in Fairlea verbrachte, wurden die meisten der alten Gebäude abgerissen, sodass im Jahr meiner Entlassung nur noch die Cottages 1 und 2 von der ursprünglichen Anlage erhalten waren.

Besuche im Gefängnis sind ebenso wichtig wie schwierig. In diesem Punkt unterschied ich mich nicht von allen anderen Häftlingen, mit denen ich zwischenzeitlich gesprochen habe. Zumindest in der Anfangszeit sind sie eine Rettungsleine zur Außenwelt, zu allem, was einem einmal viel bedeutet hat, und man versucht mit aller Gewalt, in der einen Besuchsstunde am Wochenende an diesen Beziehungen festzuhalten. Vorbestraften Personen waren Besuche in der Regel nicht gestattet, außer mit einer Sondergenehmigung. Nachdem ich zu einer so langen Haftstrafe verurteilt worden war, sehnte ich anfangs meine Wochenendbesuche ungeduldig herbei. In der Regel besuchten mich Ron oder auch meine alten Freunde von TRAMM. Im Laufe der Zeit, als ich immer mehr in den Mikrokosmos Gefängnis hineinwuchs, verlor ich zunehmend das Interesse an der Außenwelt. Wozu Menschen sehen oder von Menschen hören, die einer Welt angehörten, zu der man doch keinen Zugang hatte?

Das zweite Problem bei den Besuchen war die anschließende Leibesvisitation in Gegenwart zweier Wärter. Bis zu einem gewissen Grad gelang es mir zumindest im frühen Stadium meiner Haftstrafe, Gleichgültigkeit gegenüber diesen Leibesvisitationen zu entwickeln, auch wenn das bedeutete, dass ich lernen musste, verschiedene Teile von mir gut zu verbergen, vor allem meine Gefühle. Die zahlreichen Techniken, die man entwickelt, um in einem so kontrollierten und doch so emotionslosen Umfeld zu überleben, tragen sicher nicht zur Entwicklung einer aufgeschlossenen Persönlichkeit bei. Einige meiner Freundinnen, die nicht so gut wie ich mit der Demütigung und der eigenen Hilflosigkeit fertig wurden, begehrten auf und beschimpften die Wärter, ließen ihren Frust heraus, aber auf diese Ausbrüche folgte unweigerlich eine Bestrafung. Ich versuchte, einfache Wege zu finden, mit meiner Situation klarzukommen. Diese Methoden bestanden weitgehend darin, kritische Situationen zu meiden und mich möglichst von den Schließern fernzuhalten, um nicht Zielscheibe ihrer kleinen Boshaftigkeiten zu werden.

In späteren Jahren reduzierte ich meinen Kontakt zur Außenwelt auf ein Minimum, um so die unvermeidliche anschließende Leibesvisitation zu umgehen. Außerdem fiel es mir so leichter, die Fantasiewelt zu erschaffen, in der ich lebte. Das Hauptziel bei einer langen Haftstrafe ist es, nicht den Verstand zu verlieren, und ich tat alles, was nötig war, um dieses Ziel umzusetzen. Diesen Prozess bezeichnet man als Institutionalisierung.

Ich erinnere mich noch gut an Rons ersten Besuch nach der Revisionsverhandlung. Da ich nicht länger U-Häftling war, musste ich die Zivilkleidung gegen Gefängniskleidung tauschen. Im Sommer bestand die aus einem gestreiften Kleid für wochentags und einem unifarbenen Kleid für die Wochenendbesuche. Leider war mein Wochenendkleid grellorange und unglaublich hässlich, zumal zu meinem roten Haar. Ich war überzeugt davon, dass diese Kleider Teil einer charakterbildenden Übung waren. Mal sehen, ob du es schaffst, dich in dem

Ding wohl zu fühlen, dachten sich die Beamten wohl, wenn sie mir mein neues Outfit reichten. Im Winter bestand die Wochenendkleidung aus einem blauen Trainingsanzug. Sämtliche Gefängniskleidung wurde von Insassen in der Schneiderei genäht.

In meiner Anfangszeit in Fairlea gab es noch keinen richtigen Besucherraum, sodass wir den Flur benutzten. Hinzu kam, dass Ende der siebziger, Anfang der achtziger Jahre, immer mehr Frauen hohe Haftstrafen wegen Drogendelikten aufgebrummt wurden, wodurch immer mehr solcher Frauen dazukamen, bis es schließlich an die 60 waren. Frauen, die wegen Drogendelikten einsaßen, war in der ersten Zeit im Gefängnis jeder Körperkontakt zu Besuchern strikt untersagt. Sie mussten ihre Vertrauenswürdigkeit erst unter Beweis stellen. Damit sollte das Einschmuggeln von Drogen über Besucher vermieden werden. Für die Besuche auf dem Flur wurden große Tische in der Mitte des Ganges aneinander gereiht, wobei die eine Seite den Besuchern und die andere den Häftlingen vorbehalten war. Da 90 Prozent von uns wegen Drogendelikten einsaßen, mussten die meisten von uns an den Tischen sitzen; nur den Mörderinnen war Körperkontakt mit Besuchern erlaubt, sie durften mit ihrem Besuch auf Stühlen entlang des Flures sitzen. Welche Ironie. Da so viele von uns an den Tischen saßen, ging es dort recht beengt zu, und wir mussten darüber hinaus fast schreien, um uns über den Tisch und die Kakophonie hinweg Gehör zu verschaffen. Unnötig zu erwähnen, dass an Privatsphäre nicht zu denken war, zumal drei oder vier Wärter auf dem Flur postiert waren und zweifellos Augen und Ohren offen hielten.

Ich lebte in Trakt 1, einem großen Schlafsaal, in dem 16 Frauen untergebracht waren. Das Gebäude war auch von innen mit Wellblech verkleidet, aber anders als im U-Haft-Trakt war der Saal in einzelne »Schlafzimmer« für je zwei Frauen unterteilt. Die Trennwände reichten nicht ganz bis zum Boden oder bis an die Decke, erlaubten aber dennoch zumindest ein Mindestmaß an Intimsphäre. Keiner dieser »Räume« hatte eine Tür. Das Gebäude war rechteckig mit einem Aufenthaltsraum an einem und einem Gemeinschaftsbad am anderen Ende.

Die Insassen von Trakt 1 mussten sämtliche Mahlzeiten im Gemeinschafts-Speisesaal einnehmen. Die Gefangenen aus den Cottages 1 und 2 waren als einzige von diesem Ritual ausgenommen; an sie wurde täglich eine bestimmte Menge Brot, Fleisch und Gemüse ausgegeben.

Im Speisesaal hatten an die 60 Frauen Platz, und Stella und ich saßen an einem uns zugewiesenen Tisch ganz vorn in der Nähe der Essensausgabe: Stella arbeitete in der Küche, und ich hatte noch nie eine Frau so viel essen sehen! Wir hatten unseren »Stammtisch«, da wir »Langzeithäftlinge« waren. An den anderen Tischen wechselte die Sitzordnung häufig, da manche Frauen entlassen wurden und andere neu hinzukamen.

Das Essen war schlecht, sodass wir uns vornehmlich an Weißbrot satt aßen. Das war das Einzige, wovon es reichlich gab, weil es von den männlichen Häftlingen in Pentridge gebacken wurde. Zum Frühstück gab es Porridge oder Toast. Jeden Mittwoch und Sonntag gab es Roastbeef und Gemüse zum Mittagessen und am Nachmittag Roastbeef mit Salat. Das Fleisch war zäh wie Leder. Ich habe seit damals kein Rindfleisch mehr angerührt. Wir bekamen eine halbe Frucht pro Tag. Wenn es ein Apfel war und man seine Hälfte nicht sofort aß, wurde sie braun und ungenießbar. An Weihnachten gab es dann ein wahres Festessen: Brathähnchen und zum

156

Nachtisch Eis. Die meisten Frauen nehmen im Gefängnis zu, einige werden regelrecht fettleibig.

Nach dem Abendessen um 15:30 Uhr bekamen wir einen Krug Milch und eine Dose Zucker für den ganzen Schlafsaal; das reichte gerade für eine Tasse Tee oder Kaffee pro Nase.

Für die Arbeit, die wir leisteten, wurden wir mit einem Dollar täglich entlohnt, den wir dann beim wöchentlichen Verkaufstag im Gefängnis ausgeben konnten. Von diesem Geld mussten wir Zigaretten bezahlen (Gott sei Dank rauchte ich nicht), Toilettenartikel, Kondensmilch als Ersatz für mangelnde Frischmilch und Schokolade oder Lutscher für uns selbst oder unsere Kinder, wenn diese uns am Wochenende besuchten.

Ich teilte mir in Trakt 1 ein »Zimmer« mit Barb, die ebenso still war wie ich. Wir wollten beide nur in Ruhe unsere Zeit absitzen. Sie war auch wegen einer Drogensache verurteilt. Sie hatte drei Kinder, alles Jungen, die aufgrund ihrer Inhaftierung zu Staatsmündeln geworden waren. Nachts lag sie auf ihrem Bett und starrte an die Decke. Ich überlegte oft, was sie wohl denken mochte, war aber zu zurückhaltend, um sie danach zu fragen. Sie tat das Nacht für Nacht. Sie war der starke, stille Typ, aber ich konnte den Schmerz hinter der Fassade sehen. Ihre Jungs bedeuteten ihr alles, und der Vater war nicht da, um sich um sie zu kümmern. An den Samstagen, an denen sie sie den ganzen Tag besuchen durften, versuchte sie, die verlorene Zeit mit ihnen wettzumachen, aber wenn wir hinterher auf unser Zimmer zurückkehrten, legte sie sich hin und starrte wieder wortlos an die Decke.

Ich wollte eigentlich niemandem Fragen stellen, weil ich das Gefühl hatte, dass derjenige – wie es bei mir selbst der Fall war – gar nicht mehr aufhören würde zu reden. Und wenn man anfing, davon zu sprechen, wie man sich fühlte, musste man unweigerlich weinen ... und war der Damm erst gebrochen, ließ er sich nicht mehr kitten. Mein Körper fühlte sich an, als bestünde er aus gefrorenen Tränen; wenn ich mich zu nah an Wärme heranwagte, würde ich anfangen zu schmelzen, und dann würde nichts mehr von mir übrig bleiben. Nichts von mir, nur eine Pfütze.

In den Anfangsmonaten von 1981 verbrachten Barb und ich nach dem Umschluss viele stille Stunden in diesem Raum. Wir empfanden diese Stille nie als unbehaglich, vielmehr herrschte eine Atmosphäre gegenseitigen Respekts vor Dingen, von denen wir beide wussten, dass sie zu schmerzlich waren, um ausgesprochen zu werden – immerhin waren wir beide Mütter.

Seit Ali nicht mehr bei mir war, arbeitete ich wieder im Garten, sodass ich zumindest tagsüber im Freien war. Auch hatte ich mir angewöhnt, nach dem Umschluss um 16:30 Uhr Klavier zu spielen, da eins im Aufenthaltsraum von Trakt 1 stand. Leider fühlte eine der Frauen dort sich von meinem Spiel sehr gestört. Ich dachte, ich wäre rücksichtsvoll, weil ich früh spielte, vor den Nachrichten oder anderen Sendungen im Fernsehen, aber sobald abgeschlossen war, wollte sie nur noch vor der Glotze hocken. Das Problem war, dass Fernseher und Klavier im selben Raum standen. Ich hatte mich noch nie so sehr für das Fernsehen interessiert wie die meisten anderen Leute. Jeden Nachmittag nach dem Umschluss drehte diese Frau den Fernseher lauter, was mich veranlasste, lauter zu spielen. Es kam zum Streit, da keine von uns beiden bereit war, einen Kompromiss zu schließen. Sie war Malteserin und eine zierliche Person, allerdings stimmgewaltig. Sie saß wegen Mordes, was ich mir stets vor Augen hielt! Sie sah weiter fern, und ich setzte mein

Klavierspiel fort, immer lauter und lauter, weiter und weiter, jede Nacht in dieser engstirnigen Welt, der ich nun angehörte.

Wen interessiert das?, sagte ich mir. Mit Ali hatte ich auch jedes Lebensziel verloren und musste etwas anderes finden, um meine Freizeit auszufüllen. Im Gefängnis kann Freizeit mehr zur Belastung als zum Vergnügen werden, noch etwas, das man irgendwie ertragen muss.

Die Monotonie zehrte an meinen Nerven. Manchmal, bevor die Schlaftabletten ihre Wirkung taten, riefen wir uns über die Trennwände unserer Zimmer hinweg zu. Wir schimpften über die Schließer – eine der wenigen Möglichkeiten, Dampf abzulassen. Nachts taten nur zwei Beamte Dienst, und auch wenn der Lärm überhand nahm, war es unwahrscheinlich, dass sie eingriffen.

»He, was gibt's Neues von Jex-head?«, rief ich aus meinem Zimmer in den Raum. Das war unser Spitzname für eine der älteren Vollzugsbeamtinnen.

»Ich wünschte, wir könnten sie auf den Kopf stellen und als Wischmopp benutzen«, rief eine der anderen, was wir alle zum Brüllen komisch fanden. Wirklich traurig.

»Lasst uns einen neuen Mopp für den Trakt beantragen – einen Jex-head-Mopp. Mal sehen, ob sie verstehen, was wir meinen!«, schlug ich vor.

»Wer trägt das ins Bestellungsbuch ein?«, meinte eine der Frauen und kreischte vor Vergnügen. Wir stellten uns vor, wie der Direktor die Bestellung las.

»Das wäre mir eine Bestrafung wert!«, rief eine Stimme. Zweifellos würde ein solcher Eintrag geahndet werden.

»Die haben einfach keinen Sinn für Humor«, sagte jemand. An manchen Abenden setzte sich diese Unterhaltung über Stunden fort, bis wir unsere ganze Anspannung und Frustration abreagiert hatten.

Derweil nahmen die Spannungen zwischen mir und der maltesischen Mörderin zu; sie drehte den Fernseher lauter, ich spielte lauter. Sie schrie (oder keifte) »Hör auf, auf dem verdammten Klavier zu spielen!«

»Verpiss dich! Ich spiele, solange ich Lust habe!«, brüllte ich zurück.

Die anderen Frauen hatten langsam genug von uns beiden, sodass schließlich ein Kompromiss geschlossen wurde. Im angrenzenden Flur stand ebenfalls ein Klavier, und die Schließer erklärten sich bereit, mich jeden Abend für eine Stunde rauszulassen, damit ich darauf spielen konnte. Ich stellte mir vor, ich wäre Liberace und spielte nach Herzenslust.

Das Beste, was mir im Gefängnis passierte, war, dass ich die Lehrer vom Lernzentrum kennen lernte. Wenn man erst rechtskräftig verurteilt war, musste jedem Häftling von Gesetzes wegen mindestens ein halber Unterrichtstag die Woche angeboten werden. Im Februar 1981, eine Woche nachdem die Lehrer aus den Weihnachtsferien zurückgekehrt waren, und kurz bevor Ali das Gefängnis verlassen musste, wurde ich zu einem ersten Gespräch ins Lernzentrum gebracht. Das Zentrum wurde vom Bildungsministerium finanziert, nicht vom Strafvollzug, und war somit völlig unabhängig vom Gefängnis, auch wenn es sich auf dem Gelände der Strafvollzugsanstalt befand. Das Gebäude war eins dieser mobilen Fertigbauten, und der Beamte ließ mich allein eintreten, da das ungeschriebene Gesetz herrschte, dass Wärter das Gebäude nicht betraten.

Ich wurde gleich von Heather empfangen, einer der Lehrerinnen, die mir alles zeigte und sich dann zu einem Plausch mit mir in die Küche setzte. Ich war verblüfft von der völlig anderen Atmosphäre in diesem Block. Hier herrschten Ruhe und Frieden, und Häftlinge waren in verschiedenen Teilen des Gebäudes mit lernen oder der Teilnahme am Unterricht beschäftigt. An einem Ende gab es einen großen Saal, in dem Unterricht in Goldschmiedearbeiten, Töpferei und Schreinern gegeben wurde, Fächer, die sich offenbar großer Beliebtheit erfreuten.

Während ich mir einen Kaffee einschenkte, stellte sich mir Corliss vor, eine weitere freundliche Lehrerin. Sie und Heather erläuterten mir das Angebot des Zentrums. Es war an fünf Tagen in der Woche geöffnet, und es gab auch einige Abendkurse. Unterrichtet wurden verschiedene akademische aber auch kreative Fächer. Sie erkundigten sich bei mir, ob es etwas gäbe, wofür ich mich besonders interessiere, und so erzählte ich ihnen von meinen Klavierstunden und meiner Liebe zur Musik, fügte aber gleich hinzu, dass es sicher keine Möglichkeit gäbe, hier im Gefängnis den Unterricht wieder aufzunehmen.

»Warum eigentlich nicht?«, fragte Heather. »Ich gebe einer kleinen Gruppe von Frauen Gitarrenunterricht, aber wir könnten uns nach einem Klavierlehrer umsehen, wenn Sie wirklich interessiert sind.«

»Ist das Ihr Ernst?«, fragte ich verblüfft. »Ja, also da ich eine Weile hier sein werde, würde ich liebend gern wieder klassischen Klavierunterricht nehmen.«

»Okay, geben Sie mir etwas Zeit, ich werde sehen, was sich machen lässt«, versprach Heather.

Corliss wollte wissen, ob es sonst noch etwas gäbe, wofür ich mich interessiere. Sie erklärte mir, dass es einen guten Eindruck machen würde auf den Gefängnisausschuss.

Unsicher gestand ich ihnen, dass ich vorzeitig von der Schule abgegangen war, in der 11. Klasse, mit 16 Jahren, sodass ich nicht wüsste, wofür ich mich eignete. »Ich wüsste heute nicht einmal mehr, wie man ein Essay schreibt«, sagte ich.

»Wie wäre es mit einem Versuch, den Englisch-Stoff der 12. Klasse anzugehen? Es kommt jede Woche eine Lehrerin her, und es wurde bereits eine Klasse zusammengestellt. Sie könnten sich anschließen.«

»Warum nicht? Ich habe ja nichts zu verlieren, oder? Ich würde auch gerne beim Gitarrenunterricht mitmachen«, fuhr ich ganz aufgeregt fort. Heather spielte Gitarre und Klavier, und wie sich noch herausstellte, sollte sie mir in Musikfragen eine große Hilfe sein.

Ein oder zwei Wochen später wurde ich über Lautsprecher ins Lernzentrum gerufen. Heather empfing mich ganz aufgeregt an der Tür. Es gab gute Neuigkeiten; es schien, als hätte sie eine Klavierlehrerin gefunden, Jean Starling, die in der Nähe wohnte und bereit war, mich auf ehrenamtlicher Basis zu unterrichten. Sie wollte in der kommenden Woche vorbeikommen und mich kennen lernen. Natürlich musste der Gefängnisausschuss sein Okay geben, aber ich war so überrascht von meinem Glück, dass ich kaum glauben konnte, was ich da hörte.

Der Ausschuss bewilligte mir zunächst drei Fächer im Lernzentrum, und so konnte ich meine im Kindesalter begonnene musikalische Ausbildung wieder aufnehmen. In dieser Anfangsphase meiner Haftstrafe beschloss ich, als ich mich auf den Schulabschluss vorbereitete, auch Musiktheorie zu studieren. Mit Heathers Fürsprache schloss ich mich außerdem einer Gruppe netter Frauen an, mit denen zusammen ich erste Begleitakkorde auf der Gitarre lernte. Es war eine so nette Gruppe; alle waren sehr kreativ, und wir hatten alle gemeinsame Interessen (abgesehen vom Drogenkonsum). Wir hatten viel Spaß miteinander, und zumindest für eine kurze Zeit lenkte es mich von der Trennung von Ali ab. Zweifellos hatte ich noch nicht ganz erfasst, was acht Jahre der Trennung bedeuteten – ich wagte es einfach nicht, in solchen Dimensionen zu denken. Ich genoss es also, drei halbe Tage im Lernzentrum zu verbringen und dazu noch eine Stunde jeden Abend am Klavier.

Ich liebte die Disziplin, die in der klassischen Musik unverzichtbar war; sie war der Gegenpol zu dem Chaos in meinem Leben. Vielleicht verhalf sie mir ja zu einem gewissen Gleichgewicht.

Da ich immer mehr Zeit im Lernzentrum verbrachte, erkannte ich schnell, dass die Lehrerinnen völlig aufgingen in ihrer Arbeit für und mit den Häftlingen, und sie hatten offenbar ein sicheres Händchen dafür. Irgendwie gelang es diesen Frauen, sich trotz aller Solidarität mit uns die Sympathie mit den Wärtern nicht zu verscherzen, sodass sie sogar eine gewisse Kooperation seitens des Gefängnisses erreichten. Ich lernte, Heather und Corliss zu vertrauen, und sie wurden zu wichtigen Vorbildern für mich.

Aber ein kaputtes Selbstbewusstsein erholt sich nicht über Nacht; es sollte mehrere Jahre dauern, bis die positive Bestärkung der Lehrerinnen wirklich Wurzeln fasste. Noch hatte ich mit der Trennung von Ali zu kämpfen. Die Abende und Nächte, die Stunden nach dem Umschluss, waren lang und einsam. Ich hatte nichts mehr von Phyllis Frost oder dem zuständigen Minister gehört bezüglich der Möglichkeit, Ali zurückzubekommen, und ich vermisste es schmerzlich, ihr eine Mutter zu sein. Andererseits durchlebte ich zum ersten Mal in fast neun Jahren eine drogenfreie Zeit – abgesehen von den Medikamenten, die vom Gefängnis ausgegeben wurden. Ich nahm kein Heroin mehr und auch keine Mischung aus Alkohol und Diätpillen.

Gegen 20:30 Uhr jeden Abend kamen die Vollzugsbeamten an die Tür zum Trakt 1, um die Medikamente aus-zugeben, ganz so wie seinerzeit in der U-Haft. Das ge-hörte zu den wenigen Ritualen im Gefängnis, auf die die Frauen sich freuten. Die anderen drei Medikamenten-ausgaben waren morgens vor dem Appell, in der Mit-tagspause und nachmittags nach der Arbeit. Es war ganz leicht, sich Medikamente verschreiben zu lassen von dem Arzt, der alle 14 Tage vorbeischaute, oder dem Psy-chiater, der sich noch seltener blicken ließ. Man brauchte nur zu sagen, dass man nicht schlafen könne oder unter Depressionen litt, und sie verschrieben einem Tabletten wie Serepax, Rohypnol oder Valium. Schlaftabletten er-freuten sich großer Beliebtheit. Es ist ja nichts Neues, dass Medikamente gern eingesetzt werden, um Gefäng-nisinsassen ruhig zu stellen, und genauso habe ich es auch empfunden. Die meisten von uns bekamen Schlaf-tabletten oder andere Beruhigungsmittel, um ein paar Stunden in der Nacht der tristen Realität unseres Lebens entfliehen zu können. Wir wurden in künstlichen Schlaf versetzt, in eine andere Zeit, in der unsere betäubte Fan-tasie uns an einen anderen Ort tragen konnte.

In einer speziellen Nacht brauchten Barb und ich unsere Tabletten nicht. Wir hatten einer Freundin etwas Serepax abgekauft. Obwohl dieses Medikament hier ver-schrieben wurde, konnte man normalerweise nie eine Menge ergattern, wie wir sie uns beschafft hatten. Keine von uns beiden war draußen tablettensüchtig gewesen, zumindest hatten wir keine Sedativa geschluckt, höchs-tens Aufputschmittel, aber hier im Gefängnis war das et-was anderes – hier war es einfach eine willkommene Ab-wechslung von der Monotonie.

»He, Barb, was meinst du, wie viele wir nehmen sol-len?«, fragte ich sie, als wir wieder in unserem gemein-samen Zimmer waren.

»Lass es uns für den Anfang mit zwei probieren«, antwortete sie. Runter damit. Wir legten uns auf unsere Betten und warteten darauf, dass die Wirkung einsetzte.

Nach einer Weile sagte ich: »Ich fühle noch gar nichts. Du?«

»Nein. Lass uns noch zwei nehmen«, schlug sie vor. Und so warfen wir auch diese ein, ohne zu zögern.

»Ich merke immer noch nichts. Was ist mit dir?«, sagte ich nach einiger Zeit.

»Meinst du, wir sollten die restlichen auch noch nehmen?«

Da ich schon immer ein Alles-oder-nichts-Typ gewesen war, entgegnete ich: »Was soll's. Wir haben doch sonst nichts zu tun, was?« Also schluckten wir noch einige Tabletten mehr, bis ich den Überblick und das Bewusstsein verlor.

Ich weiß nicht, wie es Barb ergangen ist, aber ich hatte drei Tage einen Blackout. Stella erzählte mir später, dass sie im Speisesaal mein Gesicht aus dem Teller heben musste, nachdem ich beim Essen eingeschlafen war! Drei Tage, an die ich mich nicht erinnern konnte. Ich hatte keinen Schimmer, was in dieser Zeit passiert war. Meine Freundinnen kümmerten sich um mich, und sie mussten auch dafür gesorgt haben, dass ich pünktlich zum Appell antrat. Ich wurde auch nicht bestraft. Das Ganze war höchst mysteriös.

»Diese Pillen sind ganz hinterhältige«, sagte ich Tage später zu Barb. Sie nickte zustimmend. Wir kamen beide zu dem Schluss, dass diese Pillen nicht das Richtige für uns waren. Das war eine der ganze wenigen Gelegenheiten in meiner ersten Zeit im Knast, bei denen ich Tabletten einnahm, die mir nicht vom Arzt verschrieben worden waren.

Aber seit Ali mir nach ihrem ersten Geburtstag im

März weggenommen worden war, hatte ich das Gefühl, ich hätte nichts mehr zu verlieren. Als sie noch bei mir gewesen war, war die drohende Trennung von ihr allgegenwärtig gewesen, aber ohne sie schwand meine Motivation, mich zusammenzureißen, schnell dahin.

Obwohl ich mich oft fühlte, als würde ich platzen, und wusste, dass ich dringend Dampf ablassen musste, war mir klar, dass ich mich benehmen musste, wenn ich nicht riskieren wollte, mich selbst als Mutter zu diskreditieren und jede Chance zu verwirken, Ali doch noch zurückzubekommen. Ich hoffte immer noch, man würde mir Ali zurückgeben. In diesen ersten Wochen und Monaten motivierte mich das, jeden neuen monotonen Tag zu überstehen, und ich klammerte mich mit aller Kraft an diesen Funken Hoffnung. Aber es war hart, weil im Gefängnis eine so merkwürdige Auffassung von »Benimm« herrschte, vor allem für erwachsene Frauen, die draußen schon Jahre ein eigenständiges Leben geführt hatten. Es schien, als wären die Wärter unsere Eltern und wir die unartigen Kinder.

Ein weiterer Motivationsfaktor, der mir in dieser Zeit half, nicht den Verstand zu verlieren, war eine Zufallsbegegnung mit einem wundervollen Mann namens Greg, der Musiker war und einer Theatergruppe angehörte, die 1981 abendliche Workshops im Gefängnis abhielt. Neben den Theater-Workshops bot Greg später auch auf ehrenamtlicher Basis Musikunterricht im Lernzentrum an, und ein paar Frauen und ich ergriffen sofort die Gelegenheit. Da Greg unter anderem auch eine Menge über Buddhismus wusste, war ich ganz fasziniert von seinen Vorträgen. Die Fluktuation innerhalb der Gruppe war groß, aber für mich wurden diese Stunden zu einem Rettungsanker. Obwohl ich noch nichts von dem, was ich lernte, praktisch umsetzte, war ich neugierig geworden. Ich fing an, Greg bedingungslos zu vertrauen, und so wie Corliss wurde auch er ein Freund, der mir auch nach Verbüßung meiner Haftstrafe erhalten bleiben sollte. Diese beiden Menschen haben meine Seele in einer Art und Weise berührt, wie es nur sehr wenige Menschen vermochten.

Die Theatergruppe entstand, nachdem Studenten der Kunsthochschule ein Stück im Gefängnis aufgeführt hatten. Ich hatte mir die Vorstellung nicht angesehen, aber Brenda, eine Freundin aus dem Gitarrenkurs, schloss sich der Gruppe an und war beeindruckt. Brenda sprach nach der Vorstellung Maud und Stella – zwei der Studentinnen – an und fragte sie, ob sie nicht Lust hätten, für die Häftlinge einen Theater-Workshop anzubieten. Die beiden waren etwa in unserem Alter, Mitte zwanzig, und Maud, Stella und Greg (der mit Maud liiert war) waren sofort interessiert. Nachdem die Formalitäten erledigt waren, begann der erste Theater-Workshop im Lernzentrum. Er fand außerhalb der Arbeitszeiten abends nach dem Umschluss statt und wurde somit nicht als Lern-Fach eingestuft.

Ich nahm zusammen mit meiner »Clique« daran teil. Es fiel mir zunächst schwer mitzumachen, weil ich so schüchtern war, aber die anderen Frauen zeigten keinerlei Scheu. Einen Abend in der Woche wurden wir für mehrere Stunden in den alten Aufenthaltsraum gesperrt, wo wir unsere schauspielerischen Fähigkeiten auf die Probe stellten.

Greg musizierte oft für uns, während wir spielerische Übungen machten. Über unser gemeinsames Interesse an der Musik verhalf er mir dazu, mich in der Gruppe wohl zu fühlen, und ermutigte mich, für alle Klavier zu spielen. Nach ein paar Wochen nahm der chaotische Haufen tatsächlich Formen an, und wir überlegten, ein eigenes Stück zu schreiben, basierend auf dem Material, das bei unseren wöchentlichen Workshops herauskam. Ich wusste, dass ich nie den Mut aufbringen würde, auf einer Bühne zu stehen und vor anderen zu spielen, aber über die enge freundschaftliche Beziehung, die sich zwischen Greg und mir entwickelte, entwickelte sich allmählich ein Selbstbewusstsein.

Greg ermutigte mich, eigene Musikstücke zu schreiben. Ich konterte zynisch und sarkastisch, aber Greg ließ nicht locker.

»Ich kann keine Songs schreiben«, sagte ich immer wieder. »Ich habe in meinem ganzen Leben noch keinen Song geschrieben!«

»Doch, du kannst es. Versuch es doch einfach mal«, entgegnete er, offenbar überzeugt von meinen Fähigkeiten.

Dieser Austausch setzte sich über Wochen fort, bis ich schließlich die Barriere der inneren Stimme durchbrach, die mir bei allem sagte »Kann ich nicht«. Natürlich glaubte ich immer noch nicht an meine Fähigkeit, Liedtexte zu schreiben, ich war fürs Erste vollauf mit der Musik beschäftigt. Val, die ebenfalls der Theatergruppe angehörte, schrieb wunderschöne Gedichte, und sie bot mir einige davon als potenzielle Liedtexte an. Ich fühlte mich geehrt, da Val wirklich sehr talentiert war.

Am nächsten Tag saß ich am Klavier, las Vals inspirierende Worte und ließ meinen Körper von ihnen durchdringen. Ich spielte ein bisschen auf den Tasten herum, bis sich eine Melodie herauskristallisierte, und fing an, zur Musik vor mich hin zu summen.

Beim nächsten Theater-Workshop in der folgenden Woche ging ich ganz aufgeregt zu Greg. »Ich habe es geschafft!«, teilte ich ihm mit. »Ich habe einen Song geschrieben!« Ich konnte es selbst noch nicht fassen.

Greg lächelte. »Spiel ihn mir vor«, sagte er, angesteckt von meiner Euphorie.

Da ich damit rechnete, dass der Song ihm nicht gefallen und ich bei der »Prüfung« durchfallen würde, erklärte ich ihm sogleich, dass der Song vermutlich nicht besonders gut sei.

»Spiel einfach«, unterbrach er meine Rechtfertigungen. Ich setzte mich ans Klavier und sang zögernd und leise Vals Text zu meiner Melodie, ein Lied, das später den Titel »Passing Through« erhalten sollte.

PASSING THROUGH

Where are you coming from, tell me your story.
Maybe I've been there too.
Where are you going to, have you a dream?
Will it be waiting for you?
I don't really need answers to all my questions,
time's drifting away on a breeze.
Come lie by the fire, we'll fulfill our desire
that in time will be sweet memories.
Will you be tacking my memory with you,
or are you travelling alone?
Will you be living in permanent dwelling,
or are you going to roam?
© Val, 1981

Als das Stück endete, war ich schrecklich verlegen und wagte gar nicht, ihn anzusehen. Ich war wie gelähmt vor Angst vor seinem niederschmetternden Urteil, auch wenn ich wusste, dass er es mir möglichst schonend beibringen würde. Ich erwartete, dass er, ohne herablassend zu wirken, den Song dennoch ablehnen würde. Dann hörte ich: »Das ist toll!«, und war sofort überzeugt, dass

169

er log, um mir nicht wehzutun, aber dann dreht eich den Kopf und sah sein lächelndes Gesicht.

»Spiel es noch mal!«, forderte er mich enthusiastisch auf.

Nachdem ich den Song noch einmal vorgetragen hatte, war ich sicher, dass Gregs Reaktion echt war und meine Musik ihm ehrlich gefiel. Ich staunte selbst, dass die Musik zu diesem Stück von mir war ... Ich hatte wahrhaftig einen Song geschrieben!

»Was treibt ihr denn da?«, rief Maud vom anderen Ende des Saales. »Dürfen wir auch daran teilhaben?«

Im ersten Moment war ich wie gelähmt, als ich erkannte, dass sie von mir erwarteten, für sie alle zu singen! Ich war schrecklich nervös und eingeschüchtert, aber irgendwie schaffte ich es, und hinterher klatschten und johlten alle begeistert. Ich war nicht einmal sicher, laut genug gesungen zu haben, dass man den Text überhaupt verstand, und ich war sicher, dass sie übertrieben, aber es tat trotzdem gut. Ich hatte seit meiner Zeit bei TRAMM vor fünf Jahren nicht mehr öffentlich gesungen.

Maud und Greg wollten den Song in das Stück einbauen.

»Na ja, vielleicht wenn ich mich hinter dem Klavier verstecken kann«, lautete meine Antwort.

Greg schien nichts dagegen zu haben, und wir wandten uns wieder meinem Song zu, änderten hier und da eine Kleinigkeit, bis wir beide hundertprozentig zufrieden waren. Das war der Beginn meiner Songschreiber-Karriere, und die hält bis heute an. Nach Vals Entlassung ein paar Monate später fing ich sogar an, eigene Texte zu schreiben. Ich entwickelte ein gewisses Talent für humorvolle Texte, die auch gut zum Stil unserer Theaterstücke passten.

170

Der Englischunterricht, die Musikstunden und der Theater-Workshop füllten leider nur einen kleinen Teil meiner Zeit aus. Die restliche Zeit – außerhalb meiner Arbeitszeit – kämpfte ich weiter darum, dass Ali bei mir im Gefängnis leben durfte. Im Herzen glaubte ich nicht an einen Erfolg meiner Bemühungen, aber immerhin wurde der Kampf vornehmlich von Phyllis Frost ausgetragen. Ich hatte auch prominente Persönlichkeiten wie Walter Jona, Minister for Community Welfare Services, um Unterstützung gebeten. In gewisser Weise war es dabei hilfreich, dass ich zur längsten Haftstrafe für ein Drogendelikt verurteilt worden war, die je in Victoria gegen eine Frau verhängt worden war: Alle schienen sich darin einig zu sein, dass das Strafmaß lächerlich war.

Meine beiden wichtigsten Fürsprecher waren Phyllis Frost vom Victorian Women's Prison Council und Pater Brosnan. Er arbeitete als katholischer Kaplan im Männergefängnis von Pentridge, und Frank hatte ihm von meinem Problem wegen Ali erzählt. Der Fall begann, das Interesse der Medien zu wecken, da im Falle unseres Erfolges zum ersten Mal in der Geschichte Australiens ein Kind, das älter war als ein Jahr, bei seiner Mutter in einer Strafvollzugsanstalt leben würde. Ich hatte eine Lawine losgetreten und erhielt zahlreiche Anfragen von Fernsehsendern und den Printmedien, die alle Interviews mit mir wollten. Der Brief von der Nachrichtenredaktion von Channel 7 war ganz typisch für diese Anfragen:

Sehr geehrte Mrs Barnacle,
wir schreiben Ihnen, nachdem wir von Ihrer Eingabe bei Minister Walter Jona erfahren haben, und möchten mit Ihnen den Inhalt eines Fernsehinterviews besprechen, das wir gerne mit Ihnen in Fairlea führen würden.

Wir denken, dass das vom Minister aufgebrachte Thema einer Gesetzesänderung, die es Ihnen erlauben würde, ihre kleine Tochter bei sich im Gefängnis zu behalten, eine wichtige gesellschaftliche Entwicklung darstellt. [...]

Wir würden gern Ihre Ansichten zu einem Verbleib Ihrer Tochter bei Ihnen hören [...], die Vor- und Nachteile, die Sie persönlich in einer solchen Vorgehensweise sehen, Ihre Einstellung dazu, dass Ihre Tochter die ersten Jahre ihres Lebens hinter Gittern verbringen würde [...] und Ihre Meinung dazu, ob es weiblichen Häftlingen grundsätzlich gestattet sein sollte, ihre Kinder über die derzeit gesetzliche Frist von 12 Monaten hinaus bei sich zu behalten.

Das Interview würde nicht auf Ihr Privatleben eingehen, und es würde sich auch nicht mit den Vergehen befassen, derentwegen Sie zu einer Haftstrafe verurteilt wurden [...] abgesehen von einer kurzen Erläuterung als Einleitung des Interviews.

Ich lege eine Liste von Fragen bei, die ich Ihnen gerne im Laufe dieses Interviews stellen würde, [...] würde aber Ihre persönlichen Wünsche und Vorschläge berücksichtigen.

Wir von Seven National News würden uns über die Gelegenheit zu einem informativen Interview mit Ihnen freuen.

Der Kampf um Ali gab meinem Leben einen Inhalt und lenkte mich vom Trennungsschmerz ab. Das gab mir das Gefühl, aktiv etwas zu unternehmen, auch wenn ich nicht daran glaubte, tatsächlich die Macht zu besitzen, eine Veränderung des Systems zu bewirken. Aufgrund des Medieninteresses erhielt ich zahlreiche Briefe aus der Öffentlichkeit, von Menschen, die mein Begehren unterstützten, aber der Minister für Community Welfare Services und die Strafvollzugsbehörde schienen meinem Anliegen nicht gewogen zu sein. Der Gefängnisdirektor hatte ausdrücklich erklärt, dass unter seiner Leitung keine Kinder dort leben würden.

Im Mai 1981 – aus heiterem Himmel –, lief die für die Küche zuständige Beamtin, der wir den Spitznamen »Granny« (Oma) gegeben hatten, eines Morgens bei Dienstantritt ganz aufgeregt auf mich zu. »Gratuliere! Das ist ja großartig!«

»Was denn?«, fragte ich. »Wovon sprechen Sie?«

»Ich habe auf dem Weg hierher im Radio gehört, dass Ali zurückkommen und bei Ihnen leben darf.« Sie war ganz vernarrt in meine Tochter.

Ich starrte sie verwundert an. »Was reden Sie da? Ich weiß von nichts.«

In diesem Moment knackte es in den Lautsprechern: »Helen Barnacle ins Büro der Gefängnisdirektion!«

Der Gefängnisdirektor schäumte vor Wut. »Wie können Sie es wagen! Warum haben Sie mir nichts davon gesagt?«, herrschte er mich mit seiner tiefen Stimme an. Er war ein großer, kräftiger Mann, und obgleich ich nie Ärger mit ihm gehabt hatte, war allein seine Körpergröße einschüchternd.

»Was soll ich Ihnen denn verschwiegen haben?«, fragte ich.

»Dass Ali für unbegrenzte Zeit im Gefängnis bleiben darf«, entgegnete er. »Ihr Vater hat auch schon angerufen und wollte wissen, was los ist.«

»Ich weiß von nichts«, entgegnete ich. »Granny sagte nur eben, sie hätte es auf dem Weg zur Arbeit im Radio gehört.«

Er tobte noch eine Weile, weil er nicht glauben wollte, dass mir niemand etwas gesagt hatte, dann befahl er mir, an meine Arbeit zurückzugehen. Er hätte eigentlich wissen müssen, dass Häftlinge immer die letzten waren, die eine Neuigkeit erfuhren. Das System setzte gezielt auf Informationssperre, das gehörte wohl zum Machtspiel, aber ich schätze, die Situation war ziemlich peinlich für ihn. Offenbar hatte jemand die Medien informiert, noch bevor man ihn unterrichtet hatte.

Unglaublich, dachte ich, als ich sein Büro verließ. Ich konnte nicht verstehen, warum es ihn so wütend machte, dass eine Mutter und ihr Kind wiedervereint wurden, auch wenn ich für meinen Teil noch gar nicht recht daran glauben konnte.

Ein Lächeln stahl sich auf mein Gesicht. Mein kleines Mädchen würde wieder bei seiner Mum leben! Ich rannte zum Speisesaal, um den anderen die gute Nachricht zu überbringen. Stella führte einen wahren Freudentanz auf! Im Laufe des Tages wurde ich dann auch offiziell davon in Kenntnis gesetzt, dass der Minister of Community Welfare Services das Gesetz geändert hatte, demzufolge Kinder nur bis zu ihrem ersten Geburtstag bei ihren Müttern im Gefängnis bleiben durften. Offensichtlich hatte Phyllis hinter den Kulissen einiges bewegt. Ich war verärgert, dass ich nicht informiert worden war, bevor die Neuigkeit in den Medien verkündet wurde, aber an diesem Tag hätte nichts mir wirklich die Laune verderben können.

Nach knapp zwei Wochen der Vorbereitungen – ich war seit 10 Wochen von Ali getrennt – kehrte Ali endlich ins Gefängnis zurück, und man wies uns eine vorübergehende Bleibe zu. Die Unterbringung war nicht ideal, aber das war mir egal; Hauptsache, wir waren zusammen. Es handelte sich um dasselbe kleine Zimmer neben der Krankenstation, indem Ali und ich zuvor bereits untergebracht gewesen waren. Auf der anderen Seite befand sich der Trakt 1. Es gab eine kleine Kochecke und ein Bad, allerdings keine Toilette, sodass in einem zweiten kleinen Zimmer eine chemische Toilette aufgestellt wurde. Insgesamt standen uns etwa zehn Quadratmeter zur Verfügung.

Nach der Gesetzesänderung durften auch andere Frauen ihre Kinder zu sich holen. Lynda, die wegen eines ähnlichen Deliktes wie ich verurteilt worden war, war hochschwanger, und Viv, die zu sechs Monaten verurteilt worden war, beantragte erfolgreich, dass ihr kleiner Sohn bei ihr wohnen durfte, und so bezogen wir drei unsere neue Unterkunft, wo wir nach dem Umschluss um 16:30 Uhr von den anderen Frauen getrennt waren. Wir beschlossen, unsere Betten an einem Ende des Zimmers aufzustellen und die Kinderbettchen am anderen, von Stoffbahnen getrennt. Wir waren inzwischen dicht beieinander stehende Betten gewohnt, sodass uns die Enge nicht weiter störte. Ich denke, die Gefängnisleitung spekulierte darauf, dass wir aufgrund der beengten Verhältnisse die Zustände unerträglich fanden, aber wir wollten uns die Chance, unsere Kinder bei uns zu haben, nicht verbauen, und so taten wir alles, damit es funktionierte, vor allem Lynda und ich, da wir beide zu sehr langen Haftstrafen verurteilt waren. Im darauf folgenden Jahr erlaubte die Gefängnisleitung mehrfach Medienvertretern, mich im Gefängnis aufzusuchen und mich für Nachrichtensendungen oder Talkshows zu interviewen. Die Geschichte stieß auf so großes menschliches Interesse, zumal die meisten Journalisten wohlwollend berichteten, sodass das Gefängnis sich über die positive Publicity freuen konnte.

In diesem Winter wurde es sehr kalt, und ab und an litten die Kinder an Erkältungen oder Bronchitis. Ali erkrankte nur zwei Monate, nachdem sie mir zurückgegeben worden war, an einer schweren Bronchitis und musste ins Fairfield Hospital ein Stück weiter die Straße hinunter eingeliefert werden. Aber wir waren entschlossen, die schwierigen Bedingungen hinzunehmen, und wir kämpften um Kleinigkeiten wie beispielsweise nicht zum Frühstück mit den Babys in den großen Speisesaal gehen zu müssen, weil es dort so kalt war. Obwohl wir über eine Kochmöglichkeit verfügten und für die Kinder etwas zubereiten konnten, mussten wir selbst unsere Mahlzeiten weiterhin zusammen mit den anderen Häftlingen im großen Speisesaal einnehmen. Wir erhielten keine Lebensmittelrationen wie die Frauen in den Cottages.

Einige Vollzugsbeamte machten uns das Leben schwer, weil sie unser Zimmer häufiger filzten und sogar unsere Taschen durchsuchten, wenn wir den Speisesaal verließen. Eine Beamtin fand in meiner Tasche ein Päckchen Butter, die ich zum Abendessen nicht gegessen hatte, und beschlagnahmte sie. Sie drohte mir sogar wegen dieses »Vergehens« mit einer Meldung bei der Gefängnisdirektion. Die meisten Häftlinge steckten Butter und Marmelade ein, die übrig blieben, da alles in allem so wenig vorhanden war. Im Gefängnis fand ein reger Lebensmittelschmuggel statt. Nahrungsmittel waren Tauschware unter den Häftlingen oder wurden zur Bezahlung von Gefälligkeiten verwendet. Normalerweise wurden solche Reste von Mahlzeiten nicht konfisziert, aber da wir wegen der Babys Zugriff auch auf zusätzliche Rationen hatten, waren einige Beamte der Ansicht, wir wären gegenüber unseren Mitgefangenen im Vorteil. Die Angestellten zeigten ihre negative Haltung gegenüber dem neuen Gesetz ganz unverhohlen, und einige sagten mir auch auf den Kopf zu, wie egoistisch sie mich fanden. Eine meinte, sie würde meine Tochter in zwanzig Jahren wiedersehen.

»Haha!«, entgegnete ich nur und ließ mir nicht anmerken, wie sehr ihre Worte mich verletzten.

Ich kam nur schlecht damit zurecht, dass meine mütterlichen Fähigkeiten jeden Tag kritisiert wurden, aber es gab auch ein paar Wärter, die sich über die Anwesenheit der Kinder freuten. Das Spiel mit den Kindern offenbarte bei ein paar Beamten eine herzliche, gefühlvolle Seite, die mir aufgrund ihrer strikten Arbeitsvorschriften unter normalen Umständen verborgen geblieben wäre. Die anderen Frauen freuten sich für uns. Viv war nur für ein paar Monate drin, und nach ihrer Entlassung hatten Lynda und ihr Sohn Damien, Ali und ich das kleine Zimmer für uns allein.

Ich nahm auch weiterhin am Theater-Workshop teil, und als das Datum unserer Aufführung näherrückte, probten wir mit Genehmigung des Direktors fast täglich. Innerhalb der Gruppe herrschte gespannte Vorfreude, die sich auf das ganze Gefängnis übertrug.

Eine der Frauen in der Gruppe, Sue, sollte am Tag der Aufführung entlassen werden. Da Gefangene am Morgen entlassen wurden und die Vorführung für den Abend angesetzt war, sah es ganz so aus, als würde sie ihren Auftritt verpassen. Aber Sue dachte nicht daran und bat den Direktor darum, ihre Entlassung bis nach der Vorstellung zu verschieben. Wir lachten über die Ironie des Ganzen. Stellen Sie sich das vor, darum zu bitten, länger im Gefängnis bleiben zu dürfen! Aber das zeigt nur, wie viel unser Stück uns bedeutete! Der Direktor erfüllte ihr den Wunsch, wenn er auch misstrauisch war und ihre Bitte nicht verstand.

Der große Abend kam, und wir waren alle sehr aufgeregt und nervös. Ich hatte mich bereit erklärt, meine eigenen Songs vorzutragen. Vicki sollte mich als Background-Sängerin begleiten. Auch sie wollte sich lieber im Hintergrund halten. Die anderen hingegen traten auf und spielten. Ich bewunderte sie für ihren Mut.

Ein etwa 50-köpfiges Publikum sah unser Stück, vorwiegend Freunde und Familienangehörige. Ich hatte Ron und seine Freundin eingeladen und entdeckte sie im Zuschauerraum. Aus unserer Position seitlich neben der Bühne konnten Vicki und ich den anderen zusehen, und wir staunten darüber, wie talentiert sie waren. Mir war gleichzeitig nach weinen und lachen zumute. Ich liebte diese Frauen. Wir alle hatten persönliche Erfahrungen beigesteuert, und Maud und Stella hatten das Ganze zu einer Geschichte verknüpft. »Passing Through« zeigte unseren Weg, angefangen bei der Drogensucht über das Gefängnis bis in die Freiheit – zumindest für einige. Auf dem Flugblatt, mit dem wir für das Stück geworben hatten, standen folgende Zeilen:

Haben Sie schon einmal versucht, ein Stück dicken Stoffs zu zerreißen, der keinen Fehler hat?
Das ist schwer.

Und haben Sie schon einmal versucht, einen Stoff zu zerreißen, der beschädigt oder fehlerhaft ist? Das ist leicht. Ein kleines Loch, ein winziger Fehler genügen, und Sie können den Stoff zerfetzen.

Am Ende der Vorstellung verneigten wir uns alle. Stolz standen wir in einer Reihe nebeneinander. In diesem Moment waren unsere Herzen voller Freude, und wir waren stark. Wir konnten es fühlen. Der Applaus war laut und echt – die Aufführung war ein voller Erfolg. Dieser Ansicht waren sogar die diensthabenden Vollzugsbeamten. Über die Jahre sollten noch viele weitere Aufführungen folgen.

Nach Tee und Kaffee, vom Gefängnis spendiert, und einem Plausch mit unseren Freunden und Angehörigen wurde es für alle, Zeit zu gehen. Bis dahin hatten wir in der ganzen Aufregung vergessen, dass auch Sue das Gefängnis verlassen würde. Heute war der Tag ihrer Entlassung. Obwohl sie glücklich und stolz war nach der gelungenen Vorstellung, weinte Sue, als sie uns nacheinander umarmte. Man sah ihr an, dass sie diese Freundschaften nicht zurücklassen wollte.

»Ich werde euch alle vermissen«, sagte sie mit tränenerstickter Stimme.

Als ich sie umarmte, versuchte ich nicht daran zu denken, dass ich sie die nächsten sieben Jahre nicht wiedersehen würde, es sei denn, sie kehrte als Häftling zurück. Ich konnte es einfach nicht begreifen. Ex-Sträflingen waren Besuche nicht erlaubt. Ausnahmen von dieser Regel waren sehr selten, und »Freundschaft« war kein Grund für eine Sondergenehmigung.

»Viel Glück«, sagte sie. »Ich hab dich lieb.« Dann wandte sie sich um und ging auf das Tor zu. Nach ein paar Schritten zögerte sie und blickte zurück. Tränen liefen ihr über die Wangen, und uns ging es nicht anders. Es war ein verwirrender Moment, mein Herz krampfte sich zusammen, und meine Kehle war wie zugeschnürt. Dann wandte sie sich erneut ab, und diesmal folgte sie den Besuchern ohne einen weiteren Blick hinaus in die Freiheit. Wir standen da wie gelähmt, glücklich für sie, aber auch bedrückt, weil wir selbst zurückblieben. Erst weinten, dann lachten wir. Wir waren keine schlechten Frauen! Und das sollte der Titel eines unserer nächsten Stücke werden: »Bad Women«.

Ali summte noch Monate nach der Vorführung die Melodien der Songs und sang gelegentlich sogar das eine oder andere Wort. Sie war jetzt 20 Monate alt.

Der Kontrast zwischen der Aufregung in der Phase vor der Aufführung und der Leere des normalen Gefängnisalltags danach war belastend. Einerseits schätzten wir uns glücklich, die Gelegenheit gehabt zu haben, an etwas mitzuwirken, das wir »draußen« nie kennen gelernt hätten. Andererseits war noch deutlicher geworden, dass das Strafvollzugssystem nicht funktionierte. Die großartigen Gelegenheiten, die sich uns durch die Theatergruppe eröffnet hatten, waren einem Zufall zu verdanken und nicht etwa dem Einsatz des zuständigen Ministeriums oder der Gefängnisleitung. Tatsächlich vertraten viele Vollzugsbeamte den Standpunkt, dass uns Privilegien wie Theater-Workshops und Unterricht nicht zustanden.

Wir kehrten zu unserer alltäglichen Routine zurück, in der Hoffnung, unsere kreative Erfahrung irgendwann in der Zukunft wiederholen zu können. Vorführungen waren gute Werbung für das Ministerium. Die Außenwelt glaubte, dass die Insassen tatsächlich rehabilitiert wurden, und das alles ohne zusätzliche Kosten für den Steuerzahler.

Nachdem wir schon einige Monate in unserem kleinen separaten Zimmer lebten, kamen Lynda und ich zu dem Schluss, dass es für uns und die Kinder besser wäre, im Haupttrakt zu wohnen, anstatt ein so isoliertes Dasein zu führen, und so sprachen wir mit dem Direktor. Inzwischen hatten wir mit zahlreichen anderen Frauen Freundschaft geschlossen und wollten mehr Zeit mit ihnen verbringen, da wir derzeit die Nachmittage und Abende für uns allein waren. Wir hatten bereits mit vielen Mitgefangenen gesprochen, und die meisten hatten nichts dagegen, mit uns und den Kindern zusammenzuwohnen. Der Direktor forderte uns auf, einen schriftlichen Antrag zu formulieren. Er war geneigt, unseren Wunsch in Betracht zu ziehen, da aufgrund der Zunahme von Insassen die Anstalt ihre Kapazität erweitern musste.

Wenige Wochen später wurden Lynda und ich zusammen mit unseren Kindern nach Yarrabrae verlegt, einem neuen Hochsicherheitstrakt, in dem wir mit noch zwei anderen Frauen zusammen untergebracht waren. Unsere »Umsiedlung« fiel mit der Eröffnung von Yarrabrae zusammen. Es war schön, eine Zelle zu beziehen, in der vor uns noch niemand gewohnt hatte, sodass sie frei war von den Seelenqualen anderer Frauen.

Yarrabrae war im Stil der meisten modernen Gefängnisse konzipiert – ein Betonrechteck, mit grauem Klinker verkleidet. Drinnen gab es in jeder Ecke eine je vier Zellen umfassende »Einheit«; pro Einheit bewohnten vier Frauen Einzelzellen. Jede dieser Einheiten war mit einer Stahltür versehen mit der kleinen Klappe in Augenhöhe. Die Tür zur Einheit wurde offiziell um 21 Uhr abgesperrt, die einzelnen Zellentüren um 23 Uhr, aber die Zeiten änderten sich ständig. Jede Einheit war quadratisch angelegt und verfügte über ein großes von außen vergittertes Fenster. Der Blick nach draußen gefiel mir.

Im mittleren Teil des Gebäudes befand sich eine kleine Waschküche mit Waschmaschine und Trockner, daneben eine große Küche, an die eine zwei Zellen umfassende »Strafeinheit« und ein Büro grenzten. Im offenen Mittelteil von Yarrabrae befand sich ein Aufenthaltsraum mit einem Fernseher und Sitzplätzen für 100 Frauen. Nach der Schließung des alten Gemeinschaftsspeisesaales wurden hier sämtliche Mahlzeiten eingenommen. Alle Insassen fanden sich zum Mittag- und Abendessen hier ein – außer den Frauen aus den Cottages 1 und 2.

Lynda, Damien, Ali und ich bezogen die Einheit 4 in der oberen linken Ecke gleich neben der Waschküche. Von unserem Fenster aus konnte man auf eine Grasfläche sehen, die bis zur rückwärtigen Gefängnismauer reichte. Im Inneren der Einheit gab es eine kleine quadratische Sitzecke mit Tisch und Stühlen und eine Art Kitchenette mit einem kleinen Kühlschrank, Wasserkocher und Toaster sowie ein paar Holzregalen. Nun konnten wir uns unser eigenes Frühstück zubereiten und auch nach dem Umschluss Tee oder Kaffee kochen.

Jede Zelle war mit einem Bett ausgestattet, das gegenüber der Tür stehen musste, damit die Beamten einen sehen konnten, wenn sie die Zelle kontrollierten. Über dem Bett war ein kleines Fenster – selbstverständlich von außen vergittert – und daneben ein kleines Bad mit Dusche, WC und Waschbecken, alles aus Edelstahl. Sogar der Spiegel über dem Waschbecken war aus Edelstahl, damit man ihn nicht zerschlagen und sich mit den Scherben selbst verletzen konnte, was in Frauengefängnissen verhältnismäßig häufig vorkam. Wir waren jede Nacht zehn bis zwölf Stunden in unseren Zellen eingesperrt, und wenn die Dämonen kamen und einen in der Einsamkeit heimsuchten, richteten die Frauen ihre Aggressionen gegen sich selbst und fügten sich mit dem nächstbesten scharfen oder spitzen Gegenstand Verletzungen vor allem an den Handgelenken zu.

Am anderen Ende der Zelle befand sich ein Kleiderschrank aus echtem Holz, in dem unsere Gefängniskleidung untergebracht war. Daneben stand eine Kommode. Bilder an den Wänden waren nicht erlaubt, sodass die Zellen alle gleich aussahen. Individualität wurde im Gefängnis nicht gern gesehen, da sie die Insassen schwerer lenkbar machte. Man sollte sich bloß nicht einbilden, man wäre etwas Besonderes – eine Idee, auf die ohnehin kaum eine von uns kam, da wir eher über mangelndes denn über ein übermäßiges Selbstbewusstsein verfügten. Wir durften einen eigenen Fernseher und Radio/Kassettenrekorder in der Zelle aufstellen, sofern wir ein solches Gerät besaßen, wenngleich die Aufnahmefunktion des Kassettenrecorders lahmgelegt werden musste.

Da ich meinen Klavierunterricht wieder aufgenommen hatte, musste ich mehrere Stunden täglich üben. 1982 erreichte ich schließlich, dass ich mein Klavier in der Einheit aufstellen durfte, mit Hilfe von Ron, der den Transport ins Gefängnis organisierte. Irgendwie vermittelte das Instrument mir ein Gefühl der Sicherheit.

Kapitel 9

LIEBE IM GEFÄNGNIS

Gemeinhin betrachtet man ein Gefängnis nicht unbedingt als einen Ort der Romantik und Liebe, sondern bringt es vielmehr mit Gewalt und Missbrauch in Verbindung, als Hort seelischer Qualen. Und doch fand ich dort meine erste »richtige« Liebe, etwas, das mich selbst am meisten überraschte. Ich lernte, dass Liebe einem in einer unsicheren Umgebung ein Gefühl der Sicherheit vermitteln kann, sei es auch nur vorübergehend und illusorisch. In dieser Hinsicht war die Liebe wie eine Droge und doch gleichzeitig so vieles mehr. Es war die Einheit zweier Herzen inmitten von Demütigung und Entbehrung.

Aber es war auch gefährlich, im Gefängnis etwas oder jemanden zu haben, das oder den man liebte, weil man damit der Verwaltung ein Druckmittel in die Hand gab, das sie jederzeit gegen einen verwenden konnte. Man bekam immer wieder vor Augen geführt, dass alles, was man für sich erreichte, ein Privileg war, und je mehr Privilegien man genoss, desto größer die Kontrolle des Systems. Dass ich Ali bei mir haben durfte, verlieh der Gefängnisverwaltung große Macht über mich. Ich kannte die Regeln. Wenn ich mich nicht benahm, würden sie mir Ali wegnehmen, und unter diesen Umständen unterwarf ich mich. Aber wenn ich mit meinem Fall an die Öffentlichkeit ging, hatte es die Gefängnisleitung schwerer, Ali zu benutzen, um mich zu bestrafen. Die Öffentlichkeit bot uns einen gewissen Schutz. Ganz sicher hatte ich diese vielen Interviews nicht gegeben, weil ich als Kriminelle, Berühmtheit erlangen wollte.

Meine Liebesgeschichte begann Anfang 1981, kurz nach meiner Verurteilung, als ich noch auf den Ausgang der Revision wartete. Der Theater-Workshop war gerade ins Leben gerufen worden. Ich saß auf dem Rasen draußen vor dem alten Speisesaal, vor dem Basketballplatz, spielte mit Ali und unterhielt mich dabei mit einer der anderen Frauen, so wie meistens in der Mittagspause oder nach der Arbeit. Wir blickten alle auf, als wir das Motorengeräusch des Vans vernahmen, der einen Neuzugang brachte. Und dann kam sie den Weg zum Speisesaal herauf. Sie folgte dem Schließer und versuchte, dabei stolz oder selbstbewusst zu wirken, ohne jedoch zu wissen, wohin sie sehen oder sich wenden sollte in diesem fremden Umfeld. Sie war gebadet und entlaust worden und hielt einen zweiten Satz Gefängniskleidung in der Hand. Ihr kurzes dunkles Haar war noch nass. Sie trug das übliche cremefarbene Kleid mit den braunen Streifen und Knöpfen, von denen die meisten fehlten. An den Füßen trug sie Reitstiefel, die nicht zum Gefängnisoutfit gehörten, und von ihren kurzen Beinen war kaum etwas zu sehen zwischen dem Saum des Kleides und dem oberen Stiefelrand. Sie sah aus, als fühlte sie sich schrecklich unbehaglich, was sie jedoch gut zu verbergen vermochte. Das gefiel mir; das erforderte Mut. Es war schwer, auch nur einen Funken von Stolz zu empfinden in den Kleidern, in die sie einen steckten. Ich war sofort neugierig. Sie wirkte gleichzeitig verletzlich und intelligent.

Ich wusste, dass sichtbare Verwundbarkeit bald verschwunden sein würde. Man musste sich ein dickes Fell zulegen, da im Gefängnis Freundlichkeit oft als Schwäche ausgelegt wurde, vor allem, wenn es um Genussmittel ging wie Zigaretten und Kaffee. Jedem fehlt etwas, aber den meisten fehlt es an Liebe. Nachdem ich in den ersten Wochen von einer raffinierten Langzeitgefangenen ausgenommen worden war, legte ich rasch meine Naivität ab. Das Gefängnis ist im Grunde nur ein Mikrokosmos nach dem Vorbild der Gesellschaft – es gibt überall gute und schlechte Menschen.

Wir beobachteten, wie die Neue in den Speisesaal geführt wurde, um ihre bescheidene Abendration abzuholen: ein kleines Päckchen Butter, Brot und etwas Milch für ihren Tee oder Kaffee.

»Kennst du sie?«, fragte ich Stella, meine alte Freundin von der Straße, die bei uns im Gras saß.

»Ja, ihr Name ist Vicki«, antwortete sie.

»Weshalb sitzt sie?«

»Wegen eines ähnlichen Drogendeliktes wie du, und ihr steht noch ein großer Prozess bevor. Sie könnte auch zu einer saftigen Haftstrafe verknackt werden. Sieht übel für sie aus. Ich kenne sie ziemlich gut von draußen«, erzählte mir Stella.

»Wirklich?«, entgegnete ich leise und wusste selbst nicht, weshalb die Neue mich interessierte.

Nachdem sie ihre »Ration« abgeholt hatte, wurde Vicki zum U-Haft-Trakt gebracht. Auf ihrem Weg dorthin grüßten sie mehrere Frauen.

»Wie geht's?«, rief eine, lief rüber und umarmte Vicki. Ziemlich viele der Frauen schienen sie zu kennen. Die Drogenwelt ist eine kleine Welt, aber mir war Vicki nie begegnet.

Für die restliche Zeit bis zum Umschluss setzte sich Vicki zu uns. Ich schaute sie nur an und hörte zu. Ihr Prozess sollte in ein paar Wochen anfangen. Sie war auf dcr Flucht in Sydney gefasst worden und zusammen mit vier anderen Männern und Frauen eines Vergehens angeklagt, ähnlich dem, das mir meine Haftstrafe eingebracht hatte. Ihre Freundin, die schon vor zwei Monaten verhaftet worden war, saß ebenfalls, aber die gegen sie erhobenen Vorwürfe schienen weniger gravierend zu sein.

Vicki hing auch an der Nadel, und ohne Stoff würde es ihr in der kommenden Woche sehr schlecht gehen. So erging es den meisten von uns, und es gab keine medizinische Betreuung, abgesehen von ein paar Tabletten gegen die Übelkeit und einem Schlafmittel für die Nacht – wenn man Glück hatte. Das Problem war, dass es in der Regel zwei Wochen dauerte, bis man einen Arzt zu sehen bekam, und bis dahin hatte man den körperlichen Entzug in der Regel bereits hinter sich. Normalerweise verbrachte man die ersten paar Tage auf die Krankenstation, aber wenn man stattdessen im Schlafsaal untergebracht wurde, bekam man nur einen Eimer neben das Bett gestellt, in den man sich übergeben konnte. Manchmal wehrten die Frauen sich mit Händen und Füßen dagegen, auf die Krankenstation zu kommen, weil sie sich vor der Isolation fürchteten. Häufig gaben die Frauen ihre Heroinabhängigkeit nicht zu, weil man als Junkie anders behandelt wurde und beispielsweise in der Besuchszeit automatisch an einem »Drogentisch« platziert wurde. Aber es war schwer, über den Entzug hinwegzutäuschen.

Die nächsten Tage bekam ich Vicki kaum zu Gesicht, weil sie zu krank war, um arbeiten zu gehen, und tagsüber im Schlafsaal eingeschlossen wurde. Obwohl ich nicht viele Gelegenheiten hatte, in ihre Nähe zu gelangen, ertappte ich mich etwa eine Woche nach ihrer Einweisung dabei, wie ich nach ihr Ausschau hielt. Ich war selbst überrascht davon, wie sehr ich mich darauf freute, sie zu sehen. Immer wenn wir alle zusammen neben dem

Basketballplatz saßen oder draußen vor den Schlafsälen, gesellte sie sich zu unserer Clique. Vicki war die meiste Zeit mit ihrer Freundin zusammen, die nicht meinem engeren Bekanntenkreis angehörte. Trotzdem lernten Vicki und ich uns kennen. Homosexualität war für mich nie ein Thema gewesen, da so viele meiner Freunde lesbisch oder schwul waren. Ich sah Menschen als Menschen, und das Geschlecht war mir in vieler Hinsicht egal. Einen interessanten fremden Menschen neu kennen zu lernen war mir eine willkommene Ablenkung. Ich war so egoistisch, mir zu wünschen, Vicki würde länger in Fairlea bleiben! Im Laufe der Wochen entging mir auch nicht, dass mein Herz einen Sprung tat, wenn sie meinen Blick erwiderte, etwas zu mir sagte oder mit Ali spielte. Ich war verblüfft von dem, was in mir vorging. Es hatte zu diesem Zeitpunkt gerade erst so viele Veränderungen in meinem Leben gegeben, dass ich mir nicht mehr sicher war, wer oder was ich war – als ob ich das je gewusst hätte! Aber wenigstens stand ich nicht unter Drogeneinwirkung, sodass ich das Leben mit klarem Blick betrachten konnte. Diese Klarheit war ungewohnt und machte mich unsicher und verletzlich. Noch war sie mir fremd.

Dann begann Vickis Prozess, und sie musste jeden Tag zum Gericht. Ich erledigte meine Reinigungsarbeiten, und wenn ich fertig war, spielte ich mit Ali. Seit dem Umzug in den Neubau war ich zur Reinemachefrau von Yarrabrae bestimmt worden, was für mich bedeutete, das Gleiche zu tun wie bereits zuvor. Ich musste Böden wischen und bohnern und nach dem Essen die Tische abräumen – der alte Gemeinschaftsraum war zum gemeinschaftlichen Speisesaal für das ganze Gefängnis umfunktioniert worden.

Ich fing an, mein Leben im Gefängnis zu akzeptieren.

Ich hatte Ali bei mir und war froh, nicht mehr an der Nadel zu hängen, es war also alles bestens. Außerdem hatte ich dank meiner Musik, des Unterrichts und der Theater-Workshops die Möglichkeit, zumindest ab und an der Monotonie der Gefängnisroutine zu entkommen. Ich konnte nicht verstehen, wie die Frauen, die an keiner der angebotenen Aktivitäten teilnahmen, es schafften, nicht durchzudrehen. Ich für meinen Teil wusste, dass ich ausrasten würde, wenn ich meinen Verstand nicht beschäftigte.

Aber Vicki hatte den Gewöhnungsprozess noch nicht abgeschlossen, und wenn ich sie anschaute, konnte ich sehen, dass ein Teil von ihr sich immer noch an die Hoffnung klammerte, freigesprochen zu werden und rauszukommen.

Ich freute mich auf die Wochenende, weil Vicki dann nicht ins Gericht musste. Ich nutzte die Zeit, um sie zu beobachten – aus der Ferne, versteht sich! Meine Schüchternheit und mein mangelndes Selbstvertrauen verhinderten einen näheren Kontakt. Etwa einmal im Monat kamen mein Vater und seine neue Frau Jan mich am Wochenende für eine Stunde besuchen, und wir stritten in dieser Zeit nicht, weil ihr Interesse vor allem Ali galt. Ich wusste, dass sie im Grunde meine Tochter besuchten. Später, nachdem Ali nicht mehr bei mir im Gefängnis war, stellten sie ihre Besuche ein – sie zogen sogar nach Neusüdwales, um auch räumlich auf Distanz zu mir zu gehen. Offenbar schämte mein Vater sich für mich. Es störte mich nicht, und ich machte ihnen keinen Vorwurf.

Als Vickis Prozess sich dem Ende näherte, musste sie feststellen, dass es nicht gut aussah. Ich konnte die Veränderung an ihr sehen, die aufkommende Resignation. Sie war viel realistischer, als ich es während meines Prozesses gewesen war, vielleicht, weil sie den ihren bei klarem Verstand erlebte und nicht stoned wie ich damals. Nachdem die Zusammenfassung des Verfahrens abgeschlossen war, dauerte es nicht mehr lange, bis der von ihr erwartete Schuldspruch folgte. Jetzt ging es »nur« noch um das Strafmaß, das ein paar Tage später festgelegt wurde: Vicki bekam neun Jahre bei einer Mindesthaftzeit von sechs.

Lynda und ich lebten jetzt bereits seit ein paar Monaten in derselben Einheit. Lynda, die auch wegen eines Drogendeliktes einsaß, war überaus umgänglich und unkompliziert. Sie war zu einer ähnlichen Strafe verurteilt worden wie ich – zu 13/11 Jahren. Wenn sie und ihr Mann, der mit fast dem gleichen Strafmaß ebenfalls saß, wieder rauskamen, würden sie nach England zwangsausgewiesen werden, woher sie ursprünglich gekommen waren. Lynda hatte im Gefängnis ihren Sohn Damien zur Welt gebracht, der somit jünger war als Ali. Die beiden standen sich so nah wie Geschwister. Sie waren so niedlich im Umgang miteinander. Ali benahm sich wie eine kleine Mutter und schimpfte mit ihm, wenn er etwas falsch machte, obwohl er noch ein Säugling war.

In einer der anderen Zellen saß Carol, eine ebenfalls Heroinsüchtige, mit 6/4 Jahren, mit der Ali und ich uns angefreundet hatten. Sie war eine sehr gut aussehende junge Frau Anfang zwanzig, etwa sieben Jahre jünger als Lynda und ich, und sie nahm mit uns am Gitarrenunterricht teil. Außerdem besuchte sie auch die Theater-Workshops. Ali und Carol liebten einander abgöttisch, und Carol war selbst noch wie ein kleines Kind. In ihren Augen lag fast immer ein schalkhaftes Blitzen, und sie war laut. Die Vollzugsbeamten fanden sie anmaßend und schienen sie nicht besonders zu mögen. Für sie war Carol eine Unruhestifterin, aber wir waren froh, sie bei uns zu haben. Sie besaß eine überschäumende positive Energie, und mit ihr, Ali und Damien in unserem Zellenblock lachten wir viel. Es war also eine von der Atmosphäre her angenehme Einheit, sofern man Kinder mochte. Da noch eine Zelle frei war und Lynda Vicki von draußen kannte, redete ich ihr zu, sie solle Vicki fragen, ob sie nicht zu uns ziehen wolle. Ich traute mich nicht, sie selbst darauf anzusprechen, weil ich wusste, dass ich mich zu ihr hingezogen fühlte, auch wenn sie davon nichts ahnte! Lynda ließ sich nicht zweimal bitten, zumal sie Vicki ebenfalls mochte.

Hinterher berichtete Lynda, Vicki hätte noch zwei andere Angebote bekommen, die sie sich durch den Kopf gehen lassen wollte, sie sei aber nicht abgeneigt, bei uns in Yarrabrae zu wohnen. Da Ali oft während der Mahlzeiten im großen Speisesaal bei ihr saß, hatte sich zwischen den beiden eine herzliche Beziehung entwickelt. Lynda und Damien saßen ebenfalls an Vickis Tisch, sie schien also zumindest die Kinder zu mögen.

Mein Wunsch, Vicki näher kennen zu lernen, verwirrte mich. Meine Gefühle für sie waren so stark, und ich hatte so wenig Kontrolle über den Drang, in ihrer Nähe zu sein, dass ich mehr von meinem Herzen geleitet wurde als von meinem Verstand. Vicki nahm an den abendlichen Basketball-Spielen teil, und manchmal sah ich mit Ali zu. Mir war klar, dass ich nicht hinging, um frische Luft zu schnappen. Ich fühlte mich mehr als nur freundschaftlich zu ihr hingezogen! Ich hatte mich schon in der Vergangenheit zu Frauen hingezogen gefühlt, dieser Anziehung bisher aber nicht nachgegeben. Ich hatte es immer vorgezogen, heterosexuell zu sein, aber vielleicht war es ja diesmal etwas anderes. Mir war bewusst, dass ich Männer nicht im Geringsten vermisste, was eigentlich überraschend war. Ich hätte erwartet, dass Männergesellschaft mir fehlen würde.

Letztlich bat Vicki darum, in eins der Cottages einziehen zu dürfen, die beste Unterbringung in Fairlea, die normalerweise Langzeithäftlingen vorbehalten war, die sich als vertrauenswürdig erwiesen hatten, sodass die Direktion ihr diese Bitte abschlug. So wie mir, brachte man auch Vicki noch nicht genügend Vertrauen entgegen. Nachdem diese Option sich erledigt hatte, beschloss sie, nun um eine Verlegung in unseren Zellenblock zu ersuchen.

Lynda und ich legten bei einem Kontrollgang des Gefängnisdirektors ein gutes Wort für sie ein, und schon wenige Tage später bekam Vicki Bescheid, dass ihr Antrag bewilligt worden sei.

Als Vicki schließlich bei uns einzog, wurde ich von Schüchternheit überwältigt. Es war ein Trauerspiel. Nach einiger Zeit ging ich ihr so hartnäckig aus dem Weg, dass sie mich für eine Einsiedlerin halten musste. Jeden Nachmittag nach dem Umschluss zog ich mich in meine Zelle zurück, zu schüchtern, um mich zu zeigen. Ich war so durcheinander wegen meiner Gefühle für sie. Ich brachte es nicht einmal über mich, mit Vicki und den anderen in der Aufenthaltsecke des Zellenblocks zu sitzen. Dann erfuhr ich, dass wir ein gemeinsames Hobby hatten: die Musik. Ich wusste, das war der Schlüssel ... zu ihrer Zelle. Welch ein Ort für eine Romanze!

Vielleicht hat sie ja Interesse an zusätzlichem Gitarrenunterricht, sagte ich mir, obwohl ich auf diesem Instrument selbst noch Anfänger war. Nach einigen Wochen nahm ich all meinen Mut zusammen und sprach sie aus reiner Verzweiflung heraus an. »Möchtest du ein paar neue Akkorde lernen? Ich könnte dir helfen«, bot ich ihr an.

»Ja, das wäre toll«, sagte sie sofort.

Ich war so aufgeregt, dabei bedeutete das im Grunde noch gar nichts.

Es war Ende 1981, und Vicki war seit etwa zwei Monaten in Yarrabrae. Ich hatte immer noch niemandem von meinen Gefühlen zu ihr erzählt, sodass ich meine freudige Erregung für mich behalten musste, aber das war ich ja gewohnt. Ich hatte keine Ahnung, wie ich mich ihr offenbaren sollte, aber dann fingen wir mit dem Gitarrenunterricht an. Mein Verlangen gewann langsam die Oberhand. Es ist schon erstaunlich, wie schnell man sich neuen Umständen anpassen kann, wenn man muss, und es gab ja auch nichts, womit ich mich hätte ablenken können!

Abends nach dem Umschluss, nachdem Ali schlief, konnte ich in ihre Zelle rübergehen und zu Gitarrenklängen singen. Wir saßen beide auf Stühlen nebeneinander vor dem Bett, das uns als Notenständer diente. Es war schön, ihr so nah zu sein, aber Tatsache war, dass diese Nähe uns von den beengten Räumlichkeiten vorgegeben wurde. Ich sang jeden Abend »Sometimes When We Touch« von Dan Hill, wobei ich aus dem Notenheft ablas. Wenn ich fertig war, hatte ich immer Tränen in den Augen, und ich sehnte mich danach, dass sie mich in die Arme nahm. Ich traute mich nicht, ihr meine Gefühle zu offenbaren, weil ich fürchtete, mich zum Narren zu machen. Sie war ehrlich daran interessiert, Gitarrespielen zu lernen und zu üben, und ich interessierte mich ebenso ernsthaft für sie. Aber ich spürte, dass sie mich als hetero einstufte, sodass ihr kaum in den Sinn kommen würde, ich könnte mich für eine Frau interessieren, geschweige denn für sie.

Ich hatte immer »normal« ausgesehen, was mich manchmal richtig frustriert hatte. Es hatte mich auch nie jemand für drogensüchtig gehalten, was gelegentlich sehr praktisch gewesen war. Auf der Straße hatte man mich oft für eine verdeckte Ermittlerin gehalten, weil ich so normal aussah.

Vicki und ich nahmen beide bei Heather im Lernzentrum Gitarrenunterricht, und wir hatten alle viel Spaß dabei. Acht von uns kamen zum Gitarrenunterricht und nahmen außerdem an den Theater-Workshops mit Maud, Greg und Stella teil (nicht meine drogensüchtige Freundin Stella). In gewisser Weise hatten wir unsere eigene kleine Gemeinschaft gebildet innerhalb der größeren Gemeinschaft der Gefängnisinsassen. Wir waren alle »Fixerinnen« ohne Stoff, sodass wir uns bestens verstanden. Es war eine nette Clique, und wir entwickelten wahre Freundschaft und Respekt zueinander.

Während ich die gelöste Atmosphäre genoss, hegte ich im Hinblick auf Vicki ernste Absichten, wovon niemand etwas wusste. Ich musste mit jemandem reden, und so nahm ich eines Tages meinen ganzen Mut zusammen und sprach Brenda an. Sie war eine Freundin, die ich bewunderte und respektierte und ebenfalls unserer Clique angehörte. Außerdem war sie lesbisch, weshalb ich auf ihr Verständnis hoffen durfte. Als ich ihr von meinen Gefühlen für Vicki erzählte, machte sie sich denn auch nicht über mich lustig, sondern zeigte sich verständnisvoll.

»Lass dir nur Zeit«, scherzte sie, »sie läuft dir ja nicht weg!« Ich war erleichtert, jemanden in mein Geheimnis eingeweiht zu haben, und Brenda freute sich, da sie mit uns beiden befreundet war. Ich war nervös, aber im positiven Sinne, und hatte ständig Schmetterlinge im Bauch.

Wenn Ali abends eingeschlafen war, ging ich rüber in Vickis Zelle, und wir sangen und spielten. Es machte Spaß, und ich brachte ihr bei, einige Lieder im Kanon zu singen. Es war ganz leicht nach der komplizierten Welt, die ich hinter mir gelassen hatte. In gewisser Weise kam es mir vor, als würde ich jetzt die Jugend erleben, die ich aufgrund meines Alkohol- und Drogenkonsums versäumt hatte. Vicki erzählte mir von ihren persönlichen Erfahrungen; auch ihr Leben war irgendwann kompliziert, gewalttätig und hässlich geworden.

In den nächsten zehn Monaten tat sich nichts zwischen Vicki und mir, und eines Abends vor dem Einschluss in unseren Zellenblock besuchte ich Pauline, eine weitere Freundin in Yarrabrae, da ich das Gefühl hatte, den Prozess beschleunigen zu müssen. Ich wusste, dass es ihr gelungen war, etwas Serepax einzuschmuggeln.

»Pauline, kann ich zwei Pillen haben?«, fragte ich unschuldig, als wir allein in ihrer Zelle waren.

»Du nimmst doch gar keine«, entgegnete sie. »Was willst du damit?«

»Also ...« Sollte ich sie einweihen oder nicht? »Ich muss mal etwas entspannen«, log ich schließlich.

»Na klar«, sagte sie. »Aber nur zwei.«

»Das reicht dicke«, entgegnete ich und steckte die Pillen ein. Ich bedankte mich und machte mich eilig davon.

Da ich keine Zeit mehr verlieren wollte, holte ich sofort im Bad etwas Wasser und schluckte die Tabletten. Ich wartete eine Weile, bis die Tabletten anfingen zu wirken, und als ich fühlte, wie meine Hemmungen schwanden und mein Selbstbewusstsein zunahm, ging ich rüber zu Vickis Zelle und trat ein, ohne anzuklopfen.

»Hast du Lust, Gitarre zu spielen?«, fragte ich.

Sie saß am Schreibtisch über irgendwelchen Hausaufgaben vom Lernzentrum. Sie hatte gerade ein Fernstudium bekommen, mit dem Ziel, einen Abschluss zur Handelskauffrau zu machen. »Ja, sicher«, entgegnete sie. »Ich packe meine Sachen zusammen und koche uns einen Kaffee.«

Ich kehrte zurück in meine Zelle, schnappte mir meine Gitarre und das Notenheft und ging wieder rüber. Nachdem wir eine Weile gespielt und gesungen hatten, war es Zeit für »Sometimes When We Touch«. Ich fing an zu singen, und fast sofort schossen mir Tränen in die Augen bei dem Gedanken an sie. Und dann, ganz plötzlich, fiel bei ihr der Groschen, und das war ein Glück, da der Song mir langsam zum Hals heraushing. Sie lehnte sich zu mir herüber und küsste mich. Wir umarmten uns, und ich glaubte, ich müsste gleich sterben vor Glück.

»Ich habe die ganze Zeit dich gemeint, wenn ich diesen Song gesungen habe«, gestand ich ihr leise. »Ich habe mich so lange danach gesehnt, dass du mich in die Arme nimmst, aber ich wusste nicht, wie ich es dir sagen sollte. Ich hatte solche Angst, du würdest mich abweisen.«

»Ich dachte immer, du würdest dabei an jemand anders denken«, entgegnete sie. Wir lachten beide, belustigt und doch auch etwas verlegen. Zum ersten Mal seit sehr langer Zeit vermittelte mir ein anderer Erwachsener ein Gefühl von Wärme. Ich fühlte mich geliebt, und mein Verlangen regte sich. Ich erzählte ihr erst Monate später von den Serepax!

Nachdem wir mehrere Wochen lang jeden Abend zusammen gesessen hatten, um zu reden und uns sogar zu lieben, wenn wir mutig genug waren, das Risiko einzugehen, überrascht zu werden, stand fest, dass wir einander liebten und ein richtiges Paar waren. In dem Maße, da unsere Liebe wuchs, wurden wir abhängig voneinander, wenngleich wir auch unsere anderen Freundschaften beibehielten. Das Leben war einfacher geworden. Zum ersten Mal seit Jahren, vielleicht zum ersten Mal überhaupt, war ich wirklich verliebt. Ich wusste eigentlich gar nicht, was das hieß, aber ich war sicher, dass das Liebe war. Vom ersten Augenblick an hatte ich mich zu ihr hingezogen gefühlt. Sie war stark, wo ich schwach war. Mir kam es vor, als passten wir zusammen wie zwei Puzzleteile, zwei unvollständige Menschen, die erst zusammen eine vollständige menschliche Einheit bildeten. Es machte uns stark, auch wenn es uns manchmal auch belastete. Es war nicht leicht, tagein, tagaus mit jemandem zusammen zu sein, ohne Ferien oder Unterbrechung der Alltagsroutine, aber wir kamen trotz aller Widrigkeiten gut zurecht. Wir versuchten, für den Moment zu leben, da das alles war, was wir hatten und worauf wir uns verlassen konnten. Die Gefängnisleitung konnte uns willkürlich auseinander reißen, da man nicht wollte, dass Insassen sich zu sicher und geborgen fühlten.

Ich hoffte, dass unsere Beziehung von Dauer sein würde – so wie unsere Haftstrafen. Ich konnte es kaum erwarten, meinem Bruder, der mich ziemlich regelmäßig besuchte, von Vicki zu erzählen, wenn er das nächste Mal kam. Als es soweit war, gab ich Vicki einen Kuss und umarmte sie, bevor ich zum Besucherraum ging, um ihm die Neuigkeit mitzuteilen. Ich war etwas nervös, weil man nie wissen kann, wie andere Leute auf Dinge außerhalb der Norm oder zumindest außerhalb ihres eigenen Erfahrungsschatzes reagieren, aber ich war so aufgeregt, dass ich es gar nicht erwarten konnte, ihm von meinem Glück zu berichten. Man stelle sich das vor: Im Gefängnis die Liebe seines Lebens kennen zu lernen! Ich betrat den Raum, und er empfing mich mit einem Lächeln. Ich hoffte, dass er auch noch lächeln würde, wenn er ging.

»Rate mal, was passiert ist, Ron«, sagte ich von meiner Seite des Tisches aus.

»Was denn?«, fragte er misstrauisch, unsicher, ob er sich von meiner freudigen Erregung anstecken lassen sollte oder nicht.

»Ich habe mich verliebt. Ihr Name ist Vicki.« Ängstlich wartete ich auf seine Reaktion.

»Wirklich?«

Ich fühlte, dass er etwas Zeit brauchte, um die Neuigkeit zu verarbeiten. Mir war bewusst, dass ich in der Vergangenheit ein paar ziemlich verrückte Sachen angestellt hatte, und ich wusste, dass er mir wohl keine besonders gute Menschenkenntnis zutraute. Außerdem musste er sich wohl erst mit der Tatsache anfreunden, dass das Objekt meiner Liebe eine Frau war.

»Sie ist großartig«, fuhr ich trotzdem fort. »Ich habe noch nie jemanden wie sie gekannt. Sie ist intelligent, und sie liebt Musik. Wir lernen beide Gitarrespielen und singen zusammen. Ich kann kaum glauben, dass es wirklich passiert. Ich möchte, dass du sie kennen lernst, sobald es sich einrichten lässt, dass wir beide in den Besucherraum kommen, okay?«

»Ja, klar, das wäre nett«, sagte er. »Ich würde sie gerne kennen lernen.« Ich wusste, dass er misstrauisch war in Anbetracht der zweifelhaften Gestalten, mit denen ich mich in der Vergangenheit umgeben hatte, aber er war trotz allem geneigt, uns eine Chance zu geben.

Nach dem Besuch und der anschließenden Leibesvisitation hastete ich zurück in unseren Zellenblock in Yarrabrae.

»Ron hat sehr positiv reagiert«, teilte ich Vicki mit. »Er hat zwar ein etwas dummes Gesicht gemacht, sich aber für mich gefreut.«

»Das ist schön«, sagte Vicki. Sie spürte, dass mir Rons Anerkennung und Billigung sehr wichtig waren.

Die Tage vergingen, und wir schufen uns mit Ali unsere eigene Fantasicwelt. Eine Zeit lang war es fast so, als wären wir gar nicht im Gefängnis, so verliebt war ich. Nachdem das Gefängnispersonal dahinter gekommen war, dass wir ein Paar waren, und die Beamten ihren Schock, gefolgt von zynischen und verächtlichen Bemerkungen, überwunden hatten, ließ man uns ziemlich in Ruhe. Wir waren für einige Schließer dankbar, die diskret waren und uns ein gewisses Maß an Privatsphäre gönnten. Es waren immer ein paar darunter, die sich menschlich und verständnisvoll verhielten.

Spätabends, wenn Vicki und ich in unseren jeweiligen Zellen eingeschlossen waren, träumten wir davon, eines Tages die ganze Nacht aneinander geschmiegt verbringen zu können, da uns dieses Vergnügen im Gefängnis verwehrt blieb. Wir schrieben einander viele Briefe.

Liebe Vicki,
möchtest du den heutigen Tag mit mir verbringen? Wir gehen zum Mittagessen in ein nettes Restaurant, besorgen dann ein paar Flaschen Wein und suchen uns mit unseren Gitarren einen ruhigen Strand. Dann verbringen wir die ganze Nacht zusammen. Träume ... aber eines Tages werden sie sich vielleicht erfüllen. Bis dahin sorgen wir gegenseitig dafür, dass wir nicht den Verstand verlieren.
In Liebe H.

Das Leben wurde für mich »menschlicher«. Ich fühlte mich weicher, sanfter. Wenn ich morgens meine Zelle verließ, fand eine zärtliche Hand den Weg zu meiner Schulter und einen Kuss jenen zu meiner Wange.

»Guten Morgen«, sagte sie. »Kaffee?« Zärtliche Gesten ... das fühlte sich gut an. Sie hatte einen liebevollen Ausdruck in den Augen, und in solchen ganz alltäglichen Momenten schmolz mein Herz dahin. Jemandem liegt etwas an mir, jemand weiß, dass ich hier bin, dachte ich bei mir. Da die Außenwelt immer mehr von der Gefängnisrealität ausgeschlossen wurde, fühlte ich mich oft so isoliert, dass ich mich fragte, ob da draußen, außerhalb dieser kalten Betonmauern, überhaupt noch jemand war. Erinnerte sich überhaupt noch jemand an mich?

Beim abendlichen Umschluss wurden Vicki und ich wieder einmal getrennt. Vicki schrieb:

Ich sitze hier und wünschte, du wärst mir so nah, dass ich nur die Hand auszustrecken brauchte, um dich zu berühren – in meinem Herzen und in meinen Gedanken bist du immer präsent, aber dich berühren zu können, ist doch noch etwas ganz anderes. Wenn ich dich berühre, fühle ich dich ganz und gar, und dieses Gefühl sagt mir, dass das, was uns verbindet, real ist. Bei dir fühle ich mich, als wäre ich etwas Besonderes, und ich weiß, dass du ein ganz besonderer Mensch bist. Wir können uns aufeinander stützen und gemeinsam die Kraft aufbringen, das hier durchzustehen. Es ist uns nicht beschieden, ruhige Gewässer zu befahren, irgendwas oder irgendjemand sorgt immer für rauen Seegang, aber gemeinsam können wir jeden Sturm überstehen ...

Wenn Vicki mir einen Brief zusteckte, las ich diesen am Morgen und ließ mich von den Worten durch den Tag tragen. »Wir sehen uns in der Mittagspause. Ich liebe dich ...« flüsterte sie mir zu, wenn wir wie immer um 8 Uhr zum Appell gerufen wurden. Und ich klammerte mich an diese Worte wie noch nie zuvor in meinem Leben.

»Ich liebe dich auch«, sagte ich ihr, wenn sie zu ihrer Arbeit aufbrach.

Jeden Tag nach dem Mittagessen gingen Ali und ich zusammen mit Vicki und Carol nach draußen. Es war eine kurze, aber kostbare Zeit, die wir zusammen mit dem Rest unserer Clique verbringen konnten. Wir schlenderten zum Sportplatz, saßen herum und quatschten oder warfen ein paar Körbe. Mit Carol, die den Zellenblock mit uns teilte, und Vickis und meiner Beziehung waren wir so etwas Ähnliches wie eine kleine glückliche Familie. Lynda und Damien waren kürzlich ausgezogen, nachdem sie die Möglichkeit erhalten hatten, in eins der Cottages umzuziehen. Ali zog in der Mittagspause gewöhnlich los, um mit Carol zu spielen. Oft hallte vom Kinderspielplatz mit den Schaukeln und der Rutsche ihr fröhliches Gelächter bis zu uns herüber. Carol wirkte am glücklichsten, wenn sie mit Ali spielte. Mir war bewusst, dass Ali, Vicki und ich Carol schrecklich vermissen würden, wenn sie entlassen würde. Sie war so voller Leben und so heiter. Im Gefängnis ist man ständig in der Zwickmühle, wünscht sich einerseits, dass Freundinnen einem erhalten bleiben, und andererseits, dass sie rauskommen, weil das Gefängnis so entmenschlichend ist.

Kapitel 10

TOD UND EIN NEUER DIREKTOR

Bis 1982 konnte ich mich glücklich schätzen, da ich in Fairlea trotz aller widrigen Umstände eine verhältnismäßig friedliche Zeit verlebt hatte. Es hatten sich sogar gleich mehrere positive Entwicklungen in meinem Leben ergeben: Ali war mir zurückgegeben worden, die Beziehung zu Vicki, das Bildungszentrum, der Unterricht und die Musik. Außerdem genoss ich es immer noch, nicht mehr mit einem gewalttätigen Mann zusammen zu wohnen und in ständiger Angst zu leben. Natürlich gab es immer wieder Auseinandersetzungen unter Häftlingen oder zwischen Häftlingen und Vollzugsbeamten, aber ich hielt mich da raus.

An einem Tag im Februar unterhielten Vicki und ich uns zusammen mit ein paar Freundinnen mit Frauen aus der U-Haft. Sie wirkten nervös, vor allem eine junge Frau namens Danni, die noch nicht lange »drin« war. Obwohl sie Fixerin war, kannte keine von uns anderen sie von draußen. Zwei alte Freundinnen von Vicki aus der Zeit vor ihrer Inhaftierung, Marie und Clelia, waren erst kürzlich wegen eines Drogendeliktes verhaftet worden und warteten auf den Ausgang ihres Kautionsantrages. Sie waren zusammen mit Danni in der U-Haft untergebracht und machten sich Sorgen um sie.

Offenbar war Danni fertig mit den Nerven, weil ihre gute Freundin Judy, die vor ein paar Tagen bei einem

Fluchtversuch geschnappt worden war, zur Strafe in Einzelhaft im alten Zellenblock eingesperrt worden war. Und der alte Zellenblock war nun wirklich kein angenehmer Ort.

Danni war so aufgebracht, dass sie selbst eine Bestrafung provozieren wollte, um ebenfalls dort eingesperrt zu werden. Wenn sie wenigstens im selben Zellenblock saßen, hätten sie vielleicht die Gelegenheit, zumindest miteinander zu sprechen. Ein paar von uns redeten auf sie ein und versuchten, sie zu beruhigen, aber als der letzte Appell des Tages näherrückte, wurde sie immer unruhiger.

Marie und Clelia blieben bei Danni, bis sie zum letzten Appell in die U-Haft zurückkehrten. Vicki und ich kehrten zurück nach Yarrabrae, in die Stille unseres Zellenblocks, wo wir den Abend mit Ali verbrachten. Nachdem sie eingeschlafen war, spielten Vicki und ich wie an den meisten Abenden Gitarre und sangen ein paar Songs.

Plötzlich, gegen sieben, kam eine unserer Freundinnen aus Zellenblock 3 zur Tür unseres Blocks gelaufen und rief ganz aufgeregt nach uns. »Aus dem Schlafsaal des U-Haft-Traktes dringt Rauch.« Darauf machte sie eilig kehrt und war sofort wieder verschwunden. Wir rannten aus unserem Zellenblock in den Gemeinschaftssaal von Yarrabrae. Es waren noch andere Frauen dort, die einander unsichere Blicke zuwarfen und sich fragten, was los war. Wir suchten nach Mr Mercer, dem diensthabenden Wachmann, und entdeckten ihn in Zellenblock 2, von wo aus man einen guten Blick auf den U-Haft-Trakt hatte.

»Was ist denn da los?«, fragten wir, als wir ihn am Fenster stehen sahen.

»Ich weiß es nicht«, entgegnete er. »Das Telefon funktioniert nicht.«

Die meisten Insassen von Yarrabrae drängten sich inzwischen im Zellenblock 2, und von dort aus sahen wir den Rauch in dicken Schwaden über dem U-Haft-Trakt aufsteigen. Mr Mercer rannte zurück in sein Büro und versuchte noch einmal anzurufen. Kurz darauf kam er zurück und fluchte frustriert, weil er niemanden hatte erreichen können. Wir sahen die Beamten der Nachtschicht draußen herumrennen und Kästen mit Löschschläuchen öffnen. Als zwei Beamte einen der Schläuche anschalteten, spritzte das Wasser durch die Nähte, sodass der Druck nicht zum Löschen ausreichte. Vermutlich waren die Schläuche seit Jahren nicht mehr überprüft worden, und dieser war offenbar darüber hinaus vor dem Aufdrehen des Wassers nicht korrekt ausgerollt worden. Es geschah alles rasend schnell, und schon bald sahen wir entsetzt Flammen aus dem Gebäude hochschlagen, über dem jetzt eine schwarze Rauchwolke hing. Einige der Frauen von Yarrabrae wurden nervös. Sie riefen nach draußen, aber es konnte uns niemand hören, weil alle viel zu sehr damit beschäftigt waren, die Schläuche in Betrieb zu nehmen. Mr Mercer besaß keine Schlüssel für die Außentüren unseres Gebäudes, sodass keiner von uns raus konnte, um zu helfen. Stattdessen waren wir dazu verdammt, tatenlos zuzusehen, wie die Tragödie ihren Lauf nahm. Einige Frauen schrien Mr Mercer an, er solle endlich etwas tun.

»Da drin sind unsere Freundinnen! Tun Sie doch was!«, kreischte jemand. Mr Mercer rannte wieder in sein Büro und versuchte verzweifelt, Kontakt zum Verwaltungsgebäude zu bekommen, aber die Leitung war tot.

Langsam machte sich Panik breit.

Unsere Nervosität und Angst steigerten sich um ein

204

Vielfaches, als wir die Feuerwehrleute auf das brennende Gebäude zulaufen und die Schläuche auf das Dach richten sahen, aus dem vor schwarzem Nachthimmel riesige gelbe und orangefarbene Flammen schlugen. Fenster zerbarsten, aber das half den Frauen, die drinnen eingesperrt waren, natürlich auch nicht weiter, da die Fenster ja vergittert waren. Einige der Frauen in Yarrabrae schrien hysterisch, als Glas klirrte und Teile des Gebäudes einstürzten. Unsere Freundinnen waren dort drüben, und wir wussten, dass sie nicht raus konnten.

Bald brannte das ganze Gebäude lichterloh, und wir konnten durch den dichten Rauch kaum etwas erkennen.

Gut zwei Stunden vergingen, ehe das Feuer unter Kontrolle war. Der hölzerne Schlafsaal war nur noch eine schwelende schwarze Ruine. Endlich kamen ein paar Beamte mit Neuigkeiten nach Yarrabrae. Die meisten Frauen in U-Haft hatten gerettet werden können, wenngleich einige von ihnen leichte Brandverletzungen und eine Rauchvergiftung davongetragen hatten. Für drei von ihnen war allerdings jede Hilfe zu spät gekommen – es konnten nur noch ihre verkohlten Leichen geborgen werden. Wir waren geschockt. »Wer?«, fragten wir leise, obwohl wir es lieber nicht gewusst hätten. Zu unserem Entsetzen erfuhren wir, dass die Toten Clelia, Marie und Danni waren, die drei Frauen, mit denen wir uns bis zum Appell unterhalten hatten. Vicki, Carol und ich starrten uns nur sprachlos vor Entsetzen an.

»Wie konnte das passieren?«, wollten wir schließlich wissen. Niemand wusste hierauf eine Antwort. Die Beamten wirkten mitgenommen und mussten die Tragödie offenbar selbst noch verarbeiten. Nach ein paar Minuten des Schweigens erzählten sie uns, dass einige der geretteten Frauen glaubten, Danni hätte das Feuer gelegt und Clelia und Marie hätten versucht, es zu löschen. Danni hatte wohl gehofft, auf diese Weise in den Zellenblock strafverlegt zu werden und so näher bei Judy zu sein.

Vicki, Carol, Sue und ich kehrten schließlich immer noch ganz geschockt in unseren Zellenblock zurück. Ali hatte die Katastrophe Gott sei Dank verschlafen. Wir vier Frauen kochten Kaffee, setzten uns um den Tisch in der Aufenthaltsecke und versuchten vergeblich, zu begreifen, was passiert war.

»Wie blöd muss man sein, um nach dem Umschluss in einem dieser Gebäude ein Feuer zu legen?«, fragte ich.

»Es hätte ihr doch klar sein müssen, wie groß die Gefahr sein würde, nicht mehr rechtzeitig rauszukommen«, fügte Vicki hinzu.

Wir gingen es immer wieder durch, aber es gab einfach keine Antworten. Wir sprachen darüber, wie erregt Danni vor dem Umschluss gewesen war. Wer hätte sich träumen lassen, dass sie etwas so Hirnverbranntes im Sinn hatte?

In den kommenden Tagen machte sich im Gefängnis eine gespenstische, drückende Stimmung breit, wobei Vollzugsbeamte und Häftlinge gleichermaßen betroffen waren. Wir alle taten uns schwer, die Tragödie zu akzeptieren.

Dann folgte die vorläufige Ablösung des Gefängnisdirektors. Sein Nachfolger war ein gewisser Mr Smith, der sich sofort daran machte, Schadensbegrenzung zu betreiben. Unser bisheriger Direktor hatte sich arbeitsunfähig schreiben lassen. Ich konnte ihm keinen Vorwurf machen.

Freiwillige Helfer kamen nun ins Gefängnis und verteilten Zigaretten und Süßigkeiten. Die Ausgabe kostenloser Zigaretten, um die Häftlinge bei Laune oder zumindest ruhig zu halten, machte mich ganz krank. Ich rauchte nicht einmal, im Gegensatz zu Vicki.

Zwei Tage nach dem Feuer organisierten wir eine Zusammenkunft zum Gedenken für die drei Frauen, die dem Feuer zum Opfer gefallen waren. Meine Freundin Val hatte ein Gedicht geschrieben, das ich musikalisch unterlegte, und Vicki und ich sangen es gemeinsam bei der Trauerfeier.

KEEP HOLDING ON

When everything seems to be slipping away,
And you don't know what's real any more,
For everything once, that you knew and believed
Doesn't feel as it once did before.
Find something to keep holding on to
That can never be taken away,
That will always be there, come tomorrow
And is yours to believe in today.

REFRAIN
For rivers run deep, mountains are strong
No-one should ever pay twice for a wrong
Sunshine is wisdom, rainbows don't lie
And you'll always have your piece of the sky.

Do you ever feel close to surrender,
You feel lost to know where to begin,
For each time the tide starts to drift on out,
It seems that you drift back on in.
Through tragedy we must stand united,
Share our feelings together as one,
Even though our resistance is shadowed,
At the end of each storm is the sun.

© Val, 1982

Smith, der neue Direktor, war in den ersten Wochen nach dem Brand nett zu uns, aber es sollte nicht allzu lange dauern, bis wir bemerkten, wie das Leben in Fairlea unter seiner Leitung aussehen würde. Meine ersten 18 Monate in Haft waren der reinste Spaziergang gewesen verglichen mit dem, was mich erwartete. Ich hatte ja keine Ahnung, in welchem Maße unser aller Leben sich ändern sollte.

In den folgenden Monaten machte sich eine seltsame Unruhe in Fairlea breit, und Misstrauen keimte auf zwischen den Frauen und Smith. Er hatte entschieden, dass er nun, da der alte Zellenblock endgültig geschlossen worden war, einen anderen Strafblock brauchte für Frauen, die sich nicht an die Regeln hielten. Obwohl Block 5 in Yarrabrae über zwei Einzelzellen verfügte, hielt er das offensichtlich nicht für ausreichend. Er arrangierte, dass ein Block in Jika Jika, im Männergefängnis von Pentridge, als Strafblock für die Frauen genutzt werden konnte. Zwei Frauen waren bereits dorthin geschickt worden, weil in ihren Zellen Tabletten wie Serepax und Rohypnol gefunden worden waren. Beide Frauen hatten keinen Schimmer gehabt, wie die Pillen in ihre Zelle gelangt waren. Zu den neuen Regeln, die Smith eingeführt hatte, gehörte auch, dass alle aufstehen mussten, wenn er hereinkam, die Wärter eingeschlossen. Was uns betraf, war die Drohung einer Verlegung nach Pentridge allgegenwärtig. Das war seine Waffe, und er zögerte nicht, sie einzusetzen.

Nach dem Brand hatte die Strafvollzugsbehörde beschlossen, die meisten der alten Gebäude von Fairlea abzureißen und das Gefängnis neu bauen zu lassen. Nur die neueren Gebäude wie Yarrabrae und die Cottages, in denen etwa 30 Frauen Platz hatten, sollten bleiben. Am 15. April 1982 wurde uns mitgeteilt, dass mindestens die

Hälfte der Frauen, also fast 30, für die Dauer der Umbauarbeiten in Fairlea nach Pentridge in einem neuen Trakt namens Anbau B untergebracht würden. Tatsächlich handelte es sich keineswegs um einen »neuen« Trakt, sondern nur um einen Teil des alten B-Traktes, der für die Frauen abgetrennt worden war. In den letzten Wochen waren wir in Fairlea enger zusammengerückt, um die Frauen aus der U-Haft in den anderen Blocks aufzunehmen.

Am Abend vor der Verlegung schien alles ganz normal, bis am Nachmittag beim Tee zwei Unruhestifterinnen in den alten Zellenblock gebracht wurden, was niemanden aufregte, da die beiden Frauen allgemein nicht besonders beliebt waren. Ein paar Stunden später kam Smith nach Yarrabrae und ordnete an, dass alle ihre Zellen aufsuchen sollten. Es war erst 21 Uhr, und für gewöhnlich wurden wir erst um 23:15 Uhr in unseren Zellen eingeschlossen. Er sagte, es bestünde kein Grund zur Beunruhigung, es wäre alles in Ordnung, aber wir wurden dennoch scheinbar grundlos zwei Stunden früher als sonst eingesperrt. Zwei der Frauen wagten es, sich zu beklagen, und wurden auf der Stelle in den alten Zellenblock gebracht. Niemand wusste, was los war. Ich hatte mehr Glück als die meisten anderen. Da ich Ali bei mir hatte, durfte ich nicht in meiner Zelle eingeschlossen werden, nur im Zellenblock, da ich auch während der Nacht Zugang zum Kühlschrank haben musste, um Fläschchen für sie bereiten zu können.

Es wurde Morgen, aber kein Beamter ließ sich blicken, um uns zu wecken oder aufzusperren.

»Was ist denn nur los?«, fragte Vicki, als ich die Klappe in ihrer Zellentür öffnete.

Die anderen Frauen begannen, einander durch die Klappen zuzurufen.

Wir sollten es bald erfahren.

Wärter kamen und führten uns eine nach der anderen dem Classification Committee vor. Die ersten zehn auf der Liste, darunter auch Carol aus unserem Zellenblock, wurden zurück in ihre Zellen geschickt und angewiesen, ihre Sachen zu packen. Sie sollten sofort nach Pentridge überführt werden, und das, bevor wir anderen herausgelassen wurden. Sie fuhren fort, Frauen in Zehnergruppen wegzuschaffen, zumal die kleinen Gruppen leichter zu kontrollieren waren. Die Überführung nach Pentridge verlief nach Aussage des Gefängnisdirektors »reibungslos.«

Vicki und ich mussten Ali erklären, warum Carol plötzlich nicht mehr da war. Eine gute Woche später schrieb uns Carol.

Liebe Helen, Ali und Vicki,

Helen, ich habe heute Abend deinen Brief erhalten. Das war genau das Richtige nach einem furchtbaren Tag – ein kleiner Sonnenstrahl, den ich in meine Zelle mitnehmen konnte. Die Tage hier sind voller Überraschungen. Man weiß nie, was als Nächstes kommt, und das ist seelisch verdammt anstrengend.

Hier geht es noch ziemlich drunter und drüber. Überall um uns herum, unter und über uns, sind Männer untergebracht, die einen Radau veranstalten, der einen wahnsinnig macht. Wie wohltuend war die Ruhe in Yarrabrae ... Gott, ich hätte nie gedacht, dass ich je etwas Positives über diesen Bunker sagen würde ... Siehst du, ich werde langsam verrückt. Als Nächstes erzähle ich dir noch, was für ein wunderbarer Mensch dein Boss ist!!! Aber Schluss mit dem Sarkasmus.

Es war so schön, Corliss wiederzusehen. Ich habe mich so von euch abgeschnitten gefühlt, und dann kam sie und warf mir eine Rettungsleine zu, die ich nicht mehr losgelassen habe – es erinnert mich an euch alle, hält mir vor Augen, dass es Euch tatsächlich gibt und wir alle in derselben Welt leben!

Unsere Unterbringung ist bescheiden, winzige Einzelzellen, aber das ertrage ich, indem ich mir vorstelle, ich wäre gar nicht hier, sondern daheim in meinem Schlafzimmer. Das Einzige, was mir wirklich zu schaffen macht, ist die Isolation. Abends klopfen wir an die Wände und unterhalten uns durch die Klappen in den Zellentüren, um uns gegenseitig zu versichern, dass es uns gut geht. Tagsüber dürfen wir raus auf den Hof – keine Bäume, kein Gras, nur Kies und hohe graublaue Mauern rundherum, aber ich schätze, es könnte schlimmer sein – sie könnten auch noch den Blick auf den Himmel verdecken!

Vermisst die kleine Ali mich? Sag ihr, dass wir uns bald wiedersehen. Sie fehlt mir ja so; diese großen braunen Augen und ihre süße Stimme, so friedlich und ruhig. Hier gibt es nichts, das auch nur im Entferntesten an ihre Stimme herankäme. Ich will doch hoffen, du hast meinen Part an der Erziehung nicht jemand anders übertragen? Hmmm? Auch hoffe ich, dass ihr meine Position beim Basketball niemandem überlassen habt, der allzu toll ist ... Mein körperlicher Zustand ist katastrophal, meine Muskeln haben sich alle in Fett verwandelt!!

So, jetzt mache ich Schluss für heute. Ich habe so viele Erinnerungen an Euch, wie könnte ich also vergessen? Ich liebe Euch alle – Helen, Vicki und meine süße Ali.

Aber wie bei allem im Gefängnis muss man versuchen, weiterzumachen und seine Zeit herumzubringen, und genau das taten Ali, Vicki und ich, auch wenn wir Carol weiterhin nach Pentridge schrieben.

Eines Tages legten wir zusammen mit Ali direkt vor dem großen Fenster unseres Zellenblocks einen Garten an, damit wir zusehen konnten, wie die Saatkörner keimten und zu Blumen heranwuchsen. Das half uns, nicht zu vergessen, dass irgendwo da draußen die Natur weiterhin funktionierte. Wir pflanzten Jasmin, der sich um die Fenstergitter ranken und seinen Duft in unseren Zellen verströmen sollte. Wir stellten uns vor, dass er so üppig wucherte, dass die Wärter nicht mehr hereinblicken konnten, aber dann hätten wir natürlich auch nicht mehr nach draußen sehen können.

Draußen vor dem Fenster unseres Zellenblocks befand sich eine kleine Rasenfläche. Manchmal ließen wir vor dem Umschluss dort mit dem Schlauch eine kleine Kuhle mit Wasser vollaufen und beobachteten dann durch die Scheibe, wie die Vögel dort badeten. Wir taten so, als hieße eine der zahlreichen Bachstelzen Harry und dass es unsere »zahme« Bachstelze wäre, die uns jeden Nachmittag besuchen kam. Ali liebte es, auf Harry zu warten. »Oh! Sieh doch!«, jubelte sie, wenn sie den Vögeln beim Spiel zusah. »Hallo, Harry! Ich habe dich lieb, Harry!«, rief sie, so laut sie konnte.

Diese Augenblicke waren Ali, Vicki und mir kostbar. Und das waren sie auch für Carol, bis sie nach Pentridge verlegt wurde. Wir waren sicher, dass sie baldmöglichst zurückkommen würde. Der Gedanke, sie länger nicht wiederzusehen, war uns unerträglich.

In dieser Zeit wurde mir bewusst, dass ich auch all die anderen im Laufe der Jahre verlieren würde. Carol würde als Erste entlassen werden, dann würde Ali das Gefängnis verlassen müssen, und ein Jahr später würde Vicki gehen. Ich versuchte, nicht daran zu denken, und die gemeinsame Zeit zu genießen.

Die schönsten Tage waren jene, an denen wir Unterricht im Lernzentrum hatten. Dort nahmen wir an sinnvollen Aktivitäten teil, und anders als im übrigen Gefängnis wurden wir hier mit Respekt behandelt. Vicki und Carol waren die einzigen Frauen, denen eine Vollausbildung bewilligt worden war. Später, 1983, wurde auch mein Antrag bewilligt. Die Tage im Bildungszentrum waren zweifellos anregender als die Arbeit im Gefängnis. Wir entwickelten sehr enge Bindungen zu den Lehrerinnen, vor allem Heather und Corliss, und Ali verbrachte auch weiterhin ab und an ein Wochenende bei Corliss und ihrem Ehemann Kurt.

Nach einigen Monaten ging unser Wunsch in Erfüllung, und Carol kehrte nach Fairlea zurück. Das Schönste war, dass sie auch wieder in unseren Zellenblock gelegt wurde. Ali war überglücklich. In dem Maße, da Häftlinge entlassen wurden, kehrten Frauen aus Pentridge zurück. Im B-Trakt wurden jetzt Frauen untergebracht, die in U-Haft saßen, sowie Gefangene, bei denen erhöhte Sicherheitsmaßnahmen erforderlich waren. Carol traute Smith nicht über den Weg, und auch Vicki und mir war bereits aufgefallen, dass er sie offenbar nicht leiden konnte. Jedes Mal, wenn wir sie ihm gegenüber erwähnten, verzog er das Gesicht und machte eine abfällige Bemerkung. Wir verstanden auch nicht, weshalb Carol damals überhaupt nach Pentridge überstellt worden war, da sie Langzeithäftling mit Ganztagsunterricht war und darüber hinaus bereits das letzte Drittel ihrer Strafe abbüßte. Wir erfuhren die Antwort hierauf nie, aber wir waren froh, sie wieder bei uns zu haben.

Vicki und ich setzten unsere Beziehung fort und

schrieben uns auch weiterhin Briefe. Erzwungene Trennung führt dazu, dass man umso mehr mit dem anderen zusammen sein möchte. So schrieb Vicki beispielsweise Ende September 1982: »Hier sitze ich wieder einmal allein auf meinem Bett. Ich hasse diese geschlossene Tür zwischen uns. Ich brauche dich jetzt, in diesem Augenblick. Ich sehne mich danach, von dir in den Armen gehalten zu werfen. Ich sehne mich danach, deine zärtlichen und sanften Berührungen zu spüren ...« Sie legte ihre Briefe morgens auf mein Bett, wo ich sie nach dem Appell fand, nachdem sie zum Lernzentrum aufgebrochen war. Ich liebte es, diese zärtlichen Zeilen zu lesen, und ich konnte gar nicht fassen, welches Glück ich hatte, in einem solchen Umfeld wahre Liebe gefunden zu haben.

Alle paar Monate gaben Vicki und ich zusammen mit anderen musikalischen Frauen ein Konzert, unterstützt von Heather vom Bildungszentrum. Wir sangen verschiedene Songs und begleiteten uns selbst auf Klavier und Gitarre. Vicki und ich sangen manchmal zweistimmig, und unsere Stimmen verrieten die Liebe in unseren Herzen, die in so krassem Kontrast stand zu unserer streng reglementierten Umgebung. Vor unseren kleinen Konzerten hatten wir mit großem Lampenfieber zu kämpfen, und ich glaube, manchmal langweilten sich die anderen Frauen, aber sie ermutigten uns dennoch, da ihnen in Punkto Unterhaltung nicht viel geboten wurde. Seit Smith das Kommando übernommen hatte, fanden häufiger Zellendurchsuchungen und Leibesvisitationen statt. Auch schien es ihm Spaß zu machen, alle – Gefangene wie Beamte – damit zu überraschen, dass er die Hundestaffel aus Pentridge nach Fairlea beorderte und mitten in der Nacht das ganze Gefängnis auf den Kopf stellen ließ. Wir wurden aus dem Schlaf gerissen und in den Gemeinschaftssaal gebracht. Gewöhnlich suchten sie nach Drogen, allerdings auch nach anderen Schmuggelwaren. Vor Smith' Eintreffen hatte es solche Razzien nur tagsüber gegeben. Auch fing Smith an, Gefangene immer wieder innerhalb des Gefängnisses zu verlegen oder nach Pentridge zu überstellen, oft weil sie »unter Verdacht« standen oder aus ähnlich lächerlichen Gründen.

Eines Morgens im Oktober 1982, nachdem ich meine Arbeit erledigt hatte, befand ich mich im Bildungszentrum, als um 10:15 Uhr die Hundestaffel Yarrabrae betrat. Wir schauten von den Fenstern des Lernzentrums aus zu, wie sie ihre Durchsuchung durchführten. Als wir in der Mittagspause in Yarrabrae unsere Gitarren holen wollten, verwehrten die Beamten uns zu unserer Überraschung den Zutritt zu unseren Zellen. Die Mittagspause verstrich, und wir kehrten zurück ins Lernzentrum. Schließlich, gegen 14 Uhr, sahen wir die Hundestaffel abziehen. Warum hatten sie so lange gebraucht, um unsere kleinen Zellen zu durchsuchen?

Um 15:15 Uhr kehrte ich schnurstracks in unseren Zelleblock zurück. Als ich eintrat, stellte ich fest, dass in der Speisekammer ein einziges Durcheinander herrschte. Ich ging weiter zu meiner Zelle und sah in Schränken und Schubladen nach. Sie waren offensichtlich durchsucht worden, aber die Beamten hatten sie einigermaßen ordentlich zurückgelassen. Dann ging ich rüber in Vickis Zelle und traute meinen Augen nicht. Ihre Bücher, privaten Briefe und persönlichen Unterlagen sowie verschiedene Gegenstände aus ihrem Schreibtisch waren auf dem ganze Fußboden verstreut. Ihre Schränke standen offen, und alles darin war so achtlos durchwühlt worden, dass Kleidungsstücke halb heraushingen. Was für ein Chaos! Sie hatten sogar ein Päckchen von ihren Zigaretten geöffnet, zwei Zigaretten geraucht und auf dem Fußboden ausgetreten.

Verständlicherweise war Vicki hierüber so erbost, dass ich ihr nicht mehr von der Seite wich, aus Angst, sie würde die Beherrschung verlieren und etwas tun, wofür sie bestraft oder verlegt werden konnte.

Als Vicki einen dienstälteren Beamten fragte, ob sie Beschwerde einlegen könne wegen des Zustands, in dem ihre Zelle hinterlassen worden war, oder ob sie in dieser Sache irgendwelche Rechte habe, entgegnete dieser nur selbstgefällig: »Das gehört eben zu den Risiken des Gefängnisdaseins, nicht wahr?« Sie fanden in keiner der Zellen Schmuggelware, aber eine Bemerkung eines ranghöheren Beamten ließ darauf schließen, dass sie in Vickis Zelle immer noch verbotene Substanzen vermuteten, die die Hunde nur nicht gefunden hatten! Aber das Leben ging weiter, und letztlich war es nur ein weiterer Tag, der geprägt war von der Tyrannei, die meines Wissens in jedem Gefängnis an der Tagesordnung ist.

Wenn es uns doch einmal gelang, der Gefängnisleitung kleine Zugeständnisse abzuringen, war dies vornehmlich Vickis unglaublicher Hartnäckigkeit zu verdanken. Es war schon erstaunlich, wie wenig wir hatten verglichen, mit den männlichen Häftlingen in Victoria, sodass es sich bei den meisten unserer hart erkämpfen Errungenschaften um Dinge handelte, die bei den Männern längst zum Standard gehörten. Etwa um diese Zeit setzten Vicki und ich erfolgreich die Einführung eines Großeinkaufstages einmal im Vierteljahr durch – ebenfalls etwas, das es in Pentridge längst gab. Tatsächlich handelte es sich um etwas, das »normale« Menschen jede Woche taten – in den Supermarkt gehen und einkaufen –, auch wenn wir weder frisches Obst noch Gemüse bekamen und uns auf die Artikel beschränken mussten, die auf einer vom Gefängnis erstellten Liste standen. Es gab ordentlichen Kaffee, Joghurt, Käse, trockene Kekse, alkoholfreie Getränke und noch einige andere Lebensmittel auf der Einkaufsliste, wenngleich man natürlich nur in den Genuss kam, etwas kaufen zu können, wenn man über Geld verfügte. Wir durften Waren im Wert von maximal 30 Dollar kaufen. Vicki hatte damals gerade einen Buchhaltungskurs belegt und erbot sich, das Ganze zu organisieren, mit mir als ihrer Assistentin, versteht sich! Da dem Gefängnis somit kein zusätzlicher Papierkram entstand, wurde das Projekt bewilligt. Natürlich mussten sie den Einkauf erledigen, aber wir erledigten den ganzen Rest. Das bedeutete, dass wir zumindest alle drei Monate Gelegenheit hatten, Dinge zu ordern, die wir beim normalen wöchentlichen Kioskverkauf nicht bekamen, wo es nur einige wenige Artikel gab wie Zigaretten, Waschzeug und grässlichen Kaffee neben einigen Sorten Kekse und Süßigkeiten. Für den »Großeinkauf« stellten wir eine Liste der verschiedenen Bestellungen auf, und ein Vollzugsbeamter erledigte die Einkäufe für uns. Es war ziemlich viel Arbeit, die Listen aufzusetzen und anschließend die Ware zu verteilen, aber uns machte es Spaß. Wenn wir fertig waren, kehrten wir in unsere Zellen zurück und tranken eine gute Tasse Kaffee – Nescafé Blend 43. Er roch sogar nach Kaffee. Das Zeug aus dem Kiosk schmeckte wie Spülwasser. Ich glaube, dieser »Kaffee« wurde speziell für Gefängnisse produziert, da er kein Etikett hatte, sondern nur in einer durchsichtigen Tüte verpackt war.

Später am Abend genehmigten wir uns dann Salada-Kekse mit Käse. Einen Moment lang kamen wir uns vor wie Königinnen!

Anfang 1983 erlaubt die Strafvollzugsbehörde unserem Basketballteam, an einem örtlichen Turnier teilzunehmen. Es war das erste Mal, dass eine solche Erlaubnis erteilt worden war, und wir waren schrecklich aufgeregt. Wir nannten uns Fairlea Foxes und spielten gar nicht schlecht. Carol, Vicki und ich machten schon länger mit, weil Basketball eine weitere Möglichkeit bot, die Zellenblocks am Abend zu verlassen, aber jetzt entwickelten wir richtig Ehrgeiz. Endlich hatten wir etwas, worauf wir hinarbeiten konnten. Vicki wurde zum Coach ernannt und ich zum Kapitän gewählt, obwohl Lynda und ich einige Zeit gebraucht hatten, um den Direktor davon zu überzeugen, uns Mütter an sportlichen Aktivitäten teilnehmen zu lassen. An zwei oder drei Abenden in der Woche brachten wir die Wärter dazu, uns rauszulassen, um zu trainieren, was auch für Ali großartig war. Ich hatte ein schlechtes Gewissen, weil sie immer von 16:30 Uhr an eingesperrt war. Und so freute ich mich immer auf die abendlichen Trainingseinheiten, auch wenn sie davon abhängig waren, welcher Wärter gerade Dienst hatte. Es gab immer welche, denen es Spaß zu machen schien, uns jede Freude zu verderben.

Ich leitete den Aerobic-Kurs in der ersten Trainingshälfte, und das Training war alles in allem sehr anstrengend. Einige von den Frauen jammerten und beklagten sich, dass man sie zum Trainieren zwinge, aber tatsächlich machte es ihnen Freude, weil es eine willkommene Unterbrechung der Monotonie war und wir alle immer fitter wurden. Vicki kümmerte sich um das reine Spieltraining und beschloss, das Schiedsrichterhandwerk zu erlernen. Ein positiver Nebeneffekt des Trainings war der, dass wir all den angestauten Frust auf dem Platz abbauen konnten. Anfangs kam jede Woche ein anderes Team aus der Gegend ins Gefängnis, um gegen uns anzutreten, aber nachdem die Spiele sich als großer Erfolg entpuppten, durften wir bald einen Abend in der Woche das Gefängnis verlassen, um »draußen« gegen unsere Gegnerinnen anzutreten. Donnerstags nach dem abendlichen Umschluss wurden wir von zwei Beamten abgeholt, die unser Team zum Gefängnisbus brachten. Die Wettkämpfe ermöglichten es uns, intensiv zu trainieren, und wir entwickelten großen Ehrgeiz. Wir waren mit Begeisterung und Siegeswillen dabei.

Ali, die inzwischen fast drei Jahre alt war, wurde unser Maskottchen, und eine der Frauen aus der Schneiderei nähte ihr ein Röckchen und ein kleines Shirt, die sie bei den Spielen tragen konnte. Sie klatschte und jubelte bei jedem Punkt, den wir machten. »Los, Foxes!«, feuerte sie uns vom Spielfeldrand aus in ihrem winzigen Basketballoutfit an. »Los, Mum! Los, Vicki! Los, Carol!«, rief sie. Ich glaube, ihr machten die Spiele noch mehr Spaß als uns, und sie liebte auch die Busfahrt dorthin. Zu gewinnen wurde für uns ungemein wichtig – manchmal zu wichtig, aber das geschieht eben, wenn man im Leben zu wenig hat, worauf man sich konzentrieren kann. Alles gewinnt an Bedeutung. Anstatt bei unserer Rückkehr ins Gefängnis bei der ganzen Mannschaft eine Leibesvisitation durchzuführen, wählte man nur zwei oder drei von uns aus, aber inzwischen hatte ich gelernt, dies als normalen Teil meines Lebens zu betrachten. Es kam allerdings auch vor, dass ein Spiel in letzter Minute abgesagt wurde. Auch das gehörte dazu – im Gefängnis gab es keine Garantien. Eines Abends, etwa eine Stunde vor einem Spiel, betrat ein Vollzugsbeamter meine Zelle.

»Die Direktion hat gerade angerufen und Ihnen die Teilnahme am Spiel verboten«, teilte er mir mit.

»Wie meinen Sie das? Aber warum denn?«, fragte ich verblüfft.

»Sie dürfen nicht gehen, es sei denn, Ali begleitet sie.« Ali war gerade für ein paar Tage bei meinem Vater.

»Aber was macht es denn für einen Unterschied, ob sie dabei ist oder nicht?«, fragte ich verständnislos.

»Das weiß ich auch nicht. Mir wurde nur aufgetragen, Ihnen das auszurichten.«

Vicki und Carol saßen bei mir in der Ecke unseres Zellenblocks und schüttelten den Kopf, als der Wärter ging.

»Dieses verdammten Arschlöcher!«, schimpfte Carol.

»Was das wohl soll?«, Ich blickte Vicki fragend an, in der Hoffnung, sie wüsste vielleicht eine Erklärung.

»Ich wette, sie halten dich ohne Ali für ein Sicherheitsrisiko. Sie denken wahrscheinlich, du könntest versuchen, abzuhauen, weil eine Flucht ohne Kind viel einfacher wäre.«

»Das sind solche Idioten«, entgegnete ich. »Aber ich wette, du hast Recht. Als ob ich ohne Ali abhauen würde ... « Ich war jetzt richtig wütend. Wir sprachen darüber, und Vicki und Carol gaben den anderen Frauen der Mannschaft Bescheid.

Als die Beamten kamen, um sie zu holen, erklärten sie ihnen, dass sie ohne mich nicht spielen würden. Diese Frauen gingen mit mir durch dick und dünn.

Kapitel 11

DIE UNGEWISSHEITEN
DES GEFÄNGNISDASEINS

Im November 1982 stand nach über drei Jahren Haft Carols Entlassung an. Sie war aufgeregt und zuversichtlich, und wir freuten uns für sie, waren aber auch traurig. Der einzige Vorteil für uns war der, dass sie, wenn sie erst draußen war, versuchen wollte, uns über eine Freundin etwas Stoff reinzuschmuggeln. Obwohl wir nicht mehr körperlich süchtig waren, war die psychische Abhängigkeit von der Droge geblieben.

Ich wusste, dass ich Carol lange nicht wiedersehen würde, da sie uns ja als ehemaliger Sträfling nicht in Fairlea besuchen durfte, aber wir hatten mit meinem Bruder vereinbart, dass er Ali gelegentlich zu Carol bringen sollte, damit wenigstens die beiden ihre enge Beziehung aufrechterhalten konnten. Und ich hoffte, dass ich Carol treffen könnte, sobald ich Hafturlaub bekam.

Es wurde Ende November, und der Tag von Carols Entlassung brach an. Zusammen mit ein paar anderen Freundinnen gingen wir zum Eingangstor, um Carol zu verabschieden. Carol trug Ali den ganzen Weg bis zu dem Zaun, der die Häftlinge vom Verwaltungsgebäude fernhielt.

»Wann sehe ich dich wieder?«, fragte Ali.

»In etwa zwei Wochen, wenn ich mich draußen eingelebt habe und Ron dich zu mir bringt«, antwortete sie.

»Wie oft muss ich bis dahin noch schlafen?«, wollte Ali wissen.

»Nicht oft, aber ich schreibe dir noch einen Brief, bevor die Zeit herum ist, okay?«, versicherte Carol ihr.

»Gut«, sagte Ali.

»Wer ist mein kleiner Schatz?«, fragte Carol Ali. Sie nannte Ali immer »kleiner Schatz«, und meine Tochter liebte es.

»Ich!« Ali strahlte und winkte, als der Beamte kam, um Carol durch das Tor zu lassen und zum Ausgang zu führen.

»Bye bye, Carol. Ich habe dich lieb, Carol!«, rief Ali ihr nach.

Carol war nervös, aber auch überglücklich, endlich herauszukommen. Sie hatte eine schwere Zeit hinter sich – ihre große Klappe hatte sie immer wieder in Schwierigkeiten gebracht. Sie verlangte, dass die Vollzugsbeamten ihr mit Respekt begegneten, und ließ sie immer wissen, was Sie dachte. Das gefiel denen nicht, und so hatten sie sie als »schwierig« eingestuft. Aber der Tag der Entlassung ist der Tag, für den alle Häftlinge leben – oft ist er das einzige Ziel, das die Haftstrafe erträglich macht.

Nach der Verabschiedung kehrten wir zurück in unseren Zellenblock und versuchten, uns mit Aufräumarbeiten abzulenken, aber der Block kam uns leer und still vor, und uns war schwer ums Herz. Wir kochten Kaffee und warteten auf den Appell. Der Block war unverändert, aber die verlassene Zelle, die bis eben noch Carol bewohnt hatte, schuf eine völlig neue Atmosphäre.

»Bis heute Nachmittag wird sie vermutlich mit einer anderen belegt«, bemerkte Vicki.

Ein paar Tage nach ihrer Entlassung schrieb uns Carol:

Helen, ich vermisse euch ganz schrecklich, nicht das Gefängnis natürlich, aber das Zusammensein mit dir und Vicki. Es fällt mir so schwer, Menschen zu finden, die mich verstehen. Die öffentlichen Verkehrsmittel sind meine Rettung ... Ich steige in Bahnen, stelle mich Menschen vor, die ich noch nie gesehen habe, und erzähle ihnen einfach, wo ich war und weshalb und was für ein seltsames Gefühl es ist, wieder frei zu sein, aber dafür getrennt von den Menschen, die ich liebe – meinen echten Freunden, von dir, Vicki und der kleinen Ali. Ich habe ein verdammtes Telefon hier neben mir, und ich weiß nicht, wen ich anrufen soll. Am liebsten würde ich dich, Vicki und Ali anrufen. Ich möchte Euch nah sein.

Versteh mich nicht falsch – es ist wunderbar, fantastisch, unglaublich, wieder mir allein zu gehören, FREI zu sein, das zu tun, was mir gefällt, zu reden, aufzustehen, spazieren zu gehen, zu weinen, zu lachen, zu schreien, zu brüllen und vor allem, ja, zu fühlen – wann ich es will. Es ist, als gehörte die ganze Welt mir, als wäre sie Wachs in meinen Händen ... Morgen habe ich zwei Vorstellungsgespräche. Ich habe mir meine Lügen sorgfältig zurechtgelegt. Ich war fünf Jahre in Tassie, habe studiert und nebenbei gekellnert. Sie werden es mir abkaufen, ha!

Ich bin völlig daneben. Seit meiner Entlassung aus Fairlea habe ich keine sechs Stunden geschlafen. Und irgendwie habe ich so das Gefühl, dass ich auch diese Nacht nicht viel Schlaf finden werde. Hmmm ... Es passiert alles so schnell. Aber wer hätte keinen Nachholbedarf nach so langer Zeit hinter Gittern. Hmmm ... Früher oder später werde ich wieder etwas kürzer treten müssen, aber mein Verstand ist

223

ganz ausgehungert und möchte so vieles sehen und
fühlen! Helen, ich bin immer noch frustriert, bisher
ist mein Bett leer geblieben ... Ich habe bislang noch
nicht die Neigung verspürt, jemandem nahe zu
sein ...
Alles Liebe. Carol

Ein paar Wochen vor Weihnachten hielten Carol und
Danni eine Überraschung für uns bereit. »Helen Barnac-
le zum Eingangstor!«, hörte ich eine Stimme aus den
Lautsprechern über das Gelände hallen.

Es war ungewöhnlich, zum Gefängniseingang gerufen
zu werden. Vicki war sofort misstrauisch und beschloss,
mich und Ali zu begleiten, um zu sehen, was man von
mir wollte.

Als wir dort eintrafen, empfing uns Mitch, ein wirk-
lich netter Vollzugsbeamter, der am Tor seinen Dienst
versah, mit einem Lächeln. Als er Ali sah, sagte er: »Hi,
Ali! Eigentlich wollte ich dich sehen und nicht deine
Mum.« Er bat uns in sein Büro, wo sich mehrere in
Weihnachtspapier eingeschlagene Päckchen stapelten.
Es waren ein paar wirklich große darunter.

»Das sind Weihnachtsgeschenke, und sie sind alle für
dich!«, verkündete Mitch. Ali vollführte wahre Freuden-
sprünge.

»Was für ein Glück du hast«, sagte ich lächelnd. »Von
wem sind denn die, Mitch?«, wollte ich wissen.

»Danni hat die da vorbeigebracht«, entgegnete er und
zeigte auf ein paar sehr große Pakete. Und dann an Ali
gewandt: »Und kannst du erraten, von wem die anderen
sind?«

Ali spielte mit; sie liebte es, im Mittelpunkt zu stehen.
»Hmm ... Opa?« Mitch schüttelte den Kopf. »Onkel
Ron?« »Nein.« »Hmm ... Corliss?« »Nein.« Plötzlich

Ali, ich und unser Hund Charka 1999 in unserem Park in Strandnähe in Elwood, heute einer unserer Lieblingsorte. Foto: Nick Cobbin

Ich und Ron. Ich hatte eine glückliche Kindheit, ebenso in der Schule wie auch daheim. Erst in meinen Teenagerjahren fingen die Probleme an.

Oben: Mum und ich kurz nach einer ihrer Krebsoperationen. Trotz dreier Operationen, nach denen die Ärzte ihr versichert hatten, es wäre alles in Ordnung, starb Mum 1979.

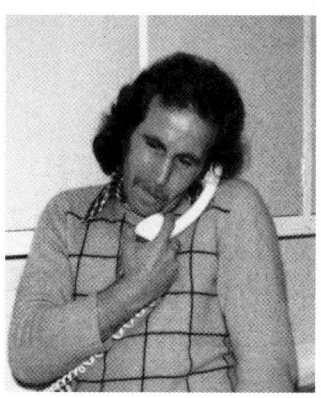

Fred in unserer Wohnung in East St. Kilda, bevor wir nach Darwin gingen. Fred und ich blieben auch nach unserer Trennung Ende 1970 gute Freunde. Ich war erschüttert, als er 1980 ermordet aufgefunden wurde.

Rechts: Ich in Malaysia mit »Afro«-Frisur, aufgenommen von Rahim, von dem ich meine Drogen bezog.

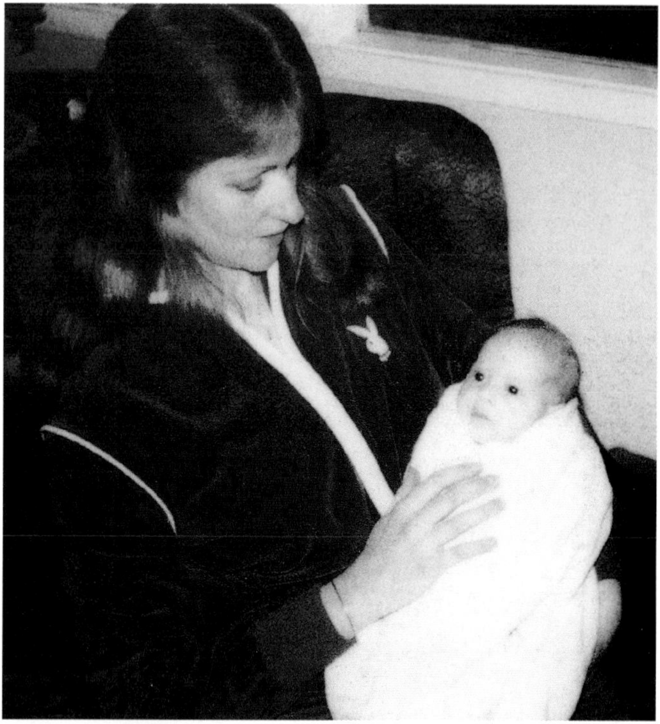

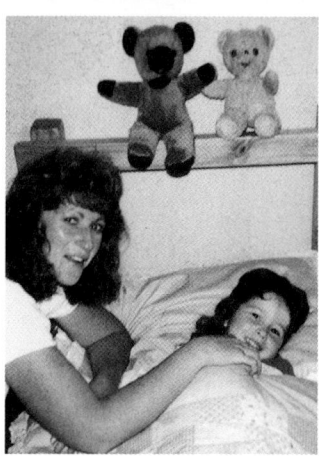

Oben: Ich und die einen Monat alte Ali im Haus meiner Tante Isabel. Ich konnte es nicht glauben, als man mir bei einer Routineuntersuchung in Fairlea mitteilte, dass ich im fünften Monat schwanger sei, aber dieses kleine Wesen hat mein Leben völlig verändert.

Links: Ich in meiner Zelle in Yarra-brae mit Ali in dem kleinen Bett aus Kiefernholz, das Vicki für sie gebaut hatte. Die meisten Häftlinge und auch einige der Vollzugsbeamten hatten Ali sehr gern, und im Bericht des Psychologen stand, ihre soziale Entwicklung sei ungewöhnlich weit fortgeschritten.

Ich (links) und meine beste Freundin Libby im Alter von etwa neun Jahren.
Wir waren in der Grundschule unzertrennlich und auch außerhalb
der Schule ständig zusammen. Der Kontakt brach ab, als wir verschiedene
Highschools besuchten.

Auf der Party zu meinem 21. Geburtstag mit Mum und Dad. Sie hatten die Feier organisiert und ein Zelt im Garten aufgestellt. Ich lebte damals mit Fred in Sydney, und wir kamen an diesem Wochenende extra für die Feier nach Melbourne.

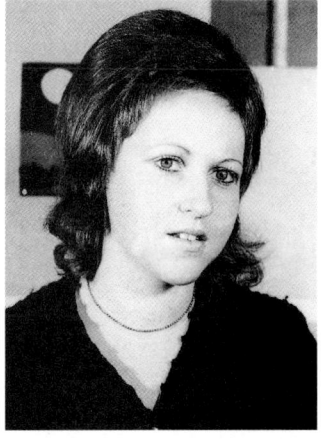

Rechts: Mit 16 in der Friseurschule. Ich hatte nie die Absicht, als Friseurin zu arbeiten, aber Mum wollte mir nur erlauben (in der 11. Klasse) von der Schule abzugehen, wenn ich eine Lehre machte.

Unten: Meine Freundin und Friseur-Kollegin Sue und ich in unseren späten Teenager-Jahren am Surf-Strand von Phillip Island. Sue arbeitete in dem Salon, in dem ich meine Lehre machte. Wir wurden Freundinnen und sind es heute noch.

Ali und Tante Isabel.

Ron und ich an seinem Geburtstag während meines Prozesses.

Damien und Ali vor dem Cottage 2, in dem Damien und seine Mum wohnten, nachdem sie Yarrabrae verlassen hatten.

Ron und Ali, als sie zwei Monate alt war.

Im Uhrzeigersinn von oben links: Vicki, Ali und ich, Corliss und Carol in unserer Lernecke im Bildungszentrum. Vicki, Carol und ich waren damals bereits Vollzeit-Studentinnen. Das Bildungszentrum war eine Oase des Friedens inmitten der Trostlosigkeit Fairleas und gab so vielen Frauen das nötige Rüstzeug und die Gelegenheit, draußen ein neues Leben anzufangen.

Ali, ich und meine Freundin Danny
bei einem Hafturlaub 1983.

Corliss, Ali und ich auf den Stufen
des Bildungszentrums.

Ali und Carol, aufgenommen
bei einem Hafturlaub nach Carols
Entlassung.

Ali mit fünf Jahren zusammen mit
'Mima, als diese noch ein Kätzchen
war.

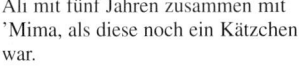

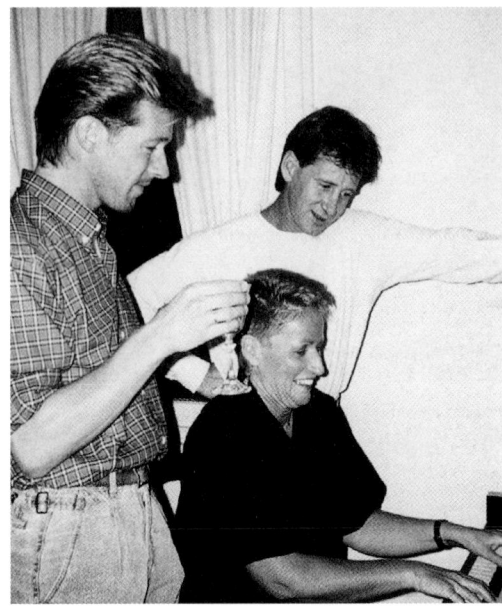

David (links), ich und Pete (hinten) in Rons Haus, wo ich nach meiner Haftentlassung wohnte. Sie sind gute Freunde aus meinen TRAMM-Zeiten und haben immer treu zu mir gestanden.

Ali im Alter von zehn Jahren mit Jemima, die wir aus einem Tierheim geholt haben, als ich noch in Fairlea war und Ali bei Ron lebte.

Ich bei einer
Protestaktion
›Wring Around
Fairlea‹ drau-
ßen vor den
Gefängnistoren
mit Lou Bennett
von Tiddas
an der Gitarre.

Ich, Julie und
Ali bei meinem
Geburtstags-
essen 1989
kurz vor Julies
Entlassung.
Nach den vie-
len Jahren im
Gefängnis war
es für mich
ein seltsames
Gefühl, »nor-
male« Dinge
zu tun, wie mit
Freunden ins
Restaurant zu
gehen.

KEEP FAIRLEA OPEN FOR WOMEN

Say **NO** to Women in Jika Jika
Say **NO** to Women in Mens Prison

WE NEED YOUR SUPPORT

Join the 24 hour vigil
Outside Fairlea Prison
For more information
Call 363 1811
Marg, Wendy or Chris

Oben und rechts: Carol und Ali auf einem der Flugblätter,
die wir verteilt haben, um die Verlegung der weiblichen Häftlinge
ins Männergefängnis Jika Jika zu verhindern.

WHY MOVING WOMEN & CHILDREN FROM FAIRLEA TO JIKA MUST BE STOPPED.

JIKA: A maximum security, sensory deprivation prison of tunnels and cages; 24 hour air conditioning; Award for Excellence in Cohcrete; Exercise is in a cage with 12' concrete walls; 8 men have died there; it is inside Pentridge; it is a prison in a prison; 15 hours in 2 bunk cells.

FAIRLEA: The first women's only prison in Australia. Accomodation is cottage style, trees and gardens. In these cottages, women can cook for themselves and have private time with their kids for 6 hrs on the weekend. Education & health centres at Fairlea cater to the special needs of women.

THE WOMEN & CHILDREN: 75% of women in for non violent offences, 18% for shoplifting and car theft, 86% unemployed. Of women inside for drugs, 80% are abuse survivors, 74% have kids. Of women gaoled for prostitution, 25% are under 24.

WHY JIKA IS UNACCEPTABLE: Women have been in men's prisons before. Of 6 women who have suicided, 5 have done so in men's gaols. Women have always suffered discrimination in men's gaols, they have no freedom of move- ment as they are in a prison in a prison, many women and child care agencies won't allow children to visit at Jika because its too frightening.

WHAT WE ARE DOING: 7000 people have signed a petition; there's a 24 hour vigil outside Fairlea-all welcome; we're lobbying; women inside are going to Equal Opportunity.

WHAT CAN YOU DO?: PETITIONS/ DONATIONS/ JOINING VIGIL ROSTER
PH: 363 1811/LETTERS OF PROTEST: Pat McNamara, Corrections Minister, 222 Exhibition St, Melb 3000/Jan Wade, Women's Affairs, 200 Queen St, Melb.3000

TOGETHER WE CAN STOP THIS DISASTER HAPPENING

Eine Werbeaufnahme aus meinen Tagen mit TRAMM.
In der vorderen Reihe: Ich, Annie, David und Jan.

Das Poster mit dem ich für mich als Sängerin warb. Das Foto wurde
in Barkly's Restaurant aufgenommen. In der Lage zu sein,
mich musikalisch auszudrücken, war für mich immer wichtig,
und war eines der Dinge, die mir halfen, das Gefängnis zu vergessen.

Ich und Rikki nach ihrer Entlassung 1992. Rikki war eine liebe Freundin, die mir half, die schweren Tage im Gefängnis zu überstehen. Ihr Tod ein paar Jahre später war eine der Tragödien, die mich dazu bewegten das Leben meiner verlorenen Freunde dadurch zu ehren, indem ich über unsere Erfahrungen schrieb.

Ich und Greg am Ende meiner Bewährungszeit im August 1995. Gregs Beistand half mir durch die schwierigste Zeit in Fairlea. Heute ist er ein buddhistischer Mönch und besucht immer noch Frauen im Gefängnis.

Ich und Amanda, die immer noch eine besondere Freundin
für mich ist, in einem Boot auf dem Myall-See während unserer
Campingferien in Neusüd-Wales.

Im Uhrzeigersinn von vorne links: Ali, Kurt, ich und Corliss nach
der Vorstellung von ›Somebody's Daughter‹ in Ballarat während einer
regionalen Tournee 1998. Corliss unterstützte mich vorbehaltlos
während sehr schwieriger Zeiten im Gefängnis. Sie und Kurt sind
jetzt meine liebsten Freunde.

leuchteten ihre Augen auf, und sie quiekte übermütig. »Ich weiß es! Sie sind von Carol, weil ich ihr kleiner Schatz bin!«

Ali war ganz aus dem Häuschen. Vicki und ich sahen uns nur schweigend an, staunend über diese liebe Geste. Wir waren froh, dass Mitch gerade Dienst hatte, da er Carol ebenso gern hatte wie Kinder. Normalerweise wurden alle Päckchen von draußen – erst recht, wenn sie von einem Ex-Häftling kamen – gründlich untersucht.

Zurück in unserem Zellenblock sahen wir zu, wie Ali eins der Geschenke auspackte; die anderen wollten wir bis Weihnachten liegen lassen. Vicki und ich waren überwältigt von Dannis und Carols Großzügigkeit.

Nachdem sie Ali noch zwei weitere Briefe geschrieben hatte, hörten wir viele Monate nichts mehr von Carol, aber wir dachten in dieser Zeit viel an sie. Es war ihr gelungen, eine Freundin dazu zu überreden, uns einige Male Stoff ins Gefängnis zu schmuggeln, und wir waren ihr sehr dankbar dafür. Aber es schien die Regel zu sein, dass Freundschaften, die man im Knast schloss, früher oder später im Sande verliefen. Meist lag es daran, dass diese Freunde wieder in den Teufelskreis von Dealen und Fixen gerieten. Und Drogenkonsum ging immer mit Gewissensbissen, Scham und dem Verlust des Selbstwertgefühls einher.

Drei oder vier Monate nach ihrem letzten Brief hörten wir, dass Carol eine Beziehung zu einem nicht konsumierenden Dealer eingegangen war, der sie mit einer begrenzten Heroinmenge versorgte. Wir erfuhren außerdem, dass er ziemlich gewalttätig war, und ich nahm an, dass sie nur wegen des Stoffs bei ihm blieb.

Ebenfalls kurz vor Weihnachten 1982 rückte Vicki nach Verbüßung von fast zwei Jahre in Fairlea in die Kategorie der Gefangenen auf, die für Hafturlaub in Frage kamen. Wenn man die Hälfte seiner Strafe verbüßt hatte, konnte man Hafturlaub beantragen, um alle drei Monate einen Tag mit Verwandten zu verbringen. Der Richter hatte den Beginn von Vickis Haftstrafe bis zum Tag ihrer Verhaftung rückdatiert, die im Februar 1981 erfolgt war. Ihren ersten vierstündigen Hafturlaub trat Vicki an einem Samstagnachmittag Anfang Dezember an. Ali und ich erwarteten sie bereits, als sie zurückkehrte. Es klingt albern, aber wir hatten sie vermisst. Es war kurz vor dem Umschluss, sodass wir nicht viel Zeit hatten, über ihren Tag zu sprechen, aber in dieser Nacht schrieb sie:

Warum warst du nicht bei mir?
Warum konntest du nicht bei mir sein und diesen ganz besonderen Tag mit mir zusammen verleben?
Hast du dich einsam gefühlt während meiner Abwesenheit? Ich habe mich allein gefühlt, so weit weg.
Halt mich, bitte halt mich, ich brauche deine Nähe, muss dich spüren, an deiner Seite träumen.
Wie endlos diese Nacht sich hinzieht, während ich den Morgen herbeisehne, um wieder deine Wärme an meiner Seite zu spüren.
Die Zeit vergeht so langsam, und die Jahre scheinen außerhalb unserer Reichweite.
Wie lange noch, bis unsere gemeinsame Reise beginnt?

Auch wenn Hafturlaub selbstverständlich sehr wichtig und willkommen war, warf er doch auch Probleme auf. Vicki tat sich schon nach nur fünf Stunden schwer, sich wieder in das Gefängnisleben einzufügen. Es erschien uns allen so lächerlich, da kaum eine von uns wegen eines Gewaltverbrechens einsaß. In gewisser Weise machte es das Leben »drinnen« schwieriger, weil man das ganze System verstärkt hinterfragtc. Es war, als wäre man mit einem Fuß drinnen und mit dem anderen draußen. Vicki war mehrere Wochen sehr rastlos und hatte Mühe, sich mit der Sinnlosigkeit der alltäglichen Routine abzufinden. Ich versuchte, ihr beizustehen, aber ich konnte nur bedingt verstehen, was in ihr vorging. Ich war ganz darauf ausgerichtet, den Knastalltag zu akzeptieren – das war der einzige Weg, nicht daran zu zerbrechen.

Auf unsere Beziehung wirkte er sich sehr negativ aus, und Monate später erfuhr ich, dass Vicki während ihres Hafturlaubs ihre Ex-Freundin besucht hatte, und sie hatte mich bei ihrer Rückkehr nach Fairlea belogen. Das erklärte auch bis zu einem gewissen Grad ihre innere Unruhe. Ich kam nicht damit klar, dass sie mich angelogen hatte. Enttäuscht distanzierte ich mich für eine Weile von ihr, eine Haltung, die jedoch auf so engem Raum schwer beizubehalten war. Nach ein paar Wochen mieser Stimmung setzten wir unsere Beziehung fort, nicht nur, weil wir einander liebten, sondern außerdem, weil wir so abhängig voneinander waren. Und doch hatte sich in meinem Kopf ein Saatkorn des Misstrauens festgesetzt.

Inzwischen ging es zügig auf Weihnachten 1982 zu, mein drittes Weihnachten im Gefängnis, und in dieser Zeit sehnten wir uns alle am meisten danach, alles um uns herum zu vergessen ... uns zuzudröhnen. Wir hatten zu diesem Zweck etwas Selbstgebrannten angesetzt. Es gab ein paar Flaschen »Weißer«, hergestellt aus den Mirabellen der alten Obstbäume auf dem Gefängnisgelände, und eine Flasche »Roter« aus Pflaumen war in der Mache.

Wir versuchten auch immer, um die Weihnachtszeit Drogen einzuschmuggeln. Es war einfacher, wenn man das Fest und alles, was damit zusammenhing, einfach ausblendete und die Zeit hinter sich brachte, so gut es ging. Wenn das neue Jahr anbrach, wusste ich dann wenigstens, dass ein weiteres Jahr meiner Haftstrafe hinter mir lag.

»Vicki ins Büro des Direktors«, plärrte der Lautsprecher eines Tages nach der Arbeit – eine ungewöhnliche Zeit, um zum Gefängnisdirektor beordert zu werden. Am Vortag hatte eine Razzia der Hundestaffel stattgefunden, aber sie hatten in unseren Zellen keine Drogen gefunden. Wir hatten eine neue Freundin, Tammy, die kürzlich Carols alte Zelle in unserem Block bezogen hatte. Sie war ein paar Jahre jünger als wir, mit langem, glatten blonden Haar, und wie Carol liebte sie Ali und wurde bald zu einer Spielgefährtin meiner Tochter. Tammy war es gelungen, am vergangenen Wochenende etwas Stoff einzuschmuggeln, aber der war längst aufgebraucht. Zu dritt reichte das Heroin immer nur höchstens zwei Tage.

»Geh besser und bring es hinter dich«, riet ich Vicki. Man nahm grundsätzlich an, dass man etwas falsch gemacht hatte, wenn man zum Direktor gerufen wurde.

Sie ging, während Ali und ich noch eine Weile in unserem Zellenblock verbrachten, bevor wir nach draußen zurückkehrten. Vicki blieb ziemlich lange weg, und einigen Frauen war aufgefallen, dass der Gefängnis-Van draußen vor dem Tor stand. Langsam wurden wir misstrauisch.

Plötzlich kam eine der Frauen auf uns zugelaufen und rief: »Ich habe gerade gesehen, wie zwei Wärter Vicki Handschellen angelegt und sie in den Van verfrachtet haben!« Tammy, Ali und ich sprangen auf und rannten zu dem Tor, das uns vom Verwaltungsgebäude des Gefängnisses trennte. Wir sahen gerade noch, wie der Van durch das Rolltor vom Gelände fuhr. Ich krallte die Finger in den Maschendrahtzaun und starrte dem Wagen ungläubig hinterher.

»Wo bringen sie sie hin?,« fragte ich schockiert. Nach einer Weile kam ein Vollzugsbeamter auf uns zu.

»Vicki wird nach Jika Jika gebracht«, teilte er uns durch den Zaun mit.

»Was?«, rief ich ungläubig.

»Ich will Smith sprechen! Was geht hier vor? Was hat sie denn getan?« Ich bettelte um Antwort. Er versprach, zu versuchen, für mich ein Gespräch mit dem Direktor zu arrangieren.

Kurz nachdem er sich in Richtung Verwaltungsgebäude entfernt hatte, plärrte aus den Lautsprechern der Ruf: »Alle zum Appell!« Wie betäubt starrte ich Tammy an.

»Was soll das?«, jammerte ich.

Der Beamte kehrte zurück. »Gehen Sie zum Appell. Direktor Smith kommt nach dem Umschluss zu Ihnen.«

»Was ist denn los?«, fragte ich auch ihn.

»Ich weiß es wirklich nicht«, entgegnete er, und irgendwie glaubte ich ihm.

Nach Appell und Umschluss kam Smith in unseren Zellenblock, wo Vickis Zellentür fest verschlossen blieb. Ich fühlte mich leer ohne sie. »Ihre Freundin macht Urlaub in Jika Jika«, verkündete Smith zynisch.

»Aber warum denn?«, fragte ich. »Was hat sie denn getan?«

»Die Hundestaffel hat gestern in ihrem Zimmer Stanniolpapier gefunden, das einmal Drogen enthalten hat.«

»Blödsinn! In ihrer Zelle war gar nichts. Wo wollen Sie das Silberpapier denn gefunden haben?«, rief ich und überlegte gleichzeitig fieberhaft, ob sich in ihrer Zelle tatsächlich noch Drogenreste hatten befinden können. Aber nein, ich wusste, dass dort nichts gewesen war.

»Das Silberpapier wurde zwischen den Seiten eines Büchereibuches gefunden«, antwortete er. Mir fiel sofort wieder ein, dass ich die Bücher, die ich am Vortag in der Bibliothek des Lernzentrums ausgeliehen hatte, am Nachmittag in dem Regal über ihrem Schreibtisch hatte liegen lassen. Ich ließ öfter mein Zeug aus dem Lernzentrum bei ihr drüben, weil sie einen Schreibtisch hatte und es bei mir wegen Alis Bett sehr eng war.

»Wenn sie in Büchereibüchern gefunden worden sind, dann wahrscheinlich in denen, die ich gestern ausgeliehen habe. Es sind nicht mal ihre! Wann darf sie zurückkommen?«

»Wenn ich es sage«, entgegnete er.

»Ich weiß, dass sie nichts damit zu tun hat«, versicherte ich ihm.

»Darüber haben andere zu befinden.« Ich glaubte das einfach nicht.

»Wo ist Vicki?«, fragte Ali, nachdem Smith den Zellenblock verlassen hatte.

»Man hat sie in ein anderes Gefängnis gebracht«, versuchte ich ihr zu erklären.

»Warum?«, wollte sie wissen.

»Ich weiß es auch nicht so genau. Sie glauben, sie hätte etwas Verbotenes getan«, entgegnete ich.

»Ich will Vicki! Wo ist Vicki?«, wiederholte Ali mehrfach und fing an zu weinen.

»Ich will Vicki!«, rief sie Smith nach, rannte zur Tür des Zellenblocks und trommelte mit den kleinen Fäusten gegen die Stahltür. Aber die war natürlich verschlossen. Ich war schockiert, Ali weinte, und die anderen wussten nicht, was sie sagen sollten. Wir starrten einander ungläubig an. Ich zog mich in meine Zelle zurück und wollte einfach nur allein sein. Ich konnte nicht verstehen, wie Drogen in diese Büchereibücher gekommen sein sollten. Das ergab doch keinen Sinn.

Tammy nahm Ali mit in ihre Zelle und versuchte, sie mit einem Spiel abzulenken, während ich anfing, einen Brief an Vicki zu schreiben. Was konnte ich sagen? Wie musste sie sich fühlen? Sie wusste, dass sie unschuldig war. Ich blickte von meinem Bett auf. Normalerweise konnte ich bei offener Tür in Vickis Zelle sehen, die gleich gegenüber von meiner lag, aber heute sah ich nur die verschlossene Tür. Es war schwer zu glauben, dass sie nicht da war. Ali lief ständig zwischen unserer und Tammys Zelle hin und her und stellte Fragen. Ich wusste auf keine einzige eine Antwort. Wie sollte ich ihr das alles erklären? Alles, was ich im Herzen fühlte, war Beklemmung.

Als ich Smith am folgenden Tag auf dem Gelände antraf, flehte ich ihn an, mir zu sagen, was mit Vicki passieren würde.

»Wahrscheinlich klagt man sie wegen illegalen Besitzes an«, entgegnete er.

»Besitzes wovon?«

»Heroin. Obwohl natürlich das Ergebnis der Laboruntersuchung noch nicht feststeht«, teilte er mir mit.

»Sie machen wohl Witze! Sie hat diese Bücher gar nicht angerührt. Ich habe sie ausgeliehen. Und was geschieht jetzt?«

»Die Ermittler werden darüber befinden, ob sie vor ein normales Gericht gestellt wird oder vor ein internes Gefängnisgericht. Wenn es zur internen Anklage kommt, wird diese drüben in Jika Jika verhandelt.«

»Na großartig! Und wann kommt sie zurück?«

»Das weiß ich nicht. Wir werden abwarten müssen, was passiert.«

»Sie wissen, dass sie nichts getan hat. Man hat sie hereingelegt«, sagte ich voller Überzeugung.

»Es sieht nicht danach aus, aber keine Sorge, sie wird zurückkommen«, sagte er abschließend.

Ich musste auf einen Brief von Vicki warten, um zu erfahren, wie es ihr ging, wie sie sich fühlte. Die Woche, die bis dahin verging, kam mir vor wie eine Ewigkeit.

Scheiße, du fehlst mir. Ich fühle mich so schrecklich leer und wütend darüber, dass uns eine weitere Prüfung auferlegt wird. Gestern Abend konnte ich nicht schreiben. Ich hatte kein Papier. Aber das war wohl auch gut so, ich war nämlich nicht gut drauf. Das bin ich zwar jetzt auch nicht, aber wenigstens kann ich wieder halbwegs klar denken. Kein Wunder, dass die Frauen hier Tabletten nehmen, hier gibt es nichts außer Zement und ein unpersönliches Dasein. Hier sieht der Appell so aus, dass die Zellentür geöffnet wird und man deine Zelle überprüft, bevor die Tür wieder verschlossen wird. Ich habe wieder um ein Gespräch beim Direktor gebeten, also werden wir mit etwas Glück heute mehr erfahren. Wir dürfen tagsüber in unseren Zellen bleiben oder in den Aufenthaltsraum gehen. Dazu gibt es zwei Stunden Freigang in einem rundum geschlossenen Käfig. Jetzt weiß ich, wie ein Vogel sich fühlt ... Wenn ich erst Kontakt zu einem Anwalt aufgenommen habe, werde ich versuchen, einen »fallbezogenen« Besuch bei dir zu arrangieren. Wir werden das durchkämpfen müssen.
Niemand glaubt mir! Das Zeug gehört mir nicht! Ich muss unbedingt einen klaren Kopf behalten, aber dieser Knast hier wurde entwickelt, um Verstand und Seele zu zerstören, und dabei bin ich erst so kurze Zeit

hier ... Es tut mir Leid, dass ich Weihnachten und Sil-
vester nicht bei dir und Ali sein werde. Der untere
Rand der letzten Seite ist ganz aufgeweicht von Trä-
nen, aber jetzt fühle ich mich nicht mehr ganz so an-
gespannt. Eher wie betäubt. Vergiss nie die schönen
Momente, die wir hatten, und denk an die Tiefe des-
sen, was uns verbindet ... in Liebe, Vicki.

Vicki war nur ein Brief auf zwei Doppelseiten in der
Woche gestattet. Sie versuchte, jeden Tag in möglichst
kleiner Schrift ein paar Zeilen hinzuzufügen, sodass sie
schließlich Neuigkeiten von fünf Tagen aufschrieb. Es
wurde nicht leichter für sie, und die Ungewissheit glich
einer Folter.

Ron und seine Freundin besuchten mich kurz vor
Weihnachten, aber ich war so unglücklich, dass ich Mühe hatte, mich auf die Unterhaltung zu konzentrieren.
Ron versuchte, Mitgefühl für mich und meine Situation
aufzubringen, aber ich wusste, dass er nicht wirklich
verstand, was ich durchmachte. Wie sollte er auch?

An Weihnachten waren Besuche verboten, weshalb
Ron am Wochenende vor den Feiertagen gekommen
war. Da es ein so emotionsbehaftetes Fest war und einige
Insassen Besuch bekämen und andere wiederum nicht,
hielt die Strafvollzugsbehörde es für das Beste, Besuche
gänzlich zu verbieten, um Frust und Kurzschlussreaktio-
nen vorzubeugen, die um diese Zeit besonders häufig
auftraten. In gewisser Weise hatten sie damit vermutlich
sogar Recht. Alle in Fairlea hassten die Weihnachtszeit.
Für uns war es, als würde eine Woge alles umfassender
Trauer über uns hereinbrechen, und Ali und ich waren in
diesem Jahr ganz besonders bedrückt, weil Vicki nicht
bei uns sein konnte.

Weihnachten kam und ging, und irgendwie gelang es uns, das Fest zu überstehen. Tammy schmuggelte, über eine Freundin etwas Stoff ein, sodass wir unseren inneren Aufruhr zumindest ein wenig lindern konnten. Ich versuchte, Ali zu trösten, aber sie – und ich – konnten nicht wirklich verstehen, was passierte. Ich arrangierte für sie, dass sie Weihnachten bei Dad und Jan verbringen konnte, weil ich der Ansicht war, es wäre besser für sie, wenn sie Weihnachten draußen erlebte, mit Christbaum und allem. Ich war mir nicht sicher, ob es richtig war – für mich machte es diesen Tag noch etwas einsamer –, aber ich wollte nicht selbstsüchtig sein. In Situationen wie dieser war es schwer, sich sicher zu sein, dass man das Richtige tat.

Als Ali zwei Tage später zurückkam, ließen wir vor dem Umschluss am Nachmittag wieder die Pfütze im Gras vor dem Fenster des Zellenblocks voll laufen. Dann warteten wir darauf, dass unsere Bachstelze Harry kam, um zu baden, und unterhielten uns durch die Scheibe mit ihm. Wir taten so, als könne er uns hören. Ich sagte Ali, sie solle Harry eine Nachricht an Vicki in Jika Jika mitgeben. Sie rief Harry durch das Fenster zu: »Harry, sag Vicki, dass ich sie lieb habe und sehr vermisse, ja? Sag ihr, ich möchte, dass sie nach Hause kommt und wieder zur Gitarre mit uns singt.« Ali gab Harry jeden Nachmittag eine Nachricht an Vicki mit auf den Weg, und ein ganz klein wenig half ihr das über den Trennungsschmerz hinweg.

Fünf Wochen, nachdem Vicki aus Fairlea weggebracht worden war, wurde ich als Zeugin vor das Gefängnisgericht gerufen, um zu erklären, wie die Büchereibücher in ihre Zelle gelangt waren. Das Verfahren fand in Jika Jika statt, sodass ich im Gefängnis-Bus zur »Betonhölle« gebracht wurde. Ausnahmsweise war mir erlaubt worden,

Ali in Tammys Obhut zurückzulassen, und ich hatte eine Vollmacht unterschrieben, in der ich Tammy die alleinige Verantwortung für Ali übertrug bis zu meiner Rückkehr ein paar Stunden später.

Ich war schockiert, als ich in Jika Jika eintraf. Alles – und ich meine wirklich alles – war elektronisch gesteuert. Ich trat mit dem Wachmann und Smith durch eine Tür, und wir mussten warten, bis diese hinter uns abgeschlossen war, bevor die nächste Tür vor uns entriegelt wurde. Es dauerte eine Ewigkeit, das Labyrinth elektronischer Türen zu überwinden, aber schließlich gelangten wir in einen kleinen Raum mit nackten Betonwänden, und da stand sie. Ich lief zu Vicki hinüber und umarmte sie. Es kam mir vor, als hätte ich sie Jahre nicht mehr gesehen, obwohl es tatsächlich nur Wochen gewesen waren. Ich wollte mir diesen Moment ganz fest einprägen. Ihr Körper fühlte sich so warm und einladend an. Ich wollte sie gar nicht mehr loslassen, aber natürlich wurden wir von den BIG GUYS beobachtet – dem Direktor von Jika Jika und seinem Amtskollegen Smith aus Fairlea.

Smith verkündete, dass er bei dem Verfahren den Vorsitz innehaben werde. Vicki und ich tauschten einen verdutzten Blick. Gewöhnlich hatte in solchen Fällen der Direktor jener Vollzugsanstalt den Vorsitz, in der der Häftling einsaß. Ich fühlte mich sehr unbehaglich, und ich wusste, dass diese Unregelmäßigkeit auch Vickis Angst steigern musste. Wir hatten das Thema der Verhandlung in unseren Briefen nicht anschneiden können, da die Post selbstverständlich zensiert wurde. Informationen aus dieser Korrespondenz konnten als Beweismittel gegen einen verwendet werden.

Im Verlauf des Verfahrens wurde auch Vicki gehört, und ich war beeindruckt davon, wie souverän und überzeugend sie sprach. Dann sagte ich als Zeugin aus. Hinterher herrschte einige Minuten lang Stille, während Smith in den Unterlagen auf seinem Schreibtisch blätterte. Dann blickte er mit diesem falschen Lächeln auf.

»Unter Berücksichtigung der Beweislage befinde ich Sie für nicht schuldig«, erklärte er schließlich und grinste nun von einem Ohr zum anderen. Es war vorbei, einfach so!

Vicki atmete erleichtert auf, ließ sich ihre Freude jedoch nicht anmerken. Ich lächelte ihr zu. Mein Herz drohte zu zerspringen vor Glück, aber auch ich bemühte mich, nicht allzu viele Emotionen zu zeigen. Ich befürchtete, dass, wenn ich ihnen zeigte, wie glücklich ich war, sie es sich doch noch anders überlegen würden.

Im Laufe der folgenden Woche fuhr der Gefängnis-Van vor, und im Inneren saß Vicki, strahlend wie ein Honigkuchenpferd. Ich war überglücklich.

Ali und ich warteten ungeduldig, bis Vicki durch das Verwaltungsgebäude geschleust worden war. Als sie dann auf mich zukam, schlug mir das Herz bis zum Hals. »Verlass mich nie wieder«, flüsterte ich ihr ins Ohr und drückte sie fest. Wir hatten beide Tränen in den Augen, und grenzenlose Erleichterung durchströmte uns, als wir uns aneinander klammerten wie Ertrinkende. Wir hielten uns fest, als wollten wir nie wieder loslassen.

Wir hatten jetzt Anfang 1983, und ich musste langsam anfangen, mich mit der nicht allzu weit entfernt liegenden Zukunft zu befassen, da Ali im kommenden Jahr das Gefängnis würde verlassen müssen. Das exakte Datum stand noch nicht fest. Diese Entscheidung hing in großem Maße von einer psychologischen Begutachtung ab, die in der Jahresmitte erfolgen sollte. Ich für meinen Teil wollte versuchen, Ali bis zu ihrem vierten Geburtstag im März 1984 bei mir zu behalten.

Außerdem beschloss ich, mit meinen Lehrern vom Lernzentrum über meine eigenen Zukunftspläne zu sprechen. Obwohl ich die Musik liebte, bot sie mir nur zwei berufliche Möglichkeiten: selbst aufzutreten oder zu unterrichten. Aus offensichtlichen Gründen konnte ich die für Auftritte erforderliche Prüfungen nicht ablegen, und Musik zu unterrichten reizte mich nicht. Ich hatte entschieden, dass ich nie wieder von einem Mann abhängig sein wollte, und als allein erziehende Mutter wollte ich irgendeine Ausbildung machen, um nach meiner Entlassung für meinen und Alis Lebensunterhalt aufkommen zu können. Als Friseurin wollte ich ganz sicher nicht wieder arbeiten!

Ich hatte in allen Fächern, die ich im Gefängnis belegte, herausragende Noten, und nachdem ich in »Englisch Stufe 12« sehr gut abgeschnitten hatte, fühlte ich mich auch Stoff gewachsen, der Universitätsniveau entsprach. Außerdem hatte ich mich schon immer für menschliche Verhaltensweisen interessiert – konnte es ein geeigneteres Umfeld geben, dieses am lebenden Objekt zu studieren! Und so kamen die Lehrerinnen und ich überein, dass wir versuchen wollten, beim Gefängnisausschuss für mich einen ganztätigen Besuch des Lernzentrums zu beantragen, damit ich am Gippsland Institute meinen Bachelor of Arts mit Schwerpunkt Psychologie machen konnte. Gippsland bot Fernkurse an, und obgleich die Teilnahme an einigen Wochenendkursen vor Ort verlangt wurde, wollten wir uns dieses Problems annehmen, wenn es anstand.

Als mein Antrag auf ganztägigen Unterricht am Lernzentrum bei der nächsten Besprechung des Ausschusses vorgelegt wurde, sprach Smith sich vehement dagegen aus. Die Lehrer ließen sich jedoch nicht beirren, und schließlich wurde mein Antrag bewilligt, mit der Auflage, dass ich erst ins Zentrum gehen durfte, nachdem ich meine Putzarbeiten erledigt hatte. Natürlich war das eine unhaltbare Situation für mich, und das wusste Smith. Ich konnte nicht einem Vollzeitjob nachkommen, mich gleichzeitig ganztägig meiner Weiterbildung widmen und dazu noch meine Mutterpflichten wahrnehmen, zumal es ja für Ali keine Tagesstätte gab. Trotzdem bedankte ich mich, bevor ich den Raum verließ. Wenigstens hatte man mir die Erlaubnis erteilt!

Nach Carols Entlassung war Vicki die einzige Frau, die sich ganztags im Lernzentrum ihrer Weiterbildung widmete. Bei Vicki und Carol war die ganztägige Teilnahme am Unterricht nicht an die Erledigung anderer Arbeiten geknüpft worden.

Ich ging an diesem Tag nach der Arbeit zurück zum Lernzentrum, um noch einmal mit den Lehrern über die praktische Umsetzung meines Vorhabens zu sprechen. Vicki kam hinzu. Sie sah mir an, wie sauer ich war, sah das Ganze aber viel lockerer. »Ich helfe dir morgens beim Putzen«, erbot sie sich, »Und wenn wir fertig sind, gehen wir gemeinsam zum Lernzentrum.«

»Na klar«, entgegnete ich zynisch, da ich nicht glauben konnte, dass jemand so etwas für mich tun würde.

»Nein, im Ernst. Zusammen schaffen wir das.«

Und genau so machten wir es dann auch. Vicki und ich putzten morgens im Eiltempo Yarrabrae, und schon bald opferte auch Tammy, die ebenfalls als Putzkraft arbeitete, eine Stunde, um uns zu helfen. Dank der Hilfe meiner Freundinnen konnte ich endlich in Vollzeit lernen.

Kapitel 12

ALI VERLÄSST DAS GEFÄNGNIS

1983 fragte ich mich immer wieder, ob es selbstsüchtig von mir war, Ali weiter bei mir im Gefängnis zu behalten. Zahlreiche Vollzugsbeamte hatten sich dahingehend geäußert. Auch ein paar Journalisten hatten Kritik geübt und gemeint, ich würde meiner Tochter meine Strafe aufbürden. Ich hatte versucht, Kommentare dieser Art zu ignorieren und meine Energie stattdessen darauf zu konzentrieren, zu Ali eine liebevolle Beziehung aufzubauen, die die vor uns liegenden Jahre der Trennung überdauern würde. Nur so sah ich überhaupt eine Zukunft für uns. Danach musste ich eben darauf vertrauen, dass unsere Liebe uns über diese Prüfung hinwegtragen würde. Sie würde mindestens vier Jahre von anderen versorgt werden, auch wenn sie in den ersten Monaten die Wochenenden bei mir würde verbringen dürfen, um ihr den Übergang zu erleichtern. Wie oft wir uns dann sehen würden, wusste ich selber nicht. Einmal im Monat durften Kinder einen ganzen Samstag im Gefängnis verbringen, und hinzu kam eine Stunde wöchentlich im Rahmen der normalen Besuchszeiten.

Wie entscheidet man, wann es besser ist, sein Kind loszulassen? Gab es da draußen eine Mutter, die mir in diesem Punkt hätte raten können? Ich bezweifle es. Ali hatte mich gelehrt, was bedingungslose Liebe war. Und sie hatte mir einen Grund gegeben weiterzuleben.

Natürlich lag die Entscheidung nicht nur bei mir, aber ich hoffte, dass der Entschluss letztlich in Übereinstimmung zwischen mir, der Vollzugsbehörde und dem Kinderpsychiater fallen würde. Ursprünglich war die Rede davon, dass Ali das Gefängnis im März 1983 verlassen sollte, nach ihrem dritten Geburtstag. Nachdem Dr. Tonge, der Kinderpsychiater, sie untersucht hatte, sprach er jedoch die Empfehlung aus, dass sie bis auf weiteres bei mir bleiben sollte, da es keinerlei Anzeichen dafür gab, dass ihr Aufenthalt bei mir im Gefängnis sich negativ auf ihre Entwicklung auswirkte. Im Gegenteil zeigte er sich beeindruckt von ihren Fortschritten und verfasste Mitte des Jahres einen Bericht, in dem er feststellte, dass sie ihrem Alter voraus war:

Alles deutet auf eine völlig normale Entwicklung Alices hin, und in manchen Dingen, vor allem auf sozialer und intellektueller Ebene, ist sie ihrem Alter sogar voraus.

Alice sollte verstärkt an Vorschulaktivitäten und anderen gemeinschaftlichen Aktivitäten teilnehmen, bei denen sie Gelegenheit hat, mit anderen Kindern zusammenzukommen und gesellschaftlich geprägte Erfahrungen zu sammeln.

Alice sollte noch in der Obhut ihrer Mutter verbleiben, zu der sie in diesem Jahr eine unverzichtbare sehr enge emotionale Bindung hat. Ende des Jahres und Anfang 1984 sollte Alice dann zunehmend Zeit bei ihren Großeltern und ihrem Onkel Mr Ron Barnacle verbringen, um das Kind auf die Trennung von ihrer Mutter im Februar 1984 vorzubereiten, zum Beginn des neuen Vorschuljahres.

Ich nahm diese Nachricht mit Erleichterung auf. Offenbar sollte uns noch eine Schonfrist gewährt werden. Erst einmal war ich glücklich. Ich fühlte, wie die Anspannung von mir abfiel ... zumindest für einige Zeit. Zu den Bedingungen für Alis Verbleib im Gefängnis gehörte der Besuch eines Kindergartens. Leider durfte ich sie nicht hinbringen, und so wurde sie von Corliss begleitet, die längst nicht mehr nur Lehrerin war, sondern auch Freundin. Später schrieb sie mir einen Brief durch Alices Augen über den ersten Tag im Kindergarten, damit ich zumindest ein klein wenig an diesem wichtigen Tag in ihrem Leben teilhaben konnte.

Liebe Mum,
also, mein erster Tag im Kindergarten ... Was soll ich sagen, das Ganze war ziemlich überwältigend! Jetzt ist es gerade zwei Uhr, und ich habe schon so viel gesehen. Insgesamt gibt es sechs Tische, an denen verschiedene Aktivitäten angeboten werden: Knetgummi, Ausschneiden, Malen, Puzzlen, eine Tafel und einen Tisch in einer Küche in meiner Größe. Und es gibt hier viele, viele andere Kinder. Die meisten sind drei, so wie ich, aber manche sind auch schon vier. Alles in allem sind wir 15, ich eingeschlossen.
Ich war die meiste Zeit ziemlich schüchtern und wollte Corliss keinen Schritt von mir weglassen, aber sie hat angefangen, mit den anderen Kindern zu reden und zu spielen, und Mum ... ich glaube, ich war etwas eifersüchtig! Ich habe ein Puzzle von einem Hubschrauber zusammengesetzt (so wie Damiens), und gleichzeitig hat ein Mädchen namens Tara an einem Puzzle von einem Schiff gesessen, aber Corliss musste ihr etwas helfen.
Dann haben Corliss und ich uns an einen anderen

Tisch gesetzt, und plötzlich machte ein kleines Mädchen mit kurzem hellen Haar Tee für uns.

Sie hat den Kessel auf den Herd gestellt, den Tisch gedeckt und alles. Zwei andere Kinder haben ihr geholfen. Dann wurden sie etwas albern und übermütig, aber kurz darauf wurden wir aufgefordert, uns alle zusammen hinzusetzen, um zu reden und zu singen! Corliss wollte, dass ich mitsinge, aber ich wollte nicht. Anschließend gab es Milch und Obst. Ich war sehr tapfer und habe zusammen mit vier anderen Kindern an einem Tisch gesessen, während Corliss sich in der Küche versteckt hat, glaube ich! Als wir fertig waren bin ich nach draußen gegangen, um mit den anderen Kindern und Mrs Royal zu spielen (Mrs Johns Helferin). Es war alles gut, bis Corliss wieder auftauchte und ich aus irgendeinem Grund meinte, ich müsste wieder mit ihr zusammen sein!

Dann sahen wir unser Taxi, und wir sind wieder nach Hause gefahren. Puh!

Ich habe dich lieb, Ali

Ali gewöhnte sich mühelos an ihren neuen Tagesablauf und besuchte an drei halben Tagen in der Woche den Kindergarten. Drei ehrenamtliche Helfer der Gemeinde sprachen sich ab, um sie abwechselnd an je einem dieser Tage abzuholen und ins Gefängnis zurückzubringen. Diese Helfer durften das Gefängnis betreten, um mich zu treffen, bevor sie Ali mitnahmen, und Ali entwickelte eine ungezwungene Beziehung zu diesen drei Personen. Sie genoss die Aktivitäten und Kontakte im Kindergarten. Da sie in ihren ersten drei Lebensjahren so viel mit Erwachsenen zusammen gewesen war, hatte sie keinerlei Probleme mit Puzzlen und anderen Geschicklichkeitsspielen. Mit solcherlei Herausforderungen war sie von klein auf vertraut. Am Wichtigsten waren für Ali die zwischenmenschlichen Kontakte in einer »normalen« Umgebung. Und das machte mir auch bewusst, dass ich sie nicht mehr allzu lange bei mir behalten konnte. Ihr Bedürfnis, sich innerhalb der Gesellschaft »normal« zu entwickeln, wurde immer offenkundiger, und das war etwas, das ich ihr nun einmal nicht bieten konnte. Auch frustrierte es sie, dass sie nicht einfach zum Spielen zu Damien gehen konnte, da es zu den Gefängnisauflagen gehörte, dass ich sie 24 Stunden im Auge behielt.

Auch wenn es schön war, von Alis Umtrieben außerhalb des Gefängnisses zu hören, vermittelte es mir das Gefühl, als Mensch versagt zu haben, erst recht als Mutter – immerhin war der einzige Grund für die bevorstehende Trennung mein Drogenkonsum und meine hiermit verbundenen kriminellen Aktivitäten. Ich war so bereit, die Schuld für die bevorstehende Trennung auf mich zu nehmen, und doch so borniert, nicht einzusehen, dass es in meiner Hand lag, meinen Umgang mit Drogen radikal zu ändern. Ich fühlte mich als Mutter so gut und als Junkie so schlecht, und diese beiden Identitäten standen im ständigen Konflikt miteinander. Ich hatte den Eindruck, dass in der Gesellschaft niemand einer Drogensüchtigen zutraute, eine gute Mutter zu sein. Ich bin sicher, dass sogar meine eigene Familie diesen Standpunkt vertrat. Und doch war allein der Gedanke an ein Leben ohne Heroin für mich unvorstellbar.

An Alis erstem Tag im Kindergarten schrieb Corliss mir noch einen anderen Brief, den sie auf meinem Pult im Lernzentrum hinterlegte. Offenbar dachte auch sie voraus, aber erst jetzt ist mir die ganze Tragweite ihrer Worte bewusst. Damals war ich einfach nicht in der Lage, mich in andere hineinzuversetzen, dazu war ich viel zu sehr mit mir selbst beschäftigt.

Es fällt mir oft schwer, meine Gefühle auszudrücken, aber ich hoffe, du weißt, wie viel Ali mir bedeutet – ebenso wie du selbst und Vicki. Ich fühlte mich sehr geehrt, Ali an ihrem ersten Tag im Kindergarten begleiten zu dürfen. Ich weiß, wie sehr du dir gewünscht hast, du könntest an diesem ganz besonderen Tag bei ihr sein, aber da dir das nicht möglich war, habe ich es als Privileg empfunden, dich vertreten zu dürfen!

Wie sehr ich mich auch bemühe, ist mir klar, dass ich nicht annähernd nachempfinden kann, was jetzt in dir vorgeht – wie es sein muss, ständig mit Frust und Ängsten umzugehen, der Sorge um Alis und deine Zukunft.

Aber – auch wenn ich manchmal glaube, dass du selbst dir dessen nicht bewusst bist – ich weiß sehr wohl um deine unglaubliche Kraft sowie um den Mut und die Beharrlichkeit, die du an Ali weitergegeben hast.

Du darfst nicht aufhören, für das zu kämpfen, was du dir für Ali und für dich selber wünschst. Und vergiss nie, ganz gleich, was auch passiert, dass innere Stärke dir und Ali helfen wird, das alles durchzustehen. Ihr beide werdet überleben und, wichtiger noch, trotz aller Widrigkeiten triumphieren. Und egal, was das System auch tut oder nicht tut, das Band zwischen dir und Ali kann euch keiner nehmen. Du hast geschafft, was nur sehr wenige Mütter erreichen, und das trotz erschwerter Bedingungen, und darum weiß ich, dass du nie aufgeben wirst.

Ich hoffe von ganzem Herzen, dass du das Beste machen wirst aus den kommenden Monaten mit Ali, damit ihr beide, wenn es zur unvermeidlichen Trennung kommt, viele kostbare Erinnerungen habt, die Euch über die räumliche Trennung hinweghelfen. Die Zeit *zwischen heute und der Trennung wird ihr besonders im Gedächtnis bleiben, und es wird schön für sie sein, ganz besondere Erinnerungen zu haben. Ich weiß, dass du immer nach Kräften versuchst, es ihr schön zu machen – aber es muss auch für dich schön sein. Ich denke also, dass du das, was du an deinem Umfeld doch nicht ändern kannst, vergessen oder ignorieren solltest, so gut es geht, damit nichts diese kostbaren Monate trübt.*

Also, Schluss jetzt damit. Ich wollte nur versuchen, irgendwie auszudrücken, was ich fühle. Es erfüllt mich mit einem solchen Gefühl der Hilflosigkeit, mit ansehen zu müssen, wie andere leiden. Ich hoffe, diese Zeilen helfen dir ein klein wenig.

Alles Liebe, Corliss.

Ich fühlte, wie der Tonus meines Lebens sich veränderte. Wenn ich doch nur an die innere Kraft hätte glauben können, von der Corliss so selbstverständlich sprach, an die Kraft, die für sie so offenkundig und die mir selbst noch nicht bewusst war.

Corliss und ihr Mann Kurt machten Fotos, jedes Mal, wenn Ali einige Zeit bei ihnen verbrachte. Sie versuchten auf so vielschichtige Weise, mich in Alis Leben draußen mit einzubeziehen. Corliss und Ali stellten kleine Foto-Storys ihrer Abenteuer zusammen, die Ali mitbrachte, wenn sie zurückkam und ganz begeistert von ihren Ausflügen erzählte.

Sie saß kichernd bei mir auf dem Fußboden und blätterte um, wobei sie mir zu jedem Foto die dazugehörige Geschichte erzählte. Ich wurde derweil immer nachdenklicher, wenn ich ihr ausdrucksvolles kleines Gesicht beobachtete und mir vor Augen hielt, dass wir in Zukunft keine solchen Augenblicke mehr miteinander teilen würden. Ich konnte mir einfach nicht vorstellen, wie es ohne sie sein würde.

Auf der einen Seite konnte ich unglaublich vernünftig sein, wenn es darum ging, dafür zu sorgen, dass Alis Bedürfnisse abgedeckt wurden, und auf der anderen Seite war ich selbst noch ein Kind und nicht in der Lage, in positiver und vernünftiger Weise mit meinen eigenen Bedürfnissen umzugehen. Ich lebte in einem emotionalen Minenfeld. Ich liebte meine kleine Tochter abgöttisch, und doch musste ich sie loslassen.

Manchmal beobachtete ich sie wie in Trance, vor mich hin träumend, wobei die Gedanken unablässig in meinem Schädel kreisten, einem hohlen Behältnis voll mit Fragen, auf die es keine Antworten gab: Was wird es für ein Gefühl sein, sie am Tor jemandem zu übergeben? Wie soll ich es tun? Werde ich weinen? Wird es sich anfühlen, als schnitte eine Rasierklinge in mein Herz? Werde ich so tun, als wäre es nicht weiter schlimm? Wie wird es sein, vier Jahre ohne sie im Gefängnis zu verbringen? Darauf folgte unausweichlich ein emotionales Abschotten, wie am Ende einer Theatervorführung fiel der Vorhang. Ich schüttelte den Kopf, als könnte ich die unwillkommenen Gedanken und Kopfschmerzen auf diese Weise loswerden.

Ich brauchte Abstand. Ich fühlte, wie alles auf mich einstürzte, mir zu nah kam, und ich kannte nur eine Lösung für dieses Problem – Drogen.

Trotz der Unterstützung des Kinderpsychiaters, die ich durchaus hilfreich fand, in praktischen Dingen wie beispielsweise dem Zeitpunkt, an dem ich damit beginnen sollte, Ali von der bevorstehenden Trennung zu erzählen, oder der Entscheidung, bei wem sie nun leben sollte, sprach ich nie mit ihm über meine Gefühle. Obwohl ich dem Psychiater kein Wort über meinen eigenen

Background erzählt hatte, kam er nach Gesprächen mit Dad, Jan, Ron, Ali und mir selbst zu dem Schluss, dass Ron vermutlich die beste Wahl wäre. Kurz darauf erklärte Ron sich damit einverstanden, sie aufzunehmen.

Ich sprach mit niemandem über meine Gefühle in dieser Sache. Aber mir entging nicht, dass mich alle verstohlen beobachteten. Das ganze Gefängnis wusste, dass Ali bald gehen würde, und ich bildete mir ein, dass alle auf ein Zeichen von mir warteten, auf irgendeine Reaktion, Tränen, einen physischen oder psychischen Zusammenbruch oder etwas in der Art. Ich bemühte mich nach Kräften, mir nichts anmerken zu lassen, aber ich denke, so ganz gelang das nicht. Es war schwer, mich »normal« zu verhalten, aber ich wollte auch nicht herumlaufen wie ein Zombie.

Corliss, meine Freundin und Lehrerin vom Lernzentrum, behielt mich im Auge ... ihr entging nicht, dass ich stoned im Lernzentrum erschien. Ich denke, es muss eine große Enttäuschung für sie gewesen sein, mich ständig in diesem Zustand zu sehen – so abgehoben und unnahbar. Ich steuerte immer sofort mein Pult an und ging ihr möglichst aus dem Weg. Ich vermied es, ihr in die Augen zu sehen, wenn sie mit mir sprach, wohl wissend, dass meine Augen mich unweigerlich verraten würden, mit ihren vom eingeschmuggelten Heroin auf Stecknadelkopfgröße geschrumpften Pupillen. Ich saß an meinem Pult, starrte auf meine Bücher und las, ohne jedoch etwas aufzunehmen. Oder ich starrte auf das Bücherregal direkt vor mir, wobei ich nichts wahrnahm. Ich schaute, ohne zu sehen.

Mir war bewusst, wie frustrierend es für Corliss sein musste, und ich fühlte mich auch ein wenig schuldig, beschämt oder etwas in der Art, war aber einfach nicht in der Lage, etwas dagegen zu unternehmen. Ich hatte mich noch nie so isoliert und allein gefühlt, auch wenn ich im Lernzentrum ständig von Menschen umgeben war.

Eines Tages hinterließ Corliss eine Nachricht auf meinem Pult, weil sie nicht wusste, was sie einem Menschen sagen sollte, der sich systematisch selbst zerstörte, aber nur noch log, was seinen Zustand anbelangte. Ich las die Worte, aber sie drangen nicht bis in mein Bewusstsein. Ich durfte sie nicht an mich heranlassen, weil ich fürchtete, dann endgültig zusammenzubrechen. Ich schleppte mich mühsam weiter und durfte mir kein Abweichen von meinem Kurs erlauben. Ich wollte mich der Realität nicht stellen, weil das bedeuten würde, mich zu ändern, und dazu fühlte ich mich nicht in der Lage. Ich wollte nicht darüber reden und auch nichts hören von den verschiedenen Möglichkeiten, mit der bevorstehenden Trennung von Ali fertig zu werden, weil die Worte sich in Dolche verwandelten, die mein Herz durchbohrten.

Also log ich weiter bezüglich meines Drogenkonsums. Ich redete mir ein, Menschen wie Ron und Corliss zu schützen, indem ich »stark« war, wobei mal wieder der alte Leitspruch unserer Familie zum Tragen kam: »Lass dir bloß nie anmerken, wie es dir geht.« Hinzu kam, dass ich einfach nicht mit meinen Problemen konfrontiert werden wollte. Ich wollte nicht hören, dass ich keine Drogen nehmen sollte. Ich wusste, dass Corliss mir aus dem Weg ging; sie hielt sich im Lernzentrum weitgehend von mir fern. Wer kann sagen, was sie durchmachte, zumal in Anbetracht ihrer tiefen Zuneigung zu Ali?

Aber ich besaß nicht die nötige emotionale Energie, mit ihrer Sorge umzugehen, und ich wollte auch keine Diskussion darüber, dass Vicki und ich wieder Heroin spritzten, für das wir über eine Mitgefangene eine neue Quelle aufgetan hatten. Für diese Art von Ehrlichkeit war ich noch nicht bereit. Ich fürchtete mich zu sehr vor dem, was übrig bleiben würde.

Weihnachten 1983 kam und ging, und ich fühlte mich wie ein zum Tode Verurteilter, der auf die Vollstreckung seiner Strafe wartet. Meine Vernunft sagte mir, dass es gar nicht so furchtbar schlimm war; eines Tages würden Ali und ich wieder zusammen sein, aber trotzdem kam der Tag der Trennung mir vor wie der Tag meiner Hinrichtung. Und gegen dieses Gefühl kam ich einfach nicht an, ich konnte es nur bis zu einem gewissen Grad abblocken. Mein Herz schmerzte derart in der Brust, die sich anfühlte wie eine leere Höhle, dass ich nicht einmal längere Zeit stillsitzen konnte. Ich konnte es in meinem Körper kaum noch aushalten, weil mir alles so wehtat. Das Datum rückte unaufhaltsam näher wie eine pechschwarze Gewitterwolke, die nur darauf wartete, sich zu entladen und mich in ewige Finsternis zu tauchen. Wie sehr ich wünschte, ich könnte die Zeit anhalten! Ich wäre freiwillig für immer dort geblieben, wenn ich dafür die Trennung von Ali auf ewig hätte hinausschieben können.

Vicki versuchte, mich nach Kräften zu unterstützen, aber auch von ihr distanzierte ich mich immer mehr. Ich nehme an, sie machte auch eine schwere Zeit durch, aber davon wusste ich nichts, weil ich sie nie danach fragte, wie es ihr ging. Ich war gefangen in meinem eigenen Schmerz und nahm nicht viel um mich herum wahr.

Im Januar fingen Vicki und ich an, Alis Sachen zu packen, und schickten sie nach und nach an meinen Bruder Ron. Mit jedem Pack-Abschnitt büßte ich wenig mehr von meiner Mutterrolle ein. Ich versuchte, ruhig zu bleiben, aber mit jedem Spielzeug oder Kleidungsstück, griff blankes Entsetzen nach meinem Herzen. Ali verstand das alles nicht. »Warum kann Teddy nicht bei dir bleiben, Mum?«, fragte sie. »Wann sehe ich dich wieder?« Die Fragen waren endlos und kamen am laufenden Band. Ich versuchte mir vorzustellen, wie jemand anders sie anzog, ihr das Haar bürstete, sie badete, sie zu Bett brachte, ihr Geschichten vorlas und Fozzie-Bär und Kermit mit ihr spielte. Kein Herumtanzen um das Klavier mehr, während ich spielte und mit ihr und Vicki sang. Damit würde bald Schluss sein ... Ali war umgeben von Musik aufgewachsen. Vicki hatte sogar ein ganz persönliches Musikbuch für sie zusammengestellt, damit ich alle ihre Lieblingsstücke spielen konnte, zu denen sie dann tanzte und sang. Es war ein grüner Kunststoffordner, versehen mit einem Etikett »Alis Liederbuch« vorne drauf. Ihr Leben würde sich bald drastisch verändern, aber wenn ich sie beim Spielen beobachtete, wusste ich, dass ich ihr unmöglich die Tragweite dessen erklären konnte, was bevorstand.

Für mich vergingen die letzten Wochen und Tage mit Ali verschwommen, was nicht zuletzt auch auf meinen erhöhten Heroinkonsum zurückzuführen war. Dann war es soweit, es wurde Ende Januar 1984. Zeit für die Hinrichtung. Wie ein Zombie ließ ich die tägliche Gefängnisroutine über mich ergehen. Das Leben erschien mir so sinnlos. Nach außen hin ließ ich mir meinen Schmerz nicht anmerken, aber innerlich kam es mir vor, als hätte jemand mich ausgeweidet und nur einen unerträglichen Schmerz hinterlassen, der niemals vergehen würde. Das Heroin half ein wenig, aber nur vorübergehend. Ich hätte mir alle drei Minuten einen Schuss setzen müssen, um das Gefühl der Wärme aufrecht zu erhalten, das sich so bald nach dem Einstechen der Nadel einstellte. Zwei Schuss am Tag reichten nicht aus, mein seelisches Gleichgewicht zu erhalten.

Der gefürchtete Tag brach an. Als ich mich zwang, das kleine Bettchen aus Kiefernholz auseinander zu schrauben, das meiner Zelle immer einen heimeligen Touch verliehen hatte, wusste ich: Das war's. Vicki half mir schweigend, den Rest von Alis Sachen zu packen. Jetzt blieb nur noch das quälende Warten auf Ron, wobei ich mich in den letzten Stunden bemühen musste, Ali vorzuspielen, dass alles in Ordnung wäre. Ich gab mir alle Mühe, so zu tun, als wäre das ein Tag wie jeder andere, aber tatsächlich konnte ich an nichts anderes denken als die Stunde, die Minute, die Sekunde, da Ali mir weggenommen werden würde. Man kann die Zeit nicht zurückdrehen. Ich konnte die vielen Blicke der anderen spüren. Da drei Viertel von uns Mütter waren, konnte die eine oder andere bestimmt nachfühlen, was in mir vorging. Ich stellte mir vor, sie hielten nach den verräterischen Anzeichen eines Zusammenbruchs Ausschau, aber auch das wurde überschattet von dem alles umfassenden Schmerz.

Ich schloss einen Moment die Augen und versuchte, die Realität auszusperren. Sag mir, wie man es anstellt, nichts zu fühlen, flehte ich. Als ich die Augen wieder öffnete, blendete mich das grelle Sonnenlicht, und die Lautsprecher verkündeten mein Schicksal: »Helen Barnacle zum Tor.« Die Worte taten meinen Ohren und meinem Herzen weh. Ich nahm Ali auf den Arm, hielt sie ganz fest, als ich der Aufforderung Folge leistete, nahm jedoch nichts um mich herum wahr. Ich drückte ihren Kopf an meine Schulter, damit sie mein Gesicht nicht sah. Ich fühlte mich so losgelöst von der Realität um mich herum, dass ich ebenso gut auf dem Mond hätte wandeln können. Ganz bewusst setzte ich einen Fuß vor den anderen und zwang mich, weiterzugehen.

Weine nicht, sagte ich mir immer wieder. Lass sie nicht deine Tränen sehen. Ich darf nicht zulassen, dass sie mich weinen sieht, beschwor ich mich selbst auf dem ganzen Weg bis zum Tor. Die sinnlosen Worte schwirrten in meinem Kopf umher, während ich weiter so tat, als wäre alles in bester Ordnung. Als ich das Tor erreichte, wurde ich bereits von einem Vollzugsbeamten erwartet. Er musterte mich, während er aufsperrte, aber ich hielt den Blick starr geradeaus gerichtet.

Mein Bruder stand lächelnd vor mir. »Hallo!«, sagte er, bemüht, unbekümmert zu klingen. »Wie geht es dir?« Ich ließ mir nichts von meinem inneren Aufruhr anmerken. Immerhin hatte ich ja jahrelange Erfahrung. »Okay«, entgegnete ich. Etwas anderes fiel mir einfach nicht ein. Ich reichte Ali durch das Tor an Ron weiter, und wir wechselten ungelenk noch ein paar Worte. Es ging alles sehr förmlich vonstatten unter den Augen des Beamten, der nie weiter als einen Meter entfernt stand. Es war, als würde ich irgendeinen Gegenstand übergeben, ein Kleidungsstück oder etwas in der Art, nur dass es sich nicht um eine Sache handelte, sondern um mein Kind.

»Auf Wiedersehen. Ich liebe dich. Nur sechs Mal schlafen, bis wir uns wiedersehen«, sagte ich zu Ali, als ich sie losließ und von meiner Mutterrolle Abschied nahm. Ich gab unbeabsichtigt einen keuchenden Laut von mir, als ich Luft holte, aber das schien niemand zu bemerken.

»Wir kommen dich am nächsten Wochenende besuchen«, versprach Ron, bemüht, es mir leichter zu machen. »Sag Mum auf Wiedersehen.«

»Bye-bye, Mum«, rief Ali. »Nur sechs Mal schlafen, dann sehen wir uns wieder. Ich habe dich lieb.« Und dann gingen sie, und sie winkte mir mit ihrer kleinen Hand über Rons Schulter hinweg zu, als dieser sich abwandte und entfernte.

Es ist vollbracht. Es ist vorbei. Ich habe mein Kind

weggegeben und nicht einmal geweint, sagte ich mir und wandte das Gesicht von dem Beamten am Tor ab, als meine Augen sich mit Tränen füllten. Ich holte tief Luft, als würde das allein mir die Kraft geben, denselben Weg zurückzugehen, den ich gekommen war. *Soll ich jetzt stolz auf mich sein?*, fragte ich mich. Ich habe nicht geweint! Hurra! Wie stark und cool ich doch bin, sagte ich mir zynisch. Aber mir war klar, dass Ron von einem Gefühlsausbruch nicht begeistert gewesen wäre. So wie es gelaufen war, war es leichter.

Ich kehrte zurück nach Yarrabrae und in meinen Zellenblock. Vicki wartete dort auf mich; sie saß in meiner Zelle auf dem Bett. Ich dankte Gott, dass es sie gab. Als ich hereinkam, blickte sie fragend auf.

»Ich brauche einen Schuss«, sagte ich.

Nacheinander gingen wir schweigend ins Bad. Ich zuerst, während sie mich von der Zelle aus beobachtete. Ich mischte das Pulver in einem Löffel mit Wasser, erhitzte die Flüssigkeit mit einem Streichholz und zog diese in eine Spritze auf. Ich hoffte und betete, dass ich diesmal ohne allzu große Mühe eine Vene finden würde – ich konnte mir keine Verzögerung leisten. Nicht heute. Nach mehreren vergeblichen Stichen in meine hoffnungslos zerstochenen Venen fand ich schließlich noch eine geeignete Stelle am Bein. Ich setzte mich auf den Klodeckel und sah erleichtert, wie Blut die Flüssigkeit in der Spritze rot färbte, mein Signal dafür, dass ich jetzt den Kolben langsam herunterdrücken konnte, bis nichts mehr von der Flüssigkeit übrig war. Das Heroin verteilte sich rasch in meinem Blutkreislauf und linderte den Schmerz. Die Realität verschwamm. Ich stand auf und verließ das Bad, um Wache zu halten, sodass Vicki sich in Ruhe ihren Schuss setzen konnte. Bei ihr ging es viel schneller, weil ihre Venen besser waren.

Nach einer halben Stunde, als der erste Rausch vorüber war und die Realität sich wieder einschlich, blickte ich von dort auf, wo ich zusammengesunken an der Wand lehnte, und sah Vicki ausgestreckt auf dem Bett liegen. Die Zelle wirkte unnatürlich leer ohne das kleine Bett aus Kiefernholz, das sie für Ali gezimmert hatte, und ich wusste, wie hart, kalt und lang die Nächte von jetzt an sein würden. Ich war dankbar, den Schmerz mit Vicki teilen zu können. Fast alle Spielsachen von Ali waren weg. Ich hatte nur ein paar Kleinigkeiten zum Trost behalten; sie sollten mich daran erinnern, dass ich immer noch eine Mutter war. Die Zelle wirkte zwar leer, aber die Leere in meinem Inneren war noch viel größer. Die Edelstahltür starrte mich an wie ein Spiegel. In diesem Stahl war nichts klar umrissen; darin spiegelten sich nur Schatten, Farbkleckse, verschwommene Bewegungen. Manchmal unterbrachen Fingerabdrücke die unscharfe Glätte, aber nicht so heute. Die Oberfläche war blitzblank. Sie war immer da, gleich hinter dem Fußende meines Bettes, und immer fühlte sie sich kalt an. Das war das Letzte, das ich sah, bevor ich einschlief, und das Erste, wenn ich morgens die Augen aufschlug. Ich hasste diese kalte, undurchdringliche, schimmernde silberne Tür, die ständig mein unscharfes Spiegelbild wiedergab, obwohl ich dieses gar nicht sehen wollte.

Vicki und ich versuchten, in die Wirklichkeit zurückzufinden. Wir wussten, dass die Wärter bald nach uns sehen würden, wenn wir uns nicht irgendwo auf dem Gefängnisgelände blicken ließen.

»Meinst du, wir sollten jetzt rausgehen?«, fragte Vicki zögernd und griff nach meiner Hand.

»Irgendwann müssen wir ja doch gehen, nicht wahr?«, entgegnete ich, worauf wir schweigend aufstanden und versuchten, uns ganz normal zu bewegen. Ich hatte jedes

Zeitgefühl verloren, seit ich Ali an meinen Bruder übergeben hatte, aber draußen registrierte ich, dass mich immer noch alle mehr oder weniger verstohlen beobachteten. Ich sagte nicht viel. Das Heroin hielt meinen Kopf noch eine Weile über Wasser.

Kapitel 13

ICH MUSS LERNEN,
EINE KINDERLOSE MUTTER ZU SEIN

In den nächsten Tagen ohne Ali versuchte ich, mich dadurch abzulenken, dass ich mich auf meine Studien konzentrierte. Außerdem schrieb ich Songs, traurige Songs. Ich wusste nicht, ob es mir helfen würde, meine Trauer zu verarbeiten, aber die Worte sprudelten einfach von irgendwo tief in meinem Inneren hervor und erschienen wie von Geisterhand vor mir auf dem Papier.

> I find it so hard my child, to face all these years apart,
> And I'm wondering what lies ahead, do you know what I
>   mean?
> Your're such a young, sweet child, you don't know of the
>   pain ahead,
> And how can I tell you, when it's so hard to bear?
>
> I want you to understand, but you're too young to know
> Of the heartache when we must part, it hurts me so.
> Will you still remember all these years of our past?
> Will you need me just as much? Will you understand?

Ich sang die ersten paar Worte und versuchte, die Melodie herauszuzwingen, aber dann war meine Kehle plötzlich wie zugeschnürt, zog sich enger und enger zusammen, und der Kloß in meinem Hals schwoll derart an, dass ich keinen Ton mehr hervorbrachte. Es war so leicht, Text und Musik zu schreiben, und dabei so schwer, sie zu singen. Jedes Mal wollte ich weinen, aber ich durfte diesem Gefühl nicht nachgeben. Ich kniff ganz fest die Augen zu und schrie innerlich: »Hilf mir doch irgendjemand da draußen«. Ich saß ganz verkrampft am Klavier, öffnete langsam die in Tränen schwimmenden Augen wieder und starrte auf die Worte, die ich nicht über die Lippen bekam ...

Nach einer Weile stand ich dann auf und entfernte mich vom Klavier.

Eine Zeit lang durfte Ali mich jedes zweite Wochenende besuchen und auch über Nacht bleiben. Abgesehen von den normalen Besuchszeiten an den Wochenenden war es Kindern unter zwölf Jahren gewöhnlich nur erlaubt, einen Samstag im Monat zu Besuch zu kommen, von 9 bis 15 Uhr, aber der Kinderpsychiater hatte in Alis Fall zusätzliche Besuche empfohlen, um ihr die Trennung zu erleichtern. Sie kam Samstagmorgen und blieb bis Sonntagnachmittag. Auch wenn ihre Besuche für mich ein Lichtblick waren, etwas, worauf ich mich freuen konnte, verschwand jedes Mal, wenn der Augenblick der Trennung am Sonntag nahte, das Lächeln von ihrem hübschen Gesicht und wurde abgelöst von einem traurigen, grimmigen und trotzigen Ausdruck. Sie fing an, sich an mich zu klammern.

»Nur 13 Nächte, bis wir uns wiedersehen«, sagte ich zu ihr, bestrebt, ihr die Trennung kürzer erscheinen zu lassen, als sie es tatsächlich war. Vicki erzählte Witze, um sie von dem bevorstehenden Abschied abzulenken.

»Was macht 999-mal tick und einmal tack?«, fragte sie Ali, die gegen ihren Willen lächeln musste.

»Ein Tausendfüßler mit einem Holzbein«, antwortete sie strahlend, um aber gleich darauf wieder in grimmiges Schweigen zu verfallen.

Schon bald waren diese Abschiede uns dreien verhasst, und wir lernten, das Gefühl der Leere zu fürchten, das sich nach jedem neuerlichen Abschied einstellte. Vicki und ich versuchten immer, für diese Momente etwas Stoff parat zu haben, aber das gelang nicht immer.

Der Kinderpsychiater hatte außerdem empfohlen, dass das Gefängnis mir für etwa sechs Monate einmal monatlich einen vierstündigen Hafturlaub gewährte, damit ich Ali bei der Umstellung auf ihr neues Zuhause helfen konnte.

Bei einem solchen Hafturlaub stellte Ron mir eine Freundin vor, Elizabeth, die ein paar Jahre älter war als ich. Ich glaube, er wollte versuchen, mich mit »normalen« Leuten zusammenzubringen, in der Hoffnung, dass ich Freundschaften zu solchen Leuten knüpfte, anstatt zu Süchtigen. Elizabeth hatte Interesse daran bekundet, mich kennen zu lernen und an Alis und meinem Leben Anteil zu haben. Sie war auch bereit, mich im Gefängnis zu besuchen.

Elizabeth entwickelte nach und nach eine Beziehung zu uns beiden und nahm Ali auch gelegentlich mit zu sich nach Hause. Sie war mit einem Arzt verheiratet und hatte drei eigene Kinder, von denen das jüngste im Teenageralter war. Wir wurden Freundinnen, soweit das bei den durch das Gefängnis auferlegten Beschränkungen möglich war. Ich fand es interessant, mit jemandem von »draußen« zu sprechen. Außerdem gehörte zu den Bedingungen für Hafturlaub, dass ein unbescholtener Bürger die Verantwortung für den Häftling übernahm, und ich glaube, Ron brauchte in diesem Punkt etwas Unterstützung, da er manchmal beruflich zu eingebunden war, um die ganze Zeit an meiner Seite zu bleiben. Er war inzwischen ein überaus erfolgreicher Werbefachmann und bei einer großen Werbeagentur beschäftigt.

Meinen ersten vierstündigen Hafturlaub nutzte ich, um Ali zu ihrem neuen Kindergarten zu begleiten und mit ihrer Kindergärtnerin zu sprechen, die Ali gut leiden konnte. Ich befand mich in Begleitung einer Strafvollzugsbeamtin, deren Anwesenheit ich der Kindergärtnerin erklären musste; glücklicherweise war die Beamtin in Zivil und gehörte zu jenen, mit denen ich gut auskam. Der Tag verging unter den gegebenen Umständen reibungslos, und Ron, Ali und ich waren uns einig, dass er ein voller Erfolg gewesen war.

Der zweite Hafturlaub verlief ebenfalls glatt, aber einen Monat später, bei meinem dritten vierstündigen Urlaub, den ich bei Ron verbrachte, brach der emotionale Stress wegen der Trennung von Ali aus mir heraus. Inzwischen wurde ich nicht mehr von einem Vollzugsbeamten überall hinbegleitet, und Carol und eine andere ehemalige Mitinsassin, Marg, die zwischenzeitlich entlassen worden waren, kamen zu Ron, um den Nachmittag mit uns und Corliss zu verbringen. Ich freute mich riesig über das Wiedersehen, aber der Tag sollte katastrophale Folgen haben.

An diesem Nachmittag beschlossen wir, mit Ali den Spielplatz im Park ganz in der Nähe von Rons Haus zu besuchen. Julie, die kurz in unserem Zellenblock in Yarrabrae gewohnt hatte, nachdem Vicki nach Jika Jika geschickt worden war, kam ebenfalls mir ihrem Baby Bianca. Es war wie ein Familientreffen, und Ali war ganz aus dem Häuschen vor Freude, all diese Menschen wiederzusehen, die ihr so nahe gestanden hatten.

Als wir den Park verließen, trug ich Ali auf dem Arm und unterhielt mich mit Marg, Corliss und Carol. Plötzlich fing Ali aus keinem ersichtlichen Grund an zu weinen und wurde immer lauter, bis sie schließlich aus voller Kehle schrie und anfing, mir mit ihren kleinen

Händen auf Kopf und Arme zu hauen und wie wild zu zappeln. Sie tat mir weh, sodass ich Mühe hatte, sie festzuhalten. Ich war so schockiert, dass mir Tränen in die Augen schossen. Ich versuchte, sie ganz fest zu halten, ohne zu wissen, wie mir geschah. Die arme Marg an meiner Seite brach ebenfalls in Tränen aus. Auch sie versuchte, Ali zu trösten, aber ohne Erfolg. Sie war völlig hysterisch. Sogar Corliss, die für gewöhnlich auch in schwierigen Situationen einen klaren Kopf behielt, war überfordert.

Nach einer Viertelstunde beruhigte Ali sich wieder, ganz heiser von ihrem Gebrüll. Schweigend setzten wir unseren Weg zurück zu Rons Haus fort. Obwohl ich nicht weinte, war ich ganz erschüttert und musste mich einen Moment hinsetzen. Ron zeigte sich nicht allzu mitfühlend. Natürlich hatte er Alis Ausbruch nicht miterlebt und meinte vielleicht, wir würden übertreiben. Für mich stand fest, dass Verwirrung und Frustration wegen unserer erzwungenen Trennung die Gründe waren für ihren Wutausbruch, und ich nahm an, dass sie mir an diesem Tag hatte vermitteln wollen, wie es in ihr aussah.

Nach einer Weile entspannte sich die Lage wieder, und wir versuchten, alle den Rest des Nachmittags zu genießen, wobei Corliss und Ron Fotos schossen von Ali, die mit Bianca und Margs Tochter Niki spielte. Schließlich kam der Augenblick, da ich mich verabschieden musste. Aufgrund der Fahrtzeit vom Gefängnis zu Rons Haus und zurück hatte ich nur drei Stunden mit meiner Tochter verbringen können. Auf der Rückfahrt waren Ron, Ali und ich sehr still, und ich fragte mich, ob es das wert gewesen war – vielleicht war es besser, Ali nur im Gefängnis zu sehen. Wieder war Heroin für mich das Einzige, das meinen Schmerz ein wenig lindern konnte.

Etwa eine Woche später wurde ich per Lautsprecher in Direktor Smith' Büro gerufen.

»Was haben Sie hierzu zu sagen?«, fragte Smith und schob die Fotos von meinem Hafturlaub auf seinem Schreibtisch zu mir herüber. Ron musste sie abgegeben haben, aber anstatt bei mir, waren sie bei Smith gelandet.

Nicht ahnend, was noch folgen sollte, nahm ich die Bilder und freute mich an der Erinnerung an jenen Nachmittag zusammen mit meinem Bruder und meinen Freundinnen. »Die Fotos stammen von meinem Hafturlaub bei meinem Bruder letzte Woche«, entgegnete ich lächelnd.

»Wer hat denn gesagt, dass es Ihnen erlaubt ist, sich während des Hafturlaubs mit Ex-Sträflingen zu treffen?«, wollte er wissen.

»Wie meinen Sie das?«, fragte ich.

»Die Polizei könnte Sie wegen eines Vergehens anklagen.«

»Das ist doch nicht Ihr Ernst«, entgegnete ich entsetzt. »Das sind die einzigen Freunde, die ich habe. Ich war die letzten dreieinhalb Jahre hier, wo sollte ich also neue Freundschaften schließen?«

Er ließ sich nicht beirren und fuhr fort, mir meine »Verantwortungslosigkeit« vor Augen zu halten. »Der Urlaub war als Familienurlaub gedacht und nicht zur Zusammenkunft mit einem Haufen Ex-Sträflingen. Ich kann mir einfach nicht vorstellen, dass Sie nicht wussten, dass Ihnen jeder Kontakt zu Ex-Häftlingen untersagt war«, fuhr er fort. »Ihre weiteren Hafturlaube wurden gestrichen. Und ich werde auch mit Corliss Searcey über diesen Zwischenfall sprechen.«

»Ich habe nicht gewusst, dass es verboten ist. Sie können doch anhand der Fotos sehen, dass ich bei meinem

Bruder war und er mich überwacht hat. Ich dachte, damit wäre den Auflagen genüge getan.«

»Feiern mit Ex-Häftlingen und einer Lehrerin aus dem Lernzentrum waren nicht vorgesehen. Im Übrigen glaube ich Ihnen nicht, dass Sie nicht wussten, dass das verboten ist. Außerdem ... Unwissenheit schützt vor Strafe nicht«, sagte er selbstzufrieden.

Vielleicht stand ja irgendwo geschrieben, dass man sich während des Hafturlaubs nicht mit Ex-Häftlingen treffen durfte, aber ich wusste nichts davon, und Ron ebenso wenig, sonst hätte er mir kaum geholfen, das Wiedersehen mit den anderen zu organisieren. Ich hätte erwartet, dass das Gefängnis ihn von einem solchen Verbot in Kenntnis setzte, da er ja vor den Behörden als mein »Bewacher« galt.

»Das war keine Feier«, versuchte ich es noch einmal und musste daran denken, wie schwierig der Hafturlaub gewesen war.

Er ignorierte meinen Einwand. »Sie werden bezüglich der Streichung Ihres Hafturlaubs unterrichtet werden«, teilte er mir mit. »Das war alles.«

Ich stürmte aus seinem Büro zum Bildungszentrum und kochte vor Wut.

Als ich eintrat und den Ausdruck auf Corliss' Gesicht sah, war mir sofort klar, dass sie bereits informiert worden war. In den folgenden Wochen versuchte Smith, aufgrund dieses Zwischenfalls ihre Kündigung durchzusetzen; das war eine schwere Zeit für sie. Letztendlich gewann sie den Kampf gegen Smith, da das Bildungszentrum sich hinter sie stellte, aber emotional nahm die ganze Sache sie doch sehr mit. Offenbar war es unerwünscht, dass Lehrer Kontakt zu Häftlingen unterhielten, nachdem diese erst entlassen worden waren, aber sie und Heather entwickelten eine so enge Beziehung zu den Frauen, dass sie sich gelegentlich mit Ex-Häftlingen trafen, um ihnen nach Ablauf ihrer Strafe bei der Wiedereingliederung in die Gesellschaft zu helfen, sei es auch nur, indem sie ihnen zuhörten, wenn die Frauen jemanden brauchten, mit dem sie reden konnten. In den folgenden Wochen fiel mir auf, dass Corliss mir im Bildungszentrum aus dem Weg ging. Jedes Mal, wenn unsere Blicke sich trafen, machte sie ein Gesicht, als würde sie gleich in Tränen ausbrechen. Sie sagte kaum etwas zu mir, und irgendwie fühlte ich mich verantwortlich für ihre Situation, obwohl ich wusste, dass sie mir niemals die Schuld gegeben hätte. Ich denke, sie fühlte sich so verletzt von Smith und dem diesem Strafvollzugssystem, dass es ihr Gefühl der Hilflosigkeit noch verstärkte, wenn sie mich ansah. Es war so unfair, und wir waren beide so machtlos.

Es gab keine Gewinner, da es Smith nicht gelang, seinen Willen und Corliss' Entlassung durchzusetzen, aber der größte Verlierer von allen war Ali. Um ihren Job behalten zu können, hatte Corliss Smith' Bedingung akzeptieren müssen, außerhalb des Gefängnisses jeden Kontakt zu Ali zu unterlassen, solange sie am Bildungszentrum von Fairlea unterrichtete. Das hieß, dass sie Ali gar nicht mehr sehen konnte, da Ali ja nur noch an den Wochenenden ins Gefängnis kam, an denen Corliss nicht arbeitete. Smith machte ihr klar, wenn sie doch Kontakt zu Ali hatte, würde man sie beschuldigen, »illegal Informationen zwischen Ali und einer Gefangenen (damit war ich gemeint) auszutauschen«. Das war zu viel für sie. Sie hatte den Kampf gewonnen, aber den Krieg verloren. Zum Ende des Jahres 1984 kündigte sie.

Für Ali bedeutete das, dass ich sie nicht mehr einmal monatlich zu Hause besuchen konnte und sie Corliss den

Rest des Jahres überhaupt nicht mehr sehen durfte. Mein Hass auf Smith wuchs, bis er ständig in mir schwelte. Er fraß mich auf.

Später im Jahr 1984, sechs Monate nachdem Ali das Gefängnis verlassen hatte, um bei Ron zu leben, wurden ihre Besuche auf die üblichen sechs Stunden an einem Samstag im Monat reduziert. Diese Besuche waren wichtig, da die Kinder sich im Gefängnis mehr oder weniger frei bewegen und in unserem Zellenblock spielen durften, anders als bei den einstündigen wöchentlichen Besuchen, die auf das Besucherzentrum beschränkt waren. Ich wollte Ali aber auch diese eine Stunde sehen, aber aufgrund der zeitlichen Begrenzung wurden sie zu einer zu großen Belastung für sie.

»Es ist Zeit, auf Wiedersehen zu sagen«, sagte ich nach ihrem ersten solchen Besuch.

»Nein, ich will noch nicht gehen«, weinte sie. »Ich will bei dir bleiben!« Die Vollzugsbeamten mussten sie von mir lösen, da sie sich an mich klammerte, als wollte sie nie mehr loslassen.

»Es tut mir Leid, Schatz, aber das geht nicht. Du musst heim zu Ron, und wir sehen uns in zwei Wochen wieder.« Ich versuchte, vernünftig mit ihr zu reden, aber sie schrie hysterisch, und alle im Besuchszentrum sahen zu uns herüber. Tränen traten mir in die Augen, aber das war nicht der richtige Moment zum Weinen. Ich fühlte mich innerlich so angespannt, dass ich dachte, ich würde explodieren.

»Mummy!«, weinte sie. »Ich will bei meiner Mummy bleiben!« Sie schluchzte, war verzweifelt, und ich niedergeschmettert. Die Beamten versuchten weiter, sie von mir zu lösen, und zogen von hinten an ihr. Es gab keine nette Art, uns zu trennen, und sie krallte sich an meinen Kleidern fest, bis ihre kleinen Finger ganz weiß waren.

Dann ließen ihre Kräfte nach und der Stoff entglitt ihren Händen.

Sie hielt die Arme nach mir ausgestreckt, und ich konnte sie bis zum Tor rufen hören: »Mummy! Mummy! Ich will zu meiner Mummy!« Ich hatte das Gefühl, als würde jeden Moment mein Kopf zerspringen, dann Stille, als das Tor hinter ihr zufiel. Ich fühlte mich, als würde ich innerlich sterben. Ich konnte sie nicht mehr schreien hören. Sogar der Vollzugsbeamte war erschüttert, und als ich verzweifelt zu ihm hinüberschaute, sah ich, dass auch in seinen Augen Tränen standen. Wir brachten beide keinen Ton hervor.

Ich schloss die Augen, ließ den Kopf sinken und kehrte mit gebrochenem Herzen und weichen Knien zurück in meine Zelle.

Hilf mir doch jemand ... betete ich lautlos, während ich nach Luft rang. Ich legte mich auf das Bett und starrte schweigend an die Decke. Meine Brust zog sich zusammen von heftigen Schluchzern, aber die Tränen wollten nicht fließen. Der Kloß in meinem Hals schwoll wieder an, bis meine Kehle sich erneut anfühlte wie zugeschnürt. Ich konnte nicht sprechen, konnte nicht weinen. Ich schloss die Augen und ballte die Hände zu Fäusten, bis die Knöchel weiß hervortraten, zwang die Emotionen nieder, ganz tief in mich hinein. Ich weiß nicht, wie lange ich dort liegen blieb.

Vicki und die anderen Frauen aus unserem Zellenblock wussten, dass sie mich jetzt besser nicht störten.

Der zweite Versuch eines einstündigen Besuches im Besucherzentrum war ebenso herzzerreißend wie der erste, sodass ich beschloss aufzugeben. Es war für alle Beteiligten einfach zu qualvoll. Das bedeutete, dass ich Ali künftig nur noch bei den ganztägigen Besuchen einmal monatlich sehen würde. Diese Besuche waren spaßig, solange sie dauerten, aber die unausweichlichen Abschiede waren für mich immer noch schwer zu ertragen. Und so blieb Heroin auch weiterhin meine einzige Flucht vor der schmerzlichen Realität.

Nachdem Ali das Gefängnis verlassen hatte, kamen mein Vater und Jan mich nicht mehr besuchen. Sie hatten beschlossen, nach Neusüdwales zu ziehen, und würden Ali in den Ferien zu sich nehmen, um Ron zu entlasten. Es war noch nicht lange her, dass mein Vater und ich in Bezug auf Ali aneinander geraten waren. Einmal hatte sie sich während eines mehrtägigen Aufenthaltes bei ihm einen Schnupfen geholt, und er wollte sie nicht ins Gefängnis zurückbringen, nachdem der Arzt angeblich gesagt hatte, sie wäre bis zur vollständigen Genesung bei ihm besser aufgehoben. Ich hatte Ron einschalten müssen, um ihn zu zwingen, sie zurückzubringen, was er letztlich auch getan hatte. Wortlos hatte er sie mir in Gegenwart der Vollzugsbeamten übergeben. Dad hatte nie einen Hehl daraus gemacht, dass ich seiner Meinung nach Ali nicht im Gefängnis hätte behalten dürfen, aber es kümmerte mich nicht, was er dachte. Und so kehrte in unsere Beziehung wieder Stille ein. Oder besser gesagt: Der Kontakt brach vollständig ab.

Im Jahr 1984 galt mein Hauptanliegen der Beschaffung von möglichst viel Heroin, das mir darüber hinweghelfen sollte, dass ich vier Jahre lang nicht mehr Alis Mutter sein durfte. Wir verwandten viel Energie darauf, Stoff über Dritte einzuschmuggeln, und in der restlichen Zeit konsumierten wir das Dope. Ich war 30 Jahre alt und kam immer noch nicht mit meinen Gefühlen zurecht, schon gar nicht in Zusammenhang mit meiner Trennung von Ali. Rückblickend erscheint es mir absurd, dass mir keine Therapie oder Ähnliches angeboten wurde, um mir über die Trennung hinwegzuhelfen. Dieses Jahr war das schlimmste in all meinen Jahren des Heroinkonsums, auch wenn die Menge, die ich konsumierte, deutlich unter meinem Konsum draußen blieb. Das emotionale Loch in mir war riesig, und ich wusste, dass es in den kommenden Monaten noch größer werden würde, da Vickis Entlassung bevorstand und auch Corliss am Jahresende gehen würde.

Mein ganzes Leben schien auseinander zu fallen. Abgesehen von der monotonen Routine war nichts im Gefängnis sicher, nicht einmal meine Beziehung zu Vicki. Während sie früher einmal von Vertrauen und Liebe geprägt gewesen war, war sie längst nur noch ein Abklatsch ihrer selbst und bestand im Großen und Ganzen nur noch wegen unserer Abhängigkeit voneinander. Hafturlaub auch über Nacht gehörte seit einiger Zeit zu Vickis Privilegien, darunter auch Fortbildungsmaßnahmen am Gippsland Institute in Churchill 150 Kilometer südöstlich von Melbourne, die ebenfalls eine Übernachtung erforderlich machten. Unglücklicherweise erfuhr ich, dass sie einige dieser Nächte in Freiheit bei ihrer Ex-Freundin verbracht hatte. Als ich davon erfuhr, war ich am Boden zerstört, aber Vicki versprach, dass es nicht wieder vorkommen würde, sodass ich ehrlich versuchte, diese Ausrutscher zu vergessen und nach vorn zu blicken. Obwohl ich sie immer noch verzweifelt liebte und glaubte, dass auch sie mich liebte, litt ich sehr, da ich ihre Untreue nicht nachvollziehen konnte. Es gab so vieles, dass ich damals nicht verstehen konnte. Wir liebten uns so sehr, dass ich einfach nie in Betracht gezogen hatte, dass sie mich hintergehen könnte. Ich hatte geglaubt, wir drei würden den Rest unseres Lebens zusammen verbringen. Bis dahin hatte ich nur monogame Beziehungen gehabt; ich wusste nicht, dass es noch andere

Möglichkeiten intimer Beziehungen gab, und interessierte mich auch nicht dafür.

Vicki ihrerseits ahnte nicht, wie sehr mich ihr Verhalten verletzte. Ihr Leben war so anders verlaufen als das meine. Ihre vorausgegangenen Beziehungen waren weder fest noch monogamer Natur gewesen. Sie war als Kind von einem älteren Mann – einem Nachbarn – missbraucht worden, woraufhin sie auch im Erwachsenenleben nie ein Gefühl dafür entwickelt hatte, in privaten Beziehungen Grenzen zu ziehen. Sex war für sie wie eine Droge – hierin waren wir uns gleich –, und aufgrund ihres mangelnden Selbstwertgefühls reichte es, dass jemand, den sie attraktiv fand, ihr Zuneigung entgegenbrachte oder Interesse an Sex mit ihr bekundete, damit sie sich geliebt fühlte, was sie wiederum bewog, sich auf eine sexuelle Beziehung einzulassen. Auch wenn ich Jahre später verstehen lernte, warum sie sich so verhielt, war ich damals einfach nur verletzt. Und so hatte ich mit widerstreitenden Gefühlen zu kämpfen, empfand mal Liebe, mal Hass. Ich glaube, erst als sie erkannte, wie tief mich ihr Verhalten traf, ging ihr auf, wie sehr ich sie tatsächlich liebte.

Vicki war bereit, die Verantwortung zu übernehmen für ihr Tun und unsere Beziehung fortzusetzen, aber ich kam zu dem Schluss, dass es dafür wohl leider zu spät war. Rückblickend wünschte ich, ich wäre damals klüger gewesen, aber es mangelte mir einfach an Verständnis für ihre Eskapaden, und so verschloss sich ein Teil meines Herzens vor ihr. Ich vermochte weder den Zauber noch den Respekt zurückzuholen. Das Märchenhafte zwischen uns war verflogen, und mit ihm die Zärtlichkeit. Mein Herz fühlte sich hart und kalt an. Ich musste mich zurückziehen, irgendwohin, wo mir niemand mehr wehtun konnte. An manchen Tagen glaubte ich, die

Schmerzen in meinem Herzen und die Wut in meinem Bauch würden mich umbringen.

Vicki gab nicht auf und versuchte unermüdlich, meinen Panzer zu durchbrechen. »Können wir reden?«, fragte sie. Ich lag auf meinem Bett in dem Zimmer des neuen Cottages, in das wir umgezogen waren. Eigentlich hatte ich gar nicht mit Vicki zusammen in das Haus ziehen wollen, aber der Gefängnisdirektor hatte sich nicht nach unseren Wünschen erkundigt. Ich hatte ihm mitgeteilt, dass ich lieber in Yarrabrae bleiben würde, aber daraufhin hatte er seine Aufforderung lediglich in einen Befehl umformuliert. Er fand, dass ich für diese Chance dankbar sein müsse, weil die Unterbringung in einem der Cottages als Privileg galt. Doch ich wollte dort kein Zimmer mit Vicki teilen, von der ich lieber etwas Abstand gehabt hätte. Außerdem kontrollierten die Beamten ironischerweise die Häftlinge in den Cottages häufiger als in Yarrabrae. Da wir nachts nicht in unsere Zimmer/Zellen eingeschlossen wurden, betraten die Beamten nachts stündlich die Zimmer und leuchteten mit einer Taschenlampe herein, um sich davon zu überzeugen, dass man noch da war. Somit hatte man dort streng genommen weniger Privatsphäre als in unserem alten Zellenblock, wo die Beamten einen zwischen dem abendlichen Umschluss um 23 Uhr und dem Wecken morgens um 7 Uhr in Frieden ließen.

Wie auch immer. Ich hielt mich in dem Zimmer auf, das ich jetzt mit Vicki teilen musste, las in einem Buch und antwortete nicht einmal auf ihre Fragen. Meine Verachtung für sie war ebenso offensichtlich wie schmerzlich für sie. Sie versuchte es noch einmal, diesmal eine Spur aggressiver und mit kaum verhohlener Verärgerung: »Du musst mit mir reden!«

Doch ich hatte einen Schutzwall um mich herum errichtet, der immer dicker und undurchdringlicher wurde, so unüberwindlich wie die Gefängnismauern draußen vor dem Fenster. In meinem Herzen war zu viel Schmerz, als dass dort noch Platz für Liebe gewesen wäre.

Im Übrigen sah ich in Anbetracht ihrer baldigen Entlassung keinen Sinn darin, zu versuchen, mich mit ihr zu versöhnen. Wozu mein Herz öffnen, wenn es bei der unabwendbaren Trennung doch nur wieder verletzt werden würde?

So sah mein neuer Alltag aus. Das war mein Leben in Fairlea. Vicki richtete ihr Augenmerk auf eine andere Frau im Gefängnis, was unsere Beziehungsprobleme natürlich nur noch verschärfte. Die einzige Ablenkung in dieser unerträglichen Situation bestand darin, die Köpfe mit den anderen Frauen unseres Cottages und auch mit denen von nebenan zusammenzustecken, um neue Wege zu ersinnen, Drogen ins Gefängnis einzuschleusen. Ohne es zu ahnen, hatte Smith uns einen Gefallen getan, als er uns in dieses neue Cottage verlegt hatte – es stand fast unmittelbar an der vorderen Gefängnismauer. Eines Abends nach dem Umschluss und vor der abendlichen Medikamentenausgabe warteten wir darauf, dass eine »Lieferung« in Form eines Tennisballs oder eines ähnlich kleinen Behältnisses über die Mauer geflogen kam. Wir hatten die Übergabe zusammen mit den Frauen aus dem Nachbarhaus organisiert und waren ganz aufgeregt bei der Aussicht auf einen baldigen Schuss.

Zur vereinbarten Zeit hörten wir dort, wo unsere Lieferung über die Mauer segeln sollte, einen dumpfen Aufprall. Drei von uns liefen ins hintere Schlafzimmer unseres Cottages, um aus dem Fenster zu sehen. Etwa in Minutenabstand hörten wir das gleiche dumpfe Geräusch. Schließlich, nach drei oder vier Versuchen, sahen wir im Licht der Scheinwerfer, die das Gefängnis von außen anstrahlten, einen großen grünen Müllbeutel über die Mauer fliegen. Das musste unsere Lieferung sein. Vicki und ich ließen unsere Mitbewohnerin Jan aus dem rückwärtigen Fenster herunter. Es war nicht sehr hoch, nur ein kleiner Sprung. Sie lief über den Rasen, um den Beutel zu holen, und warf ihn zu uns hoch. Als wir sie wieder hereinhieven wollten, hatten wir Mühe, sie hochzuziehen, da sie ziemlich rundlich war. Schließlich bekamen wir alle einen Lachanfall. Wir lachten so sehr, dass wir nicht mehr die Kraft hatten, sie durch das Fenster zu ziehen. Dann rief Gloria, die auf der Vorderseite Schmiere stand, uns eine Warnung zu: Die Beamten nahten zur abendlichen Medikamentenausgabe. Wir rissen uns zusammen und zerrten Jan herein, bevor sie uns erwischten.

Nachdem die Wärter wieder gegangen waren, nahmen wir den Beutel aus seinem Versteck und öffneten ihn. Wir brachen wieder in Gelächter aus. Wer immer die Drogen geliefert hatte, hatte uns eine ganz besondere Freude machen wollen: der Beutel enthielt neben dem kostbaren Päckchen Heroin noch zwei Brathähnchen und ein paar Dosen Bier. Unglücklicherweise waren einige Bierdosen bei der Aktion geplatzt und hatten alles durchweicht, aber das machte uns nichts, da wir uns sowieso nur für die Drogen interessierten. Später schlich eine von uns noch einmal durch das rückwärtige Fenster nach draußen, um den Frauen im Nebenhaus ihren Anteil zu bringen. Wir gaben ihnen auch das Bier und die Hähnchen, da ein paar von ihnen keine Drogen nahmen und wir wussten, dass sie sich über beides freuen würden. Als auch das erledigt war, genehmigten wir uns einen Schuss, lachten viel und unterhielten uns den Rest des Abends.

Wer weiß, vielleicht waren es diese albernen Ereignisse, die mir halfen zu überleben. Wenigstens lenkten sie mich von morbideren Gedanken ab. Auch konnte ich unmittelbar nach einem Schuss Vicki gegenüber freundlicher sein. Inzwischen waren wir uns nur noch in zugedröhntem Zustand nahe.

Kapitel 14

DURCH DIE AUGEN DES TODES

Es wurde Februar 1985, und der Tag von Vickis Haftentlassung kam. Ich meinerseits hatte gerade erst die Hälfte meiner Haftstrafe abgesessen. Emotional hatte ich mich bereits von ihr gelöst, aber meine Verzweiflung und Sehnsucht wuchsen, wenn eine Frau das Gefängnis verließ. Ich kämpfte diese Gefühle mit Heroin nieder.

Obwohl Vicki sich eigentlich hätte freuen müssen, quälte sie der Gedanke an ihre Entlassung. Natürlich sehnte sie sich nach Freiheit, aber sie machte sich Sorgen, wie ich allein zurechtkommen sollte ohne sie, Corliss und Ali. Obwohl ich kein Wort dazu sagte, war sie zu Recht besorgt: Ich hatte keine Ahnung, wie ich mit der Trostlosigkeit fertig werden sollte.

Beim Morgenappell umarmten die anderen Frauen Vicki und verabschiedeten sich von ihr, bevor sie von den Beamten an ihre Arbeitsplätze gescheucht wurden. Ich gab mir alle Mühe, gute Miene zum bösen Spiel zu machen, aber innerlich zerriss es mich förmlich. Vicki und ich kehrten zu unserem alten Zellenblock zurück, um uns ein letztes Mal zu umarmen ... ein letzter Kuss und weitere Worte des Abschieds.

»Das war's dann wohl, schätze ich«, sagte ich resigniert. Tief im Innersten glaubte ich nicht daran, dass unsere bereits angeschlagene Beziehung eine mehr als dreijährige Trennung überstehen könnte.

»Ich liebe dich so sehr«, sagte sie und sah mir in die gequälten Augen. »Ich werde dich vermissen, aber wir können das schaffen. Ich werde draußen mit Ali auf dich warten. Gib nicht auf ... bitte gib ›uns‹ nicht auf, ja?«

»Ich bin froh, dass wenigstens du bei Ali sein wirst«, entgegnete ich, ohne auf ihre Frage einzugehen. »Du musst mir Stoff einschmuggeln, sobald du kannst, okay? Bitte vergiss es nicht«, bettelte ich. Dann unterbrach uns der verfluchte Lautsprecher.

»Vicki zum Eingangstor!«, befahl eine Stimme. »Vicki sofort zum Eingangstor!« Die Worte durchfuhren uns wie ein Stromstoß. Noch ein letztes Mal schlossen wir uns in die Arme. Wir wussten nicht, wie lange es dauern würde, bis wir uns wiedersahen. Wir hatten für Vicki eine Sondergenehmigung beantragt, damit sie mich besuchen durfte, aber das gestaltete sich schwierig, da Ex-Häftlinge grundsätzlich nicht als Besucher im Gefängnis zugelassen waren.

»Ich will nicht gehen«, sagte Vicki, die mich immer noch an sich drückte. »Ich will dich nicht allein in diesem Dreckloch zurücklassen.«

»Du musst gehen, und es gibt nichts, was wir daran ändern könnten.«

Ich schaltete ab, so wie ich es bei Ali getan hatte, als ich wieder einmal zum Vordertor ging, wo ein Beamter wartete, um Vicki nach draußen zu lassen. Sie gab mir einen letzten Kuss und sagte auf Wiedersehen. Eine letzte hastige Umarmung, ein Winken, und sie war fort ... jenseits des Tors, in dieser anderen Welt, von der ich für noch weitere dreieinhalb Jahre ausgeschlossen war.

Vicki hatte versprochen, regelmäßige Heroinlieferungen zu organisieren, und daran klammerte ich mich wie an eine Rettungsleine. Ich dachte gar nicht daran, wie schwer es sein würde, meine Sucht langfristig zu befriedigen – ich lebte im Hier und Jetzt. Ich hoffte, sie würde es schaffen, da sie meine einzige Hoffnung war. Die anderen Quellen waren alle versiegt. Wir hatten Wochen versucht, Stoff einzuschmuggeln. Wir hatten herausgefunden, dass sich kleine Mengen in Musikkassetten einschmuggeln ließen. Es war verhältnismäßig einfach, die Kassette aufzuschrauben, ein Briefchen Heroin hineinzulegen und die beiden Hälften wieder zusammenzuschrauben. Aufgrund meiner Musikalität würde es keinen allzu großen Verdacht erregen, wenn Vicki mir Musikkassetten zukommen ließ.

Wir hatten Ron überredet, Vicki bei sich wohnen und auf Ali aufpassen zu lassen, da derzeit eine Freundin von ihm als Alis »Kindermädchen« fungieren musste. Er hatte im vergangenen Jahr einige Mühe gehabt, eine geeignete Kinderfrau/Haushälterin zu finden, und so bot Vicki sich als Ideallösung an, da sie Ali und mir so nahe stand. Wir glaubten, das würde helfen, die Lücke zu schließen, die die Trennung von mir in Alis Leben hinterlassen hatte. Ali war überglücklich, Vicki bei sich zu haben. Tief im Innersten hatte ich Bedenken, da ich kein großes Vertrauen mehr in Vickis und meine Beziehung hatte, aber ich wusste, dass sie Ali gut tun würde. Auch hoffte ich, dass unsere Beziehung durch dieses Arrangement vielleicht doch eine Chance hatte, die Jahre zu überdauern.

Obwohl ich mich so sehr bemüht hatte, mich emotional von Vicki zu lösen, bevor sie entlassen wurde, stellte ich bald fest, dass mir das nur sehr bedingt gelungen war – die Trennung erst von Ali und jetzt auch noch von Vicki war niederschmetternd. Ich rief sie einmal in der Woche an und schrieb fast jeden Tag, und Vicki antwortete ebenso regelmäßig und schickte Bilder, die Ali für mich gemalt hatte, Fotos, Schulbücher für mich, und natürlich die Kassetten, die bislang alle unbeanstandet bis zu mir gelangt waren. Natürlich ahnte Ron nicht, dass ich immer noch Heroin konsumierte.

Während wir weiter versuchten, für Vicki eine Sondergenehmigung durchzusetzen, damit sie mich in Fairlea besuchen konnte, mussten wir auch ihren Aufenthalt bei Ron behördlich genehmigen lassen, da ich inzwischen wieder alle zwei Monate Hafturlaub bekam und ich diese seltenen Gelegenheiten mit Vicki teilen wollte. Noch war es so, dass Vicki das Haus verlassen musste, wenn ich dort war. Wir freuten uns riesig, als die Genehmigung schließlich erteilt wurde – das war ein Riesengewinn für Vicki und mich und machte mir wieder Hoffnung für die Zukunft unserer Beziehung. Als der Tag meines ersten Hafturlaubs nach Vickis Entlassung näherrückte, waren Ali und Vicki und ich ganz aufgeregt, da wir Ron überredet hatten, uns zu erlauben, Ali ein Kätzchen zu schenken. Er war nicht begeistert, aber Vicki und ich glaubten fest daran, das es ihr gut tun würde, und wir hatten geplant, zu dritt ins Tierheim zu fahren, um eine Katze auszusuchen. Obwohl der Anblick der vielen entlaufenen und ausgesetzten Tiere uns traurig stimmte, verliebte Ali sich in ein kleine schwarzweiße Mieze, die sie Jemima nannte, und Ali ging sehr liebevoll mit ihr um.

Ich sah Mima nicht vom Kätzchen zur Katze heranwachsen, aber Ali schickte mir oft Fotos von ihr. Was Vicki und mich betraf, beschlossen wir diesen Hafturlaub mit einem Schuss, der unsere Gefühle der Liebe und Nähe in einer surrealen Welt verstärkte. Wir sprachen nicht über Schwierigkeiten, sondern versuchten nur, unsere begrenzte gemeinsame Zeit zu genießen, dankbar, überhaupt zusammen sein zu können. Vicki hatte auch etwas Heroin organisiert, dass ich ins Gefängnis mitnehmen

276

sollte, weshalb ich sie nur noch mehr liebte. Das würde mir helfen, die Trennung von ihnen beiden besser zu verkraften – es gab in meinem Leben immer noch nichts, was die klaffende emotionale Lücke hätte ausfüllen können, die die Trennung von ihnen beiden hinterlassen hatte. In einem ihrer zahlreichen Briefe – dieser hier erreichte mich nur wenige Wochen nach ihrer Entlassung – schrieb Vicki:

Liebste Helen,
ich wollte dir am Samstagabend schreiben, aber dann lag ich zwei Stunden weinend auf dem Bett. Diesmal war ich diejenige, die die Nerven verlor. Ich habe das ganze Wochenende unablässig weinen müssen. Ich liebe dich so sehr, und Gott weiß, wie sehr ich dich vermisse. Es ist, als wäre ich nur noch ein halber Mensch. Ich fühle mich so leer. Ich bin sicher, du empfindest ähnlich, und ich kann mich wohl glücklich schätzen, so vieles zu haben, womit ich mich ablenken kann. Nur das eine, das ich mir am meisten wünsche, bleibt mir verwehrt.
Dieses Wochenende habe ich mich ganz verloren gefühlt, vielleicht, weil Ali nicht so viel bei mir war. Samstag scheint ein Erfolg gewesen zu sein. Erzähl du mir morgen (Montag) bei deinem Anruf davon. Ich sehne deine Anrufe herbei und wünschte, ich könnte öfter mit dir sprechen.
Corliss saß im Wagen, als ich Ali nach ihrem Tag bei dir abgeholt habe, und wir tranken zusammen einen Kaffee. Ich war ehrlich überrascht von Alis Reaktion. Sie war wirklich gut gelaunt und noch ganz aufgeregt von ihrem Besuch bei dir, der ganz offensichtlich gut verlaufen war. Ali ging nicht auf Einzelheiten ein, sagte aber, es sei schön gewesen, und sie wolle am Don-

nerstagabend bei Eurem Basketballspiel zusehen. Corliss meinte, sie würde auch kommen.

Ali ist ein großartiges Mädchen. Sie liebt dich über alles und ist so tapfer. Man kann sie nur bewundern für ihre Stärke – und dich ebenso.

Ich weiß, dass ich dich mehr vermisse, als ich in Worten ausdrücken kann, aber jedes Mal, wenn ich diesen Kloß im Hals spüre, schlucke ich ihn herunter. Ich fühle mich nicht besser, wenn ich weine, und ich weiß, wie sehr ich dich liebe und brauche, und wie lange es auch dauert, wir müssen diese Trennung irgendwie ertragen. Ich warte auf dich.

Lass mich dir von Sonntag erzählen. Ich war mit Ali und Amber [der Tochter von Rons Freundin] im Botanischen Garten. Wir hatten etwas Brot von zu Hause mitgebracht und gingen an den See. Ich entdeckte in der Nähe einen Tisch und wollte mich hinsetzen und ausruhen. Ali regte sich darüber auf, dass mehr Möwen da waren als Enten, und da die Möwen schneller waren als die Enten, bekamen sie auch mehr von dem Brot ab. Ali beschwerte sich bei mir über die räuberischen Möwen, aber ich konnte auch nichts tun (es gab keine Fensterscheibe, gegen die man hätte klopfen können wie in Yarrabrae – haha!). Und so beschlossen Ali und Amber, sich stattdessen zu mir zu setzen und die Spatzen zu füttern. Ali erzählte Amber von unserem Vogel, der immer zu Besuch kommt: Sie meinte Harry. In Brighton bei Ron sehen wir nie Bachstelzen, meinte Ali, und nach kurzer Überlegung erklärte ich, dass Harry in Fairfield wohne und Mum immer noch besuche. Vielleicht würde er Ali ja bei ihrem nächstem Besuch überraschen und herüberfliegen, nur um sie zu sehen. Ich hoffe, er tut es, da sie ehrlich enttäuscht war, keine Verwandten von ihm anzutreffen.

Nach dem Besuch im Botanischen Garten musste ich nach Preston, und da dachte ich mir, ich bringe ein paar Sachen für dich vorbei. In das kleine Album kannst du Fotos von Ali auf unseren kleinen Ausflügen einkleben. Ich habe Alis Bilder von einer ganzen Woche beigelegt, du kannst also selbst aussuchen, welche du behalten möchtest. Dazu habe ich dir noch eine Kassette von Debussy besorgt; ich weiß ja, wie sehr du diesen Komponisten liebst, und hoffe, dass sie dir gefällt.

Also dann, alles Liebe. Morgen Abend schreibe ich dir einen längeren Brief, und am Donnerstag sehen wir uns beim Basketball. Vielleicht haben wir ja bis kommenden Samstag die Erlaubnis vom Direktor, dass ich dich besuchen darf.

Ich liebe dich,
für immer dein,
Vicki

Ich liebte es, solche Briefe von Vicki zu bekommen, voller Neuigkeiten von ihr selbst und Ali, aber es tat auch weh, nicht Teil ihres Lebens zu sein. Hinzu kam, dass ich immer verzweifelter auf die Musikkassetten wartete, die sie alle paar Tage vorbeibrachte. Ich bedrängte sie immer mehr, forderte immer mehr Heroin, und ich wurde immer ungeduldiger, weil ich so abhängig war von der Droge. Ich hing längst wieder an der Nadel, sodass ich tief in der Scheiße sitzen würde, wenn mir der Stoff ausging. Vickis ganzes Leben schien sich nur um Ali zu drehen und ganz nebenbei darum, genug Stoff für ihren eigenen Konsum aufzutreiben und um meinen Bedarf abzudecken. Sie machte ihre Sache wirklich gut, aber ich wusste, dass es schwerer werden würde, die Mengen Heroin zu beschaffen, die wir brauchten. Das bedeutete natürlich, dass sie gezwungen war, wieder zu dealen, um für unseren eigenen Stoff aufkommen zu können. Es war wirklich traurig, dass wir keinen anderen Weg wussten, um im Leben zurechtzukommen, und als die Gefängnisleitung einige Wochen später tatsächlich Vicki Besuche bei mir in Fairlea gestattete, spürte ich gleich, dass sie draußen in der wirklichen Welt überhaupt nicht zurechtkam.

Unsere Besuche fanden nicht im Beisein der anderen Häftlinge statt, da es sich um eine Sonderbewilligung handelte, und so waren Vicki und ich allein – abgesehen von einem Beamten natürlich, der die eine Stunde bei uns im Besucherraum blieb. Wenn Vicki mich besuchte, kam es mir vor, als würde ich mit jemandem sprechen, der gar nicht richtig da war. Nachdem sie hereingekommen war und sich zu mir an den Tisch gesetzt hatte, beugte ich mich zu ihr herüber, um sie zu umarmen und ihr ins Ohr zu flüstern: »Vermisst du mich?«

»Das weißt du doch. Ich kann dir gar nicht sagen, wie sehr. Ich wünschte, du würdest mir glauben.« Darauf ließ sie dann den Kopf hängen und döste fast ein. Sie hatte große dunkle Ringe unter den Augen und war ständig müde, weil sie unter Schlafstörungen litt.

Ich lehnte mich auf meinem Stuhl zurück und betrachtete sie, enttäuscht, dass sie sich über unser Wiedersehen offenbar nicht so freute wie ich. Mir kam es vor, als wollte sie gar nicht wirklich bei mir sein oder als wäre ich ihr gleichgültig, was beides nicht stimmte. Ich brauchte auf emotionaler Ebene so viel von ihr, aber sie war einfach nicht in der Lage, mir in der kurzen Zeit, die man uns zugestand, etwas zu geben. Auch fürchtete ich ständig, der Beamte würde etwas merken.

»Freust du dich denn gar nicht, mich zu sehen?« Meine Frage war an ihren gesenkten Kopf gerichtet, da ich ihre Augen nicht sehen konnte.

»Doch, natürlich«, entgegnete sie und schüttelte sich wach.

»Warum benimmst du dich dann nicht danach?«, fragte ich gereizt.

Ich wollte, dass sie für mich da war, aber sie war schon mit sich selbst überfordert. Sie wiederholte nur immer wieder »Ich liebe dich«, bis ich es nicht mehr hören konnte, weil es mir nur noch leere Worte zu sein schienen. Ich wusste, dass sie draußen Zugriff auf viel mehr Heroin hatte als ich, und offensichtlich konsumierte sie Unmengen. Obwohl ich verstehen konnte, warum, empfand ich es als überaus frustrierend, nicht mit ihr kommunizieren zu können. Es war, als stünde eine Mauer zwischen uns, die die Nähe, nach der ich mich so verzweifelt sehnte, unmöglich machte.

Bevor sie ging, besprachen wir noch einmal die Vereinbarungen für meine nächste Heroinlieferung, die längst wichtiger geworden zu sein schien als unsere Liebe zueinander. Ich war wieder körperlich abhängig und brauchte unbedingt eine gewisse Mindestmenge, um Entzugserscheinungen zu vermeiden. Ich setzte Vicki unter Druck, weil ich schreckliche Angst hatte. Die Arme: Jetzt war ich nicht mehr nur psychisch von ihr abhängig, sondern auch noch körperlich. Sie musste von vielen Seiten Druck bekommen, und Gott allein wusste, wie sie es schaffte, für die Drogen aufzukommen. Ich wagte nicht, sie danach zu fragen. Keine von uns beiden erkannte die Sinnlosigkeit des Ganzen. Wir nannten es Liebe, und ich hatte noch nie jemanden so verzweifelt geliebt.

So ging das ein paar Monate weiter, bis Vicki eines Tages Mitte April in Fairlea vorbeischaute, um ein paar

Sachen für mich abzugeben – natürlich einschließlich einer Musikkassette. Unerwartet bot der diensthabende Vollzugsbeamte ihr einen Besuch bei mir an. Sie war entzückt, und ich bekam einen regelrechten Schock, als ich über Lautsprecher in das Besucherzentrum gerufen wurde.

Als ich mich dem Gebäude näherte, konnte ich durch das Fenster Vicki dort sitzen sehen. Ich war überglücklich und lief hinein, um sie zu begrüßen. »Hi! Wie kommt es, dass man dich zu mir gelassen hat?«

»Ich war am Tor und habe ein paar Sachen für dich abgegeben, und da meinte der Schließer, Smith hätte weitere Besuche genehmigt«, erklärte sie mir und klang dabei immer noch ganz verblüfft.

»Nicht zu fassen!«, rief ich aus. »War Stoff dabei?«, fragte ich so leise, dass der Beamte, der uns überwachte, es nicht hören konnte.

»Ja. Ich habe alles am Tor abgegeben«, entgegnete sie.

»Danke.« Ich atmete erleichtert auf, da die Gefahr, auf Entzug zu kommen, fürs Erste gebannt war. Außerdem gab es jetzt etwas, worauf ich mich freuen konnte, wenn die Besuchszeit vorbei war.

Eine halbe Stunde später teilte uns der Beamte mit, die Besuchszeit wäre abgelaufen.

»Okay«, antwortete ich gereizt. »Wir möchten uns nur verabschieden, ja?«

Ich gab Vicki einen Kuss, dann standen wir auf und umarmten uns ein letztes Mal, bevor sie das Besucherzentrum verließ und zum Tor ging. Als ich ebenfalls gehen wollte, hielt der Beamte mich zurück.

»Tut mir Leid, aber Sie müssen hier warten.«

»Aber warum denn?«, fragte ich und verspürte einen ersten Anflug von Furcht. Ich kannte diesen Beamten sehr gut, und bisher war er immer anständig gewesen.

»Sie dürfen nicht zurück zum Cottage. Warten Sie hier, der Direktor möchte Sie sprechen.« Jetzt war der Tonfall eher förmlich als freundlich.

Ich versuchte, mir meine Sorge nicht anmerken zu lassen, hatte aber ein unangenehmes Gefühl. Das musste etwas mit dem Stoff zu tun haben, den Vicki für mich hinterlegt hatte. Scheiße!, dachte ich bei mir: Was soll ich nur tun, wenn sie den Stoff gefunden haben? Schlimmer noch, Vicki würde verhaftet und angeklagt werden, und das, wo sie noch auf Bewährung war ...

Ich setzte mich wieder und wartete, bewacht von dem Beamten. Die Zeit kam mir endlos vor, und je länger es dauerte, desto sicherer war ich, dass man uns erwischt hatte. Meine Hauptsorge war, dass bei mir bald erste Entzugserscheinungen auftreten würden. Obwohl ich innerlich furchtbar nervös war, durfte ich mir nichts anmerken lassen. Ich wollte nicht, dass der Beamte argwöhnte, dass etwas nicht stimmte, nur für den Fall, dass meine Ängste sich als unbegründet erwiesen. Aber ich wusste, dass ich auf ein Wunder hoffte, dass sich kaum einstellen würde. Erst hatte ich Ali verloren, dann Vicki und jetzt auch noch das Heroin. Mir war nichts geblieben. Ali und Vicki waren für mich der einzige Grund weiterzuleben. Sie stellten meine Selbstachtung dar; nur durch sie hatte ich mir einen winzigen Rest Glauben an mich selbst erhalten. Ohne Drogen, die meinen Trennungsschmerz linderten, würde ich durchdrehen.

Endlich wurde die Stille unterbrochen, als eine Beamtin eintrat und sagte: »Der Direktor möchte Sie sprechen.« Sie begleitete mich zu seinem Büro, und ich versuchte verzweifelt, meine Angst zu verbergen, als ich eintrat. Smith war wütend, das stand ihm ins Gesicht geschrieben. Er war tiefrot angelaufen und sah aus, als würde er gleich platzen. Ich nehme an, er fühlte sich hintergangen – er hatte die Sondergenehmigung zu Vickis Besuchen erteilt und nahm unseren subversiven Drogenkonsum vermutlich persönlich.

»Sie werden Ihre Freundin nicht wiedersehen!«, zischte er. »Sie ist schon auf dem Weg zur Polizeiwache! Was können Sie mir hierzu sagen?«, fuhr er fort und zeigte auf die aufgeschraubte Kassette. Er hatte förmlich Schaum vor dem Mund.

»Nichts«, antwortete ich leise. Ich fühlte mich, als würde ich gleich ohnmächtig werden, und hatte alle Mühe, mich auf den Beinen zu halten. Und als mir die Konsequenzen für Vickis Schmuggelversuch aufgingen, hasste ich ihn mehr denn je.

»Was soll das heißen, nichts?«, brüllte er mich an. Er schrie noch eine ganze Weile weiter. Mir kam es vor wie eine Ewigkeit, aber wahrscheinlich waren es nur 10 oder 15 Minuten. Ich starrte ihn nur wortlos an. Er schien das für einen Wettkampf zu halten. Obwohl ich ihn durchaus einschüchternd fand, war mir in diesem Moment alles egal, und das schien ihn nur noch mehr in Rage zu bringen.

»Schaffen Sie sie verdammt noch mal aus meinem Büro!«, fuhr er seine Beamten unbeherrscht an. Dann schlug er mit der Faust auf seinen Schreibtisch. »Ich sagte, schaffen Sie sie raus. Sofort!«

Gleich hat er sich die Hand gebrochen, dachte ich bei mir. Aber solange er auf seinen Tisch eindrischt und nicht auf mich, soll es mir gleich sein.

Die Beamten tauschten einen besorgten Blick, völlig eingeschüchtert von ihrem tobenden Boss, reagierten aber prompt. Mir ging auf, dass sie mehr Angst vor ihm hatten als ich. Wenn er glaubte, dass mich auch nur im Geringsten interessierte, was er dachte, irrte er sich gewaltig. Ich respektierte ihn ebenso wenig, wie die anderen Frauen es taten.

Aber diesmal war es für mich anders. Ich hatte mich noch nie in meinem Leben so gefühlt. Meine Seele war gebrochen. Mir war alles egal. Jede Selbstgefälligkeit verließ mich, als ich einsehen musste, dass ich unterlegen war, und ich ließ kraftlos den Kopf hängen. Die Scham, die in mir aufstieg, nicht gegenüber diesem Typ, sondern vor meinem Bruder, der bald informiert werden würde, durchströmte meinen Körper, Scham, die so allumfassend war, dass es mir vorkam, als würde ich nie wieder den Kopf hoch halten können. Ich stellte mir vor, wie Ron unterrichtet wurde. Ich sah vor mir, wie er ungläubig den Kopf schüttelte. Er würde sich fragen, wie oft er noch dieselbe Trauer und Enttäuschung erleben musste. Und ich hätte auch keine Antwort auf diese Frage gewusst.

Die Beamten brachten mich zu Zellenblock 5, dem Strafblock. Worte konnten mich nicht mehr verletzen. Wenn man mir in diesem Moment die Seele aus dem Leib geprügelt hätte, hätte ich nicht das Geringste gespürt. Ich befand mich in einem Zustand zwischen Leben und Tod ... in der Schwebe. Niemand konnte zu mir vordringen, weil ich die Fähigkeit zu fühlen verloren hatte. Es musste eine Entscheidung gefällt werden darüber, wo ich sein wollte, hier und am Leben oder ... tot? Aber nicht heute. Allein mit meinem Spiegelbild in der vertrauten Edelstahltür wünschte ich, es könnte zu mir sprechen. Ich legte mich auf das Bett und starrte an die Decke.

Es war unheimlich, die Blicke der Beamtin durch die Türklappe zu fühlen. Sie bat mich, keine Dummheiten zu machen, Was sie damit meinte, war, dass ich nicht versuchen sollte, mich umzubringen. Inzwischen war das durchaus zu einer Option für mich geworden. Ich wollte sterben, und sie wusste es. In meinem Zynismus sagte ich mir, dass es ihr vermutlich nur darum ging, zu vermeiden, dass ich während ihrer Schicht ins Gras biss! Seltsam, ich hatte sie nie besonders gut leiden können; sie hatte sich immer ziemlich blöd benommen mir gegenüber, aber jetzt spürte ich, dass sie durchaus zu Mitgefühl fähig war. Das überraschte mich. Sie hatte mich so oft angeschwärzt wegen irgendwelcher Kleinigkeiten – sie war es gewesen, die mich fast gemeldet hätte wegen eines Päckchens Butter, das ich vom Speisesaal mit in den Schlafsaal nehmen wollte –, aber jetzt schien es, als interessiere es sie wirklich, was mit mir passierte. Die Ironie war, dass es mich selbst nicht interessierte. Ich wollte nur sterben. Ich wollte Leblosigkeit erleben. Das musste leichter zu ertragen sein als die Realität.

Nicht mehr lange, und der Entzug fängt an, sagte ich mir.

Ich bekam Gänsehaut.

Es fühlte sich an, als würde mich etwas auffressen. Der Schock, dass Vicki geschnappt worden war, hallte immer noch in mir wieder. Die Konsequenzen waren gewaltig, nicht nur für mich im Gefängnis, sondern auch für sie, Ali und Ron draußen in der wirklichen Welt.

Nachdem er informiert worden war, rief Ron im Gefängnis an. Ich durfte den Anruf nicht entgegennehmen, aber die Beamtin sagte mir, er wäre niedergeschmettert gewesen. Ich konnte mir gut vorstellen, wie das Gespräch verlaufen wäre: Wie hatte ich ihn nur anlügen können? Wann würde ich endlich aufhören, Drogen zu nehmen und mich immer wieder in Schwierigkeiten zu bringen? Ich hatte eine Tochter, die jetzt Vorrang haben sollte ...

»Vicki muss gehen«, sagte er Tage später, als mir erlaubt wurde, einen Anruf von ihm entgegenzunehmen.

»Ich weiß«, antwortete ich. Es war schon das zweite Mal gewesen, dass man sie beim Drogenkonsum erwischt hatte, seit sie bei Ron wohnte. Nach dem ersten Mal hatten wir ihn noch einmal überreden können, aber das war einfach zu viel. Ich wusste, dass Vicki nicht aufhören würde, Drogen zu nehmen – tatsächlich musste sie jetzt noch verzweifelter sein denn je, was ihren Konsum noch einmal in die Höhe treiben würde. Ali würde todtraurig sein. Sie liebte Vicki, die auch ein wichtiges Verbindungsglied zu mir war. Jetzt würde ein weiterer Mensch, der ihr sehr viel bedeutete, aus ihrem Leben verschwinden. Ich fühlte mich verantwortungslos, wertlos und wusste, dass ich in Rons Augen ein hoffnungsloser Fall war. Ich verstand immer noch nicht, warum alle der Meinung waren, dass ein Heroinsüchtiger automatisch nutzlos war, aber Ron teilte diese Überzeugung der restlichen »normalen« Menschen, und ich machte mir klar, dass sie sich unmöglich alle irren konnten.

Ich hatte Verständnis für seine Einstellung, aber abgesehen davon, dass sie meine Scham verstärkte, bewirkte seine Enttäuschung nicht das Geringste, da mir sowieso alles egal war. Das können nur Menschen verstehen, die schon einmal an dem Punkt völliger Gleichgültigkeit waren, an dem Punkt, da das Licht am Ende des Tunnels nicht einmal mehr flackert. Ich konnte den August 1988 nicht mehr erkennen. Ich konnte mir nicht einmal mehr Ali und Vicki vorstellen. Sie waren gesichtslose Schatten geworden, deren Züge in meiner Erinnerung verblasst waren. Ich fasste den Entschluss zu sterben. Das Einzige, was mich noch interessierte, war, wie sich mein Plan in die Tat umsetzen ließ.

Nach ein paar Tagen im Strafblock hörte ich durch das

kleine Fenster in meiner Zelle eine Stimme. Ich rappelte mich auf, kniete mich auf das Bett und sah nach draußen. Es war Rikki, eine meiner alten Freundinnen von der Straße, die mal wieder für kurze Zeit einsaß.

»Wie geht es dir?«, fragte sie leise. Sie war hinten um den Block geschlichen, um sich durch das kleine Fenster mit mir zu unterhalten.

Ich sagte ihr, dass ich an einem anderen Ort im Gefängnis ein paar Pillen versteckt hätte, und bat sie, diese für mich zu holen, weil sie mir den Entzug erleichtern würden. Ich glaubte nicht wirklich daran, dass sie sie finden, und bis zu mir schmuggeln würde. Aber am nächsten Tag kam sie wieder. Sie hatte einen Weg gefunden, mir die Pillen zukommen zu lassen, über eine Mitgefangene aus der Küche, die mir mein Essen bringen würde. Es gab auf der Rückseite von Yarrabrae Überwachungskameras, aber sie ließ das Risiko, dabei erwischt zu werden, wie sie mit mir sprach, völlig außer Acht – sie wusste eben, dass es mir schlecht ging, und war zu allem bereit, um mir zu helfen.

Sobald ich die Pillen hatte, zählte ich sie. Es waren nur an die 25 Stück, und ich wusste, dass das nicht genug war, um mich umzubringen – wie sehr ich wünschte, es wären mehr. Ich konnte den Gedanken nicht ertragen, mir eine Überdosis zu verpassen, um dann wieder aufzuwachen, darum benutzte ich die Tabletten letztlich nur dazu, mir den Entzug erträglicher zu machen.

Eine Woche später kam Ron zu einem 20-minütigen Besuch vorbei – wir waren durch eine Scheibe voneinander getrennt, da ich mein Privileg auf Kontakt-Besuche eingebüßt hatte. In gewisser Weise war ich froh, dass uns kein Körperkontakt erlaubt war und der Besuch auf 20 Minuten beschränkt war: Wenigstens begrenzte das die Zeit, die ich seinen Zorn und seine Enttäuschung über mich ergehen lassen musste. Er hatte kaum Hallo gesagt, als der Frust auch schon aus ihm hervorbrach: »Wie konntest du so etwas tun? Ich glaube das einfach nicht! Ist dir eigentlich klar, was das für Ali bedeutet?« Seine Fragen nahmen gar kein Ende mehr. Er wusste, dass ich keine Antworten hatte, hoffte aber wohl auf irgendeine halbwegs rationale Erklärung. Auch die blieb ich ihm schuldig.

Er setzte seine Litanei fort in seinem verzweifelten Bedürfnis nach Antworten. Was geht nur in deinem Kopf vor? Wann wirst du endlich aufhören zu lügen? Wann wirst du endlich aufhören, dieses verfluchte Zeug zu nehmen? Wann wirst du endlich Alis Bedürfnisse vor deine eigenen stellen? Ich saß mit hängendem Kopf da und wagte nicht zu fragen, wann ich Ali wiedersehen würde. Ich wusste, dass es sein Recht war, sich zu weigern, sie herzubringen. Ich erzählte ihm nicht, wie ich mich fühlte, und auch nichts von meiner Todessehnsucht. Ich wusste, dass er es nicht verstehen und nur als Selbstmitleid deuten würde. Zu wissen, warum er so geworden war, half mir auch nicht weiter. Es fügte der Waagschale meiner Nutzlosigkeit nur noch einige zusätzliche Punkte hinzu, und als ich in meine Zelle zurückkehrte, hüllte mich Finsternis ein. Ein paar Tage später, Ende April 1985, schrieb er mir einen Brief:

Liebe Helen,
ich bin sicher, dass mein Besuch am Samstag nicht dazu beigetragen hat, deine Einstellung zu ändern, aber rückblickend glaube ich nicht, dass ich dir meine Gefühle und Meinung deutlicher hätte machen können.
Trotz allem möchte ich dich, vorausgesetzt, wir können bezüglich der Zukunft eine Einigung treffen,

unterstützen, auch wenn ich wenig Hoffnung sehe und nicht weiß, was ich tun soll.

Ich will ja gar nicht, dass du glaubst, ich hielte mich für perfekt oder wäre unfehlbar. Es war in all den Jahren das erste Mal, dass ich diese Haltung eingenommen habe, und ich denke, ich hatte dazu auch allen Grund. Es wird dich nicht überraschen, dass nicht nur ich allein mich von dir hereingelegt fühle. Trotzdem will Elizabeth dich weiter unterstützen und hat einen Besuch am Sonntag vorgesehen, sofern das Gefängnis es erlaubt.

Unnötig zu erwähnen, dass die Episode vom vergangenen Freitag dich an einen Punkt ohne Wiederkehr geführt hat. Jetzt gibt es nur noch zwei Möglichkeiten: entweder du reißt dich zusammen und schaffst es, aus diesem Sumpf herauszukommen, oder aber du gehst endgültig unter. Wenn du ernsthaft da heraus willst, kannst du auf mich zählen.

Irgendwann werden wir uns über deine Zukunftsabsichten unterhalten müssen. Ich sage dir lieber gleich, dass ich weder für Selbstmitleid noch für Verweise auf die Vergangenheit offen sein werde. Ich will wissen, wie du die Zukunft angehen wirst, also denke vor unserem nächsten Gespräch gründlich darüber nach.

Ich weiß, dass du es schaffen willst, und das ist der einzige Grund, weshalb ich immer noch bereit bin, dir beizustehen.

Alles Liebe, Ron

Ich fühlte in mir und um mich herum nur Schwärze und sah einfach keinen Ausweg. Ich war zum Schatten meiner selbst geworden. Es wäre leichter gewesen zu sterben. Damals glaubte ich ernsthaft, das wäre für alle Beteiligten einschließlich Ali das Beste. Ich fühlte mich als

Mutter, als Schwester, als Mensch, als Versager. Ich wusste, dass Ron sich um Ali kümmern und ihr ein normales Leben ermöglichen würde, wenn dieses auch von mangelndem Gefühl geprägt sein würde. Ich glaubte, ihr nur zu schaden, da ich immer in neue Schwierigkeiten geriet. Ich konnte mir ein Leben ohne Heroin nicht vorstellen. Ich hatte noch nie erlebt, dass ein Junkie wirklich clean geworden wäre. Ich hielt das schlicht für unmöglich. Persönlich war ich nicht der Ansicht, dass Heroinsucht einen automatisch zum nutzlosen oder unintelligenten Subjekt machte – ich hatte »stoned« Prüfungen mit Auszeichnung bestanden –, aber der Rest der Gesellschaft gab mir als Süchtiger das Gefühl, wertlos zu sein.

Wie kann ich lernen, meinen Drogenkonsum zu kontrollieren?, wollte ich Ron fragen. Aber ich wagte es nicht. Ich wusste, dass ich es nicht konnte. Die Sucht war zu stark, zu übermächtig. Wie kann ich aufhören? Kann mir das vielleicht jemand sagen?, flehte ich lautlos, ohne ihm meine Gedanken anzuvertrauen.

Ich wusste außerdem, dass ich Vicki nicht wiedersehen würde. Als Besucherin würde man sie ganz sicher nicht mehr zu mir vorlassen. Tief im Inneren wusste ich, dass unsere Beziehung vorbei war, auch wenn ich noch nicht soweit war, mich dieser Realität zu stellen. Zwei Wochen später, Mitte Mai schrieb sie mir:

Meine liebe Helen,
Hallo, mein Schatz, wie geht es meiner Lieblingsfreundin? Ich habe gehört, die Situation ist immer noch sehr schwierig. Es kann nur besser werden, und du weißt ja, dass Ali und ich hier draußen auf dich warten. Das ist es, was wirklich zählt. Du und Ali seid für mich der einzige Grund durchzuhalten.

Ich bin nicht in derselben Situation wie du. Ich kann mir genug [Heroin] beschaffen, um Schluss zu machen, aber die Zukunft, unsere Zukunft, ist zu wichtig. Unglücklicherweise ist das die nächste Prüfung. Ich weiß nur eins: Der Stoff ist schuld an allem, was bei uns schief gelaufen ist. Das einzig Gute, das das Dope je bewirkt hätte, ist, dass wir uns kennen gelernt haben, alles andere war eine einzige Katastrophe. Also höchste Zeit, in dieser Hinsicht die Kurve zu kriegen. Ich gehe am Freitag zu einem Psychiater. Er gehört einem neuen »Forensischen Drogen- und Alkoholdezernat« an, das die Strafvollzugsbehörde ins Leben gerufen hat. Ich bin nicht ganz sicher, was da alles passiert, aber es ist ein Anfang.

Wenn du Dummheiten machst, dann ... Ich liebe dich, Helen. Ich kann und will ohne dich nicht weitermachen. Du bedeutest mir alles, und wir brauchen dich, Ali und ich. Ich weiß ja, dass es schwer ist, aber wir haben eine Zukunft, und die Zeit wird einigermaßen schnell vergehen, okay?!

Der Höhepunkt des heutigen Tages war eine Unterhaltung mit Ali. Ich habe gegen halb fünf mit ihr gesprochen, und es geht ihr gut. Wir haben zusammen gesungen und über Verschiedenes geredet, und sie war bester Laune. Du solltest stolz auf dich sein, mein Schatz, du hast da nämlich eine zauberhafte kleine Lady in die Welt gesetzt, die es gar nicht erwarten kann, dass wir wieder alle zusammen sind, du, sie und ich, in dieser Reihenfolge!

Ich habe an den vergangenen Abenden versucht, Corliss zu erreichen. Ich weiß noch nicht genau, was ich ihr sagen werde, aber ich habe einfach das Gefühl, mit ihr reden zu müssen.

So, ich werde jetzt versuchen, etwas zu schlafen. Ich

*werde für den Augenblick Schluss machen und dann
später weiterschreiben. Ich weiß, dass ich mich wie-
derhole, aber ich möchte, dass du das, was passiert
ist, abhakst und nach vorne schaust. Gemeinsam werden wir es schaffen. Also dann ... Ich werde dich immer lieben, Vicki*

Im weiteren Verlauf des Briefes wurde Vickis Schrift immer unleserlicher, woran ich erkannte, dass sie stoned
war. In meiner derzeitigen seelischen Verfassung und in
Anbetracht des körperlichen Entzugs war das mehr, als
ich ertragen konnte.

Ich hockte Stunde um Stunde in der kargen Strafzel-
le (wer im Strafblock sitzt, darf auch nicht zur Arbeit
gehen) und dachte über meine Möglichkeiten nach. Ich
konnte mich entweder umbringen oder ändern – das
war alles. Aus Stunden wurden Tage, aus Tagen Wochen. Ich wusste nicht mehr, ob ich noch beobachtet
wurde. Mir war alles, was inner- und außerhalb von mir
geschah, gleichgültig. In den langen einsamen Nächten
in meiner Zelle malte ich mir verschiedene Möglichkeiten aus, mich zu töten. Ich sah mich mit aufge-
schnittenen Pulsadern in meinem Blut liegen, im
schmucklosen Gefängnisbad leblos in der Dusche bau-
meln, nach einer Überdosis tot auf dem Bett, so friedlich als würde ich schlafen – dieses letzte Szenario wäre mir das liebste gewesen. Es gab viele Möglichkeiten,
und sie alle bis ins Detail durchzudenken gab mir das
Gefühl, ein konkretes Ziel vor Augen zu haben.
Manchmal war ich so wütend und verzweifelt, dass ich
alles in der Zelle kurz und klein schlagen wollte, aber
sie war so karg eingerichtet, dass es da nicht viel zu tun
gab. Dann wieder wollte ich einfach einschlafen und
nie wieder aufwachen. Emotionen wurden hier nicht

gerne gesehen; es war kein Ort, an dem man dazu ermutigt wurde, sich selbst als ein Wesen mit Gefühlen zu betrachten.

Nach zwei Wochen wurde ich vom Strafblock in einen Zellenblock von Yarrabrae verlegt. Man brachte mir nicht mehr genug Vertrauen entgegen, um mich in den Cottages wohnen zu lassen. Mir machte das nichts aus; mir war es egal, wo ich wohnte. Ich fühlte mich wie ein Roboter. Wie sehr ich wünschte, ich könnte meine seelischen Qualen loswerden, aber ich schaffte es einfach nicht, mein Herz musste also doch noch irgendwo versteckt in mir arbeiten.

Ich schrieb verzweifelte Briefe an Vicki, und sie antwortete in ganz ähnlichem Stil. Tagsüber trug ich ihre Briefe bei mir.

Ich wusste, dass ich bestraft werden musste für Verbrechen, die ich begangen hatte, aber es machte trotzdem keinen Sinn. So funktionierte das System eben. Ich wusste, dass es kriminell war, Heroin zum Eigenkonsum ins Gefängnis einzuschmuggeln. Wie immer war ich wieder einmal für meine Drogensucht bestraft worden, ohne dass man auch nur erwogen hätte, mich medizinisch oder psychologisch zu betreuen. Sie verstanden einfach nicht, dass ich, wenn ich Heroin konsumierte, nicht etwa versuchte, das System zu überlisten oder ihnen eins auszuwischen. Ich versuchte nur, einen Grund zu finden, mich nicht umzubringen. Fast mein ganzes Leben hatte ich das Gefühl gehabt, nicht dazuzugehören. Ich dachte nicht wie der Rest der Gesellschaft. Vielleicht war das mein größtes Verbrechen.

Ich fühlte mich so elend, dass nichts, was Smith oder das Gefängnis mir wegnahmen, mich noch berührte. Ich hatte bereits alles verloren, was mir etwas bedeutete, und der Verlust der Kontakt-Besuche ließ mich entsprechend kalt. Smith schien das nicht zu begreifen. Offenbar überstieg es sein Begriffsvermögen, dass er keine Macht mehr über mich hatte. Dieses Wissen tröstete mich ein wenig. Ich sah nicht einmal mehr Ali. Ich bastelte ihr jeden zweiten oder dritten Tag eine Karte und schrieb ihr, aber ich wusste, dass ich es nicht ertragen würde, sie zu sehen und dann wieder von ihr Abschied zu nehmen. Ich hatte nie geglaubt, dass ich ihr eine schlechte Mutter gewesen war, aber inzwischen schien sogar Ron diese Ansicht zu vertreten. Ich würde das nie begreifen. Sie fehlte mir.

Smith versuchte, mich kleinzukriegen, indem er mir meine Unterrichtsstunden strich. »Sie werden künftig in der Schneiderei arbeiten. Das wird bis auf weiteres Ihr neuer Posten sein.«

»Meinetwegen«, entgegnete ich ruhig. Ich hasste Nähen, und die Schneiderei war für mich der grässlichste Posten im ganzen Gefängnis. Früher hätte diese Strafversetzung mich getroffen, aber jetzt kratzte es mich nicht mehr. Ich wandte mich ab und ging.

Eine Woche später wurde ich erneut zum Direktor gerufen, und mir wurde mitgeteilt, dass mir der Hafturlaub gestrichen worden war. Als ob mir das nicht längst klar gewesen wäre. Außerdem teilte er mir mit, dass ich aller Wahrscheinlichkeit nach bis zum Ende meiner Haftstrafe keinen Urlaub mehr bekommen würde.

»Wie Sie meinen«, sagte ich nur ruhig und ging. Ich wusste sowieso nicht mit der Welt da draußen umzugehen. Ich wollte nicht einmal mehr meine Zelle verlassen, geschweige denn das Gefängnis.

Zwei Monate später begann ihm wohl zu dämmern, dass keine seiner Strafmaßnahmen mich berührte. Ich befand mich in einem Zustand chronischer Depressionen, sodass für mich nichts mehr von Bedeutung war.

Ich glaube nicht, dass er etwas von Gefühlen wie Trauer verstand. Hiernach bekam ich ihn lange nicht mehr allein zu Gesicht. Das Spiel war aus – zumindest vorübergehend –, wie ich mit einer gewissen Erleichterung registrierte.

Ich hatte angefangen, den Morgen zu fürchten, weil ich nicht aufwachen, aufstehen, duschen oder meine Zelle verlassen wollte. Ich fühlte eine Art schmerzlicher Taubheit. Das Gefühl ließ mich in keiner Minute los, außer wenn ich schlief, und dann stürzte ich in einen ganz anderen Horror. Ich hatte immer noch Drogen-Träume, böse Träume, aus denen ich schweißgebadet und schreiend hoch schreckte, erfüllt von einer quälenden Furcht, wie ich sie noch nie zuvor erlebt hatte. Ich muss sehr oft im Schlaf geschrien haben, da meine Freundin Rikki aus dem benachbarten Zellenblock mich häufig nachts durch Rufen weckte.

»Barny?«, rief sie mich bei meinem Spitznamen. »Bist du okay? Was machst du denn? Barny! Sprich mit mir ... Kannst du mich hören?« Es war, als würde sie Nachtwache halten, seit ich erwischt worden und in Depressionen verfallen war. Jeden Abend nach dem Umschluss unterhielt sie sich durch die Wand von ihrer Zelle aus mit mir, und ich rief zurück. Manchmal schrieb sie mir nach dem Umschluss auch einen Brief: »Halt durch, Barny, du musst durchhalten«, flehte sie. Sie war selbst schon einmal in dieses schwarze Loch gefallen und wusste, dass ich darüber Bescheid wusste. Wenn ich die Energie aufbrachte, beantwortete ich ihre Briefe. Wir fanden immer einen Weg, sie uns zukommen zu lassen, indem wir sie mit Hilfe eines Flaschenzugsystems an einem Baumwollfaden unter den Türen her zogen. Das lenkte mich eine Weile von meinem Selbstmitleid ab und war hilfreich. Manchmal schaffte

sie es sogar, mich trotz meiner Verzweiflung zum Lachen zu bringen.

Ich hatte tagsüber nicht viel Kontakt zu Rikki, weil sie
im Garten arbeitete und ich in der Schneiderei eingesperrt war, aber wann immer möglich, verbrachte sie
Zeit mit mir, nahm mich unter ihre Fittiche und kümmerte sich um mich. Auch nach meiner Verlegung vom
Strafblock in einen »normalen« Zellenblock von Yarrabrae fürchtete sie weiterhin, ich könnte etwas Dummes
tun, zum Beispiel versuchen, mich umzubringen. Das
wirkte meinem Gefühl der Isolation entgegen, und sie
behielt mich weiter im Auge, obwohl ich ihr nichts zurückgeben konnte.

Ein Lichtblick in dieser schwärzesten Zeit meines
Lebens war der, dass sich der Job in der Schneiderei,
von dem ich erwartet hatte, dass ich ihn hassen würde,
als genau richtig erwies. Die Arbeit erforderte keine
Konzentration, und ich konnte den ganzen Tag allein
vor meiner Maschine sitzen und ihrem Rattern lauschen. Ich musste mit niemandem reden. Ich kannte keine der anderen Frauen in der Schneiderei besonders gut,
aber im Laufe der Zeit kamen wir uns etwas näher. Der
kratzbürstige Teil von mir wollte Smith wissen lassen,
wie gut mir mein neuer Job gefiel, aber ich hielt mich
zurück. Ich hatte nicht die Energie, mit Smith zu streiten, und im Übrigen hatte ich viel zu viel Angst davor.
Am liebsten wäre es mir gewesen, wenn ich ihn nie wieder hätte sehen müssen. Wenigstens war meine Reaktion ein Zeichen dafür, dass »Leben« in mir war, und
das lenkte mich vorübergehend von meiner Todessehnsucht ab.

Ich hörte auf zu lernen, wusste nicht, wann ich den
Unterricht wieder würde aufnehmen dürfen, und an diesem Punkt war mir das auch ziemlich egal. Ich hatte kei-

ne Zukunftspläne. Ich schloss in der Schneiderei neue Freundschaften, und alle dort verstanden, was ich durchmachte. Sie waren so nett zu mir. Kerry und ihre Schwester Karen wurden gute Kolleginnen. Eines Morgens, als Kerry und ich durch das Tor von Yarrabrae gingen, überkam mich ganz plötzlich bodenlose Traurigkeit ... das passierte manchmal, aus heiterem Himmel, ganz ohne Vorwarnung. Als sie spürte, dass mit mir etwas nicht stimmte, wandte Kerry sich mir zu, legte die Arme um mich und hielt mich einfach eine Weile fest. Mein ganzer Körper bebte von trockenem, tränenlosem Schluchzen. Ich fühlte mich in ihren Armen geborgen. Ich brauchte nichts zu sagen – sie hatte selbst Kinder. Wir blockierten die Tür, und die anderen Frauen mussten um uns herumgehen, aber niemand beklagte sich. Sie freuten sich für mich, dass ich in dieser tristen Welt etwas Trost fand. »Danke«, sagte ich schließlich, als ich mich einigermaßen beruhigt hatte, und wir gingen weiter zur Schneiderei.

In dieser Zeit bekam ich fast täglich Post von Vicki und schrieb ebenso regelmäßig zurück, aber am 12. Juni 1985 erhielt ich einen Brief, der für viele Monate der letzte sein sollte. Aus irgendeinem Grund hörte sie einfach auf, mir zu schreiben, und sie meldete sich auch nicht bei Ron, um Ali sprechen oder sehen zu dürfen. Nach ein paar Wochen ohne Post war ich gerade im Bildungszentrum, als eine Mitarbeiterin der Heilsarmee mir erzählte, sie hätte Vicki vor Gericht mit einer anderen Frau mit kleinem Kind gesehen. Aus ihrer Beschreibung dieser anderen Frau schloss ich, dass es sich um Vickis Ex-Freundin handelte. Kein Brief, keine Erklärung, kein Wort – unsere Beziehung hörte einfach auf.

Ich verspürte wieder den vertrauten Schmerz in der

Herzgegend, aber ich ließ die Frau nicht merken, wie weh sie mir mit ihrer Neuigkeit getan hatte. Nachdem sie gegangen war, wandte ich mich Lynda zu, die Vicki und ihre Ex-Freundin gut kannte.

»Du weißt, mit wem Vicki zusammen ist, stimmt's?«, sagte sie leise. Sie verstand sehr gut, wie ich mich fühlen musste.

»Ja, ich kann es mir denken. Mit ihrer Ex, richtig?«, fragte ich sie, in der Hoffnung, sie wüsste vielleicht eine andere Erklärung.

»Ich halte das zumindest für sehr wahrscheinlich«, entgegnete sie.

»Scheiße! Wie konnte sie das tun?«, rief ich aus, eine Frage, die sich ebenso an mich selbst richtete wie an sie.

»Ich weiß es nicht«, entgegnete sie. »Ich weiß es wirklich nicht.«

Ich brachte kein Wort mehr heraus; der Kloß in meinem Hals war zu groß geworden. Im Bildungszentrum waren zu viele Menschen um mich herum, also verschaffte ich mir mit einer Ausrede die Erlaubnis, mich für einige Zeit in meine Zelle zurückziehen zu dürfen. Ich ließ mich auf die Bettkante sinken und schüttelte ungläubig den Kopf.

Alle meine Hoffnungen und Träume von einer Zukunft zu dritt wurden von der Flut erfasst und auf Nimmerwiedersehen aufs Meer hinausgetragen. Es hinterließ ein Brennen in meinem Herzen; es kam mir so unfair vor.

Etwa drei Monate nachdem man uns beim Heroinschmuggel erwischt hatte, wurde ich erneut zum Direktor gerufen.

»Es ist ein Psychiater hier, der Sie sprechen möchte«, sagte Smith, als ich sein Büro betrat. Ich war perplex. Die Hilfe, um die ich drei Monate zuvor ersucht hatte, war endlich angekommen. Beinahe hätte ich ihm ins Gesicht gelacht.

»Er kommt ein wenig spät, danke«, entgegnete ich.

»Möchten Sie ihn jetzt sehen oder nicht?«, fragte er, schon wieder kurz davor, die Geduld mit mir zu verlieren.

»Ja, ich spreche mit ihm«, entgegnete ich.

Wie sich herausstellte, hatte Frank, der immer noch in Pentridge saß, gehört, dass es mir schlecht ging, und den Besuch des Psychiaters organisiert.

»Das war nett von ihm«, sagte ich zu dem Psychiater, »aber in der Krise steckte ich vor drei Monaten, das Ganze kommt also etwas spät. Ich denke, ich komme jetzt alleine klar, trotzdem vielen Dank.« Wir unterhielten uns noch ein paar Minuten, und dann ging er wieder. Das war die einzige Hilfe, die mir in all den Jahren angeboten wurde. Rückblickend erstaunt es mich, dass ich es überlebt habe.

In den zwei Jahren, die er als Direktor von Fairlea agierte, verbreitete Smith Angst und Schrecken. Schließlich brachten dann genügend Frauen und sogar einige Vollzugsbeamte den Mut auf, verschiedene Zwischenfälle an höherer Stelle zu melden. Smith wurde angeklagt und vor Gericht gestellt. Logische Konsequenz hiervon war, dass er seines Amtes enthoben wurde. Er wurde schließlich »nicht schuldig« befunden, kehrte jedoch nie nach Fairlea zurück und wurde auch nicht mit der Leitung eines anderen Gefängnisses betraut. Er verließ uns ziemlich plötzlich im letzten Quartal 1985 und wurde für einige Monate von einem provisorischen Direktor abgelöst. Der neue Gefängnis-Chef war in Ordnung – es konnte ja nur besser werden. Unser endgültiger Direktor übernahm seinen Posten erst 1986.

Mit mir ging es langsam bergauf. Ich würde ja gerne

behaupten, ich wäre ganz plötzlich »stark« geworden, aber das stimmt nicht. Es war zwar nicht meine freie Entscheidung gewesen, sondern hatte sich zwangsläufig so ergeben, aber ich nahm keine Drogen mehr. Obwohl ich immer noch tieftraurig war wegen Vicki und der Trennung von Ali, fing ich nach und nach an, wieder zu sprechen. Ganz langsam ließ der Schmerz nach, den ich schon morgens beim Aufwachen verspürt hatte. Es war ein sehr zögerlicher Prozess, und wenn es mir gelungen wäre, mir Heroin zu beschaffen, wäre ich sofort rückfällig geworden, aber meine Quellen waren endgültig versiegt. Und nachdem einige Zeit verstrichen war, in der ich meine Seelenqualen nicht chemisch hatte lindern können, ließ mein Verlangen nach Heroin immer mehr nach. Für mich war es ungewohnt, kein ständiges Verlangen mehr nach Heroin zu verspüren, aber mir war klar, dass ich ganz unten gewesen war, hart an der Grenze.

Zum ersten Mal seit ich begonnen hatte, Heroin zu konsumieren, stellte ich einen direkten Zusammenhang her zwischen meiner Sucht und meinen Qualen, und in mir keimte die Hoffnung, dass, wenn ich nur lange genug ohne Stoff aushielt, ich doch noch zu einer Art innerem Frieden finden würde. Meine Denkweise änderte sich. Meine Einstellung wandelte sich dahingehend, dass ich mir jetzt sagte, ein weiterer Schuss käme dem Entschluss gleich, zu sterben. Ich hatte endlich den Bezug zwischen Heroinkonsum und Elend hergestellt, und mir war klar, dass ich einen weiteren Absturz nicht überleben würde. Ich wollte nie wieder in dieses tiefe schwarze Loch fallen; zu wissen, wie nah ich dem Selbstmord gewesen war, hatte mich aufgerüttelt. Ich fühlte nicht viel, aber wenigstens lernte ich zu existieren, und würde das, was man »Leben« nannte, doch nicht von eigener Hand beenden. Ich hatte beschlossen, einen Weg zu finden, weiterzumachen, wobei mein Hauptproblem darin bestand, dass ich es immer noch nicht ertragen konnte, Ali zu sehen. Ich wusste einfach nicht, ob ich jemals wieder in der Lage sein würde, ihr auf Wiedersehen zu sagen.

Teil III

GEBURT

Kapitel 15

ICH STELLE MICH DEN DÄMONEN

Ich brachte einen Tag nach dem anderen hinter mich auf der Suche nach einem Lebensziel. Morgens stand ich auf, ging zur Arbeit, holte am Nachmittag meine Post ab und aß zu Abend, bevor ich erst in meinem Zellenblock und später in meiner Zelle eingeschlossen wurde. Und am nächsten Tag fing ich dann wieder von vorne an. Es war ein tristes Dasein, wenn man Erfüllung außerhalb seiner selbst suchte. Ich hatte nicht einmal mehr ein Klavier im Gefängnis. Nachdem Vicki geschnappt worden war, hatte Smith gedroht, das Klavier einfach »an die Luft zu setzen«, wenn ich es nicht abholen ließ. Wieder einmal war es Ron, der mir zur Hilfe kam und es holen ließ, bevor Smith seine Drohung wahr machen konnte.

Es gab für mich keine Höhen und Tiefen mehr; ich wäre mit Schwankungen sowieso nicht klargekommen. Ich versuchte einfach nur zu existieren, auch wenn ich noch nicht sicher war, wozu. Ich hatte immer noch nichts von Vicki gehört, und da ich sie so gut kannte, rechnete ich damit, dass Schuldgefühle, Scham und das Gefühl, versagt zu haben, sie auch in Zukunft davon abhalten würden, sich bei mir zu melden. Im Grunde war ich erleichtert, da mich der emotionale Aufruhr, den jeder Kontakt mit ihr nach sich gezogen hätte, nur schwächte. Ich brauchte noch etwas Zeit, bevor ich mich solchen Prüfungen stellen konnte.

Mitte 1985 sprach Ron wieder mit mir. Seit seinem letzten Besuch vor zwei Monaten hatte er sich nicht in der Lage gesehen, mir von Angesicht zu Angesicht gegenüberzutreten. Er war immer noch frustriert und wütend, aber wir hatten uns geschrieben, und ich hoffte, dass meine veränderte Einstellung ihm Mut machte. Natürlich war es noch zu früh, als dass er auf das hätte vertrauen können, was ich ihm in meinen Briefen versprochen hatte. Jetzt lag es bei mir, mich in Geduld zu üben.

Ich übertrug ihm die alleinige Entscheidungsgewalt in Bezug auf Ali. Obwohl er praktisch bereits sämtliche Entscheidungen traf, war dies mein erstes verbales Eingeständnis meiner Überforderung. »Ich bin noch nicht soweit, auf irgendeiner Ebene rationale Entscheidungen zu treffen, am allerwenigsten, was meine Tochter betrifft. Ich traue mir diesbezüglich selbst nicht«, sagte ich ihm am Telefon. Zum ersten Mal war es mir möglich, realistisch und ehrlich zu sein, anstatt mich von Scham und Schuldgefühlen leiten zu lassen. Zum ersten Mal machte ich mir keine Gedanken darüber, wie nutzlos diese Worte mich erscheinen lassen mochten. Ich konnte ganz offen und ohne Selbstmitleid dazu stehen, wie hilflos ich mich fühlte. Ron konnte das damals noch nicht wissen, aber für mich war das eine profunde Veränderung meiner Denkweise. Mit dieser Übertragung von Verantwortung auf andere ging die Hoffnung einher, eines Tages wieder das Gefühl zu haben, ein Mensch zu sein, der es verdient hatte zu leben, Seite an Seite mit anderen Menschen. Wenn ich das konnte, konnte ich auch wieder Alis Mutter sein – dann würde ich diese Mutterrolle nicht mehr brauchen, sondern einfach nur ihre Mutter *sein*. Aber erst musste ich zu mir selbst finden.

»Ja. Das geht in Ordnung. Wenn du es so haben möchtest«, entgegnete Ron. Wie zur Rechtfertigung wiederholte ich am Telefon noch einmal: »Ich fühle mich dazu einfach noch nicht in der Lage. Ich fühle mich so nutzlos. Ich weiß, dass ich keine so zauberhafte Tochter verdient habe.« Der Schuldmechanismus hatte sich wieder eingeklinkt.

»Nimm dir alle Zeit, die du brauchst, um mit dir ins Reine zu kommen. Ali ist in guten Händen. Du brauchst dir um sie keine Sorgen zu machen. Konzentriere dich nur darauf, dein Leben wieder in den Griff zu bekommen.«

Das verschaffte mir etwas Luft. Ich wusste, dass ich nicht so weitermachen konnte wie zuvor, wenn mir auch noch nicht klar war, wie ich etwas ändern sollte oder was das für ein Gefühl sein würde. Ich sehnte mich verzweifelt danach, wieder glücklich zu sein. Ich nehme an, das ist das Ziel jedes Drogensüchtigen – ewiges Glück.

Auf unser Gespräch hin schrieb er mir einen langen Brief. Vielleicht hatte er ja gespürt, dass ich es ernst meinte damit, mich ändern zu wollen.

Ich hoffe, deine Situation hat sich trotz aller Einschränkungen etwas entspannt. Du wirst erleichtert sein zu erfahren, dass es Ali gut geht und ihr Aufenthalt bei Dad diese Woche ihr offenbar großen Spaß macht.

Was unser spezielles Problem anbelangt, habe ich dir noch nicht abschließend gesagt, was ich denke, aber wenn ich dir meine Gedanken mitteilen möchte, dann nicht, um dich zu kritisieren, sondern um dir eine objektive Sicht der Dinge zu geben, über die du nachdenken und von der du vielleicht etwas lernen kannst. Ich habe nicht die Absicht – und es war auch bei meinem Besuch nicht meine Absicht –, dich niederzuma-

chen. *Was du bei meinem Besuch gesehen hast, war ein hilfloser Bruder, der verzweifelt versuchte, dazu beizutragen, in deinem Leben eine Wende zum Besseren herbeizuführen. Glaub mir, ich verstehe sehr wohl, wie hart es sein muss, aber ich versuche, dich auf die positiven Aspekte in deinem Leben hinzuweisen, anstatt auf die negativen, die dich in deine verschiedenen Abhängigkeiten geführt haben. Meine Hauptsorge und die Wurzel all dieser Probleme ist dein Bedürfnis nach Abhängigkeit, nicht nur in Form von Drogen, sondern auch in Bezug auf Vicki und Ali. Wir haben schon über das Bedürfnis gesprochen, zufrieden mit dir selbst zu sein, bevor Kinder und Beziehungen wirklich eine Bereicherung sein können. Besitzt man erst diese Kraft, übersteht man auch die weniger angenehmen Augenblicke im Leben. Du kannst mangelndes Selbstwertgefühl nicht dadurch wettmachen, dass du dich mit Beziehungen umgibst, seien diese romantischer oder anderer Natur.*

Die meisten Sorgen mache ich mir gegenwärtig um Alis langfristige Zukunft. Du weißt sicher noch, wie du mich damals, als du schwanger warst, in Franks Billardzimmer gefragt hast, ob du das Baby behalten sollst. Ich sagte »nein«, weil dein Leben so durcheinander war und du mit einer Haftstrafe rechnen musstest. Du hast nicht auf mich gehört, und ich habe dich unterstützt, obwohl meine Prognose sich als zutreffend erwiesen hat. Ich weiß nicht recht, welche Auswirkungen das alles auf Ali haben wird. Ich denke, du hast ein ehrliches Interesse an Ali. Du sagt, sie gibt dir so viel, du lebst für sie und den Tag, an dem ihr wieder vereint seid, damit du alles wieder gutmachen kannst – das ist ein bewundernswertes Ziel, von dem ich hoffe, dass du es realisieren kannst. Trotzdem hast du in der

Vergangenheit Drogen und auch Vicki vor das Wohlergehen deines Kindes gestellt. Ich hoffe sehr, dass du dein Augenmerk künftig auf ihre Zukunft richten wirst und darauf, wie du diese sichern willst, vorrangig vor deinen partnerschaftlichen Beziehungen, heterosexueller oder anderer Art. Ich hoffe, das klingt für dich nicht zu hart. Wenn Ali dir so viel bedeutet wie du behauptest (und ich glaube dir), ist kein Opfer zu groß, um ihr Glück zu sichern.

Du musst dir vor allem klar machen, dass Drogen ein Problem niemals lösen können, dass sie niemals Depressionen beseitigen können, sondern lediglich darüber hinwegtäuschen. Sie sorgen nicht für eine sorglose Zukunft, und sie machen dich auch nicht stärker, sondern rauben dir die Kraft, dich einer Zukunft zu stellen, die nicht so rosig ist. Niemand führt ein perfektes Leben, aber mit Entschlossenheit und Optimismus kann man viel erreichen und auch die meiste Zeit glücklich und zufrieden sein. Solange du das für dich nicht erkannt hast, besteht keine Hoffnung für dich.

In deinem letzten Brief hast du geschrieben, man hätte dir das Klavier und den Unterricht gestrichen, aber du sagtest auch, dass du dich dann eben verstärkt auf das Gitarrespielen und die Musik konzentrieren willst. Das ist ein praktisches Beispiel dafür, Probleme zu überwinden und sich neue Ziele zu setzen.

Als letzten Punkt möchte ich ansprechen, dass du offenbar nicht weißt, wo das eigentliche Problem liegt. In deinem ersten Brief beginnst du einen Absatz mit »Ich will versuchen, dir mein Problem zu erklären. Ich habe das Gefühl, dass du die Situation einfach nicht verstehst«. Aber du erklärst gar nichts, sondern sprichst gleich wieder von ganz anderen Dingen. An anderer Stelle schreibst du von deiner Trennung von

Ali und Vicki, aber sie sind nur Begleiterscheinungen deines Problems, nicht dessen Ursprung. Dieses Urproblem musst du lösen, erst dann wirst du in der Lage sein, die Höhen und Tiefen des Lebens zu meistern. Nachdem ich diesen Brief noch einmal durchgelesen habe, hoffe ich, dass er dich nicht zu sehr verwirrt und du ihn nicht als Kritik auffasst. Vielmehr hoffe ich, dass er dir hilft, klarer zu sehen. Ich kann nicht viel für dich tun, solange du eingesperrt bist, aber verliere nicht die Hoffnung, ich tue es auch nicht.

Ich freue mich, wenn du schreibst, aber fühle dich dazu nicht verpflichtet. Wenn du schreiben möchtest, um den Kontakt zu halten, super, wenn du es aber vorziehst, dich erst zu melden, wenn du etwas Positives zu berichten hast, ist das für mich auch okay!

Alles Liebe,

Ron

Ich las diesen Brief, wenn ich abends allein in meiner Zelle war, gleich mehrmals. Vielleicht zum ersten Mal fasste ich die Worte meines Bruders nicht als Kritik auf. Mir lag so viel daran, eine Veränderung in meinem Leben herbeizuführen, dass ich bei dem Wort »Abhängigkeit« aufhorchte. Bisher hatte ich immer angenommen, meine Drogenabhängigkeit sei das ganze Problem. Ich hatte immer gedacht, das Heroin hätte eine magische Macht über mich, etwas, worauf ich keinen Einfluss hatte, das sich meiner Kontrolle entzog. So war es mir immer vorgekommen, zumindest seit ich süchtig geworden war. Ich hatte immer angenommen, ich hätte ein genetisch bedingtes, dauerhaftes Verlangen nach Drogen, das anderen Leuten nicht in die Wiege gelegt worden war. Das bedeutete, dass ich nichts dafür konnte, aber andererseits hieß es auch, dass ich dagegen machtlos war. Mit diesem Konzept, von meiner Persönlichkeit her ein Typ zu sein, der zu »Abhängigkeit« neigte, konnte ich etwas anfangen.

Im August 1985, zwei Monate nach diesem Brief von Ron, wurden in Fairlea erstmals Treffen von Narcotics Anonymous angeboten. Sie wurden einmal die Woche abends im Gemeinschaftssaal in Yarrabrae abgehalten und von einem halben Dutzend Personen von außerhalb des Gefängnisses organisiert. Bei Narcotics Anonymous (NA) handelt es sich um ein Programm in 12 Schritten, ganz ähnlich jenem der Anonymen Alkoholiker (AA), nur dass die Betroffenen eben drogen- und nicht alkoholabhängig sind. Die Philosophie beruht darauf, Drogensucht als Krankheit anzusehen, und NA ist ein Abstinenz-Programm mit dem Ziel, von jeglichen Drogen wegzukommen, von sämtlichen bewusstseinsverändernden Substanzen, wozu auch Alkohol gehört. Mitglieder sind Menschen, die versuchen, von der Drogensucht loszukommen, und Treffen gibt es jeden Tag und jeden Abend überall in Australien. Bei den Meetings, die von einer gewählten Person geleitet werden, werden die zwölf Schritte des Programms detailliert besprochen, und Leute aus dem Publikum stehen auf und erzählen ihre persönliche Geschichte. »Anonym« sind die Treffen deshalb, weil man sich dort auf Vornamen beschränkt. Es handelt sich um ein internationales Programm, das seinen Ursprung bei den AA in den USA hat.

Die Leute, die die Treffen im Gefängnis organisierten, waren entweder ehemalige Konsumenten oder Süchtige, die noch darum kämpften, sich von der Macht der Drogen zu befreien. Wie der Theater-Workshop war auch diese sinnvolle Hilfe für drogensüchtige Häftlinge keine Initiative der Strafvollzugsbehörde. Vielmehr war NA von sich aus an die Gefängnisleitung herangetreten, da die Organisation bereits Treffen in einigen Männergefängnissen abhielt und auch AA bereits Treffen in Fairlea abgehalten hatte. Unser provisorischer Direktor, der aus Pentridge kam, erlaubte die Treffen gern.

Ich beschloss, einen Versuch zu wagen, da ich alle Hilfe brauchen konnte. Beim ersten Treffen war ich noch sehr misstrauisch. Ich sah ihnen tief in die Augen, um zu sehen, ob ihre Pupillen verengt waren – ein untrügerisches Zeichen für Heroinkonsum –, aber dem war nicht so. Tatsächlich sahen sie ziemlich gesund aus. Beim ersten Treffen brachte ich noch nicht den Mut auf, mich zu melden, aber ich sperrte Augen und Ohren auf!

Eine Woche verging, und ich nahm – immer noch argwöhnisch – am nächsten Treffen teil. Ich glaubte keine Sekunde, dass sie wahrhaftig endgültig ihre Drogensucht überwunden hatten. Auch diesmal war ich zu schüchtern, um etwas zu sagen, aber ich hörte wieder aufmerksam zu. Ich fragte mich, warum sie eigene Zeit opferten, um mit uns zu sprechen. Ich hätte nie gedacht, dass sich jemand für uns interessieren könnte!

Nach zwei weiteren Wochen wurde mir bewusst, dass ich anfing, mich auf die NA-Treffen am Dienstagabend zu freuen. Ich war zu dem Schluss gekommen, dass diese Menschen »echt« waren, dass sie es ernst meinten. Sie verhielten sich anders als die Vertreter christlicher Organisationen, die ins Gefängnis kamen und von Gott faselten. Die Christen schienen mich immer auf dem Kieker zu haben – offenbar stand mir ins Gesicht geschrieben »Kommt und rettet mich!« Vielleicht hatte ich ja einen verlorenen, hilflosen Blick.

Die Leute von NA sprachen von ganz alltäglichen Schwierigkeiten und davon, dass das Leben nun einmal nicht immer das reinste Zuckerschlecken war. Das gefiel mir – das klang realistisch, da ich ja am eigenen Leib erfahren hatte, wie schwierig das Leben sein konnte.

Nachdem einem Monat meinten die NA-Leute von außerhalb, dass es an der Zeit wäre, dass jemand von »drinnen« die Leitung übernahm, und suchten nach einer geeigneten Vorsitzenden. Ich senkte sofort den Kopf und gab mir alle Mühe, unbedeutend auszusehen – ich versuchte praktisch, mich unsichtbar zu machen, da ich ja wusste, dass nur ein halbes Dutzend Häftlinge zur Verfügung stand. Dann hörte ich eine Freundin laut meinen Namen sagen.

»Scheiße! Halt die Klappe!«, knurrte ich und schrumpfte förmlich auf meinem Stuhl in mich zusammen. »Die ahnen ja nicht, wie schüchtern ich bin.« Ich hatte bisher kaum mehr als meinen Namen gesagt, auch wenn ich mich nach den Treffen immerhin so wohl gefühlt hatte, in den fünf bis zehn Minuten, bis die Beamten kamen, um sie wegzubringen, locker mit unseren Beratern zu plaudern.

Ich fühlte, wie mir brennende Röte ins Gesicht stieg, während ich weiter auf den Boden starrte und mich möglichst klein machte. Gedanken wirbelten mir wild durch den Kopf, aber ich erkannte, dass das eine Gelegenheit war, eine Art Test. Ich konnte entweder weglaufen und mich verkriechen, so wie ich es die letzten Jahre gemacht hatte, oder ich stand auf und übernahm die Führung. Im nächsten Augenblick tat ich etwas, das ich seit meiner Kindheit nicht mehr fertig gebracht hatte. Ich blickte auf, immer noch ganz rot vor Verlegenheit, und erklärte mich einverstanden, die Rolle der Gruppenleiterin zu übernehmen. Wenn ich darüber nachdachte, ergab es durchaus einen Sinn – immerhin würde ich noch eine ganze Weile da sein! Beim Sprechen wich die Röte langsam aus meinem Gesicht, und ich fühlte mich ... nicht wohl, nein, aber doch zufrieden mit mir. In gewisser Weise genoss ich ziemlichen Respekt bei den anderen Häftlingen, teils, weil Vicki und ich einiges durchgesetzt hatten wie die Basketballspiele und den Großeinkauf im Quartal. Aber damals hatte ich noch Vicki an meiner Seite gehabt, während ich jetzt ganz allein auf mich gestellt war. Außerdem denke ich, dass die meisten Frauen mir Respekt entgegenbrachten, allein deshalb, weil ich eine so lange Haftstrafe zu verbüßen hatte.

Von diesem Abend an zwang ich mich, bei jedem Treffen zu den anderen zu sprechen. Jedes Mal, wenn ich das Wort ergriff, lief ich rot an, aber ich fand mich damit ab und ließ es geschehen, und dann, nach ein paar Monaten, verflog die Schüchternheit, und ich konnte frei vor den anderen sprechen. Das war ein Fortschritt, und ich war sehr stolz auf mich. Ich fing an, diese wunderbaren Menschen zu verstehen, die ihre Zeit opferten, um jeden Dienstagabend ins Gefängnis zu kommen, und ich begann, mich durch die einzelnen Schritte des Programms zu arbeiten. Diese Treffen waren so wichtig, so ehrlich und offen, dass sie mich regelrecht beflügelten. Sie vermittelten mir erste Einblicke in die reale Möglichkeit, meine Junkie-Karriere endgültig hinter mir zu lassen. Ich hatte bisher noch niemanden kennen gelernt und von niemandem gehört, der das tatsächlich geschafft hatte. Aber diese Leute hatten alle gekämpft, um ihre Sucht zu überwinden, und jetzt führten sie alle ein ganz normales, erfülltes Leben. Das öffnete Türen zu einer Freiheit, die ich für mich nicht mehr für möglich gehalten hätte.

Außerdem erhielt ich im August 1985 Post von Pete, einem meiner alten Freunde von TRAMM. Der Brief war die Antwort auf ein paar Zeilen, die ich ihm und seinem

Lebensgefährten Wayne geschrieben und in denen ich beiden von dem Aufruhr berichtet hatte, den ich ausgelöst hatte.

O mein liebes Mädchen!
Was tust du dir nur immer wieder an! Wie um alles in der Welt kannst du das alles ertragen? Offensichtlich besitzt du eine große innere Kraft, von der du gar nichts ahnst. Es geht nicht um Ali, Vicki oder sonst jemanden, sondern um dich. Vergiss das bitte nicht! Wirf doch nur einen Blick zurück auf alles, was du durchgemacht hast, auf alle Katastrophen in deinem Leben. Sicher hast du viele davon durch die negative Seite deiner Persönlichkeit selbst heraufbeschworen, aber deine positiven Eigenschaften überwiegen, und darum schaffst du es auch immer wieder, diese schweren Zeiten durchzustehen. Arbeite an den positiven Eigenschaften, und die negativen werden von ganz alleine verschwinden. Du magst glauben, dass du jetzt, da du diesen zweiten Zyklus durchmachen musst, nichts gelernt hast. Wenn du das wirklich glaubst, irrst du gewaltig. Denk nur daran, wie lange du das erste Mal gebraucht hast, um die Dinge wieder in die richtige Perspektive zu rücken. Obwohl du dich wieder in die gleichen negativen Situationen hineinmanövriert hast, kommst du diesmal schneller damit zurecht und auf viel positivere Weise. Lass dir Zeit, ich weiß, dass du es schaffen kannst. Ich habe den Glauben an dich nie verloren.
Ich glaube, du vergisst, dass es hier draußen eine völlig andere Welt gibt, eine Welt voller großer POSITIVER »Schwingungen«, voller Menschen, Orte, Dinge, die dir manchmal sehr weit weg erscheinen mögen. Aber ich kann dir versichern, dass sie noch da sind

und nur darauf warten, dich mit offenen Armen zu empfangen.

Du kannst das alles hinter dir lassen wie einen bösen Traum, so wie du manchmal uns für einen Traum halten magst. Das sind wir nicht, wir sind die Realität und nicht das, was du da drin erlebst, und es dauert nicht mehr allzu lange, dann kannst du all dem den Rücken kehren.

Fang an, dich auf diesen Moment vorzubereiten. Du weißt ja, was deine Ziele sein sollten; das braucht dir niemand zu sagen – niemand von uns hält dich für eine Versagerin. Du bist nur dann ein Verlierer, wenn du am Ende mit leeren Händen dastehst, und ich sage dir, mein Blütenblättchen, dass du davon verdammt weit entfernt bist. Wir müssen erst noch in unseren Rollstühlen auf der Veranda sitzen und zusammen alte TRAMM-Songs singen, bevor wir uns verabschieden, und so weit bin ich noch nicht.

Versuche, dich von deinem Gefängnis-Umfeld zu distanzieren und von den Menschen, die in direktem Zusammenhang dazu stehen. Wayne und ich haben gerade zwei Wochen auf einer traumhaften Pazifikinsel namens Isle of Pines verbracht. Das ist eine Million Meilen von hier entfernt, aber es existiert, für uns, für dich, für alle. Die Menschen dort sind wunderbar, so warmherzig und freundlich ... das ist besser als tausend »Deals«, und die positiven Gefühle sind dauerhafter.

Halte durch, Barny, du schaffst es. Hier draußen erwarten dich Liebe und Freundschaft, auf die es sich zu warten lohnt. Du hast so viel zu geben ... Gott, du wirst bei deiner Entlassung so verdammt gebildet sein, dass wir gar nicht mithalten können.

Was den Rest der Truppe betrifft – also, Annie geht es

richtig gut, und sie ist rundum glücklich. David arbeitet jetzt für Myers – in Frauenkleidern, ist das zu glauben? Wir alle wussten, dass es nur eine Frage der Zeit war (er lebt seine Neigung aus, erzählt aber allen, er würde Frauenkleider tragen, um sie zum Lachen zu bringen). Aber freitags und samstags singt er nach wie vor. Und du kennst ja David – dem alten Mädchen wird das alles etwas zu viel! Janelle ist noch in Übersee, müsste aber bald zurückkommen.

Schluss mit dem Geschwafel. Entschuldige, wenn das alles sehr schulmeisterlich klingt, aber du kennst mich ja und weißt, dass mich alle nur »Papa Pete« nennen. Lass mich wissen, wann ich dich besuchen kann. Ich drücke dich ganz fest, und dann ist alles wieder gut. Wie schon gesagt, wir alle glauben ganz fest an dich. Wir wissen, dass du es schaffen kannst.

Wir sehen uns, Kumpel,
alles Liebe
Pete und Wayne.

Obwohl ich auf eigenen Wunsch hin meine alten Freunde aus TRAMM-Zeiten während meiner Haftzeit nur sehr selten gesehen hatte, waren wir brieflich immer in Verbindung geblieben. Nach dem Erhalt von Post brauchte ich wenigstens keine Leibesvisitation über mich ergehen zu lassen.

Etwa um diese Zeit begann ich auch, mit dem neuen Vollzeit-Sozialarbeiter des Gefängnisses zu sprechen. Sein Name war Peter, und ich fühlte mich wohl in seiner Gesellschaft. In all meinen Jahren in Fairlea war er der einzige Sozialarbeiter, mit dem ich darüber sprechen konnte, wie ich zu mir selbst stand – dass ich mich wie eine Versagerin fühlte. Die anderen sorgten sich immer nur um Dinge, die mich und Ali betrafen. Ich vertraute Peter, auch wenn ich damals nicht ahnte, dass unsere »Gespräche« wohl eher das waren, was die meisten Leute als »Therapie« bezeichnet hätten. Da ich bis dahin noch nie bei einem Profi in Therapie gewesen war, hatte ich keine Ahnung, wie so etwas aussehen mochte. Peter machte mir bewusst, wie negativ ich mir selbst gegenüber eingestellt war, und er unterbrach mich jedes Mal, wenn ich mich automatisch selbst klein machte. Wenn ich sein Büro verließ, fühlte ich mich immer wie befreit. Es klingt ganz simpel, aber auch wenn mir lange bewusst gewesen war, dass ich nur sehr wenig Selbstwertgefühl besaß, hatte ich nie gemerkt, was ich alles selbst tat, um diesen Zustand zu erhalten. Dieses neue Bewusstsein hatte einen nachhaltigen Einfluss auf mich.

Peter konzentrierte sich auch nicht auf meinen Drogenkonsum, und ich fand unsere gelegentlichen Zusammenkünfte konstruktiv, da er meine alten Überzeugungen in Frage stellte. Das Problem war, dass er nur ein Jahr blieb, auch wenn das die Norm war für Sozialarbeiter im Strafvollzug. Die Stelle des Sozialarbeiters wurde mit monotoner Regelmäßigkeit neu besetzt, und wir Gefangenen schrieben immer selbst an den zuständigen Minister, wenn ein Sozialarbeiter ging und kein neuer eingestellt wurde. Gefängnisverwaltungen scheinen diese Stelle für überflüssig zu halten, aber für die Insassen ist sie sehr wichtig, sei es auch nur für die Organisation von Kinderbesuchen. Nach Peters Weggang blieb der Posten wieder einmal unbesetzt, aber das, was er in diesen zwölf Monaten für mich getan hatte, erwies sich als überaus wertvoll. Es ist schon eigenartig, dass Menschen immer dann in das eigene Leben treten, wenn man sie am dringendsten braucht (vorausgesetzt, man lässt sie). Ich wusste noch nicht, wie ich meine Schwierigkeiten regeln sollte, abcr zumindest fing ich an zu verstehen, wo das eigentliche Problem lag. Endlich war ich auf dem richtigen Weg.

Ich sah Ali immer noch nicht. Sie durfte mich zwar einmal monatlich am Samstag den ganzen Tag besuchen, aber noch fühlte ich mich zu verwundbar, um sie kommen zu lassen. Noch konnte ich nicht mit Abschieden umgehen. Ich hatte noch keinen Schimmer, wie ich jemals wieder mit Abschieden umgehen sollte. Ich wusste nur, dass ich irgendwie jeden neuen Tag herumkriegen musste. Mehr schaffte ich noch nicht. Es klingt egoistisch, ich kam mir egoistisch dabei vor, aber so war es nun einmal.

Ich rief Ali hin und wieder an, aber auch das setzte mir auf emotionaler Ebene sehr zu, erst recht nach dem Auflegen. Der einzigen Kontakt zu ihr, mit dem ich klar kam, waren Briefe. Jeden zweiten oder dritten Tag schickte ich ihr eine Karte, die ich im Bildungszentrum selbst gebastelt hatte. Ich gestaltete Collagen aus verschiedenfarbigem Papier und Glitter oder schickte ihr ziemlich alberne Zeichnungen – Zeichnen war noch nie meine Stärke gewesen. Ich behielt diese Form des Kontaktes in der gesamten Zeit bei, die wir getrennt waren. Wenigstens wusste sie, dass es mich noch gab. Da ich in der Schneiderei arbeitete, fing ich außerdem an, ihr mit Hilfe von Freundinnen Kleider selbst zu nähen. Ich strickte sogar abends in meiner Zelle Strampelanzüge und andere Kleidungsstücke für ihren Teddybär. Dadurch fühlte ich mich ihr näher.

Zwei Monate, nachdem Vicki und ich beim Heroinschmuggel erwischt worden waren, nahm ich meine wöchentlichen Musikstunden bei Greg im Bildungszentrum wieder auf. Die Gefängnisordnung gestattete jedem Häftling eine Unterrichtsstunde in der Woche, und die hatten sie mir nicht nehmen können. Im September 1985 traf ich in den einsamen Abendstunden in meiner Zelle eine Entscheidung, die ich kaum erwarten konnte, Greg zu erzählen.

Als ich ihn am nächsten Tag sah, platzte ich damit heraus: »Ich werde keinen Kontakt mehr zu Vicki haben.« Er machte ein verdutztes Gesicht. Ich hatte Wochen und Monate von nichts anderem gesprochen als von Vicki. In gewisser Hinsicht war meine Entscheidung irrelevant, da sie längst den Kontakt zu mir abgebrochen hatte, aber auf emotionaler Ebene war es für mich sehr wohl von Bedeutung, den Mut aufzubringen, das Band zu durchtrennen, das so viele Jahre zwischen uns bestanden hatte. Maud und Greg hatten Vicki bei sich aufgenommen, nachdem Ron sie vor die Tür gesetzt hatte, aber nachdem Vicki ihre Ex-Freundin wiedergetroffen hatte, waren die beiden zusammengezogen. Ich hatte gehört, dass sie beide fixten. Es tat immer noch weh und beschäftigte Tag und Nacht meine Gedanken, aber auf psychischer Ebene musste ich einen Weg finden, meine Abhängigkeit von ihr zu beenden.

Ich sah, wie seine Überraschung Erleichterung wich.

»Ich werde endlich loslassen«, teilte ich ihm mit. »Mir ist bewusst, dass ich nicht neu anfangen kann, solange ich mich noch an diese Beziehung klammere.«

Er war völlig perplex. Ich glaube, er hatte nie damit gerechnet, dass ich irgendwann an diesen Punkt gelangen könnte. Es war dieselbe Gabelung, die auch Fred und ich eines Tages erreicht hatten. Wir brauchten einander aus den falschen Gründen, und wir wussten, dass wir nicht vom Heroin loskommen würden, solange wir zusammenblieben. So schmerzlich es auch sein mochte und wie sehr Greg Vicki auch mochte, wussten wir doch beide, dass sie da draußen eine verlorene Seele war. Ich war zwar auch eine verirrtc Scclc, abcr wenigstens war ich clean. Ob Vicki je die Veränderungen in Angriff nehmen würde, die ich mich nach Kräften bemühte herbeizuführen, stand in den Sternen.

Von diesem Moment an unterhielten Greg und ich uns in unseren gemeinsamen Stunden über buddhistische Philosophie. Ich fand unsere Diskussionen unglaublich hilfreich, da sie mir zu alternativen, positiveren Denkweisen verhalfen. Sie öffneten mich für allerlei Möglichkeiten, und Greg borgte mir darüber hinaus Bücher über buddhistische Ideen. Vor allem eins dieser Bücher machte großen Eindruck auf mich: *The Last Barrier* von Reshad Field.

»Du verschlingst die Bücher ja förmlich«, scherzte Greg eines Tages. Ich konnte einfach nicht genug bekommen. Mein Geist und mein Körper saugten diese neuen Informationen gierig auf, und da ich meine Studien abgebrochen hatte, blieb mir reichlich Zeit zum Lesen. Greg brachte mir auch bei zu meditieren, und ich nahm mir morgens und abends Zeit dafür. Später organisierte Greg einen Lehrer, der einige von uns in Tai Chi unterrichtete. Ich nahm an diesen Stunden teil, die an einem Nachmittag in der Woche nach der Arbeit stattfanden, und sie halfen mir sehr. Schließlich ging ich dazu über, jeden Morgen vor dem Meditieren einige Tai-Chi-Übungen zu machen. Wenigstens lenkte mich das von Ali oder Vicki ab. Ich fing an zu realisieren, dass das Leben und auch meine eigene Persönlichkeit facettenreicher waren, als ich mir jemals hätte träumen lassen. Ich verspürte bald Begeisterung und große Entschlossenheit. Ich erkannte: Auch wenn mich jemand ganz ohne Ausrüstung am Fuß eines Berges platzierte, würde ich den Aufstieg zum Gipfel schaffen.

Ganz langsam begann ich, das aus Gregs Lehren geschöpfte Wissen zu nutzen, anstatt mich nur rein intellektuell daran zu bereichern. Ich kam mir nicht mehr so verlassen vor. Noch war es mir nicht klar, aber ich war kein Opfer mehr.

Im September 1985, mitten in meinem ganz persönlichen Erneuerungsprozess, wurde eine sehr musikalische Frau eingeliefert, die zu einer kurzen Haftstrafe verurteilt worden war. Einige der Vollzugsbeamten kannten mich nach fünf Jahren ziemlich gut, hatten Mitgefühl mit mir und brachten mir sogar einen gewissen Respekt entgegen. Zwei von ihnen ermunterten mich, den Neuzugang anzusprechen, da sie wussten, dass ich seit Vickis Entlassung keine Musik mehr gemacht hatte, vom Schmerz zum Schweigen gebracht. Ich war anfangs nicht sonderlich interessiert, zumal sie nur einige Wochen in Fairlea sein würde. Bis ich eines Tages, als ich von der Schneiderei nach Yarrabrae zurückkehrte, diese fantastische Stimme hörte. Ich trat ein und schaute mich suchend nach der Quelle dieser wunderbaren Klänge um. Mein Blick fiel auf eine junge Frau, die Gitarre spielte, umgeben von einer kleinen Schar von Mithäftlingen.

»Helen«, rief eine von ihnen, als sie mich entdeckte. »Komm her, du musst unbedingt Nina kennen lernen. Ihr beide solltet zusammen singen.« Ich gesellte mich zu den anderen.

»Sing etwas für Nina, damit sie sich einen Eindruck von deiner Stimme machen kann«, forderten sie mich auf.

»Ja, bitte sing etwas«, bat mich auch Nina und reichte mir ihre Gitarre.

»Nein, ich kann nicht. Ich habe eine Ewigkeit nicht mehr gespielt«, entgegnete ich und zuckte vor der Gitarre zurück, als würde sie mich jeden Moment beißen.

»Sing du noch etwas – was ich gerade gehört habe, war wirklich toll.«

»Okay«, entgegnete sie lächelnd. Sie war sehr selbstbewusst und hatte eine großartige Stimme, und so war ich ziemlich aufgeregt, sie kennen zu lernen.

»Warum machen wir nicht irgendwann zusammen Musik?«, fragte sie mich, nachdem sie einen weiteren Song gesungen hatte. »Ach, ich weiß nicht«, sagte ich. »Ich bin wahrscheinlich nicht gut genug.«

»Ach komm«, drängte sie. »Morgen Nachmittag in meinem Zellenblock könnten wir so richtig loslegen.« Sie war so enthusiastisch, dass ich einfach nicht nein sagen konnte.

Als wir uns am nächsten Tag um das Klavier in Yarrabrae setzten, Nina mit ihrer Gitarre, fanden wir einige Songs, die wir beide kannten, und nach einem etwas zögerlichen Start wurde ich bald lockerer. Obwohl mein eigenes Klavier entfernt worden war, stand jetzt jenes aus dem alten Trakt 1 im Gemeinschaftsraum von Yarrabrae. Ich hoffte, dass ich eines Tages, wenn wir endlich wieder einen festen Direktor hatten, einen Antrag stellen konnte, mein Klavier ins Gefängnis zurückzuholen. Nach ein paar Songs fingen Nina und ich an, im Kanon zu singen. Wir lächelten beide. Es klang gut, und als wir fertig waren, brachen wir beide in unbeschwertes Gelächter aus.

»Wow!«, sagte Nina strahlend. Sie amüsierte sich königlich, und ich für meinen Teil hatte schon eine Ewigkeit nicht mehr so viel Spaß gehabt. Es war ein gutes Gefühl, zu wissen, dass ich auch mit jemand anders als Vicki spielen und singen konnte. Das war ein großer Schritt für mich.

Nach einer Woche verbrachten Nina und ich bereits unsere gesamte freie Zeit miteinander, spielten und sangen, und ich fühlte, wie meine Lebensgeister wieder erwachten. Ich hatte Freude im Herzen. Da unsere freie Zeit nur aus einer Stunde zwischen Feierabend und Umschluss bestand, überredete Greg die Gefängnisleitung, Nina zu erlauben, etwas von ihrer Freizeit im Bildungszentrum verbringen zu dürfen. Er sagte, wir würden an einem Gemeinschaftsprojekt arbeiten und wollten ein paar Songs aufnehmen. Das stimmte zwar, aber Gregs Hauptmotivation war die, uns mehr Gelegenheit zu verschaffen, uns mit der Musik zu beschäftigen.

Nina und ich verbrachten an zwei Abenden in der Woche mehrere Stunden mit Greg zusammen, was uns auch etwas Privatsphäre verschaffte, und ich fühlte neue Energie in mir. Wir forderten einander musikalisch heraus, was einerseits anspornte und andererseits einfach Spaß machte. Nina war eine außergewöhnlich begabte Gitarristin/Sängerin/Songschreiberin, und in dieser unwirklichen Welt fühlten wir uns schon bald zueinander hingezogen, was uns beiden schon nach der ersten Woche bewusst wurde. Aber was sollten wir tun, wo sie doch nur sechs Wochen in Fairlea sein würde? Eine Beziehung anzufangen würde uns beiden nur Kummer bringen, und im Übrigen war sie bereits liiert. Wir akzeptierten diese Fakten, sodass sich auf sexueller Ebene nichts zwischen uns abspielte, aber wir schrieben gemeinsam einige wunderschöne Songs, die wir auch zusammen sangen. Das war eine sehr wichtige Episode für mich, da sie mein Herz wieder öffnete und mir vor Augen führte, dass ich auch einen anderen Menschen als Vicki lieben konnte. Es war schön, wieder innere Wärme zu spüren, wenn auch nur für kurze Zeit. Ich machte mir nichts vor und redete mir nicht ein, dass wir uns nach ihrer Entlassung wiedersehen würden oder doch noch etwas aus uns werden könnte. Sie sprach von der Zukunft, aber dazu war ich nicht bereit – ich wusste es besser.

Wir organisierten ein paar »Konzerte« für die Frauen und genossen unsere musikalischen Auftritte. Den Frauen gefiel es auch. Zweimal konnten wir auch unmittelbar vor Auftritten die Gefängnisleitung dazu überreden, uns zum Proben mehrere Abende im Bildungszentrum zu bewilligen. Die Beamten schlossen uns zusammen ein, bis unsere Zeit abgelaufen war und sie uns wieder abholen kamen. Wie romantisch! Abends nach dem Umschluss schrieben wir uns Liebesbriefe:

Verdammte Scheiße, warum muss das Leben nur so kompliziert sein? Warum ist die Liebe so kompliziert? Es ist 21 Uhr, und ich sitze allein in meiner Zelle. Ich habe den ganzen Abend Gitarre gespielt und versucht, den Song fertig zu schreiben, mit dem ich gestern Abend angefangen habe. Er handelt von dir. Ich weiß nicht, was das ist, was ich für dich empfinde, Nina, aber ich weiß, dass ich an nichts anderes denken kann als an dich. Und ich weiß, dass das nicht sein sollte. Ich war so fest entschlossen, mir nicht zu gestatten, etwas für dich zu empfinden, und was ist passiert? Ich meine, die ganze Situation ist so lächerlich ... Ich kenne dich erst eine gute Woche und werde dich nur noch vier weitere Wochen bei mir haben, dann verschwindest du wieder aus meinem Leben. Außerdem bist du schon vergeben! Das nenne ich eine unmögliche Situation.
Ach ja ... wenigstens hast du mich aus meiner Gefühlsstarre geweckt. Bis wir uns begegnet sind, war ich wie versteinert. Ich weiß jetzt, dass ich noch etwas empfinden kann. Nach der Trennung von Vicki habe

ich mich so leer und kalt gefühlt. Ich war eine ganze
Weile auf Gefühlsebene ein wandelnder Leichnam.
Ich liebe unsere gemeinsamen Musik-Sessions. Ich
wünschte, wir könnten uns nur unserer Musik widmen,
Tag und Nacht. Ich fühle mich im Augenblick so glück-
lich und erfüllt. Ich werde nur traurig, wenn es nach-
mittags vier Uhr wird und wir uns trennen müssen.
Aber ich kann wünschen, so viel ich will ... was nicht
sein kann, kann eben nicht sein.
Vielleicht singe ich dir morgen meinen neuen Song
vor. Es wird mir nur schrecklich peinlich sein ... Trotz-
dem, es ist das, was ich fühle – und ich denke, es kann
nicht schaden, wenn du es erfährst.
Gute Nacht
Helen

Nina hatte in mir eine Leidenschaft geweckt, die mir gut
tat, aber sie war bald wieder fort. Ich vermisste sie, vor
allem die Möglichkeit, mit jemandem zusammen Musik
zu machen und zu singen. Aber genau das war ja das
Problem, wenn es darum ging, jemandem im Knast näher zu kommen. Ich hatte aufgehört zu zählen, von wie
vielen Freundinnen ich schon Abschied hatte nehmen
müssen.

Ein paar Monate nach Ninas Entlassung ermutigte
Greg Annie, einen anderen Neuzugang, sich meinen Musik-Sessions im Bildungszentrum anzuschließen. Annie
hatte ebenfalls eine klassische Musikausbildung genossen und spielte Cello und Klavier. Wir kamen uns näher,
musikalisch und persönlich. Annie war ebenfalls heroinsüchtig, und wir unterhielten uns darüber. Sie interessierte sich sehr dafür, dass ich nicht mehr konsumierte,
und beschloss schließlich, an den NA-Treffen teilzunehmen. Im Hinblick auf eine Rehabilitation stand sie noch

ganz am Anfang, und als ich die Anziehung der Abhängigkeit spürte, zog ich mich zurück. Es war sehr schwierig für uns, da wir alle dringend Hilfe brauchten und vom System so allein gelassen wurden.

Etwa um diese Zeit kehrte Tammy, die mit Vicki und mir einen Zellenblock in Yarrabrae geteilt hatte, wegen eines neuen Deliktes zurück. Sie wohnte mit zwei ihrer Stiefschwestern in einem der Cottages. Manchmal besuchte sie mich nachmittags vor dem Umschluss, und sie konnte gar nicht fassen, wie ich mich entwickelt hatte. Wir sprachen viel darüber, dass ich meine Denkweise verändert hatte und ich mich nicht mehr nach einem Schuss verzehrte. Sie gierte förmlich nach weiteren Informationen, und ich unterhielt mich gern mit ihr über Drogen, weil ich ebenso wie sie von meiner Veränderung fasziniert war – immerhin hatte sie mit uns zusammen gewohnt, als meine Sucht auf ihrem Höhepunkt war. Damals hatten wir die meiste Zeit darauf verwandt, Mittel und Wege zu ersinnen, Heroin einzuschmuggeln. Die einzige Unterbrechung waren unsere Basketball-Aktivitäten gewesen.

Tammy äußerte Interesse an der Teilnahme an den NA-Treffen dienstagabends. Sie überredete ihre ebenfalls süchtigen Stiefschwestern mitzukommen, aber die beiden waren für unsere Hilfe nicht empfänglich und blieben bald wieder weg. Sie waren einfach noch nicht soweit. Tammy blieb aber dabei, und schon bald erzählte sie mir, dass sie »nein« hatte sagen können, als alle anderen im Cottage sich einen Schuss gesetzt hatten. Sie war stolz auf sich. Ich nehme an, dass sie mit meinem Beispiel vor Augen endlich das Gefühl hatte, ihre Sucht ebenfalls unter Kontrolle zu bekommen.

Nina schrieb mir nach ihrer Entlassung ein paar Briefe, aber es dauerte nicht lange, bis der Kontakt abbrach, und sie meldete sich nie wieder bei mir. Mir kamen Gerüchte zu Ohren, denen zufolge sie wieder auf der Straße gelandet war, auf dem Strich und auf Drogen.

Den Rest von 1985 kann ich nur als »beschissen« bezeichnen, aber ich überlebte. Das Weihnachtsfest rückte näher – mein siebtes im Gefängnis. In dieser Zeit wollte ich am liebsten nur noch schlafen und vergessen. Die vergangenen sechs Weihnachtsfeste hatte ich mich zugedröhnt. Diesmal sollte es anders werden. Ich fühlte mich so anders. Ich wünschte zwar immer noch, es möge schnell vorübergehen, aber ich wünschte mir nicht, stoned zu sein. Ich war selbst überrascht von dieser Erkenntnis und war nicht unbedingt glücklich, aber solange man mich in Frieden ließ, war es okay.

Der erste Weihnachtstag fing schlecht an, weil ich Ron und Ali nicht erreichte, als ich um 8 Uhr anrief. Sie waren weder bei Ron noch bei Astrid (Rons Freundin), und so hatte ich keine Ahnung, wo sie sein konnten. Das war meine letzte Chance gewesen, Ali zu sprechen, bevor sie vier Wochen Ferien bei meinem Dad in Neusüdwales verbrachte. Er und ich sprachen nicht mehr miteinander, und darum durfte ich sie dort auch nicht anrufen. Ich wusste nicht, um wie viel Uhr sie und Ron losgefahren waren. Verdammt – ich hatte sie verpasst.

Ich kehrte zurück in den Block, räumte auf und machte meine Übungen wie jeden Morgen. Dann kam Jenny (die ebenfalls in Yarrabrae untergebracht war) ziemlich aufgewühlt vorbei, und ich setzte mich eine Weile mit ihr hin, um zu reden. Sie war im Basketball-Team und kam auch zu den NA-Treffen, sodass wir uns ziemlich gut kannten, da bei den Treffen unsere Gefühle das Hauptthema waren. Jenny war ebenfalls in ihrer Kindheit sexuell missbraucht und geschlagen worden (von ihrem Vater). Aber anstatt ihre Wut an anderen auszulasscn, so wie Rikki, hatte Jenny ihre Aggressionen gegen sich selbst gerichtet und sich schon mehrfach selbst Verletzungen zugefügt. Die Vollzugsbeamten hatten sie im Laufe der Jahre, in denen sie immer wieder Haftstrafen in Fairlea verbüßt hatte, ziemlich gut kennen gelernt; deswegen waren sie vorbereitet, wenn sie erste Anzeichen von Unrast zeigte, indem sie beispielsweise anfing, sie verbal zu beleidigen. Sie wurde hin und wieder nach Rasierklingen oder anderen scharfkantigen Gegenständen durchsucht, bevor man sie in eine nackte Zelle sperrte, um sie davon abzuhalten, sich selbst zu verstümmeln. Das war ein weit verbreitetes Problem unter weiblichen Häftlingen, und ich hatte längst den Überblick darüber verloren, wie oft Frauen sich während meiner Haftzeit mit Rasierklingen die Haut aufgeschlitzt hatten, für gewöhnlich an den Handgelenken, nicht mit der Absicht, sich umzubringen, sondern weil sie ihre Seelenqualen nicht länger hatten verinnerlichen können. Es mag gefühllos klingen, aber ich hatte mich daran gewöhnt – das war ein normaler Bestandteil des Knastalltags.

Nachdem wir uns eine Weile unterhalten hatten, war Zeit für den Appell. Anschließend mussten wir dann in den Speisesaal, zum obligatorischen Weihnachtsessen! Es war wirklich nett – das war die einzige Gelegenheit, bei der wir Brathähnchen bekamen –, aber ich wäre trotzdem lieber nicht hingegangen. Anschließend zog ich mich in die friedliche Stille meiner Zelle zurück und verbrachte fast den ganzen Nachmittag mit Lesen. Um 22 Uhr war ich immer noch in mein Buch vertieft, als Mr Marshall, der diensthabende Schließer, herüberkam und mich bat, ihn zu Jennys Zelle zu begleiten. Sie hatte sich wieder »geritzt«. Ich folgte ihm und war schockiert, als ich das viele Blut an den Wänden ihres Badezimmers sah und die große rote Lache zu ihren Füßen. Jennys nackte Arme und Oberschenkel waren übersät mit Schnittwunden, die sie sich mit einer Rasierklinge zugefügt hatte. Als ich hereinkam, blickte sie weinend auf. Ihre Wut hatte sich in Trauer verwandelt, die Krise war vorüber.

»Jetzt fühle ich mich besser«, sagte sie erleichtert. Wieder einmal hatte sie sich für einige Zeit von ihren Beklemmungen und inneren Qualen befreien können. Der Vollzugsbeamte und ich blieben zwei Stunden bei ihr. Ich war so froh, dass er mich geholt hatte. Mr Marshall arbeitete schon fast so lange in Fairlea, wie ich dort war, und ich glaube, er brachte mir einen gewissen Respekt entgegen. Er wusste, dass ich so etwas wie Jennys Mentor geworden war, auch wenn es ungewöhnlich war, dass das Gefängnispersonal einen Häftling um Hilfe bat. Nach einer Weile kam jemand von der Krankenstation, um ihre Wunden zu versorgen. Jenny war wieder okay, also kehrte ich in meine Zelle zurück und legte mich schlafen. Das war der Abschluss des Weihnachtstages 1985.

Ich war erleichtert, dass es vorbei war, und Jenny war es wohl auch. Es war mein erstes Weihnachten im Gefängnis seit Vickis Entlassung, und alles in allem war es nicht so furchtbar gewesen. Tatsächlich fand ich sogar, dass ich mich ziemlich gut gehalten hatte, auch wenn ich den ganzen Tag über immer wieder an sie hatte denken müssen. Was mich ganz besonders freute, war, dass ich kein einziges Mal an diesem Tag das Bedürfnis verspürte, meine Gefühle mit Drogen zu betäuben. Ich dachte daran zurück, wie wir fast an jedem vergangenen Weihnachtsfest in Fairlea verzweifelt versucht hatten, etwas Stoff einschmuggeln zu lassen oder zumindest etwas eigenen Schnaps anzusetzen. In den letzten zwei oder drei Jahren war es uns gelungen, über Weihnachten einige

Tage »abzuschalten«. Jetzt wurde mir bewusst, dass ich das gar nicht mehr wollte. Ich wollte nicht noch mehr Zeit auf diesen Zustand verschwenden.

Also dann, adieu Weihnachten 1985. Nur noch zwei weitere Weihnachtsfeste vor meiner Entlassung.

Kapitel 16

EINE NEUE EINSTELLUNG, EIN NEUES LEBEN

Der Januar 1986 kam – zwei Jahre waren vergangen, seit Ali das Gefängnis verlassen hatte –, und ich bereitete mich darauf vor, meine Studien wieder aufzunehmen. Ich musste vor dem Gefängnisausschuss einen neuen Antrag auf Erweiterung meiner Unterrichtsstunden einreichen, aber ich hatte ausnahmsweise einmal das Gefühl, dass die Dinge sich in meinem Sinne entwickelten. Ich bemühte mich sehr, und mit Gregs Hilfe hatte ich den Glauben an mich wiedergefunden. Jetzt gab es kein Zurück mehr. Die einzige Alternative war der Tod, und den wollte ich nicht mehr. Nie in meinem ganzen Leben, weder vorher noch nachher, habe ich mir etwas so sehr gewünscht wie ein Gefühl des inneren Friedens und der Zufriedenheit. Ich wusste, wenn ich das hier in Fairlea finden konnte, würde ich auch draußen zurechtkommen. Nichts würde mich von meinem neuen Weg abbringen, und zum ersten Mal seit vielen Jahren wachte ich morgens voller Energie und Tatendrang auf, und das drogenfrei. Irgendwo tief in mir drin hatte sich ein neues Gefühl eingenistet, eine Art Selbstvertrauen, und langsam dämmerte mir, dass Drogen in meinem Leben kein Thema mehr waren. Natürlich ahnten die Behörden nichts von den radikalen Veränderungen, die sich in mir vollzogen, aber ich vertraute darauf, dass alles gut werden würde.

Ich brauchte mich nicht einmal mehr mit Smith herumzuschlagen. Im neuen Jahr bekamen wir einen neuen Direktor, Mr Herron, der sich als einer der verständnisvollsten Menschen erwies, die mir innerhalb des Strafvollzugsystems je unterkommen sollte. Er war so nett, dass ich nicht verstehen konnte, warum er ausgerechnet im Strafvollzug arbeitete, und ich war unendlich dankbar, dass man ihn nach Fairlea geschickt hatte, um Mr Smith abzulösen. Ich erinnere mich noch gut an seinen ersten Tag als unser neuer Direktor. Es war Mittagszeit, und 50 Frauen von uns hockten in Yarrabrae und klönten. Als Mr Herron das Gebäude betrat, unterbrachen wir automatisch unsere Gespräche und erhoben uns gemäß der von Smith eingeführten Regel. Er machte erst ein verblüfftes, dann ein verlegenes Gesicht, ganz offensichtlich nicht an Gefangene gewöhnt, die darauf gedrillt waren, beim Erscheinen des Direktors sofort aufzustehen.

Er bedeutete uns mit einer Handgeste, wieder Platz zu nehmen. »Sie brauchen nicht aufzustehen«, sagte er. »Machen Sie nur da weiter, wo ich sie unterbrochen habe.«

Jetzt waren wir verdutzt. Zuerst dachte ich, das wäre irgendein fieser Trick, aber er wirkte so entspannt, dass ich schon bald fühlte, wie der Knoten, der sich unter Smith' Knute dauerhaft in meinem Bauch gebildet hatte, lockerte. Aber konnten wir ihm trauen? Nach Smith konnte mich nichts mehr überraschen. Mr Herron hatte freundliche Augen, und wir sollten noch merken, dass seine Erwartungen an unser Verhalten realistisch waren. Ich war unendlich erleichtert.

Nur wenige Wochen nach seiner Amtseinführung flohen einige Frauen während der Nacht. Als ich am nächsten Morgen davon erfuhr, stieg sofort Angst in mir auf.

Unter Smith' Leitung hätte das für uns alle Bestrafung und Verlust sämtlicher Privilegien bedeutet wie beispielsweise Basketball. Aber nichts geschah. Wir gingen zur Arbeit wie immer. Später an diesem Tag sah ich Mr Herron auf dem Gelände. Er lächelte! Ich war fassungslos!

»Wie kommt es, dass Sie lächeln?«, fragte ich ihn, halb im Scherz, halb ernst. »Immerhin sind vier Frauen ausgebrochen!«

Er antwortete sinngemäß: »Nun, mit so etwas muss man eben rechnen, wenn man Menschen einsperrt.« Offenbar war der Zwischenfall für mich problematischer als für ihn. Als ich mich von seinem lächelnden Gesicht abwandte und davonging, zu schockiert, um das Gespräch fortzusetzen, war mir fast so, als würde ich gleich ohnmächtig. Ich konnte einfach nicht fassen, wie gelassen er reagierte. Schließlich stahl sich dann doch noch ein Lächeln auf mein Gesicht – mir war nach feiern zumute. Willkommen in Fairlea, Mr Herron! Auch nach vielen Jahren ist mein Respekt für diesen Mann unverändert geblieben. Seine positive, menschliche und realistische Haltung war erfrischend. Er machte meine beiden letzten Jahre im Gefängnis fast angenehm! Na ja, natürlich nicht wirklich ...

Ich beantragte wieder Ganztagsunterricht, der mir auch bewilligt wurde, und wählte noch ein zusätzliches Fach, das ich im Verlauf des ersten Semesters wieder aufgeben wollte, falls es mir zu viel wurde. Ich wusste, dass ich ohne die Last der Drogenbeschaffung und die Organisation des Drogenschmuggels viel mehr Zeit und Energie auf meine Studien würde verwenden können, und ich traute mir die zusätzliche Belastung zu. Ich wollte mich beschäftigen. Ich wollte, dass die Zeit bis zu meiner Entlassung und Wiedervereinigung mit Ali möglichst schnell verging, aber mir war außerdem bewusst, dass es sich um ein wichtiges Stadium meiner ganz persönlichen Entwicklung handelte.

Ich war gerade 32 geworden – mein siebter Geburtstag hinter Gittern. Die vergangenen zweieinhalb Jahre waren die längsten und schmerzlichsten meines Lebens gewesen, aber jetzt fühlte ich mich optimistisch, als wäre mir eine erdrückende Last von den Schultern genommen worden. Ich war körperlich fit und gesund, und das Verlangen nach Drogen war zusammen mit der quälenden inneren Leere verschwunden. Ich kann gar nicht beschreiben, wie befreit ich mich fühlte. Es ging über Äußerlichkeiten wie Gefängnismauern und Eingesperrtsein hinaus – meine Entlassung würde eine Freiheit noch ganz anderer Art mit sich bringen. Die Drogensucht überwunden zu haben bescherte mir eine innere Freiheit, und ich trieb meine eigene Weiterentwicklung so sehr an, dass ich die jene Formalien meiner Haft zeitweise völlig vergaß. Immerhin war ich inzwischen voll und ganz institutionalisiert.

Anfang 1986, kurz nach Mr Herrons Eintreffen, wurde ich aufgefordert, in eins der neuen Cottages umzuziehen. Dort wurde von den Häftlingen erwartet, dass sie ihre Wäsche selbst wuschen und auch selbst kochten, ein erster kleiner Schritt hin zur Wiedereingliederung in ein normales Leben. Diesmal freute ich mich darauf, zumal ich ein Zimmer für mich allein haben würde, und so wurde Cottage 6 mein neues zu Hause. Neben dem Bildungszentrum wurde dieses Zimmer für den Rest meiner Haftzeit für mich zu einer Oase der Ruhe. Um 16:30 Uhr wurden wir im Cottage eingesperrt, so wie wir in Yarrabrae in den Zellenblock eingeschlossen worden waren, aber wir wurden nicht später noch in unsere jeweiligen Zimmer eingesperrt, sondern konnten uns nachts frei im ganzen Cottage bewegen. Der einzige Nachteil war, dass aufgrund dieser zusätzlichen Bewegungsfreiheit die Beamten nachts stündlich unsere Anwesenheit kontrollierten – aber, he, immerhin waren wir im Knast!

Ich wollte mein Zimmer mit Rosenwasser auswaschen, bevor ich meine Sachen dort unterbrachte – ich hatte gelesen, dass Rosenwasser negative Energien neutralisiert –, aber da ich keinen Zugang dazu hatte, wusch ich die Wände mit Wasser und einem Desinfektionsmittel ab und vollzog mein eigenes Reinigungsritual, mit dem ich das Zimmer in Besitz nahm. In diesem Raum würden keine Drogen konsumiert werden. Und nachdem dieses Gift aus meinem Leben verschwunden war, brauchte ich auch nicht mehr zu lügen. In diesem Zimmer herrschte eine Atmosphäre der Aufrichtigkeit und Klarheit, und durch meine Meditation füllte ich den Raum mit positiver Energie. Das Chaos war aus meinem Körper gewichen, und ich fühlte mich wieder wohl in meiner Haut. Die Furcht, rückfällig zu werden, war verflogen, und abgesehen von der Trennung von Ali fühlte mein Herz sich frei.

Eins wusste ich jetzt mit absoluter Gewissheit: Ali und ich hatten noch ein glückliches Leben vor uns, wenn ich nie wieder Heroin nahm. Es war so einfach, und doch hatte ich Jahre gebraucht, um es endlich einzusehen. Es gab immer noch Momente der Schwäche und Einsamkeit, einen Tag hier und da, an dem ich mich danach sehnte, in den Arm genommen und geliebt zu werden, Trost und Wärme eines Menschen zu spüren, der einem ganz nah stand. Früher hatte Vicki diesen Platz eingenommen. Sie beherrschte immer noch meine Gedanken, aber wenigstens ließen Schmerz und Zorn nach und wurden langsam von etwas anderem abgelöst. Ich hatte sie am Anfang unserer Beziehung so sehr geliebt, aber das alles hatte sich verändert. Aus der Distanz heraus konnte ich sehen, in welchem Maße unsere Liebe uns geholfen hatte zu überleben, vor allem in den quälenden zwei Jahren, in denen Smith Direktor gewesen war. Nach all den Schwierigkeiten, die wir durchgemacht hatten, hoffte ich immer noch, dass unsere Liebe letztlich überdauern würde. Ich liebte sie immer noch, wenn auch auf andere Weise. Ich hatte mich wieder unter Kontrolle, und auch wenn ich mir manchmal wünschte, sie wäre bei mir, *musste* ich sie nicht mehr bei mir haben. Zweifellos gab es noch ein paar lose Enden, was unsere Beziehung betraf. Vielleicht würden wir ja in naher Zukunft Gelegenheit bekommen, uns auszusprechen, da ihr Prozess bevorstand und sie aller Wahrscheinlichkeit nach zu einer weiteren Haftstrafe verurteilt werden würde.

Bei den Prüfungen Mitte des Jahres erzielte ich bessere Ergebnisse denn je, und das trotz der zusätzlichen Arbeit. Ich war sehr zufrieden mit mir. Langsam glaubte ich daran, dass ich alles erreichen konnte, was ich mir vornahm, wenn ich nur hart daran arbeitete – nicht, dass Hausarbeiten oder Lernen mir je schwer gefallen wären, aber die Umstände waren andere. Ich fing an zu glauben, dass ich tatsächlich ein intelligentes menschliches Wesen war. Das hatten andere mir immer wieder gesagt, vor allem Ron, aber ich hatte es nie wirklich geglaubt. Erfolgreich oder intelligent zu sein birgt immer eine gewisse Verantwortung, und bislang war ich nie bereit gewesen, diese zu übernehmen. Das Bewusstsein, den Erfolg dauerhaft erhalten zu müssen, war mir immer als eine zu große Last erschienen. Aber jetzt freute ich mich über mein Prüfungsergebnis und war richtig stolz.

Ich war froh, dass auch Ron endlich stolz auf mich sein konnte, obwohl mir klar war, dass er bestimmt damit rechnete, dass auf dieses Hoch unweigerlich das Tief folgte. Ich für meinen Teil wusste mit absoluter Gewissheit, dass es nicht dazu kommen würde – ich wusste, dass ich fertig war mit dem Heroin. Obwohl ich ahnte, dass Ron meinen Optimismus nicht teilen konnte, ließ er sich seine Skepsis nicht anmerken. Vielmehr unterstützte er mich wieder einmal nach Kräften.

> *Liebe Helen,*
> *ich freue mich inzwischen über jeden deiner Briefe, da diese förmlich sprühen vor Entschlossenheit und der Bereitschaft, dich den Problemen zu stellen und Lösungen zu finden.*
> *Ich stimme dir darin zu, dass du dich an erste Stelle setzen musst, bis du ganz sicher bist, alles im Griff zu haben – erst dann wirst du in der Lage sein, das zu tun, was für Ali und dich langfristig das Beste ist.*
> *Ich kann dir gar nicht sagen, wie glücklich ich bin, dass du dich so positiv entwickelt hast und noch weiter an dir arbeitest. Du darfst allerdings nie vergessen, dass dein Leben sich nicht allein darum drehen kann, andere Menschen glücklich zu machen – du musst dein Leben für dich leben. Der einzige Weg, wie du mir meine Unterstützung vergelten kannst, ist der, glücklich zu sein und erfolgreich bei allem, was du in Zukunft anpackst.*
> *Wenigstens läuft daheim jetzt alles in geregelten Bahnen. Elva [das neue Kindermädchen/Haushälterin] ist wunderbar, Ali entwickelt sich prächtig, und ich habe mich rückblickend ebenfalls gut mit der Situation arrangiert.*
> *So, das war's für heute.*
> *Alles Liebe*
> *Ron*

Ich agierte weiter als Leiterin der NA-Gruppe in Fairlea, und mehrere Häftlinge, die regelmäßig zu den Treffen kamen, so wie Jenny und ich selbst, baten darum, die Zahl der Treffen auf zweimal wöchentlich zu erhöhen. Wir wollten samstagmorgens ein zweites Treffen im Bildungszentrum abhalten, obwohl wir wussten, dass die »externen« Betreuer von NA nicht zu diesen Treffen würden kommen dürfen, nicht zweimal in der Woche, aber das machte uns nichts aus. Wir hatten einfach das Bedürfnis nach einer zweiten Zusammenkunft in der Woche, bei der wir offen über unsere Gefühle vor allem in Zusammenhang mit Drogen sprechen konnten. Natürlich ging ich meine Rolle wie alles, was ich tat, voller Tatkraft an, die an Besessenheit grenzte.

Etwa um diese Zeit fragte ich auch bei Mr Herron an, ob ich mein Klavier ins Gefängnis zurückholen durfte. Nachdem ich jetzt in einem Cottage wohnte, dachte ich mir, wir könnten es im gemeinsamen Wohnzimmer aufstellen. Ich hatte mit meinen Mitbewohnerinnen gesprochen, und die hatten sich sehr positiv dazu geäußert. Ich rechnete nicht damit, bis zu meiner Entlassung noch einmal verlegt zu werden, weil ich nichts mehr tat, wofür ich bestraft werden konnte – das heißt, ich konsumierte keine Drogen mehr. Mr Herron gab seine Einwilligung, und Ron musste wieder einmal einen Anhänger mieten, um das Klavier ins Gefängnis zu transportieren. Ich versprach ihm, dass es das letzte Mal sein würde.

Ich entwickelte auch einen an Besessenheit grenzenden Eifer hinsichtlich meines täglichen Trainings. Ich war zu dem Schluss gekommen, dass Fitness wichtig für mich war, da sie für ein größeres Wohlbefinden sorgte – ich fühlte mich tatsächlich lebendiger, wacher –, und Sport gehörte zu den wenigen Dingen, die ich im Gefängnis für mich tun konnte. Ich achtete jetzt auf mich.

Jedes der neuen Cottages war mit einem Ergometer ausgestattet, und nach dem Aufstehen jeden Morgen um 5:15 Uhr fuhr ich zwanzig Kilometer, bei Regen, Hagel oder Sonnenschein – auf einem Trainingsrad spielte das keine Rolle. Das Radeln dauerte bis 6 Uhr. Danach duschte ich, machte eine halbe Stunde Tai-Chi-Übungen und meditierte anschließend noch eine halbe Stunde. Wenn ich fertig war und bereit zum Frühstücken, hatten die Beamten zwischenzeitlich auch die anderen geweckt. Ich hatte beschlossen, mich nie wieder von den Schließern wecken zu lassen. Auch dadurch erlangte ich ein kleines Stück Kontrolle über mein eigenes Leben zurück.

Zusätzlich zum Radfahren spielte ich mittags eine Stunde Tennis und an mehreren Abenden in der Woche Basketball. Ich war fest entschlossen, eine Lebensweise zu finden, die mir ein Gefühl des inneren Friedens vermittelte.

Mein lieber Freund Greg hatte mir eine Meditationsübung gezeigt, die mir helfen konnte, mich Ali näher zu fühlen. Ich schloss die Augen und konzentrierte mich erst auf meine Atmung, bevor ich dann meine Energie auf die Herzgegend richtete und Liebe dort einströmen ließ. Ich stellte mir Ali daheim im Bett oder sonst wo vor und schickte ihr die ganze Liebe aus meinem Herzen, hüllte sie ganz darin ein. Es fühlte sich ganz real an, und ich stellte mir vor, dass sie es auch fühlte. Mir persönlich gab diese Übung das Gefühl, sie zu beschützen, und ich fühlte mich ihr tatsächlich näher. Ich glaubte daran, dass irgendwo da draußen in der Atmosphäre unsere Herzen aufeinander trafen und verschmolzen, und mir als ihre Mutter eröffnete sich so eine Möglichkeit, sie zu lieben. Das war für mich eine sehr wichtige Übung, die mir half, mit den Monaten der Trennung fertig zu werden, die noch vor uns lagen.

Obwohl ich mich immer noch schwer tat im Umgang mit Abschieden, kam Ali mich seit Anfang 1986 wieder einmal monatlich am »langen Samstag« besuchen, und bei diesen Gelegenheiten spielten und lachten wir zusammen. Wir liefen umher, sprachen über ihr Leben draußen und besuchten manchmal auch andere Frauen wie Rikki, an die sie sich noch erinnerte und die so wie Stella eine neue Strafe absaß. Jene Tage bescherten uns beiden große Freude, aber natürlich gingen sie immer viel zu schnell zu Ende, und ich hatte immer noch nicht gelernt, mit dem Abschied von ihr umzugehen. Sie kam besser damit zurecht. Ich ging mit ihr zu diesem verfluchten Eingangstor und winkte ihr lächelnd zum Abschied. Dann ging ich den vertrauten Weg zurück zum Cottage, und obgleich der Schmerz in meinem Herzen immer noch unerträglich war, fühlte ich mich nicht mehr gebrochen, und ich brauchte kein Heroin mehr, um meinen Frust zu kompensieren.

Meine Mitbewohnerinnen wussten, dass ich in diesen Momenten in Ruhe gelassen werden wollte. Jedes Mal, wenn Ali gegangen war, kehrte ich zurück auf mein Zimmer, legte mich auf das Bett und hörte über Kopfhörer laut Musik. Ich lag da und wünschte, ich könnte etwas tun, um den Schmerz zu lindern, aber anders als früher zog ich Heroin nicht einmal mehr in Betracht. Ich ließ den Schmerz zu, und innerhalb der nächsten Stunden verebbte er langsam. Am Abend war ich gewöhnlich wieder in der Lage, ins Wohnzimmer zu gehen, wo ich mich durch die Anwesenheit der anderen Frauen getröstet fühlte. Mir war an diesen Abenden nicht nach reden zumute, schon gar nicht über Ali, aber während ich dasaß und weitgehend nur zuhörte, entspannte ich mich nach und nach. Am nächsten Morgen ging es mir dann wieder gut – ich stand früh auf, schwang mich aufs Rad und strampelte los.

Eine Weile wohnte meine alte Freundin Rikki im Nebencottage. Ich war nicht mehr viel mit ihr zusammen, obwohl wir uns kannten, seit ich 17 war. Sie war jetzt auf einer anderen Wellenlänge, und überhaupt verbrachte ich die meiste Zeit im Bildungszentrum. Sie war mit Jodi liiert, die mit ihr im selben Cottage lebte, aber beide konsumierten weiterhin Heroin. Obwohl wir einander nach wie vor respektierten und uns sehr gerne hatten, verband uns nicht mehr viel. Ich hatte die Erlaubnis erhalten, mich auch an den Wochenenden im Bildungszentrum aufzuhalten, wenn keine Lehrer dort waren. Dieses Privileg konnten langjährige Häftlinge der Verwaltung zuweilen abringen, weil das Personal einen mit der Zeit gut kannte und das Risiko abschätzen konnte.

An den Wochenenden wurden im Gefängnis die meisten Drogen konsumiert, und da zog ich es vor, für mich allein zu sein. Das verwaiste Bildungszentrum war ein friedlicher Ort, wenn außer mir niemand dort war. Ein Beamter ließ mich morgens hinein und schloss die Tür hinter mir ab. Ich verbrachte den ganzen Tag dort und verließ das Gebäude nur zum Mittagsappell und zum Umschluss um 16:30 Uhr. Ich lernte, schrieb, spielte Klavier und sang dazu. Ich war schon so lange im Gefängnis, dass man mir ein gewisses Vertrauen entgegenbrachte. Zweifellos spielte auch eine Rolle, dass Mr Herron als Direktor gewillt war, mir eine Chance zu geben.

Mitte 1986 hörte ich eines Tages überrascht, wie ich über Lautsprecher ins Besuchszentrum gerufen wurde. Ich erwartete niemanden und hatte mir auch keinen Ärger eingehandelt. Ich stand von meinem Pult im Bildungszentrum auf und meinte schon, ich hätte mich verhört, aber dann wurde die Durchsage wiederholt: »Helen Barnacle ins Besuchszentrum!« Ich wusste, dass der Gefängnisausschuss dort tagte, weil bereits mehrere Frauen aufgerufen worden waren, aber ich hatte diesmal keinen Antrag gestellt bezüglich meiner Einstufung oder Hafturlaub ... dafür fühlte ich mich noch zu verwundbar, zu instabil. Ich war gerade vollauf damit beschäftigt, als Mensch wieder zu mir zu finden und zu lernen, ein ganz normales drogenfreies Leben zu führen.

Marg, eine der Lehrerinnen, begleitete mich zur Tür.

»Was können die nur von mir wollen?«, fragte ich sie nervös.

»Keine Ahnung«, entgegnete Marg achselzuckend. »Wir können uns hinterher darüber unterhalten, wenn du das möchtest.« Das war es, was ich so am Personal des Bildungszentrums mochte: Diese Menschen taten viel mehr, als nur zu unterrichten, und sie waren immer für einen da, wenn man jemanden zum Reden brauchte. Außerdem verstanden sie, wie bedrückend das System auf uns Häftlinge wirkte.

Als ich im Besucherzentrum eintraf, führte eine Beamtin mich in die kleine Eingangshalle. »Setzen Sie sich«, sagte sie und deutete auf einen Stuhl. Ich sollte warten, während man drinnen über mich sprach. Ich hatte es immer gehasst, dass sie über einen sprachen, wenn man nicht dabei war. Man sollte meinen, man käme sich wichtig vor, wenn so viele Leute über einen reden, aber das stimmt nicht – das machte einem nur bewusst, dass sie die völlige Kontrolle hatten.

Nach etwa fünf Minuten wurde ich in den Hauptraum geführt, wo der Gefängnisausschuss – Vertreter der Strafvollzugsbehörde, leitende Angestellte des Gefängnisses, Mitarbeiter des Bildungszentrums und Sozial-

arbeiter – im Halbkreis hinter einer Reihe zusammenge-
stellter Tische saß.

Ich war erfreut, Mr Herron mit seinem üblichen ent-
spannten Lächeln unter den Mitgliedern des Ausschusses zu sehen. Er ergriff das Wort. »Uns ist aufgefallen,
dass Sie schon lange nicht mehr um Hafturlaub ersucht
haben, und wollten nachfragen, ob Sie diesbezüglich
konkrete Pläne haben?«

Hol mich doch der Teufel ... dachte ich. Wollten sie
mir tatsächlich von sich aus Hafturlaub anbieten?

»Nein, ich habe derzeit nicht vor, Hafturlaub zu beantragen«, antwortete ich. Ich war nicht mehr nervös, da
ich ausnahmsweise einmal um nichts gebeten hatte, sodass sie mir auch nichts abschlagen konnten. Nach den
Prüfungen der letzten ein, zwei Jahre fühlte ich mich einem Hafturlaub jedenfalls noch nicht gewachsen.

Als Nächster sprach der Vertreter der Vollzugsbehörde. Nachdem er mir meine vergangenen Verfehlungen
vorgehalten hatte, als hätte ich diese vielleicht zwischenzeitlich vergessen, sagte er: »Wir sind ein wenig beunru-
higt, dass Sie keinen Hafturlaub möchten, da sie sich im
letzten Drittel Ihrer Haftstrafe befinden und es wichtig
für Sie ist, vor Ihrer Entlassung etwas Zeit außerhalb des
Gefängnisses zu verbringen. Vor allem wäre es wichtig,
dass Sie einige Zeit mit Ihrer Tochter in ihrem jetzigen
Zuhause verbringen.«

Ich war sprachlos, zumal Smith mir erklärt hatte, ich
brauchte gar keinen Hafturlaub mehr zu beantragen, da
mir bis zum Ende meiner Haftstrafe doch keiner mehr
bewilligt würde. Ich wusste zwar, dass das, was sie sagten, vernünftig war, aber noch war ich nicht soweit. »Ich
werde darüber nachdenken«, entgegnete ich perplex.

»Okay, Sie können jetzt gehen«, sagte Mr Herron. Ich
ging zur Tür, erleichtert, da herauszukommen. Ein Ge-

fängnis ist ein sonderbarer Ort. Ich schüttelte auf dem Weg zurück zum Bildungszentrum den Kopf. Ich konnte einfach nicht fassen, dass sie mich von sich aus aufgefordert hatten, Hafturlaub zu beantragen.

In den folgenden Wochen sprach ich mit Mitarbeitern des Bildungszentrums darüber und zog doch in Betracht, einige Zeit außerhalb des Gefängnisses zu verbringen. Es würde nicht leicht sein, nach ein paar Stunden überwachter Freiheit in die bedrückende Gefängnisatmosphäre zurückzukehren.

Nach gutem Zureden von meinen Lehrern beschloss ich schließlich, einen Familienurlaub zu beantragen, auf den, wenn alles gut ging, ein Hafturlaub zu Studienzwecken folgen sollte. Ich war nervös, aber zuversichtlich. Außerdem wusste ich, dass ich früher oder später damit anfangen musste, mich auf ein Leben außerhalb dieser Mauern vorzubereiten. Ich sollte 1988 entlassen werden. Ich hatte sechs Jahre abgesessen; zwei lagen noch vor mir.

Kapitel 17

LERNEN ZU LEBEN

Im August 1986 erfuhr ich, dass Vicki der Prozess gemacht worden war, weil sie mir im vergangenen Jahr Heroin ins Gefängnis geschmuggelt hatte. Damit hatte sie gegen ihre Bewährungsauflagen verstoßen, und der Richter brummte ihr 12 Monate auf. Nach der Urteilsverkündung kam Vicki in den B-Trakt in Pentridge, wo die meisten Frauen die ersten Wochen ihrer Haftstrafe verbüßten. Ich atmete erleichtert auf; mir war noch eine Frist gewährt worden, bis wir uns wiedersahen.

Im September 1986 wurde mir ein Wochenende Hafturlaub bewilligt, das ich zusammen mit Maud, der Leiterin der Theater-Gruppe als Bewacherin/Fahrerin am Gippsland Institute verbringen wollte. Maud wollte nach Bairnsdale weiterfahren, zu ihren Eltern, während ich im Studentenheim auf dem Campus untergebracht war. Nachdem ich gerade erst erfahren hatte, dass Vicki in Pentridge war, war ich an diesem Wochenende nervös und unkonzentriert und hatte ständig ein flaues Gefühl in der Magengegend. Ich wusste, dass ich keine intime Beziehung mehr mit ihr eingehen wollte, und doch sagte mir eine kleine innere Stimme, dass ich in Versuchung geraten könnte. Mir war bewusst, dass kein Weg daran vorbei führen würde, einiges zwischen uns zu bereinigen, wenn wir uns nach so langer Zeit wiedersahen. Das war das kniffligste Problem, mit dem ich konfrontiert werden würde, seit ich aufgehört hatte, Drogen zu nehmen. Am späten Samstagnachmittag, nach einem grässlichen Computerkurs, steuerte ich geradewegs auf das deprimierende Gefühl der Leere zu, das mir seit Jahren so vertraut war.

Diesmal zog ich, anstatt die ganze Nacht unglücklich in dem kalten Zimmer zu hocken (ich glaube, die Heizung war abgestellt worden, da unser Kurs in den Semesterferien stattfand), den großen Mantel an, den Greg mir geborgt hatte, und unternahm bei eisiger Kälte und Regen einen Spaziergang durch die Hügel von Churchill. Nach einer Viertelstunde wurde mir langsam warm, und so lief ich weiter, immer weiter, ganz in Gedanken vertieft. Nach etwa einer Stunde klärten sich meine Gedanken, und ich fing an, mich besser zu fühlen, optimistischer. In Bezug auf Vicki musste ich genauso handeln, wie ich im vergangenen Jahr mit dem Heroin verfahren war. Ich musste loslassen. Nachdem ich mich erst vom Heroin losgesagt hatte, hatte ich es auch nicht mehr gefürchtet, und von da an war es auch keine Bedrohung mehr für mich gewesen. Ich musste keine Beziehung mehr mit Vicki haben – oder mit sonst jemandem. Das klang in der Theorie gut, nur hatte ich nicht bedacht, dass Beziehungen Herzensangelegenheiten sind.

Als ich zwei Stunden später auf mein Zimmer zurückkehrte, fühlte ich mich besser. Ich schlief gut, und als ich am Sonntagmorgen aufwachte, war es, als wäre eine schwarze Wolke aus meinem Kopf weggeweht worden. Ich führte oft solche Gespräche mit mir selbst, weil es für mich noch so neu war, clean zu sein.

Bei meiner Rückkehr von diesem Fortbildungsseminar fühlte ich mich unbeschwerter, und ich fragte mich wie lange es dauern würde, bis sie sich bei mir meldete. Als ich ein paar Tage nach dem Seminar meine Post abholte, blieb mir fast das Herz stehen, als ich ihre Handschrift auf einem der Umschläge erkannte. Neuer Zorn stieg in mir auf.

Die Realität eines Kontaktes mit Vicki ließ den ganzen Trennungsfrust wieder aufflackern. Würde ich ihr je verzeihen können? Ich wollte nicht, dass mein neu gewonnener innerer Friede zerstört wurde, und so wartete ich, bis ich später am Abend allein in meinem Zimmer war, bevor ich den Brief las. Ich zitterte, als ich ihn öffnete, aber langsam entspannte ich mich wieder. Der Brief klang völlig anders als jene arroganten Zeilen, die ich 18 Monate zuvor erhalten hatte. Diesmal fragte sie an, wie ich dazu stehen würde, wenn sie ihre Verlegung von Pentridge nach Fairlea beantragte. Sie wollte nicht in Pentridge bleiben, wenn es mich aber zu sehr aufregte, wollte sie auch nicht nach Fairlea kommen. Ich beschloss, gar nichts zu tun, bevor ich mit Greg gesprochen hatte, den ich in der kommenden Woche im Bildungszentrum sehen würde.

»Was meinst du, wie ich mich verhalten soll?«, fragte ich, nachdem er den Brief gelesen hatte.

»Wie stehst du dazu, dass sie herkommen möchte?«

»Die Vorstellung macht mich nervös. Ich weiß, dass es schwierig werden würde, aber ich möchte sie auch nicht daran hindern«, antwortete ich. »Pentridge ist ein mieses Loch.«

»Also, wenn du wirklich denkst, dass du damit klarkommst, wenn sie herkommt, dann solltest du ihr eine sehr kurze, neutrale Antwort schicken. Ich kann dir dabei helfen, wenn du möchtest.«

Am 4. Oktober 1986 schickte ich Vicki meine Antwort auf ihren Brief. Ich drückte mich knapp und nüchtern aus. Es hatte mich ziemlich viel Zeit gekostet, die richtigen Worte zu finden. Das war nicht einfach, weil ich nicht auf die Vergangenheit zu sprechen kommen wollte – das musste persönlich, von Angesicht zu Angesicht geschehen.

Vicki erhielt den Brief ein paar Tage später, und schon wenige Wochen darauf wurde ihr Antrag auf Verlegung nach Fairlea bewilligt. Eines Nachmittags kurz vor dem Umschluss schlenderte ich über das Gelände, als eine meiner Freundinnen auf mich zu lief. »Vicki ist vorne am Tor. Sie ist gerade aus Pentridge eingetroffen«, sagte sie.

Als ich kurze Zeit später aus dem Fenster meines Cottages blickte, sah ich sie in Begleitung eines Vollzugsbeamten am Bildungszentrum vorbei nach Yarrabrae gehen. Sie sah nicht sehr verändert aus, wenngleich sie dünner geworden war, vermutlich aufgrund ihres Drogenkonsums.

Nach dem Appell am nächsten Morgen ging ich zu ihr. Mir war ganz flau, ich ließ mir aber nichts anmerken. »Sollen wir uns heute nach der Arbeit treffen und reden?« Ich war nervös, aber beherrscht ... so ziemlich jedenfalls.

»Ja, das wäre schön«, entgegnete sie ruhig. Ihr Gesicht war so ausdruckslos wie meins.

Doch als wir uns am Nachmittag in ihrer Zelle trafen, war offensichtlich, dass wir beide noch sehr viel füreinander empfanden. Ich würde gerne behaupten, dass ich völlig ruhig und etwas distanziert blieb, aber tatsächlich übernahm mein Herz die Führung, sobald ich mit ihr allein war.

»Wie geht es dir?«, fragte ich und kam mir ganz linkisch vor.

»Besser als das letzte Mal, als wir uns gesehen haben«, entgegnete sie. Ich sah ihr in die Augen und atmete erleichtert auf. Ich liebte sie noch, war aber nicht mehr so verloren wie früher. Sie breitete die Arme aus, ich trat näher, und wir umarmten einander. Hinter uns lagen 18 harte Monate.

Wir setzten uns auf ihr Bett und unterhielten uns die Stunde, die uns bis zum Umschluss noch blieb. Anstatt zu schildern, wie sehr ich gelitten hatte, nachdem sie den Kontakt zu mir abgebrochen hatte, hörte ich ihr zu. Ihre Geschichte war nicht weniger traurig als meine, und vielleicht zum ersten Mal, seit sie mich verlassen hatte, fühlte ich mit ihr, anstatt nur meine eigene Verletztheit und Wut zu sehen. In den nächsten Wochen redeten wir bei jeder Gelegenheit, die sich innerhalb der Gefängnisroutine bot, und mit der Zeit konnten wir wieder ganz normal miteinander umgehen.

Ich versuchte, mich zu bremsen, weil ich mich nicht völlig von meinen Gefühlen leiten lassen wollte, aber das gelang nur bedingt. Wir schliefen in diesen ersten Wochen miteinander, und es war so schön wie früher, aber ich verlor nicht den Überblick und fing auch nicht an, Luftschlösser zu bauen. Irgendwann ging mir auf, dass es nicht mehr das war, was es einmal gewesen war, und dass ich diese Beziehung nicht mehr unbedingt brauchte. Ich war jetzt für mich allein ein vollständiger Mensch und brauchte weder Vicki noch sonst jemanden, der für mich sprach oder irgendwelche Lücken füllte. Auf gewisser Ebene war ich noch dieselbe, aber auf anderer ein völlig neuer Mensch.

In den nächsten Monaten sprachen Vicki und ich über unsere Beziehung, die Zukunft und ihre Entlassung, die wieder ein Jahr vor meiner anstand. Gegen ihren Wunsch kamen wir überein, Freunde zu bleiben und kein Paar. Vicki hatte erst bei ihrer Einlieferung ins Gefängnis aufgehört, Drogen zu nehmen, und obwohl sie an den NA-Treffen teilnahm, lag noch ein weiter Weg vor ihr.

Ich meinerseits war seit 18 Monaten clean, fühlte mich stark und wusste, dass ich nie wieder fixen würde. Nach sechs Monaten in Yarrabrae zog Vicki in mein Cottage, und wir setzten unsere Freundschaft fort. Ich spürte, dass sie mehr wollte, ließ es aber nicht geschehen.

Ich beantragte regelmäßigen Hafturlaub, um an Seminaren am Gippsland Institute teilnehmen zu können, an dem ich per Fernstudium für meinen Bachelor of Arts (Sozialwissenschaften) studierte. Nach einigen Wochen gab der Ausschuss meinem Antrag statt, und das bedeutete, dass ich künftig ein Wochenende alle zwei Monate in Gippsland verbringen würde. An den betreffenden Wochenenden würde ich das Gefängnis am Freitagabend verlassen und erst am Sonntagabend zurückkommen. Maud, die Leiterin des Theater-Workshops, sollte mich zu meinem ersten Seminar begleiten. Wie aufregend – 48 Stunden außerhalb der Gefängnismauern! Bisher war Hafturlaub für mich auf emotionaler Ebene schwierig gewesen, aber inzwischen kam ich gut damit zurecht. Einerseits ging es nicht um Ali, sondern um eine rein akademische Angelegenheit, was die Sache um vieles leichter machte. Andererseits war das Ende meiner Haftstrafe endlich absehbar, auch wenn es noch in weiter Ferne lag. In den ersten zwei Dritteln meiner Haftstrafe hatte ich nicht an die Außenwelt denken wollen, weil es mir den tristen Gefängnisalltag nur noch bewusster gemacht hätte, aber jetzt konnte ich die Freiheit förmlich »riechen«.

Ein weiterer Anreiz war, dass Maud, Ron und ich beschlossen hatten, Ali in diese »akademischen Wochenenden« einzubeziehen. Da das Institut über eine Kindertagesstätte verfügte, wollte ich Ali mitnehmen, tagsüber dort lassen und die Abende mit ihr verbringen. Ali war ganz aus dem Häuschen vor Aufregung, als wir das erste

Wochenende planten. Wir taten noch etwas, das gegen die Vorschriften verstieß. Anstatt am Freitagabend zum Institut zu fahren, wie man es mir vorgegeben hatte, aßen Ali und ich zusammen mit Ron und Maud bei Greg zu Abend. Gleich am Samstagmorgen brachen wir dann zum Institut auf, aber es kam, wie es kommen musste. Unterwegs mussten wir Halt machen, um zu tanken. Während Maud tankte, schaute ich aus dem Fenster, und raten Sie mal, wen ich sah? Mr Herron, den Gefängnis-direktor, der mit seinem Hund an der Tankstelle vorbei-spazierte! Ich fing an zu zittern vor Angst. Erst Minuten später wagte ich wieder einen Blick, aber er war nir-gends zu sehen.

Als Maud wieder einstieg, sagte ich nervös: »Ich habe gerade Mr Herron gesehen!«

»Du machst Witze!«, entgegnete sie.

»Und wenn er mich der Polizei meldet?«

»Weißt du, ich glaube nicht, dass er so etwas tun wür-de. Ich denke, wenn er wirklich besorgt gewesen wäre, hätte er uns angesprochen«. Sie gab sich ganz ruhig, aber ich sah ihr an, dass sie ebenfalls besorgt war. Wie sich herausstellte, wohnte er im selben Viertel wie Maud.

Ich war nicht einmal sicher, ob er mich gesehen hatte, und wir konnten sowieso nichts mehr tun, also brachen wir auf nach Churchill, wo mich alle vermuteten. Als wäre das noch nicht genug der Aufregung gewesen, hör-ten wir etwa anderthalb Stunden später eine Polizeisire-ne hinter uns. Ich schaute aus dem Heckfenster, und sie signalisierten uns tatsächlich, rechts ran zu fahren. Ich kam mir vor wie ein Sträfling auf der Flucht.

»Name, bitte? Aha, Helen Barnacle«. Ein nachdenkli-cher Ausdruck trat auf sein Gesicht. »Augenblick mal«. Er ging zurück zum Streifenwagen und überprüfte meinen Namen im Computer. »Drogendealerin, ja? 15 Jahre, ja? Und was haben Sie dann hier zu suchen?«

»Ich bin zu schnell gefahren«, sagte Maud in mein Horrorszenario hinein. »Keine Sorge, ich rede mit ihm. Sei ganz ruhig und sag gar nichts.«

Und tatsächlich ging es nur darum, aber inzwischen wollte ich nur noch zum Institut und zur Ruhe kommen. Es war zu nervenaufreibend hier in der wirklichen Welt, und ich fühlte mich ständig, als würde ich etwas Verbotenes tun. Na ja, streng genommen war das ja auch so. Eigentlich hätte ich längst in Churchill sein müssen.

Eine Stunde später setzte Maud Ali und mich am Institut ab, mit einem Riesenkorb voller Leckereien, die sie extra für uns besorgt hatte. Nachdem ich Ali in die Tagesstätte gebracht hatte, ging ich mit dem Korb auf mein Zimmer und begutachtete neugierig den Inhalt. Es war eine Ewigkeit her, seit ich solche Köstlichkeiten besessen hatte – und dazu noch echter Kaffee! Ich öffnete das Paket mit den frisch gemahlenen Bohnen und schnupperte. Himmlisch! Außerdem gab es Käse, frisches Brot, Mandeln und kleine Behälter aus dem Delikatessengeschäft.

Nach dem misslungen Start am Samstagmorgen erwies sich das Wochenende noch als eins der schönsten meines Lebens. Ali und ich verbrachten eine wunderbare Zeit miteinander, was umso erstaunlicher war als Churchill nur aus einer Handvoll Geschäften bestand. Sogar das Wetter war scheußlich, aber das war uns egal, zumal Maud mir einen warmen, wetterfesten Mantel geborgt hatte. Samstagabend unternahmen Ali und ich im Regen einen Schaufensterbummel. Genau genommen bummelten wir nicht, sondern hüpften Händchen haltend den Bürgersteig entlang und sangen dabei. Ich fühlte mich so frei. Ich war nicht sicher, was Ali fühlte, aber sie strahlte diese ansteckende Freude aus, die Kinder so mühelos zeigen können. Wenn uns jemand gesehen hätte, hätte er uns vermutlich für verrückt erklärt. Aber für uns war es eine ganz besondere Zeit, und wir waren entschlossen, jede Minute auszukosten.

Wir kauften uns zum Abendessen Backfisch mit Pommes frites, die wir draußen auf einer Bank aßen. Ich hatte nicht geahnt, dass solche Kleinigkeiten solchen Spaß machen konnten. Als ich noch Drogen konsumiert hatte, war ich nie in der Lage gewesen, Kleinigkeiten wie diese zu genießen. Immer fehlte mir irgendetwas, und das Einzige, was diese Lücke füllen konnte, war ein Schuss.

Nach dem Essen hüpften wir singend durch Churchill, bis wir müde waren und zum Institut zurückkehrten, um zu Bett zu gehen. Ali schlief fast augenblicklich ein. Ich fühlte mich ihr so nah, als ich sie im Schlaf beobachtete. Das hatte ich nicht mehr tun können, seit sie das Gefängnis verlassen hatte. Mir ging das Herz auf vor Liebe.

»Meine liebe süße Ali«, flüsterte ich. »Ich liebe dich so sehr.« Ich küsste ihre rosige Wange und lauschte ihrem gleichmäßigen Atem. Ganz sacht streichelte ich ihr Gesicht – es war so zart. Ich fuhr mit den Fingern durch ihr langes goldenes Haar, und sie bewegte sich leicht. Meine Gedanken kehrten zurück zu 1985, dem Jahr, in dem mein Dasein noch von Verzweiflung geprägt gewesen war. Jetzt war ich unendlich dankbar, dass ich mir nicht das Leben genommen hatte. Es gab so vieles, wofür es sich zu leben lohnte.

Maud, Greg und Ali brachten mich um 20 Uhr zurück zum Gefängnis und keine Minute früher. Unser Abschied war nicht ganz so furchtbar wie in der Vergangenheit, vielleicht weil ich so viel Zeit mit Ali hatte verbringen können. Ich schätzte mich so glücklich, Freunde wie Maud und Greg zu haben.

Mr Herron erwähnte mit keinem Wort, dass er mich an der Tankstelle gesehen hatte, und so ging ich davon aus, dass er mich entweder nicht bemerkt hatte oder es für nicht weiter schlimm gehalten hatte, sodass er es für sich behalten wollte.

Das Schwierigste an diesen Wochenendseminaren war für mich das Zusammentreffen mit anderen Studenten, da ich nie wusste, was ich sagen sollte. Sobald wir unsere Vornamen ausgetauscht hatten, folgte unweigerlich die Frage: »Woher kommst du?« Ich wollte mich nicht als Häftling zu erkennen geben. An diesen Wochenenden wollte ich so sein wie alle anderen.

»Ich wohne in Fairfield«, antwortete ich. Das war die Wahrheit, wenn auch nicht die ganze.

Mit den Dozenten, die alle mein Geheimnis kannten, kam ich gut aus. Zwei der Psychologie-Dozenten hatten mich schon im Gefängnis besucht und mir nach Kräften geholfen. Ich nehme an, dass es Spaß machte, mich zu unterrichten, da ich eine so eifrige Schülerin war. Ich fühlte mich selbstbewusst bei den Gruppendiskussionen, weil ich gut informiert war, nachdem ich reichlich Zeit zum Lesen hatte. Meine Scheu davor, öffentlich zu reden, hatte ich vollständig abgebaut.

Mitte 1987 bereitete Vicki sich auf ihre Entlassung im Juli vor. Sie hatte es geschafft, auf Drogen zu verzichten, und wollte es auch draußen weiter so halten, war aber noch sehr labil.

Ich sah ihrem Abschied mit gemischten Gefühlen entgegen. Obwohl ich es vermissen würde, mit ihr zu reden und zu lachen, war ich in gewisser Weise auch erleichtert, dass sie ging. Ich wusste, dass sie sich immer noch wünschte, dass wir wieder zusammenkamen, aber für mich war es nicht die richtige Zeit für mehr als Freundschaft. Ich hatte beschlossen, bis auf weiteres überhaupt keine Liebesbeziehung mehr einzugehen. Einer der Gründe hierfür war, dass die Frauen, die ich hier im Gefängnis kennen lernen würde, mit ziemlicher Wahrscheinlichkeit süchtig waren, und ich war nicht gewillt, mich auf eine Beziehung einzulassen, in der Abhängigkeiten eine Rolle spielten.

Die bevorstehende Entlassung von Vicki und Lino, einer anderen Frau, mit der wir befreundet waren, motivierte Greg, Maud und noch ein paar andere, darunter ich selbst, einen Verein zu gründen, der ein Übergangshaus unterhielt. So wie 85 Prozent aller Gefängnisinsassen hatten weder Vicki noch Lino draußen eine Bleibe oder sonstige Unterstützung. Und so wurde das Projekt »Daleth House« ins Leben gerufen als Modellversuch für Frauen, die aus dem Gefängnis entlassen wurden.

Mein Beitrag an dem Projekt war naturgemäß gering, aber der Verein hielt seine Besprechungen im Gefängnis ab, sodass ich zumindest mitreden konnte. Auch wenn ich keine persönliche Erfahrung mit einer Entlassung aus der Haft hatte, erlebte ich oft genug, dass Frauen kurz nach ihrer Entlassung zurückkehrten. Und ich erfuhr von den Problemen, mit denen sie draußen konfrontiert worden waren. Daleth House lag in Elsternwick, etwa neun Kilometer südlich von Melbourne, und erwies sich für Vicki, Lino und viele andere Frauen, die vorübergehend dort unterkamen, als wahrer Segen. Diese sichere Unterkunft ermöglichte es ihnen, wieder auf die Füße zu kommen und in der drogenfreien Gesellschaft ein »normales« Leben anzufangen. Obwohl das Projekt später in Schwierigkeiten geriet und letztendlich aus Geldmangel und einigen anderen Gründen aufgegeben werden musste, hat es mehreren Frauen, die heute noch ein erfülltes Leben führen, sehr geholfen.

Als der Tag von Vickis Entlassung kam, fühlte ich bei

weitem nicht die dieselbe Verzweiflung wie bei unserer ersten Trennung.

»Gibt uns nicht auf«, bat sie.

Ich wusste, was sie meinte, wollte aber nicht ernsthaft darüber nachdenken, weil es zu sehr schmerzte. Ich wusste, dass wir keinesfalls eine Liebesbeziehung auch nur in Betracht ziehen konnten, solange ich nicht frei war und ihr als gleichwertiger Partner begegnen konnte – und das lag noch in zu weiter Zukunft. Ich brachte keinen Ton hervor, und so nickte ich nur wortlos. Ich wollte nicht, dass sie sich an die Hoffnung klammerte, dass wir wieder zusammenkommen würden, aber gleichzeitig wünschte ich ihr von ganzem Herzen, dass sie es da draußen schaffte. Es war fast so, als brauchte ich jemanden, dem es gut ging – ich meine, der nicht rückfällig wurde –, einfach zum Beweis dafür, dass es möglich war. Ich hatte immer noch keine Süchtige erlebt, die es nach ihrer Haftentlassung geschafft hatte, was schon erstaunlich war, wenn man darüber nachdachte.

Nachdem der erste Verlustschmerz nachgelassen hatte, war ich froh, wieder allein zu sein ... na ja, nicht wirklich allein, immerhin hatte ich ja noch andere Freundinnen in Fairlea. Zu ihnen gehörte Julie, eine ganz besondere junge Frau, zu der ich im Laufe der vergangenen Monate Freundschaft geschlossen hatte. Ich war für sie so etwas wie eine Ersatzmutter geworden. Sie war zehn Jahre jünger als ich, witzig, hübsch und Missbrauchopfer, und sie hing schon seit vielen Jahren an der Nadel. Ohne festen Wohnsitz und mit einem sehr unsteten und oft von Gewalt geprägten Leben, war sie wie viele andere junge Frauen, die damals ins Gefängnis kamen – ich schätze, sie waren das, was man heute als Straßenkinder bezeichnet. Julie hatte noch nie einen ganz normalen Job gehabt und sich ihren Drogenkonsum hauptsächlich mit Diebstählen finanziert. So wie meine Altersgenossinnen es in den späten siebziger und frühen achtziger Jahren gemacht hatten, veränderte nun diese Generation junger Frauen die Gefängnispopulation. So wie wir waren auch sie süchtig nach irgendeiner Droge, aber sie waren jünger und gewaltbereiter als wir damals.

Julie und ich saßen oft nachmittags nach der Arbeit zusammen. Sie war fasziniert davon, dass ich es geschafft hatte, vom Heroin loszukommen, und – so wie Tammy – noch faszinierter, dass ich bis jetzt clean geblieben war. Da sie in den vergangenen Jahren schon diverse Haftstrafen verbüßt hatte, hatte sie die drastischen Veränderungen an mir selbst miterlebt. Wenn Ali samstags zu Besuch kam, spielte Julie mit ihr, und mir fiel auf, wie ähnlich sie Carol und Tammy war und dabei doch so einzigartig. Sie schloss sich später auch der Theater-Gruppe an. Ich deutete ihre Neugier als positives Zeichen und achtete sehr darauf, ihr nicht zu predigen. Es gibt nichts Schlimmeres als einen Ex-Junkie, der einem erzählt, wie schön das Leben ohne Drogen ist. Ich nehme an, es ist dasselbe wie bei einem Ex-Raucher, der versucht, jemanden zu überzeugen, der sich gerade eine Zigarette angesteckt hat. Außerdem war es, auch wenn ich mich inzwischen großartig fühlte, ein verdammt langer, harter und einsamer Weg gewesen, sodass ich verstehen konnte, dass viele ihn nicht bis zu Ende gingen. Ich schätzte mich glücklich, so weit gekommen zu sein.

Julie war als Baby adoptiert worden und hatte ihre leibliche Mutter bislang nicht ausfindig machen können, weshalb sie sich ganz besonders für meine Beziehung zu Ali interessierte. Außerdem spürte sie wohl auch meine Einsamkeit als »Mutter« – sie fing sogar an, mich »Mum« zu nennen. Ali betete sie an und hat noch heute ein gerahmtes Foto von Julie in ihrem Zimmer. Es ist schwer zu erklären, wie man manchmal im Leben ganz besondere Beziehungen zu bestimmten Menschen herstellt, und so ging es Julie, Ali und mir. Es war schön, und ich nehme an, für eine Weile füllten wir eine Lücke im Leben der anderen aus. Aber so wie die meisten anderen war sie nur für kurze Zeit dort. Sie schaffte es, mir gelegentlich zu schreiben, und sie sollte vor meiner eigenen Entlassung noch einmal nach Fairlea zurückkommen.

Kurz nach Vickis und Julies Entlassung verschwand Greg für eine Weile, auf eine Wüstenwanderung, um seine Seele zu erforschen, wie ich hörte. Es war seit meiner Inhaftierung die erste Phase, in der er nicht für mich da war, und das warf mich ein wenig aus der Bahn. Ich fühlte mich im Stich gelassen.

Doch der Sozialarbeiter Peter machte mir Mut: »Du bist doch eine starke Frau«, sagte er, und ich blickte ihn überrascht an. Ich – eine starke Frau? Der Gedanke gefiel mir ...

In dieser Zeit wurde ich an einem Nachmittag zum Besucherzentrum gerufen, zu einem Gespräch mit einem Mitarbeiter der Strafvollzugsbehörde, der jedoch kein Gefängniswärter war. Vielmehr handelte es sich um eine Art Bewährungshelfer, der auch Menschen betreute, die nicht zu einer Haftstrafe, sondern zu gemeinnütziger Arbeit verurteilt worden waren. Im Rahmen eines neuen Programms zur vorzeitigen Haftentlassung konnten Langzeitgefangene ihre Strafe um maximal acht Monate verkürzen, wenn sie in diesen acht Monaten wöchentlich acht Stunden gemeinnützige Arbeit leisteten und sich bei einer von ihrem Bewährungshelfer benannten behördlichen Stelle meldeten. Normalerweise nahmen diese Termine eine Stunde in Anspruch, und diese Zeit konnte genutzt werden, um Schwierigkeiten zu besprechen, die sich nach der Haftentlassung ergeben hatten. Bei Süchtigen waren außerdem zweimal wöchentlich Urintests vorgeschrieben. Diese Maßnahme war zumindest teilweise ins Leben gerufen worden, um die überfüllten Gefängnisse von Victoria zu entlasten. Da illegale Drogen bei jungen Leuten in Mode gekommen waren, waren die Gefängnisse inzwischen voller Drogenkonsumenten, die wegen verschiedener Delikte einsaßen, Tendenz steigend.

Als ich im Besuchszentrum eintraf, stellte ich fest, dass es sich um eine Bewährungshelferin handelte, die mir mitteilte, sie wäre gekommen, um zu prüfen, ob ich für eine vorzeitige Haftentlassung in Frage käme. Obwohl ich von dieser neuen Maßnahme gehört und mir sogar ausgerechnet hatte, dass ich vermutlich dafür in Betracht kam, hatte ich mich zu sehr davor gefürchtet, diese Möglichkeit auch nur in Betracht zu ziehen, um ernsthaft eine Prüfung meines Falles zu beantragen. Wenn die Bewährungshelferin nach Prüfung meines Falles eine positive Empfehlung aussprach, konnte das bedeuten, dass ich noch in diesem Jahr oder Anfang 1988 entlassen wurde! Ich hatte mir nie gestattet, auch nur daran zu denken, da es mir leichter erschienen war, alles für den 8.8.88 zu planen, der immer das frühestmögliche Datum meiner Entlassung gewesen war. Ich hätte die Enttäuschung nicht verkraftet, wenn meine Hoffnungen sich zerschlagen hätten. Die Bewährungshelferin klang sehr optimistisch, sodass ich mir auf dem Rückweg zum Bildungszentrum zum ersten Mal erlaubte, eine Entlassung noch vor Jahresende als möglich zu betrachten.

Ende August erhielt ich die Nachricht, dass ich am 24. November 1987 entlassen werden sollte, zwei Wochen vor meinem 34. Geburtstag. Ich war gerade im Bildungszentrum, als mich die gute Nachricht erreichte, und ich fiel den Lehrern vor Freude um den Hals. Marg, der ich besonders nahe stand, kam mit mir in die Küche, um mit mir zu feiern. Es fiel mir so schwer zu glauben, dass das alles wirklich bald vorbei sein sollte, dass ich endlich wieder ein Leben außerhalb von Fairlea führen sollte. Mir wurde erlaubt, Ron anzurufen, um ihm die Neuigkeit mitzuteilen, und er war wie ich schockiert und gleichzeitig überglücklich. Natürlich war es noch zu früh, um Ali etwas zu sagen, aber wenigstens konnten Ron und ich anfangen, erste Vorbereitungen für den großen Moment zu treffen.

In den folgenden Wochen beschlossen wir, dass ich erst einmal bei Ron wohnen würde, damit Alis vertrautes Umfeld weitestgehend erhalten blieb. Dieses Arrangement kam auch mir sehr entgegen, da ich bis zu meinem Abschluss noch ein Studienjahr vor mir hatte. Ich hatte bereits entschieden, dass ich weiterstudieren wollte, um Psychologin zu werden, sodass ich noch einige Jahre vor mir hatte.

Nachdem sich die erste Aufregung gelegt hatte, kehrte wieder Ruhe in mein Leben ein, und ich konzentrierte mich ganz auf mein Studium, das mir großen Spaß machte. Ich hatte noch ein akademisches Wochenende am Gippsland Institute vor mir sowie im September und Oktober jeweils ein Wochenende Hafturlaub bei Ron und Ali. Diese Besuche auch über Nacht waren mir genehmigt worden, damit ich mich langsam daran gewöhnen konnte, die Nacht bei Ali daheim zu verbringen.

Vicki wohnte immer noch im Daleth House; es ging ihr gut, und sie war immer noch clean. Sie freute sich riesig, als ich sie anrief und ihr die frohe Botschaft mitteilte. Im Herzen glaubte ich nicht, dass wir wieder zusammenkommen würden, dafür hatte sich viel zu viel verändert, aber jetzt, da es nur noch wenige Monate waren bis zu meiner Entlassung, erschien es mir wie eine reale Möglichkeit. Es war schwer, es vor Ali geheim zu halten, aber der Kinderpsychiater hatte uns dringend empfohlen, sie erst sechs oder höchstens acht Wochen vor meiner Entlassung einzuweihen. In der Zwischenzeit stellte ich mir immer wieder vor, wie schön es sein würde, die Freude auf ihrem Gesicht zu sehen, wenn sie davon erfuhr.

Kapitel 18

ZURÜCK IN DIE FREIHEIT

Jetzt da ich keine Drogen mehr nahm und das Glück hatte, dass mir in der Freiheit eine geeignete Unterkunft zur Verfügung stand, blickte ich dem Tag meiner Haftentlassung im Gegensatz zu den meisten anderen Frauen, die das Gefängnis verließen, ohne Furcht entgegen. Ich hatte die wahre Freiheit erlangt, als die Klauen der Drogensucht ihren Griff gelockert hatten, kurz bevor ich das Cottage 6 bezogen hatte. Ich konnte immer noch nicht fassen, wie lange ich gebraucht hatte, um so weit zu kommen. Noch nie hatte ich mich innerlich so gelöst gefühlt, und auch körperlich war ich fit und gesund. Ich fühlte Zuversicht, geboren aus dem Wissen und dem festen Glauben daran, dass ich alles erreichen konnte, was ich wollte. Mir war bewusst, dass ich naiv war, was das Leben in der normalen Welt anbelangte, aber das Eingesperrtsein war das Einzige, was mich noch daran hinderte, die wichtigste Rolle meines Lebens wieder zu übernehmen und Alis Mutter zu sein. Viel weiter konnte und wollte ich erst mal nicht sehen.

Ich sagte mir, dass mein Alltag sich auch außerhalb des Gefängnisses nicht so stark ändern würde, abgesehen davon, dass ich mit Ali aufwachen, sie zur Schule bringen und von dort abholen, sie am Abend zu Bett bringen und ihr einen Gutenachtkuss geben würde. Ich stellte mir vor, wie sie in ihrem Bett lag, Katze Mima zusammengerollt an ihrer Seite, und ich ihrem gleichmäßigen Atem lauschte, während sie schlief. Ich würde nur dasitzen und ihr wunderhübsches kleines Gesichtchen betrachten, so wie ich es getan hatte, bevor sie Fairlea verlassen musste. Es hatte mich immer mit solchem Staunen erfüllt, dass ich einem so wunderbaren kleinen Geschöpf das Leben geschenkt hatte ... allein bei dem Gedanken wurde mir ganz warm ums Herz.

Ich wusste, dass ich alles in einem viel netteren Umfeld tun würde und ohne die ständige zermürbende Überwachung, aber ich saß schon so lange hinter Gittern, dass ich mir kaum vorstellen konnte, was sich noch ändern sollte. Mir war bewusst, dass es draußen Neuerungen gab wie Geldautomaten. Ich hatte noch nie einen benutzt, weil es sie zum Zeitpunkt meiner Inhaftierung noch nicht gegeben hatte – aber das waren nur Kleinigkeiten. Was zählte, war, dass ich mit Ali zusammen sein und ein richtiges Zuhause haben würde. Ron und ich hatten vereinbart, dass ich, anstatt Miete zu zahlen, kochen und den Haushalt führen sollte, sodass ich meinen Lebensunterhalt von der staatlichen Unterstützung bestreiten konnte, die ich als allein erziehende Mutter bezog, und von der Austudy-Förderung. Ich würde mein Fernstudium fortsetzen, was mir die nötige Zeit einräumen würde, meine Beziehung zu Ali zu festigen.

Am 23. November 1987 hatte ich das Gefühl, als freuten sich alle in Fairlea für mich. Ich war so dankbar, dass es das letzte Mal sein würde, dass ich eingesperrt wurde, vor allem um diese lächerlich frühe Zeit um halb fünf nachmittags. Ich brauche wohl kaum zu erwähnen, dass ich in dieser Nacht kaum ein Auge zutat. Am Morgen meiner Entlassung war ich um 5:15 Uhr auf und schwang mich aufs Rad. Nichts sollte meine Routine stören! Es war die schönste Fahrt nach Nirgendwo, die ich je unternommen hatte, und ich genoss jede Minute und jeden Schweißtropfen. Ich duschte, machte anschließend meine Tai-Chi-Übungen und meditierte. Inzwischen waren auf die anderen wach, und die Beamten hatten die Türen aufgesperrt. Ich packte meine wenige Habe in einen grünen Müllbeutel und machte mich bereit zu meinem letzten Appell um 8 Uhr.

Rikki war wieder in Fairlea, und so wusste ich, dass ich noch mit der einen oder anderen Überraschung rechnen konnte, bevor ich durch das Tor war. Wie immer trotteten wir zum Appell wie eine Herde Schafe und stellten uns in einer Reihe entlang der asphaltierten Straße vor dem Bildungszentrum auf. Ich hatte noch keinen Appell so genossen. Ich gestattete mir sogar, die Reihe hinauf- und hinunterzuschauen und festzustellen, wie albern wir so aufgereiht aussahen. Es war richtig bizarr!

Nach der Anwesenheitskontrolle trat Rikki vor, um eine kleine Ansprache zu halten. »Natürlich wisst ihr alle, dass unsere gute alte Barny uns heute verlässt, und darum möchten wir Frauen ihr gerne etwas überreichen. Barny, wir haben etwas für dich, wovon wir wissen, dass du es jeden Tag benutzen wirst, und das dafür sorgen wird, dass du uns nie vergisst!«, verkündete sie, begleitet vom Gelächter der anderen. »Wir werden dich vermissen, aber wir wünschen dir alles Glück dieser Welt, weil du es mehr verdient hast als jeder andere.« Alle pfiffen und klatschten, und mir wurde richtig schwer ums Herz bei dem Gedanken, diese Frauen zu verlassen, die mir geholfen hatten, mich auf den Knien weiterzuschleppen, als meine Beine nicht stark genug gewesen waren, um mich zu tragen.

Alle hatten sich an dem Abschiedsgeschenk für mich beteiligt. Da es zu groß war, um es zu verpacken, erkannte ich gleich, was es war: ein Ergometer für daheim!

Ich war gerührt, da ich mir vorstellen konnte, wie schwierig es gewesen sein musste, das zu organisieren, ganz zu schweigen davon, das Geld aufzubringen, wo diese Frauen doch nichts besaßen. Nach der Übergabe des Trainingsrads, bei der sogar die Wärter lächelten, begann der eigentliche Spaß. Ich war dankbar hierfür, weil ich inzwischen kurz davor stand, in Tränen auszubrechen. Bevor es jedoch dazu kommen konnte, trat mich etwas am Kopf und zerbrach, woraufhin eine glitschige Flüssigkeit über mein Gesicht rann. Jemand hatte sich von hinten an mich herangeschlichen und mir ein rohes Ei auf den Kopf gehauen, das Signal für alle anderen, diesem Beispiel zu folgen. Mehl, Zucker, noch mehr Eier und weiß der Teufel was sonst noch alles flogen auf mich zu. Ich fing an, mich zu ducken, um den Geschossen auszuweichen, gab es aber bald auf und ließ es über mich ergehen. Ich hatte noch nie in meinem ganzen Leben so gelacht. Ich ahnte dann auch, dass es noch nicht vorbei war, als Rikki zusammen mit ein paar anderen geradewegs auf mich zukam. Sie packten mich an Armen und Beinen und trugen mich zum Schwimmbecken. Da ich wusste, was kommen würde, strampelte ich auf dem ganzen Weg dorthin.

»Eins ... zwei ... drei!«, zählte Rikki, wobei die Frauen mich von einer Seite zur anderen schwangen. Dann segelte ich durch die Luft und landete klatschend im Wasser, mit Klamotten und allem ... aber da ich noch Gefängniskleidung trug, machte mir das nichts aus. Ich wusste, dass Widerstand zwecklos gewesen wäre, und warum sollte ich ihnen den Spaß verderben? Ich lachte mich halbtot, und es kümmerte mich nicht, was sie an diesem Morgen mit mir anstellten!

Nachdem ihnen die Munition ausgegangen war, stieg ich aus dem Pool und kehrte zurück zum Cottage, um noch einmal unter die Dusche zu steigen. Ich fühlte mich glücklich und unbeschwert, aber als ich dann unter dem warmen Strahl stand, musste ich an Rikki und die anderen Frauen denken, von denen ich einige sehr lieb gewonnen hatte. Es gab keine andere Möglichkeit, als sie zu verlassen, aber die bevorstehende Trennung stimmte mich traurig. Es erschien mir so unfair, sie einzusperren, da sie alles in allem doch nur sich selbst geschadet hatten, aber so war das nun mal. Ich zog saubere Gefängniskleidung an und trank zusammen mit ein paar von meinen Freundinnen einen letzten Kaffee (sofern man die Brühe als solchen bezeichnen konnte), bis ein Beamter in der Tür erschien. Es war soweit.

Rikki stand auf. »Komm, Barny. Ich trage dir das Rad bis zum Tor«, sagte sie und brach so die drückende emotionsgeladene Stille, die entstanden war.

»Danke.« Ich stand auf und umarmte nacheinander jede der Frauen im Cottage. Sie alle hatten Tränen in den Augen. Und sie alle freuten sich ganz selbstlos für mich, obwohl wir einander vermissen würden. In mir tobte ein emotionaler Aufruhr, aber inmitten des Chaos war auch die Freude auf den Nachmittag, da ich zu Alis Schule fahren würde, um sie zum ersten Mal abzuholen. Ich konnte es gar nicht erwarten, ihr Gesicht zu sehen.

Ich wurde zum Tor gebracht. Rikki an meiner Seite. Sie reichte das Rad durch, und wir umarmten uns ein letztes Mal.

»Ich liebe dich, Barny«, sagte sie aus tiefstem Herzen. »Pass auf dich auf. Ich werde an dich denken.«

»Danke. Ich liebe dich auch«, sagte ich und sah ihr in die Augen, als wir uns langsam aus der Umarmung lösten. Ich ließ ihre Hand los und trat durch das Tor, das der Beamte hinter mir absperrte. Als ich zur Aufnahme auf der anderen Seite des Zaunes ging, warf ich einen letzten

Blick zurück. Rikki hatte sich nicht von der Stelle gerührt.

Dann ging ich durch die Verwaltung zur Kleiderausgabe, um zum letzten Mal meine Gefängniskleidung abzulegen. Das war das letzte Mal, dass ich mich in Anwesenheit eines Vollzugsbeamten auszog.

Ich schlüpfte in eine Jogginghose und ein T-Shirt. Am Nachmittag würde ich mit Rons Bekannter Elizabeth ein paar Sachen besorgen. Ich hatte keine Ahnung, was gerade modern war, hatte aber sowieso noch nie viel für Modetrends übrig gehabt. Bisher hatte ich mein Geld immer für Drogen gebraucht.

Es war soweit.

Gleich würde ich auf der anderen Seite der hohen Betonmauer stehen, die so viele Jahre mein Horizont gewesen war, der Mauer, von der ich mir so oft gewünscht hatte, ich könnte durch sie hindurch oder über sie hinweg sehen. Ich näherte mich dem Beamten am vorderen Gefängnistor. Er lächelte und wünschte mir viel Glück, als er den Schlüssel in das Schloss steckte. Das Tor schwang auf, und ich trat mit meinem grünen Müllbeutel in der Hand hinaus in die Freiheit.

Nach der langen Zeit, die ich eingesperrt gewesen war, hätte mich eigentlich eine große Feier erwarten müssen, mit einer Live-Band, Luftballons, Menschen, die mich zu meinem Überleben beglückwünschten, und einem riesigen Plakat mit der Aufschrift HELEN BARNACLE IST FREI. Aber nichts dergleichen. Wenn jemand aus dem Gefängnis entlassen wird, ist das nichts, das die Gesellschaft feiert.

Elizabeth wartete auf mich. Sie war mit ihrem Wagen hergefahren, um mich abzuholen. Sie kam auf mich zu und schloss mich in die Arme ... Ich konnte mich glücklicher schätzen als die meisten anderen. Ich wusste, dass es Menschen gab, die mich gern hatten, denen ich genug bedeutete, dass sie sich die Zeit nahmen, um mich abzuholen und mir an meinem ersten Tag in der Freiheit beizustehen. Das ist nicht selbstverständlich.

Ich verspürte keine großen Gefühlswallungen, als ich endlich auf der anderen Seite der Mauer war. Der aufregende Teil des Tages stand mir erst noch bevor. Ich konnte es gar nicht erwarten, zu Alis Schule zu gehen, um sie abzuholen – erst dann würde ich wirklich an meine Freiheit glauben. Alles, was davor geschah, würde nur dazu dienen, die Zeit totzuschlagen.

Als Erstes wurden wir bei der Sozialversicherung vorstellig, die sich jetzt Centrelink nannte, wo ich meine Entlassungspapiere vorlegte. Mir stand für eine Woche Arbeitslosengeld zu, aber ich konnte den Scheck erst einlösen, wenn ich ein Bankkonto eröffnet hatte. Unser nächster Gang führte uns zur Polizeiwache von Caulfield in der Nähe meines neuen Wohnortes, wo ich meinen Bewährungshelfer kennen lernte. Ich unterhielt mich etwa eine Stunde mit ihm und fühlte mich dabei einigermaßen wohl. Ein paar Wochen später wurde mir eine andere Bewährungshelferin zugeteilt, eine sehr nette Frau namens Pauline.

Anschließend fuhr Elizabeth mit mir zu einem Einkaufszentrum in der Nähe ihrer Wohnung. Ich hatte nicht viel Geld, da ich Fairlea nach fast acht Jahren mit nur 60 Dollar in der Tasche verlassen hatte (toll, was?), aber Ron hatte mir ein paar hundert Dollar geborgt, damit ich mir etwas zum Anziehen kaufen konnte, und nun ließ ich mich von Elizabeth beraten. Es war ein großes Einkaufszentrum, und ich war ganz überwältigt, als wir uns schließlich in ein Café setzten, um eine Kleinigkeit zu essen und einen Kaffee zu trinken. Ich liebte den Geruch der Kaffeebohnen in der Luft und versuchte, mir klar zu machen, dass ich, wann immer ich Lust hatte, »echten« Kaffee trinken konnte – schon solche Nebensächlichkeiten waren schwer vorstellbar. Ich bestellte eine Schale frischen Obstsalat, nicht nur, weil ich frisches Obst so gerne aß, sondern weil die Auswahl zu groß war und ich mich deshalb lieber an etwas Einfaches hielt. Im Übrigen hatten wir im Gefängnis nur Äpfel, Orangen und Bananen bekommen, wohingegen in dem Salat Aprikosen waren, Ananas, Kiwi, Pflaumen ... eine ganze Reihe von Früchten, die ich Jahre nicht mehr genossen hatte.

Elizabeth brachte mich vom Einkaufszentrum zu Rons Haus und fuhr dann heim, um das Abendessen für ihre Familie zuzubereiten – sie hatte Mann und Kinder. Elva, die Ali in meiner Abwesenheit versorgt hatte, wohnte noch bei Ron, da wir uns noch nicht schlüssig waren, wann der beste Zeitpunkt sein würde, sie zu entlassen. Wir wollten Ali Zeit lassen, sich an die neue Situation zu gewöhnen. Obwohl sie eine liebe zurückhaltende Frau war, wünschte ich mir Elva insgeheim fort. Es fiel mir schwer zu akzeptieren, dass sie in den vergangenen Jahren so viel Zeit mit Ali hatte verbringen dürfen, was mir selbst verwehrt geblieben war. Das ist *meine* Tochter!, dachte ich trotzig. Aber ich musste anerkennen, was sie für uns getan hatte, und ich wusste, dass ich darauf achten musste, sie freundlich zu behandeln und mir meine Ablehnung nicht anmerken zu lassen.

Ich schlenderte durch das Haus, das jetzt mein Zuhause war, und hatte gleich das Bedürfnis, dieses Heim in Besitz zu nehmen. Ich bemerkte Dinge, die ich verändern wollte, und ich wollte etwas Zeit für mich. *Atme tief durch und sei geduldig,* ermahnte ich mich, dankbar für die Meditationstechniken, die ich erlernt hatte. Wenn Elva fort war, würde ich das Zimmer gleich neben Alis beziehen, das sie in den vergangenen zwei Jahren bewohnt hatte. Ich hatte an diesem Tag noch keine Lust, es mir anzusehen, weil es noch ihr Reich war. Es war seltsam, durch ein ganz normales Haus zu gehen, in dem ich alle Türen nach Herzenslust auf- und absperren konnte. Es fiel mir schwer zu glauben, dass das jetzt mein »Zuhause« war, umgeben von Bäumen und einem Garten. Es gab nicht einmal Gitter vor den Fenstern. Außerdem fiel mir auf, wie still es war ohne die 80 anderen Frauen, die vielen Vollzugsbeamten und die verdammten Lautsprecher. Ich wartete immer noch darauf, zum Appell gerufen zu werden! Ganz sicher würde ich am späten Nachmittag an der Haustür Aufstellung beziehen, um gezählt und für die Nacht eingesperrt zu werden.

Ich wurde immer nervöser, je näher der Zeitpunkt rückte, da ich Ali abholen würde: 15:30 Uhr. Im Gefängnis hatten wir um diese Zeit die Arbeit niedergelegt und waren nach Yarrabrae gegangen, um unsere Post zu holen und zu Abend zu essen. Eine willkommene Ablenkung an diesem Nachmittag war das Eintreffen meines Klaviers. Das arme alte Klavier war so oft umgezogen, dass es mir vorkam wie ein alter Freund, der mich in allen Lebenslagen begleitete. Ich kicherte bei dem Gedanken daran, dass ich zusammen mit meinem Klavier im Gefängnis gesessen hatte ... plötzlich kam mir das komisch vor.

Um die Zeit bis Schulschluss herumzukriegen, beschloss ich, zur nächsten Bank zu gehen und ein Bankkonto zu eröffnen. Etwas nervös reihte ich mich in die Schlange vor dem Schalter ein, da ich wusste, dass ich einige Fragen zu meinen Lebensumständen würde beantworten müssen.

»Mit welchem Dokument können Sie sich ausweisen?«, fragte die Schalterbeamtin, als ich an der Reihe war.

Ich reichte ihr meine Geburtsurkunde, meine Krankenversicherungskarte und meine Entlassungspapiere aus Fairlea. »Ich bin heute aus dem Gefängnis entlassen worden und brauche ein Konto, um den Scheck von der Sozialversicherung einzureichen.« Die gleiche Prozedur hatte ich bereits bei Centrelink durchgemacht. Es war peinlich, meine Situation immer wieder erklären zu müssen. Die Leute waren höflich, aber man sah ihnen an, dass sie schockiert waren. Ich wollte das alles endlich hinter mir lassen.

Die Bankangestellte bat mich, einen Moment zu warten, und ging dann, um Rücksprache zu halten, vielleicht mit ihrem Vorgesetzten oder dem Filialleiter. Peinlich berührt blickte ich mich verstohlen um, um zu sehen, ob jemand in der Schlange zuhörte oder uns beobachtete, aber es schien sich niemand für mich zu interessieren.

»Jemand muss Ihre Angaben bestätigen«, teilte die Bankangestellte mit, als sie zurück war. »Kennen Sie jemanden, der das übernehmen könnte?« Ich war sauer, wusste aber, dass ich nicht die Nerven verlieren durfte, weil das nur die Vorurteile aller gegenüber Ex-Sträflingen bestätigen würde.

»Ja, ich denke schon«, sagte ich und nahm meine Dokumente wieder an mich. Verlegen kehrte ich zurück nach Hause, um Elva zu bitten, mich zur Bank zu begleiten, um meine Identität zu bestätigen. Sie half mir gern. Die Bankangestellte war nett zu mir, und ich bekam mein Konto. Trotzdem fand ich es ein wenig merkwürdig, dass die Sozialversicherung mir nur einen Verrechnungsscheck aushändigte, der ein Bankkonto erforderlich machte, das zu eröffnen ich wiederum jemanden brauchte, der bestätigte, dass ich ich war. Es kam mir vor, als müsste ich überall, wo ich auch hinkam, offenbaren, dass ich ein Sträfling war, und Sträflingen durfte

man nicht trauen. Aber ich war kein Sträfling mehr ...
Ich war frei! Diese Zwischenfälle konnten mir den Tag
nicht verderben, aber sie ärgerten mich.

Endlich war es soweit, Ali abzuholen. Als ich mich
mit Elva auf den Weg machte, fragte ich mich, was Ali
wohl den ganzen Tag in der Schule gedacht haben mochte, nachdem sie wusste, dass ich auf sie warten würde.
Ich sah die vielen Kinder aus dem Gebäude und zu ihren
Eltern – vornehmlich Müttern – strömen, die gekommen
waren, um sie abzuholen. Das gehört also zum normalen
Leben, dachte ich und sah mich um, glücklich dazuzugehören. Dieses Gefühl war neu für mich. Ich schaute in
die Gesichter dieser Menschen, sah, was für sie ganz all-
täglich war, und wusste, dass sie nie verstehen könnten,
was ich durchgemacht hatte und was ich fühlte. Es war
etwas so Wunderbares, hier sein zu können, um meine
kleine Tochter abzuholen. Wie oft hatte ich von diesem
Augenblick geträumt! Dann sah ich sie. Sie hielt nach
mir Ausschau, da sie wusste, dass heute unser großer Tag
war. Unsere Blicke trafen sich, und sie lief zu mir, so
schnell sie konnte.

»Mum!«, rief sie im Laufen.

»Ali!«, rief ich zurück. Sie schlang ihre Arme um
mich, und wir hielten uns lange fest. Niemand sonst
konnte verstehen, was dieser Moment uns bedeutete. Wir
hatten vier endlos lange Jahre auf diesen Tag gewartet,
und ich hatte das Gefühl, als müsse mein Herz gleich
zerspringen vor Glück. Ich wollte sie gar nicht mehr loslassen und musste mir immer wieder vor Augen halten,
dass es diesmal keinen Abschied mehr geben würde ... Diesmal musste ich nicht zurück ins Gefängnis.
Zum ersten Mal seit Jahren hatte ich keine Angst davor,
sie loszulassen, in dem Bewusstsein, dass wir uns jetzt
umarmen konnten, wann immer uns danach war. Und so

verspürte ich auch diesmal keinen Schmerz, als ich sie freigab. Ich würde sie nie wieder verlassen. Hand in Hand traten wir den Heimweg an, wobei Ali übermütig neben mir her hüpfte. Das war Freiheit!

Später am Nachmittag kam Ron heim, und inzwischen fühlte ich mich bereits mitten drin in meinem neuen Leben.

Elva kochte für uns, und hinterher unterhielten wir uns darüber, was der beste Zeitpunkt für sie wäre, eine andere Stelle anzunehmen. Ali hatte nichts dagegen, und so kamen wir überein, dass Elva schon in wenigen Tagen gehen sollte. Sie wollte zurück in ihr Haus auf dem Land. Ich war überglücklich, weil das bedeutete, dass ich schon sehr bald mein neues Zimmer beziehen und das Leben beginnen konnte, das mir vorschwebte.

Aufgrund meiner Entlassung Ende November war das Semester für dieses Jahr vorbei, sodass ich mich im Dezember und Januar ausschließlich Ali widmen konnte. In meinen ersten Wochen in Freiheit ging ich nur einkaufen, zu Alis Schule und zu meinen obligatorischen Terminen auf der Wache und leistete meine acht Stunden gemeinnützige Arbeit wöchentlich: Einen halben Tag arbeitete ich in einem Laden der Wohlfahrt und betreute an einem weiteren halben Tag einen älteren Herrn, der in der Nähe wohnte und etwas »häusliche Hilfe« brauchte. Mir machten beide Arbeiten Spaß, und in gewisser Weise halfen sie mir, mich wieder in die Gesellschaft zu integrieren.

Zwei Wochen nach meiner Entlassung wurde ich 34. Ron, Ali und ich waren zu einem Geburtstagsessen bei Elizabeth eingeladen. Elizabeths Familie lebte in einem riesigen Haus mit Schwimmbad, eine Gelegenheit, die Ali sich nicht entgehen ließ. Ich war es noch nicht gewohnt, abends auszugehen – schon gar nicht zu einem

Festessen! Ich war in den vergangenen acht Jahren nur viermal auswärts essen gewesen, und das jedes Mal während meines Hafturlaubs. Die Zeit der Gefängniskost war endgültig vorbei! Ich war ziemlich eingeschüchtert von der ganzen Pracht, aber wir hatten viel Spaß. Alle anderen stießen zur Feier des Tages an, aber ich hielt mich an die Vorgaben von NA und verzichtete vollständig auf alle bewusstseinsverändernden Substanzen, zu denen auch Alkohol gehörte. Ich vermisste den Alkohol nicht, da ich Jahre keinen mehr getrunken hatte, und verspürte auch kein Verlangen danach. Außerdem hatte ich Angst davor, dass Alkohol wieder das Verlangen nach einem Schuss wecken könnte. Ich hatte bei NA so viele Geschichten von Ex-Junkies gehört, bei denen es so gelaufen war, und ich war nicht bereit, etwas zu riskieren. Es gab auch so schon genug, an das ich mich gewöhnen musste, und ich wollte es langsam angehen lassen.

Nach ein paar Monaten wurde der Kontakt zu Elizabeth immer weniger. Ihr Lebensstil unterschied sich so sehr von meinem, dass ich mich dort unwohl fühlte. Ihre Familie war reich, trug Designer-Klamotten und gab prunkvolle Partys mit edlem Tafelsilber, und ich fühlte mich von alledem wie erschlagen. Da ich mein Unbehagen nicht in Worte fassen konnte, ging unsere Freundschaft im Laufe der Monate in die Brüche, auch wenn das nichts an meiner Dankbarkeit änderte, dass sie sich für mich eingesetzt hatte und bereit gewesen war, mich überhaupt erst kennen zu lernen. Wir hatten sehr anregende Gespräche geführt, und ich hatte das Gefühl, dass auch sie von dieser Erfahrung profitiert hatte. Ich hatte ein schlechtes Gewissen, dass ich sie mied, nachdem sie so großzügig gewesen war, aber ich wollte mich in meinem neuen Leben wohlfühlen. Im Übrigen hatte das keinen Einfluss auf Rons Freundschaft zu Elizabeth und ihrer Familie. Da er so erfolgreich war in seinem Beruf und ein entsprechend hohes Gehalt bezog, hatte mein Bruder sich an einen aufwändigen Lebensstil gewöhnt. Ich war nicht sicher, ob ich mich in einem solchen Umfeld je wohl fühlen würde; ich trachtete nicht danach und brauchte es auch nicht. Ich hoffte nur, dass ich nach Abschluss meines Studiums in der Lage sein würde, meinen und Alis Lebensunterhalt zu bestreiten.

In den ersten Monaten nach meiner Entlassung sah ich Vicki ein- oder zweimal in der Woche, wenn auch zwischen uns auf emotionaler Ebene Funkstille war. Ich glaube, Ron sah meinen Kontakt zu ihr gar nicht gern, was nur verständlich war, und so gab es keine große Zusammenkunft. In den ersten Wochen versuchten wir, unsere alte Liebesbeziehung wieder aufleben zu lassen, was aber nicht gelang. Manchmal denke ich, dass wir versuchten, etwas zurückzuholen, das zwar sehr schön war, aber längst der Vergangenheit angehörte. Wir mussten beide nach vorne schauen, um uns fortan als Freundinnen mit Liebe und Respekt zu begegnen, aber es fiel uns schwer, eine neue Beziehung auf völlig anderer Grundlage aufzubauen. Für mich hatte Ali absoluten Vorrang, und ich hatte einfach nicht genug emotionale Energie übrig, um intensivere Gefühle für noch jemand anderen zu empfinden. Ich hatte mich so verändert, seit Vicki und ich uns kennen gelernt hatten, und meine Bedürfnisse hatten sich verschoben. Wir brauchten Zeit für uns, um uns in dieser fremden und neuen normalen Welt als Individuen zu entwickeln, sodass wir uns nach den ersten zwölf Monaten für mehrere Jahre nur noch sehr sporadisch sahen.

Ich konnte es gar nicht glauben, wie sehr ich es genoss, »normal« zu sein. Ich behielt meine sportlichen

Übungen und meine Meditation bei, wodurch ich mir auch meinen inneren Frieden bewahrte. Ich war sicher, dass egal, was auch passierte, ich damit fertig werden konnte, so stark fühlte ich mich innerlich. Gleichzeitig tat ich mich mit vielem schwer, weil ich mir so naiv vorkam ... In vieler Hinsicht fühlte ich mich wie ein kleines Mädchen, so unerfahren, aber ich mochte dieses Gefühl. Es war eine Art Unschuld, so als wäre ich eben erst auf die Welt gekommen, und dieses einfache Leben machte mir Freude. Wenn ich einkaufen ging, fiel mir auf, wie wenig die Menschen lächelten. Ich fragte mich, was sie wohl so unglücklich machte. Manchmal erwiderten sie mein Lächeln, und ich hoffte, dass das Leben ihnen so viel Freude machte wie mir. Ich fand es sogar aufregend, in den Supermarkt zu gehen, und als ich Jo anrief, die Leiterin des Bildungszentrums, die ich sehr gern hatte und respektierte, um ihr von meinem Abenteuer Supermarkteinkauf zu berichten, lachte sie.

»He, Jo«, sagte ich ganz aufgeregt. »Ich war gerade zwei Stunden im Supermarkt!«

»Und?«, fragte sie verwirrt. »Was hast du denn zwei Stunden im Supermarkt gemacht?«

»Ich weiß auch nicht ... Die Zeit ist vergangen wie im Flug. Ich kann mich einfach nicht satt sehen an all den Lebensmitteln in den Regalen, und wenn ich mich für etwas entschieden habe, gibt es gleich sechs verschiedene Marken und Varianten, sodass ich nicht weiß, was ich nehmen soll.« Ich hörte sie lachen. »Ich habe noch nie so viele verschiedene Lebensmittel auf einem Haufen gesehen«, rief ich aus. »Ich möchte alles probieren!«

»Schwer vorstellbar, dass jemand Einkaufen aufregend finden kann«, sagte sie. »Ich erledige das möglichst zügig auf dem Weg nach Hause.« Aber ich wusste, dass sie sich mit mir freute.

Irgendwann reduzierte ich die Zeit, die ich auf das Einkaufen verwandte, auf ein normales Maß, aber ich verspürte immer noch kindliche Freude beim Anblick dieser Fülle von Köstlichkeiten.

Natürlich hatte auch ich nachdenkliche und traurige Momente, aber ich hatte gelernt zu akzeptieren, dass es nicht nur Glück geben kann, das ewige unerreichbare Ziel aller Drogensüchtigen. Ich war bereit, die Melancholie ab und an zuzulassen, und an manchen Tagen fühlte ich mich, nachdem ich Ali zur Schule gebracht hatte, traurig wegen der vielen verschwendeten Zeit ohne sie. Ich saß am Klavier und wartete ... Ich wollte singen oder einen neuen Song über meine Gefühle schreiben ... was auch immer. Und ganz plötzlich wurde ich von einer Woge der Trauer überwältigt. Ich fühlte einen Kloß im Hals, und Tränen traten mir in die Augen, aber noch konnte ich nicht weinen – ich denke, davor fürchtete ich mich noch zu sehr. Ich dachte immer noch, dass, wenn ich erst anfing, um die ganze verlorene Zeit zu weinen, ich nie wieder würde aufhören können. Und so flossen die Tränen nicht, und ich konnte noch nicht einmal die Songs singen, die ich während unserer Trennung über Ali geschrieben hatte; das tat zu weh ... vielleicht eines Tages. Ich saß da und starrte auf das Klavier, bis die Trauer verebbte, dann wandte ich mich wieder meinem Studium zu oder dem Haushalt. Manchmal redete ich mit unserer Katze Mima. Es war so tröstlich, ein Tier um mich zu haben. Sie schien zu spüren, wenn ich traurig war, maunzte dann und sprang auf meinen Schoß, um sich kraulen zu lassen. Ich glaube, Mima wusste besser über meine Gefühle Bescheid als sonst jemand.

In diesen Augenblicken, wenn ich allein im Haus war, wenn Ron im Büro war und Ali in der Schule, war ich besonders dankbar für meine Meditation und den buddhistischen Gedanken des »Mittelweges«, der dem Gleichgewicht zwischen Yin und Yang entspricht, den positiven und negativen Kräften, der hellen und der dunklen Energie. Sie halfen mir, mein inneres Gleichgewicht wieder herzustellen, wenn ich etwas »daneben« war. Sie waren mir längst ebenso wichtig geworden wie mein tägliches Training, und ich kann mir nicht vorstellen, wie mein Leben ohne sie ausgesehen hätte. Ich wurde Mitglied in einem Fitnessclub in der Nähe und trainierte dort weiter. Außerdem schloss ich mich zwei Basketball-Mannschaften an und spielte an zwei Abenden in der Woche bei Wettkämpfen im Umkreis. Nachdem wir im Gefängnis immer so früh eingeschlossen worden waren, kam es mir immer noch merkwürdig vor, mich abends frei bewegen zu können. Ich ging immer noch um 21:30 Uhr schlafen, aber das passte zu meinem übrigen Lebensstil, da ich fast jeden Morgen schon um 6:30 Uhr im Fitnessstudio trainierte.

Noch unternahm ich auf gesellschaftlicher Ebene nicht viel, wenngleich ich oft bei Maud und Greg war. Ali und ich verbrachten regelmäßig den Freitagabend bei ihnen, und manchmal kamen sie auch zum Essen zu uns. Ich konnte mit Maud völlig frei reden, und sie wurde eine sehr enge Freundin. Greg war von seiner buddhistischen Auszeit zurückgekehrt, und obwohl wir keine Gespräche mehr führten wie jene damals im Gefängnis, verstanden wir uns weiterhin prächtig, und unsere Beziehung zu den beiden wurde immer enger. Ich schätzte mich glücklich, dass ich Corliss und Maud hatte, mit denen ich reden konnte, da beide genau wussten, was ich durchgemacht hatte. Wenn wir nach Castlemain fuhren, blieben Corliss und ich oft bis nach Mitternacht auf, wenn Kurt und Ali längst zu Bett gegangen waren. Es gab immer so viel zu bereden, so vieles nachzuholen.

Diese Gespräche, vor allem mit Corliss und Maud, trugen entscheidend dazu bei, mir ein Verständnis der »wirklichen« Welt zu vermitteln.

Nach sechs Monaten kam ich zu dem Schluss, dass es an der Zeit war, mir einen billigen Wagen zu suchen. Ich hatte bereits etwas Geld angespart, und Ron war bereit, mir den Rest zu borgen. Ein Bekannter von Ron verkaufte einen alten Datsun für 1.500 Dollar, und ich beschloss, ihn zu kaufen. Ich zahlte 1.000 Dollar an und den Rest in drei Monatsraten. Ich war sehr geschickt darin, mit unserem wenigen Geld zu haushalten.

Nach ihrer Entlassung hatte Vicki Arbeit bei einer Joghurt-Firma gefunden. Sie hatte in der Produktion angefangen und sich bis in die Personalabteilung und Verwaltung hochgearbeitet. Sie konnte mir einen Teilzeitjob für einen Tag in der Woche beschaffen. Meistens fuhr ich mit dem Rad zur Arbeit, das ich kurz nach meiner Haftentlassung gebraucht für 150 Dollar gekauft hatte. Es war eine ziemlich weite Strecke, aber ich war fit. Für diesen einen Wochentag bekam ich 50 Dollar, und das half mir, den Wagen abzubezahlen und mir ein paar kleine Extras zu leisten wie etwas zum Anziehen oder einen Kinobesuch. Vicki und ich taten uns immer noch schwer, vernünftig miteinander umzugehen, und so war dieser minimale Kontakt für den Augenblick ausreichend.

Mein Studium kam gut voran, und ein Jahr nach meiner Entlassung machte ich dann 1988 meinen Abschluss. Ich gehörte zu den fünf Studenten dieses Jahres, die ihren Abschluss mit Auszeichnung machten. Das stärkte mein Selbstvertrauen, auch wenn ich nicht an den anschließenden Feierlichkeiten teilnahm, da sie mir nicht wichtig erschienen. Ich hatte beschlossen, mich an zwei Universitäten um ein Anschlussstudium zu bewerben, wobei ich mich auf jene in der Nähe beschränkte, um bei

Ali bleiben zu können. Zwei Monate später erhielt ich von beiden Hochschulen positiven Bescheid und wählte letztlich jene, die von Rons Haus aus am besten zu erreichen war. Diese Uni war sowieso meine erste Wahl gewesen, da sie einen kleinen Campus hatte und ich fürchtete, mich auf einem größeren zu verlaufen! 1989 wollte ich Vollzeit studieren, um mein Diplom in angewandter Psychologie zu machen. Ende des Jahres, wenn ich 36 war, würde ich mir eine Stelle suchen und zwei Jahre unter Anleitung arbeiten müssen – die Alternative dazu, an der Uni zu bleiben und den Magister zu machen. Dann war ich Psychologin. Ich bezweifelte nicht, dass ich dieses Ziel erreichen würde.

Ali und ich hatten keine größere Mühe, uns wieder an ein gemeinsames Leben zu gewöhnen. Wir erlebten nur den ganz normalen Frust, den alle Eltern und Kinder zuweilen durchmachen. Mir erschien alles leicht, wahrscheinlich deshalb, weil ich jetzt an mich glaubte.

Kapitel 19

DIE WIEDEREINGLIEDERUNG
IN DIE GESELLSCHAFT
UND DER START INS BERUFSLEBEN

Ende 1988, ein Jahr nach meiner Entlassung und unmittelbar vor meinem Anschlussstudium, lud meine Freundin Jan aus alten TRAMM-Tagen zu einer Party ein. Sie veranstaltete an einem Samstagnachmittag Mitte November ein Barbecue zur Feier ihres Geburtstages. Das war die erste Party, zu der ich seit meiner Entlassung gehen würde, und ich freute mich darauf, da weitere alte Freunde von TRAMM erwartet wurden. Natürlich versicherte ich mich vor meiner Zusage, dass Ron an diesem Tag nichts vorhatte und auf Ali aufpassen konnte – es war das erste Mal, dass ich sie zu einem gesellschaftlichen Anlass nicht mitnahm.

Es war wunderbar, Jan und David wiederzusehen sowie Tony, einen Ex-Freund von David, der ebenfalls ein guter Freund geblieben war. Tony war Friseur und hatte einmal die Erlaubnis bekommen, ins Gefängnis zu kommen, um mir im Bildungszentrum eine Dauerwelle zu machen ... Rückblickend frage ich mich, wie wir mit einigen unserer Ideen durchkommen konnten! Tony und ich verbrachten den Nachmittag plaudernd im Garten. Er trank Bier, und als ihm plötzlich auffiel, dass ich keinen Drink hatte, erbot er sich sofort, mir etwas zu holen.

Scheiße, dachte ich. Ich hätte wirklich Lust auf ein Bier. Was könnte an einem heißen Nachmittag besser schmecken als ein kaltes Bier? Andererseits, was war mit der Abstinenzklausel von NA? NA vertrat ja den Standpunkt, dass jede bewusstseinsverändernde Substanz gefährlich war, wenn man versuchte, von Drogen loszukommen, aber ich rechnete eigentlich nicht damit, dass ein Bier mein altes Verlangen nach Heroin wieder aufleben lassen würde. Ich hatte einfach keine Angst mehr, rückfällig zu werden. Ich entspannte mich, versuchte die ermahnende Stimme meines Gewissens zu verdrängen und dachte mir, was soll's?

Ich erzählte Tony von meinen alten Ängsten und den Richtlinien von NA, und er war sehr darauf bedacht, mich in keiner Weise zu beeinflussen. Aber Heroin war in meinem Leben kein Thema mehr, und Alkohol war nie ein Problem gewesen. Alkohol hatte bei mir nie das psychische und körperliche Verlangen geweckt, das Heroin ausgelöst hatte, und er hatte auch nie meine emotionalen Bedürfnisse befriedigt, sondern war nur ein Mittel gewesen, um abzuschalten. Ich hatte jetzt seit drei Jahren keine bewusstseinsverändernde Substanz mehr angerührt, und ich fühlte mich so rein wie am Tag meiner Geburt ... oder fast! Ich beschloss, mir über den Nachmittag verteilt, einen Krug Bier zu genehmigen, und irgendwie wartete ich darauf, dass die Wirkung einsetzte. Natürlich passierte gar nichts, weil ich nicht mehr das Bedürfnis hatte, abzuschalten. Ich trank nicht, um betrunken zu werden, und ich hatte meine emotionalen Probleme im Griff.

Tony wich mir den ganzen Nachmittag nicht von der Seite, und ich fühlte mich sicher, in diesem Umfeld mein erstes alkoholisches Getränk seit Jahren zu kosten. Psychologisch betrachtet war das ein großer Moment. Aber das war nicht das Einzige, was an diesem Nachmittag geschah. Vielmehr regte sich meine schlummernde Leidenschaft wieder, als ich eine Freundin von Jan auf der Party beobachtete. Sie war etwa in meinem Alter, und ich fand sie ausgesprochen attraktiv, wenngleich ich darauf achtete, meine Gefühle nicht zu deutlich zu zeigen.

»Tony, könnten wir vielleicht rüber gehen zu dieser Frau da?«, fragte ich.

»Ich weiß, was du vorhast, Barny«, entgegnete er augenzwinkernd. »Na, dann los«, meinte er, zu jeder Schandtat bereit.

Wir mischten uns dichter bei ihr unter die anderen Gäste, und ich erfuhr, dass sie Sarah hieß. Ich hatte eine Ewigkeit keine solche Leidenschaft mehr empfunden, auch wenn meine Schüchternheit mich davon abhielt, zu direkt zu sein. Auch muss ich gestehen, dass sie kein Interesse an mir bekundete.

Der Nachmittag verging, und zu meiner Enttäuschung geschah nichts zwischen Sarah und mir. Als wir uns verabschiedeten, schlug Jan vor, wir sollten uns später am Abend in einem Nachtklub treffen, nach einem Auftritt von ihr. Einige der Gäste bekundeten Interesse, und ich ebenfalls, nachdem mir Ron am Telefon versichert hatte, dass er sich um Ali kümmern würde.

Sarah wollte auch gerne mit, zögerte aber, weil sie allein war. Ich nutzte die Gelegenheit, um sie anzusprechen. »Wo wohnst du denn?«, fragte ich. »Vielleicht könnte ich dich ja abholen.«

»Ich wohne das Wochenende über bei Freunden in South Yarra«, entgegnete sie.

»Ich wohne nicht weit weg und komme sowieso hier vorbei. Ich könnte dich abholen, wenn du möchtest, und wir fahren zusammen in den Klub.« Ich konnte nicht fassen, dass ich das tatsächlich sagte.

»Okay, das wäre klasse«, antwortete sie. »Um wie viel Uhr?«

»Um zehn?«

Sie schrieb mir die Adresse auf. »Dann bis später.«

Erst als ich wieder daheim war, ging mir auf, dass ich für einen Nachtklub nichts Passendes anzuziehen hatte – ich besaß bis jetzt noch nicht einmal Jeans. Letztendlich zog ich einen schwarzen engen Rock mit einem weiten Oberteil an; das würde reichen müssen. Ich fühlte mich wie ein Teenager, der sich zu einer Party zurecht macht.

Gerne hätte ich meine Freude mit Ron geteilt, aber wir hatten seit meiner Entlassung nicht über Beziehungen gesprochen, und ich hatte das Gefühl, dass er immer noch insgeheim hoffte, dass ich einen netten Mann kennen lernte und heiratete, damit endlich alle aufatmen konnten! Leider war das unwahrscheinlich, da ich Männer zwar als Freunde schätzte, mich aber sexuell nicht mehr zu ihnen hingezogen fühlte. Ich schloss diese Möglichkeit zwar nicht völlig aus, aber meine Erfahrungen mit Frauen gefielen mir besser.

Endlich war es soweit, Sarah abzuholen. Als sie die Tür öffnete, sah sie fantastisch aus, und ich beschloss auf der Stelle, baldigst etwas gegen meine peinliche Garderobe zu unternehmen! Abgesehen von ein paar geschäftsmäßigen Outfits, die ich am Tag meiner Entlassung zusammen mit Elizabeth gekauft hatte, hatte ich mir seither nur Leggings, Jogginghosen und billige Tops geleistet.

Wir fuhren zum Klub, wobei wir uns über allerlei oberflächliche Dinge unterhielten, und gingen dann gemeinsam hinein. Dort trafen wir gleich auf einige der anderen, die aber bereits auf der Tanzfläche waren, sodass wir uns etwas zu trinken bestellten und ihnen zusahen. Ich hatte keine Ahnung, was in ihr vorging, und traute mich nicht, sie zu fragen, aus Angst, mich zum Narren zu machen.

Um 3 Uhr hatte sich noch nicht viel an der Situation geändert, und meine Beine taten langsam weh vom vielen Stehen. Ich war gerade zu dem Schluss gekommen, dass ich genug hatte, als ich plötzlich fühlte, wie ein Arm sich um meine Schultern legte. Ich atmete tief durch und spannte meine Muskeln an, um das Zittern zu unterdrücken, das meinen ganzen Körper befallen hatte. Ich warf Sarah einen Seitenblick zu, und als ich ihre Bereitschaft spürte, beugte ich mich zu ihr und küsste sie. Romantisch, was? Darauf können Sie Gift nehmen! Jetzt oder nie, dachte ich und wagte den Sprung ins kalte Wasser. Jetzt da ich wusste, dass sie interessiert war, war ich Feuer und Flamme – es fühlte sich so wunderbar an, ihren Arm um mich zu fühlen, und in meinem Bauch flatterte ein ganzer Schwarm Schmetterlinge.

Wir beschlossen schon bald, den Nachtklub zu verlassen und zu ihr zu fahren. Im Wagen schenkte ich ihr gleich reinen Wein ein bezüglich meiner »Vergangenheit« – dann konnte sie selbst entscheiden, ob sie mich wiedersehen wollte oder nicht. Ich erzählte ihr eine Kurzfassung meiner Heroinsucht und Haftstrafe, und als ich fertig war, herrschte lange Zeit Stille. Ich dachte bereits, dass das alles zu viel für sie gewesen war, aber als sie dann sprach, sagte sie, das wäre okay, sie wäre nur etwas geschockt. Nachdem wir uns wieder umarmt und auch geküsst hatten, notierte sie sich meine Telefonnummer, und wir vereinbarten, in der folgenden Woche wieder miteinander zu sprechen. Als ich wegfuhr, konnte ich gar nicht glauben, dass ein »normaler« Mensch sich offenbar zu mir hingezogen fühlte.

Am nächsten Morgen erzählte ich Ali, dass ich jemanden kennen gelernt und mich verliebt hätte. Sie reagierte neugierig, schien aber nicht zu realisieren, inwieweit sie das betreffen könnte. Auch teilte sie meine Aufregung nicht. Als Nächstes musste ich mit Ron sprechen. Ich war nervös, aber da ich nicht zu den Menschen gehöre, die Unangenehmes vor sich herschieben, ging ich sofort rüber ins Wohnzimmer, wo er sich im Fernsehen Sport ansah.

»Ron«, sagte ich und versuchte, ihn auf mich aufmerksam zu machen. »Ich habe gestern im Nachtklub jemanden kennen gelernt, und ich werde sie wiedersehen. Sie ist wirklich sehr nett.« Ängstlich wartete ich ab, wie er reagieren würde – billigend oder ablehnend.

»Woher kommt sie?«, fragte er nicht weiter interessiert.

Ich kam mir vor, als würde ich mit meinem Vater sprechen, und beschloss, unsere Art der Kommunikation zu ändern. Ich hatte nicht mehr das Gefühl, irgendjemandes Einverständnis zu brauchen.

»Aus Shoreham. Sie war über das Wochenende in der Stadt. Sie hat eine Tochter, die ein wenig jünger ist als Ali, und arbeitet als Buchhalterin. Ich hoffe, sie ruft mich diese Woche an. Sie hat gesagt, dass sie sich melden will.«

Ron klang nicht begeistert, schien die Situation aber zu akzeptieren. Ich sprach mit ihm über meine Ängste bezüglich seiner Einstellung zu lesbischen Beziehungen meinerseits, und er versicherte mir, dass er damit kein Problem hätte. Für mich war eine offene und ehrliche Beziehung zu Ron sehr wichtig. Auch wenn ich sein Einverständnis nicht brauchte, wollte ich doch Konflikte vermeiden, vor allem, solange wir unter einem Dach wohnten. Ich war erleichtert, dass er es offenbar so gelassen aufnahm, weil ich nicht gewillt war, aus meiner Beziehung ein Geheimnis zu machen. Ich war nicht einmal sicher, was ich mir für die Zukunft wünschte – dazu war es noch zu früh –, aber zwei Dinge wollte ich ganz sicher nicht: ich wollte nicht ausziehen, und ich wollte keinen Streit mit Ron.

Sarah und ich nahmen uns Zeit, uns kennen zu lernen, und nach einigen Monaten entwickelte sich zwischen uns eine sehr intensive Beziehung. Ich schätze, bei mir ist immer alles sehr intensiv, so bin ich eben. Auch unsere beiden Töchter schienen gut miteinander auszukommen. Ron lernte Sarah und ihre Tochter kennen und benahm sich ganz wunderbar ihnen gegenüber. Ich glaube, er mochte sie wirklich.

Die Beziehung zu Sarah hielt das ganze Jahr 1989 hindurch, in dem ich mich noch ganz meinem Studium widmete. Nach Abschluss meines Anschlussstudiums am Jahresende fand ich Arbeit in Jugendheimen und nahm meine Gesangskarriere wieder auf; ich sang an zwei Abenden in der Woche in einem Pub und einem kleinen Restaurant und begleitete mich selbst auf dem Klavier. Die Auftritte machten mir Spaß, und ich hoffte, dass sich daraus etwas Dauerhaftes entwickelte. Obwohl ich davon träumte, hauptberuflich zu singen, hielt ich weiter an meinen Plänen fest, Psychologin zu werden, wohl wissend, dass mir dieser Beruf ein sichereres Auskommen verschaffen würde als die Musik.

Meinen Geburtstag im Dezember 1989 feierte ich mit Sarah, den Mädchen, Ron, Maud und Greg im Restaurant. Als Überraschung brachten Maud und Greg Julie mit, die Freundin, die mich im Gefängnis scherzhaft »Mum« genannt hatte. Sie war kürzlich mal wieder aus Fairlea entlassen worden, und ich freute mich riesig, sie wiederzusehen. Ali betete Julie förmlich an und erinnerte sich noch gut daran, wie Julie an den Besuchstagen im Gefängnis mit ihr gespielt hatte. Ali saß fast den ganzen

Abend bei Julie auf dem Schoß, genoss ihre Gesellschaft und die Aufmerksamkeit, die sie ihr widmete. Es war schön, Julie draußen zu treffen, zumal sie scheinbar clean war. Jedenfalls war ihr Blick klar, und sie strahlte den ganzen Abend.

Der Abend im Restaurant war traumhaft, und ich fühlte mich, als wäre ich etwas Besonderes, geliebt, dazugehörig, mit einem festen Platz in dieser Welt. Das mag für die meisten nicht besonders aufregend klingen, aber das war genau das, was ich immer vermisst hatte. Jetzt endlich hatte ich das Gefühl, meinen eigenen Beitrag zu leisten.

Ich sah Julie nach dieser Geburtstagsfeier nicht wieder, hörte aber kurze Zeit später, dass sie rückfällig geworden und wieder inhaftiert worden war. Es machte mich traurig. Und ich fühlte mich irgendwie einsam, weil ich im Gefängnis so viele Freundschaften geschlossen hatte, von denen ich nur sehr wenige erhalten konnte.

Anfang 1990 beschlossen Sarah und ich, zusammen mit den Mädchen in ein Haus in Middle Park zu ziehen, einem hübschen Vorort gleich neben St. Kilda, an der Port-Phillip-Küste in Victoria. Rons Haus war mit dem Auto in einer Viertelstunde zu erreichen, und bis zu Maud und Greg waren es nur fünf Minuten. Ich suchte Arbeit als Psychologin und verdiente mir bis dahin meinen Lebensunterhalt mit Gigs. Die Auftritte wurden recht gut bezahlt, aber die Arbeitszeiten waren gewöhnungsbedürftig und wechselhaft. Das Musikgeschäft bietet keine große finanzielle Sicherheit, und ich hatte jetzt die Verantwortung für ein Kind.

Eines Tages, als ich an der örtlichen Bücherei in Albert Park, einem Nachbarort, vorbeiging, hörte ich jemanden meinen Namen rufen. Ich erkannte die junge

Frau, die auf mich zukam, nicht gleich wieder. Als sie meine Verwirrung bemerkte, half sie mir auf die Sprünge: »Ich bin Lyndel ... Carols Schwester.« Natürlich! Wir umarmten uns herzlich.

»Wow. Wie schön, dich zu sehen. Was für eine nette Überraschung!« Ich wagte nicht recht, mich nach Carol zu erkundigen, weil ich gehört hatte, dass es ihr nicht allzu gut ging und sie mit einem sehr gewalttätigen Dealer liiert war. Tatsächlich war ich Carol vor einigen Monaten draußen vor dem Gefängnis begegnet, als ich dort jemanden besucht hatte. Sie hatte einen gebrochenen Arm und erzählte mir, das hätte ihr Freund ihr angetan, als er dahinter gekommen war, dass sie fixte.

»Ich habe Carol lange nicht mehr gesehen ...«

»Weißt du es denn nicht?« Lyndel war ehrlich überrascht.

»Was soll ich wissen?«, fragte ich unbehaglich.

»Sie ist vor zwei Monaten gestorben ... an einer Überdosis.« Lyndel schloss die Augen; ganz offensichtlich litt sie noch sehr unter dem sinnlosen Tod ihrer Schwester. Ich umarmte sie wieder.

»Scheiße ...«, fluchte ich. »Das tut mir so Leid. Das habe ich nicht gewusst.« Obwohl die Sonne von einem strahlendblauen Himmel herabschien, war mir plötzlich schwer ums Herz. In Gedanken hörte ich noch Carols glockenklares Lachen.

Wir standen eine Weile vor der Bücherei und unterhielten uns über Carols Leben in den Jahren seit ihrer Entlassung und über die näheren Umstände ihres Todes. Lyndel teilte mir mit, dass die Polizei immer noch nicht sicher war, dass die Überdosis ein Unfall gewesen war. Die Untersuchungen in dem Fall waren noch nicht abgeschlossen. Ihr damaliger Freund, der gewalttätige Dealer, war nur zwei Stunden, bevor Carol tot aufgefunden wor-

390

den war, in die Knie geschossen worden. Es wurde spekuliert, dass er sich die Kugel bei einem missglückten Drogendeal eingehandelt hatte, aber es gab keine Beweise, und niemand redete. Nachdem er und Carol sich ihren Stoff beschafft hatten und er angeschossen worden war, vergingen ein paar Stunden, bis man sie beide bewusstlos in der Waschküche eines Mietshauses in Flemington fand. Zuerst dachte der Mieter, der sie fand, sie wären betrunken und würden ihren Rausch ausschlafen, als er aber feststellte, dass bei Carol kein Puls mehr fühlbar war, rief er einen Krankenwagen. Während ihr Freund wieder zu sich kam, war Carol beim Eintreffen von Notarzt und Polizei bereits tot.

Das waren schockierende Neuigkeiten, eine rundum schockierende Geschichte, und obgleich Lyndel und ich uns noch eine Weile unterhielten, hatte ich mich noch nicht wieder von dem Schock erholt, als ich nach Hause zurückkehrte. Ich würde es Ali sagen müssen, fürchtete mich aber davor.

Da Lyndel in der Bücherei arbeitete, sah ich sie in den folgenden Monaten noch mehrmals, und wir sprachen viel von Carol. Lyndel war immer für Carol da gewesen, so wie mein Bruder für mich, aber sie hatte keine Umkehr in ihrem Leben bewirken können ... das konnte niemand.

In dieser Zeit häuften sich die Todesfälle. Kurz nach Carols Tod erhielt ich noch eine weitere schlechte Nachricht. Diesmal ging es um Tammy. Am 16. Juli 1990 wurde Tammy tot in einem Wagen in East Brunswick, einem Vorort im Nordosten von Melbourne, aufgefunden. Auch sie war an einer Überdosis gestorben. Ein Passant entdeckte ihre Leiche zusammengesunken auf dem Vordersitz ihres Autos; die Beifahrertür stand sperrangelweit offen. Dem Leichenbeschauer zufolge war sie zu diesem Zeitpunkt bereits mehrere Stunden tot gewesen. Unter ihrem Leichnam fand man zwei Löffel, eine Spritze, den Schulterriemen einer Handtasche (den sie zum Abbinden benutzt hatte), ein Blättchen Silberpapier, ein Feuerzeug und ein Taschentuch mit einem kleinen Blutfleck. Kein Abschiedsbrief, kein Anzeichen von Gewaltanwendung, keine Zeugenaussagen. Eins der Formulare der forensischen Leichenschau trug die Überschrift »Tod eines/r Kriminellen«. Als ich das las, traten mir Tränen in die Augen. Hätte ich einen Bericht über Tammys Tod geschrieben, ich hätte ihn mit der Überschrift versehen: »Tod einer außergewöhnlichen und liebenswerten jungen Frau.«

Im August wurde in dem Jugendzentrum, in dem ich bislang als Aushilfe beschäftigt gewesen war, eine Stelle frei, und in derselben Woche entdeckte ich ein Job-Angebot von Task Force, einer öffentlichen Beratungsstelle in Prahan. Ich hatte mich bereits für verschiedene Stellen beworben, aber aus mangelnder Erfahrung mit Vorstellungsgesprächen war bisher nichts daraus geworden. Bei zwei Gesprächen war ich wohl ziemlich arrogant aufgetreten, weil ich wusste, dass ich den Anforderungen gewachsen war und nicht einsah, weshalb ich eine Stunde aufwenden sollte, um es zu beweisen. Das Resultat war dann auch entsprechend ausgefallen: »Rufen Sie nicht an, wir melden uns bei Ihnen.«

Cliff, ein Bekannter von Maud, bereitete mich auf das nächste Vorstellungsgespräch vor, indem er mir die Fragen erklärte, die mir wahrscheinlich gestellt werden würden, und mir zeigte, wie ich am besten darauf antwortete. Ich musste zugeben, dass ich auf dem falschen Dampfer gewesen war. Task Force und das Jugendzentrum luden mich zum Vorstellungsgespräch ein, und entsprechend vorbereitet ging ich die Sache völlig anders an. Die Task-Force-Stelle wurde mir konkret angeboten, und das Jugendzentrum lud mich zu einem zweiten Gespräch ein. Schließlich entschied ich mich für die Beratungsstelle. Die Arbeit reizte mich mehr, da langfristige Betreuung mir lieber war als Krisen-Management. Außerdem kannte ich den Leiter der Beratungsstelle, Craig; er hatte zur selben Zeit wie ich am Gippsland Institute studiert, und ich mochte und respektierte ihn. Hinzu kam, dass die Beratungsstelle über meine Vergangenheit informiert war und sich nicht daran störte.

Um diese Zeit traten in meiner Beziehung zu Sarah unüberwindliche Probleme auf, und nachdem wir acht Monate zusammengelebt hatten, trennten wir uns schließlich an dem Wochenende, bevor ich am Montag, den 3. September 1990, meine neue Stelle antrat. Ich war traurig, dass es nicht funktioniert hatte, aber irgendwie auch erleichtert. Es hatte schon einige Monate gekriselt, und die Spannungen und ständigen Reibereien waren unerträglich geworden.

Vielleicht war es für mich noch zu früh für eine Beziehung, aber Sarah verstand einfach die enge Bindung zwischen mir und Ali nicht, obwohl sie selbst ein Kind hatte. Sie setzte mich zu sehr unter Druck, ihr mehr Zeit und Aufmerksamkeit zu widmen. Irgendwann erkannte ich dann, dass ich sie nicht mehr liebte, was sie einfach nicht akzeptieren wollte. Ich glaube, es wäre ihr lieber gewesen, wenn ich sie wegen einer anderen verlassen hätte! Die normale Welt verblüffte mich manchmal, aber wenigstens ging mir langsam auf, dass ich nie so unnormal war, wie ich immer geglaubt hatte. Ich lernte, dass Menschen, die keine Drogen konsumierten, nicht immer die Wahrheit hören wollten, und dass sie oft ebenso viele Probleme hatten wie Drogensüchtige.

Wie auch immer. Die Trennung verlief unschön, und Ali und ich mussten kurzfristig ausziehen. Ich rief Ron an und fragte, ob er uns vorübergehend aufnehmen könnte. Ich war ziemlich sicher, dass er sich freuen würde, da er seit unserem Auszug ganz allein lebte und eine Haushälterin hatte einstellen müssen, die ihm den Haushalt führte und seine Wäsche bügelte. Ich sollte Recht behalten. »Deine Kochkünste fehlen mir«, sagte er lachend, obwohl das durchaus ernst gemeint war. Das Einzige, was er selbst kochen konnte, waren Eier mit Speck! Und so kehrten Ali, Katze Mima und ich zurück in Rons Haus. Der Umzug verlief problemlos, da wir keine Möbel besaßen, und so hatten wir uns bereits wieder in unseren alten Zimmern eingerichtet, als ich am Montag meine neue Stelle antrat.

An meinem ersten Tag in der Beratungsstelle übergab Craig mir einen Bund Schlüssel, nicht nur zu meinem eigenen Büro, sondern auch zur Vordertür, dem Sicherheitsraum, in dem alle Akten untergebracht waren, und den Aktenschränken. Es kam mir richtig seltsam vor, dass man mir ein solches Privileg einräumte, ohne dass ich zuvor irgendetwas beweisen musste. Ich sagte nichts dazu, weil es wahrscheinlich doch niemand verstanden hätte, aber als ich dann allein in meinem Büro saß, starrte ich lange auf diese Schlüssel. Natürlich erinnerten sie mich ans Gefängnis, aber vor allem war ich perplex, dass man mir so selbstverständlich Vertrauen und Respekt entgegenbrachte.

Es dauerte nicht lange, und ich hatte mich mit allen Kollegen angefreundet und liebte meine Arbeit. Ich stürzte mich mit Leib und Seele hinein. Aufgrund meiner eigenen Drogen-Vergangenheit hatte ich gedacht, ich würde die Arbeit auf dem Gebiet der Drogen- und Alkoholberatung etwas langweilig finden, auch wenn ich mich glücklich schätzte, die Stelle überhaupt bekommen zu haben – das Interesse des Arbeitsmarktes an einer vorbestraften 36-jährigen, die sich um ihren ersten Job bewarb, war nun einmal begrenzt. Aber schon bald stellte ich fest, dass die Gespräche sich nur am Rande um den eigentlichen Konsum drehten. Wenn eine Person nicht gerade ein akutes Drogen- oder Alkoholproblem hatte, kam bei den Therapiesitzungen eine interessante Palette verschiedenster Themen zur Sprache, sodass ich eine Menge lernte.

Ich entwickelte ganz besonderes Interesse an Problemen, die aus sexuellem Missbrauch in der Kindheit heraus entstanden waren, wie ihn so viele Drogensüchtige erlebt hatten. Mein Büro wurde zu einer Oase der Ruhe, in der die Menschen sich sicher fühlten und, wie ich hoffte, ernst genommen. Ich fühlte mich privilegiert, eine Arbeit zu haben, bei der ich innerhalb meines begrenzten Raumes Zeugin werden durfte von so viel Kraft und Mut, von den Wundern der Veränderungen, zu denen Menschen fähig waren. Bei den Gruppentherapie-Sitzungen erlebte ich so viel Mitgefühl und Demut, dass es mich bisweilen zu Tränen rührte ... Tränen der Freude darüber, dass Menschen sich so für andere einsetzen konnten. Ich lernte, mich auf Dinge zu konzentrieren, die viele »normale« Menschen gar nicht mehr registrierten.

Ich muss sagen, dass Drogensüchtige und Kriminelle – ich zähle mich selbst dazu –, mich gelehrt haben, worauf es im Leben wirklich ankommt, und meine Arbeit hat mich gelehrt, das niemals zu vergessen. Außerdem habe ich in der Beratungsstelle gelernt, dass man nie sicher sein kann, was als Nächstes kommen wird. Es gab Augenblicke, da ich als Beraterin verzweifelte, glaubte, nichts erreicht zu haben, sicher war, dass eine bestimmte Person es nie schaffen würde, sich dahinge-hend zu ändern, irgendetwas Positives in ihrem Leben erreichen zu können. Und dann, wenn ich kurz davor stand aufzugeben, schafften sie es doch – rissen das Ru-der doch noch herum. Ich wurde immer wieder von neu-em überrascht von dem Mut einzelner Menschen. Jeden Tag erteilte mein Job mir eine neue Lektion in der Kunst des Lebens.

Nach zwei Jahren in der Beratungsstelle bat ich um eine Gehaltserhöhung, um mir und Ali ein Leben zu er-möglichen, in dem wir nicht mehr abhängig waren von Ron. Nach einigem Hin und Her stimmte mein Arbeitge-ber schließlich zu. Ich wusste, dass ich gute Arbeit leis-tete und jeden Cent wert war, aber ich wusste auch, dass ich meinen »Wert« nie am Geld messen würde. Mir wa-ren die Qualität meiner Arbeit und das Gefühl, etwas Wichtiges zu leisten, wichtiger, auch wenn der Job kör-perlich und vor allem emotional anstrengend war.

Während ich bei Ron wohnte, hatte ich nach und nach Möbel und andere Einrichtungsgegenstände gekauft, die Ali und ich in einer eigenen Wohnung brauchen würden. Jetzt, da ich genug Geld verdiente, um für unseren Le-bensunterhalt aufzukommen, fingen wir an, nach einem ersten eigenen zu Hause zu suchen. Wir konnten uns nur eine Wohnung leisten, und Ali, die ganz aufgeregt war bei der Aussicht auf ein eigenständiges Dasein, stürzte sich in die Aufgabe, etwas Passendes zu finden. Sie durchforstete jede Woche die Mietangebote in der Zei-tung, und wir besichtigten verschiedene Objekte. Ich war beeindruckt von ihrer Geschicklichkeit auf diesem Gebiet! Schließlich fand sie in West St. Kilda eine Woh-nung im ersten Stock, die uns beiden zusagte, und wir waren ganz aufgeregt bei der Aussicht auf den baldigen Umzug. Auch diesmal sollten das Klavier und Mima uns begleiten. Natürlich konnten wir uns kein Umzugsunternehmen leisten, und so packten Ron und ein paar Freunde, darunter Rikki, mit an.

Am Tag des Umzugs hätten wir beinahe das Klavier nicht in die Wohnung bekommen. Mit Geduld und Hartnäckigkeit gelang es dann doch, obwohl es an einem Punkt, als das Klavier in einer Kurve auf dem Treppengeländer balancierte, so ausgesehen hatte, als müssten wir es mit einem Kran über den Balkon hinaufschaffen!

»Zieh bloß nicht so bald wieder um«, meinte Ron, als das Klavier endlich durch die Wohnungstür rollte. Jetzt brauchten wir noch auszupacken und Mima bei Ron zu holen. Wir öffneten eine Flasche Sekt, um anzustoßen: Plopp!, machte der Korken. »Ich trinke darauf, dass ich im reifen Alter von 36 Jahren endlich auf eigenen Füßen stehe! Ich bin eben ein Spätzünder!«

»Auf dich, Barny!«, sagte Rikki und stieß mit mir an. Sie und ihre Lebensgefährtin Carey hatten tatkräftig mit angepackt. Als unsere Blicke sich trafen, spürte ich den unausgesprochenen Respekt, den sie mir entgegen brachte. Wir beide wussten, wie schwer und lang der Weg bis hierhin gewesen war.

»Gratuliere!«, rief auch Ron lachend. Er freute sich für uns, auch wenn er uns vermissen würde. Unser Zusammenleben war harmonisch verlaufen, da jeder von uns den anderen in Ruhe gelassen hatte. Auch hatte keiner von uns geheiratet, und so waren wir wie eine kleine Familie gewesen. Für Ali war es ein großer Schritt. Sie war jetzt zehn und hatte insgesamt sechs Jahre bei Ron gelebt.

Ich ging weiterhin in meiner Arbeit bei Task Force auf und wurde im Laufe der Jahre eingeladen, Mitglied verschiedener Ausschüsse zu werden. So wurde ich Ehren-

Sekretärin des Victorian Women's Prisons Council und trat dem »Agenda for Change«-Komitee bei, das sich für spezielle Reformen in Frauengefängnissen einsetzt. Die Mitglieder waren aus anerkannten Frauenorganisationen und lokalen Vereinen rekrutiert worden sowie leitenden Angestellten aus dem Strafvollzug, und die Meetings fanden in den Räumen der Strafvollzugsbehörde statt. Für mich war es schon ein seltsames Gefühl, überhaupt das Gebäude zu betreten, geschweige denn, zusammen mit Vollzugsbeamten im Besprechungszimmer zu sitzen, und ich brauchte einige Zeit, um meine Hemmungen abzubauen. Für mich war das eine so radikale Rollenumkehr, dass ich mir nicht sicher war, damit fertig zu werden. Als ich das Besprechungszimmer das erste Mal betrat, kam es mir vor, als wäre STRÄFLING auf meine Stirn tätowiert. Es war ein komisches Gefühl, als Vertreterin der Stadt dabei zu sein. Am Tisch saßen viele derselben Personen, die auch dem Gefängnisausschuss angehört hatten, der wichtige Entscheidungen in meinem Leben gefällt hatte. Ich war fast acht Jahre der Gnade dieser Leute ausgeliefert gewesen und würde bis zu einem gewissen Grad noch bis zum Ende meiner Bewährung – noch fünf Jahre – auf ihren Goodwill angewiesen sein.

Jetzt musste ich versuchen, ihnen gleichberechtigt zu begegnen – nicht, dass ich mich ihnen gegenüber je minderwertig gefühlt hatte, nur anders. Ich fühlte mich fehl am Platze und unbehaglich mit ihnen in diesem Raum. Vielleicht würde ich nie in der Lage sein, mit ihnen auf derselben Seite des Tisches zu sitzen. Aber mit der Zeit und weil einige der Ausschuss-Mitglieder so nett waren, gewöhnte ich mich daran und lernte, bei den Meetings offener meine Meinung zu sagen. Soweit ich wusste, war es das erste Mal in Victoria, dass spezielle Regelungen für weibliche Häftlinge ausgearbeitet wurden, und so war es mir schon sehr wichtig, aktiv daran mitzuwirken. Das Ergebnis war ein Dokument namens »Agenda for Change«, und ich hoffte, dass es dazu beitragen würde, einige Verbesserungen in Frauengefängnissen herbeizuführen.

Es gab jetzt zwei reine Frauengefängnisse in Victoria: Fairlea, das Hochsicherheitsgefängnis, in dem ich selbst meine Strafe verbüßt hatte, und Tarrengower, eine weniger strenge Anstalt in Maldon, 130 Kilometer nordwestlich von Melbourne. Tarrengower war nicht von einer hohen Betonmauer umgeben, und einige der Frauen durften tagsüber ehrenamtliche Arbeiten im Ort verrichten. Tarrengower war kurz nach meiner Entlassung eröffnet worden. Hätte es dieses Gefängnis schon früher gegeben, hätte ich Ali die ganze Dauer meiner Strafe bei mir behalten können, da sie die örtliche Schule hätte besuchen können und auch nicht dem strengen Regime eines Hochsicherheitsgefängnisses ausgesetzt gewesen wäre. In der Regel lebten etwa acht Kinder bei ihren Müttern in Tarrengower. Und wenngleich das eine deutliche Verbesserung war verglichen mit der Vergangenheit, waren die Bedingungen bei weitem noch nicht ideal.

Mein Leben hatte sich ebenfalls verändert seit meinen naiven Anfängen bei Ron. Etwas von dem Gefühl der »Unschuld« ging verloren, aber nicht meine neu gewonnene Lebensfreude. Ich schaffte es, mich nach und nach in die Gesellschaft zu integrieren und mich dazugehörig zu fühlen, auch wenn ich das normale Leben nicht immer verstand. Ich lernte, dass viele Menschen irgendwann im Leben Probleme haben und wir Häftlinge/Kriminelle im Grunde gar kein so absonderlicher Haufen waren. Wie sehr ich wünschte, man hätte uns nicht so negativ gepolt! Ich hatte das Gefühl, dass es ein Lebenswerk sein würde, einige der Vorurteile der Gesellschaft abzubauen, aber ich besaß die nötige Energie, um ein solches Vorhaben anzugehen!

Kapitel 20

DIE GEBURTSSTUNDE VON
»SOMEBODY'S DAUGHTER«:
LIEBE, TOD UND VERLETZLICHKEIT

Maud und ich hatten oft darüber gesprochen, die Arbeit der Theater-Truppe über die Mauern von Fairlea hinweg auszudehnen, wobei der größte Stolperstein der war, genug ehemalige Häftlinge zu finden, die in der Freiheit gut zurechtkamen und sich darüber hinaus auch noch für künstlerische Workshops interessierten. Und doch hielten wir unser Projekt für sinnvoll, hatten wir doch seinerzeit erlebt, wie sehr unsere Vorstellungen die Einstellung der Menschen im Gefängnis hatten verändern können.

1990, kurz bevor ich bei Task Force anfing, machte Maud mich mit Tracey bekannt, die kürzlich aus Fairlea entlassen worden war, wo sie der Theater-Gruppe angehört hatte. Tracey wollte eine Theater-Gruppe außerhalb des Gefängnisses auf die Beine stellen, und schließlich setzten sich ein paar von uns mit Tracey bei Greg und Maud zusammen – darunter Marg und ich, die in den Achtzigern in Fairlea gewesen waren, und Sam, eine Kollegin von Task Force (Vicki war gerade nach Neusüdwales gezogen, sodass sie anfänglich nicht mitmachen konnte). Abgesehen von Greg und Maud hatten wir alle das Jugendstrafrecht oder das Erwachsenen-Strafvollzugssystem kennen gelernt, waren einmal süchtig gewesen und interessierten uns für eine Theater/Musik-Aufführung. Einmal wöchentlich trafen wir uns, wobei

Maud die Workshops leitete, und im Laufe des Jahres kam einiges Material zusammen. Es bildete sich noch eine zweite Gruppe von weiblichen Ex-Sträflingen, die sich nicht für Theater interessierten, aber eine eigene Kunst-Gruppe bildeten. Diese Treffen wurden von Sally geleitet, die im Gefängnis visuelle Kunst gelehrt hatte. Als sich ein Ensemble herauskristallisierte, wurde deutlich, dass wir einen Namen brauchten. Bei einer gemeinschaftlichen Diskussion wurden Vorschläge gemacht, doch nach einigem Hin und Her erwies sich »Somebody's Daughter« als der Favorit, und so nannten wir uns dann auch fortan.

1992 hatten wir eine Fülle von Material zusammen, mehr als genug, um unser erstes Stück »draußen« zusammenzustellen. Es sollte »Tell Her That I Love Her« heißen und basierte auf Traceys Geschichte, die das Gefängnis verließ und sich den Schwierigkeiten gegenübersah zu versuchen, ein ganz normales und vor allem drogenfreies Leben zu führen. Zum ersten Mal hatte ich genug Selbstvertrauen, um auf der Bühne zu agieren, anstatt im Hintergrund zu bleiben und nur gelegentlich einen Song vorzutragen. Ein weiteres Novum, das sich im Laufe der Produktion und Aufführung des Stückes ergab, war, dass ich endlich genug Abstand gewonnen hatte von meinem Schmerz des Getrenntseins von Ali, um einen wunderschönen Song schreiben und singen zu können, der von meinen persönlichen Erfahrungen erzählte. Es war ein sehr kraftvolles Stück, und erst jetzt, fünf Jahre nach meiner Entlassung aus dem Gefängnis, konnte ich endlich wieder weinen. Ali weinte ebenfalls nach unserer ersten Vorstellung, und ich war erleichtert, dass auch sie endlich ihre Trauer herauslassen konnte.

Unser zweiwöchiges Gastspiel im Malthouse Theatre in South Melbourne war ein solcher Erfolg, dass wir unser Stück 1993 noch einmal vier Wochen lang aufführten. Vicki hatte 1992 an dem Projekt nicht mitgewirkt, hauptsächlich deshalb, weil sie seinerzeit in Neusüdwales gelebt hatte, aber zur zweiten Saison war sie zurück. Sie, Marg und ich, die wir Anfang der Achtziger zusammen gesessen hatten, verkörperten drei der fünf Rollen. Es war ein Wunder, dass wir es bis hierher geschafft hatten. Und erst jetzt, fünf Jahre nach meiner Entlassung, waren Vicki und ich in der Lage, unsere einstige Liebe in wahre Freundschaft zu verwandeln.

Das Stück wurde auf den Schul-Listen in Victoria geführt, und so kamen in der zweiten Saison Hunderte von Schülern in unsere Vorstellungen. Nach den Aufführungen diskutierten wir mit ihnen, und ihre Reaktionen waren verblüffend. Sie öffneten uns ihre Herzen und unterhielten sich mit uns über die verschiedensten Themen wie sexueller Missbrauch, mangelnde Kommunikation mit den Eltern, die Angst vor Drogen oder der Drogenkonsum von Freunden. Die Lehrer einiger ländlichen Schulen waren so beeindruckt, dass sie mit ihren Schülern im Bus nach Melbourne gefahren kamen, um eine Theatervorstellung und Gespräche mit Mitgliedern von Somebody's Daughter und Task Force zu verknüpfen. Noch nie hatte ich so engagierte junge Leute gesehen wie jene bei unseren Stück-Besprechungen. Ich glaube, sie lernten wirklich etwas über Drogensucht und das Leben allgemein, das sich für immer in ihre Herzen einbrannte. In mir keimte die Idee, zu versuchen, öffentliche Gelder zu bekommen, um ähnliche Gruppendiskussionen mit anderen Jugendlichen zu führen.

In dieser Zeit begannen auch einige von uns, Gesangsunterricht zu nehmen, um die Qualität unserer Vorstellungen zu verbessern. Unsere Lehrer waren Murray Madardy und seine Frau Anna, von denen ich sehr viel lernte. Obwohl die anderen nach Abschluss unserer zweiten Saison den Unterricht aufgaben, beschloss ich, dabeizubleiben. Beim Singen von Arien entdeckte ich meine alte Liebe zur klassischen Musik neu, und mein Herz und meine Stimme sangen wieder im Einklang miteinander. Das machte mich stark, während ich an meinen Atemübungen arbeitete, der Grundlage jeden Gesangs.

Aber es gab damals auch schlechte Neuigkeiten. Während unserer zweiten Saison von »Tell Her That I Love Her«, 1993, hörten wir eines Morgens auf der Fahrt zum Theater eine furchtbare Nachricht. Es ging um eine Leiche, die ein paar Tage zuvor, am 8. März, aus dem Yarra River gefischt worden war. Die Tote war als Julie identifiziert worden, die mich in Fairlea mit »Mum« angesprochen hatte. Sie war ermordet worden. Sie war erst 29 Jahre alt.

Monate später erschien ein Artikel über Julies Tod in der Zeitung. John Eric »Buddha« Cuthbertson war des Mordes an ihr angeklagt und für schuldig befunden worden. Er wurde zu 17 Jahren Haft verurteilt. In seiner Urteilsbegründung sagte der Richter zu dem Angeklagten:

[Julie] musste sterben, nachdem sie Ihnen [dem Mörder] Vorhaltungen gemacht hatte. Sie haben sie erstickt, indem Sie ihr Klarsichtfolie um das Gesicht wickelten, und das, nachdem Sie sie unter Drogen gesetzt, niedergeschlagen, mit Tritten traktiert, mit einem Kissen zu ersticken versucht und ihr Batteriesäure injiziert hatten.

Anschließend warfen Sie [Julie] in einen Teppich eingerollt in den Fluss. Dem Gericht liegen Beweise vor, denen zufolge das Opfer zu diesem Zeitpunkt noch lebte.

Es war ein unglaublich brutaler Mord, aber am meisten regte mich der erste Satz des Artikels auf: »*Ein gewissenloser Mörder wurde gestern zu lebenslanger Haft verurteilt für den grausamen Mord an einer Prostituierten.*« Ich war so empört, als ich das las. Julie war so viel mehr gewesen als eine Prostituierte, und das war eine so entwürdigende Art, sie zu titulieren. Sie war eine wunderbare junge Frau mit einem ausgeprägten Sinn für Humor, die Kinder über alles liebte, aber davon war in dem Artikel nirgends die Rede.

In den folgenden Jahren nutzte unser Theater-Ensemble jede Gelegenheit, die Menschen aufzuklären. Wir versuchten, die Herzen unserer Zuschauer zu erreichen und die von den Medien so regelmäßig propagierten Mythen über Drogensüchtige und Kriminelle zu widerlegen. Mit jedem Tod, den wir ertragen mussten, wuchs unsere Entschlossenheit, und wir gingen immer offensiver an die Öffentlichkeit, in dem Bestreben, dem Leben unserer Freundinnen eine Stimme zu verleihen. Wir konnten die Gesellschaft nicht dazu bringen, ihr Leben zu wertschätzen, aber mit offenen Herzen konnten wir in unseren Aufführungen und über die Medien zum Ausdruck bringen, wie sehr wir unsere drogensüchtigen, kriminellen, sich prostituierenden Freundinnen liebten, und wir konnten nur hoffen, dass es uns gelang, wenn auch nur geringfügig, die Einstellung der Menschen zu beeinflussen. Wir konnten nur hoffen, dass die Menschen bereit sein würden, hinter die Fassade dieser abwertenden Etiketts zu schauen, die man uns aufdrückte.

Weil wir von der Richtigkeit unserer Arbeit so überzeugt waren, fuhren wir fort, Stücke zu schreiben und aufzuführen, Diskussionsabende zu organisieren und Workshops für junge Leute anzubieten sowie für städtische Angestellte wie beispielsweise Streetworker und

Lehrer. Ich bewältigte das alles in meiner Freizeit, nahm in der Theatersaison meinen Jahresurlaub und behielt meine Ganztagsstelle bei Task Force.

Später im Jahr 1993, kurz nach Julies Tod, gab die Strafvollzugsbehörde bekannt, dass sie erwäge, innerhalb von Pentridges berüchtigtem Jika-Jika-Trakt eine Frauenabteilung einzurichten, um das überbelegte Fairlea zu entlasten. Sofort organisierten wir eine Protestdemonstration vor den Toren von Fairlea, da die Vorstellung einfach grässlich war. Jika Jika war speziell für die gefährlichsten männlichen Verbrecher Victorias gebaut worden. Es war eine elektronische Hölle, in der bereits fünf Männer umgekommen waren bei dem Versuch, es aufgrund unmenschlicher Haftbedingungen niederzubrennen. Sogar der Hofgang fand in Käfigen statt. Dorthin war Vicki 1982-83 strafverlegt worden, und die Erinnerung verfolgte sie bis heute. Es war schwer vorstellbar, dass die Behörde diesen Bunker ernsthaft als geeignete Unterkunft für weibliche Häftlinge in Betracht zog, die größtenteils weder gewalttätig waren noch gefährlich. Außerdem protestierten einige Demonstranten gegen die Idee, das Hochsicherheits-Frauengefängnis privaten Betreibern zu überlassen.

Während die Mitglieder von Somebody's Daughter als solche nicht an der Mahnwache teilnehmen konnten – für die meisten war es unerträglich, längere Zeit draußen vor dem Gefängnis zu sitzen und sich die Lautsprecherdurchsagen anzuhören – wirkten wir an einem Konzert mit, das auf dem Oval gleich draußen vor dem Gefängnis stattfand, sowie an einer weiteren Großveranstaltung im Malthouse Theatre, wo wir ein Stück aufführten mit dem Titel »Tell Someone Who Cares«. Nach acht Monaten Mahnwache vor den Toren von Fairlea und öffentlichen Aufrufen zur Aufgabe des Vorhabens ließ die Behörde ihren Plan schließlich fallen, und die Frauen blieben in Fairlea.

Während dieser Kampagne lernte ich auch Amanda kennen und verliebte mich in sie. Sie arbeitete als Rechtsanwältin im öffentlichen Dienst und hatte viel mit Angelegenheiten zu tun, die Frauen im Gefängnis betrafen, sodass wir uns bereits beruflich begegnet waren. Ich hatte schon vor Monaten ein Auge auf sie geworfen und mein Interesse bekundet, das sie aber erst eines Abends bei der Mahnwache vor Fairlea erwiderte. Ali und ich waren zusammen mit einigen anderen dort, die an diesem Abend »Dienst« hatten, und dazu gehörte auch Amanda. Etwa ein halbes Dutzend von uns saß um ein Feuer und versuchte, sich warm zu halten. Wir tranken, redeten und hatten alles in allem großen Spaß. Im Verlauf des Abend musste ich zu einem Radio-Interview, um Werbung für die Mahnwache zu machen. Eigentlich hatte ich Ali im Anschluss an das Interview nach Hause bringen wollen, aber dann bettelte sie, die Nacht mit uns vor dem Gefängnis verbringen zu dürfen. Das bedeutete, im Auto zu schlafen, und sie betrachtete das Ganze als Abenteuer. Obwohl ich selbst nicht so begeistert war von der Idee, ließ ich mich überreden. Als ich zwei Stunden später von meinem Interview zurückkam, saßen alle noch am Feuer und hatten viel Bier getrunken, sodass sie langsam bettreif waren.

Amanda lud Ali und mich ein, in ihrem Fahrzeug zu schlafen – ein Kastenwagen, der wenigstens ein Mindestmaß an Bequemlichkeit versprach, aufgrund der Matratzen, mit denen die Transportfläche ausgelegt war –, aber drinnen fanden wir es dann doch zu eng, sodass Ali sich entschied, in einem anderen Wagen zu schlafen, in dem man ihr eine etwas geräumigere Schlafstatt angeboten hatte. Und so waren Amanda und ich allein hinten in ihrem Van. Sofern ich romantische Fantasien von einer Nacht im Fond eines Kastenwagens gehabt hatte, hatten sich die sehr bald erledigt. Amanda war sehr grob, und wir gerieten ziemlich aneinander – natürlich bringt es nichts, vernünftig mit jemandem reden zu wollen, der betrunken ist –, aber bis zum Morgen waren wir uns dann doch einigermaßen einig geworden. Sie konnte sich nicht einmal mehr erinnern, unhöflich gewesen zu sein! Wir waren sehr verschiedene Persönlichkeiten mit ganz unterschiedlichen Lebenserfahrungen, und wir waren beide misstrauisch. Aber allen Widrigkeiten zum Trotz war das der Beginn einer Beziehung, die vier Jahre hielt.

Der größte Schock kam am Morgen. »Alle zum Appell!«, wehte es mir über die Gefängnismauern zu. Was für ein Albtraum! Ich sah zu Amanda hinüber und lachte. Man stelle sich das vor: Wir hatten die erste Nacht einer romantischen Liaison vor den Toren des verfluchten Gefängnisses verbracht! Wir mussten beide über diese Ironie lachen ...

Es dauerte einige Monate, bis sich zwischen Amanda und mir eine richtige Beziehung entwickelte. In den ersten sechs Monaten wollte sie mir nicht einmal sagen, dass sie mich liebte, oder auch nur dazu stehen, dass wir eine Beziehung hatten. Sie besaß diese nervenaufreibende Fähigkeit, ihr Herz scheinbar einfach abschalten zu können. Ich musste sie förmlich zwingen, zuzugeben, dass sie es auch wollte. Es war das erste Mal, dass ich das Risiko einer intimen Beziehung zu jemandem eingegangen war, der so anders war als ich. Wir waren in vielen Punkten unseres Lebens völlig konträr: Ich war nur an einer monogamen Beziehung interessiert, wohingegen sie noch nie eine gehabt hatte; sie war sehr auf Äußerlichkeiten fixiert und in hohem Maße abhängig von ihrem Umfeld, um sich wohl zu fühlen, während ich, zumindest damals, ganz auf innere Werte konzentriert war und zu meiner Ausgeglichenheit meine Meditation und mein Training brauchte. Ich war sehr introvertiert und freiheitsliebend, fest entschlossen, nie wieder von jemandem abhängig zu sein. Ich hatte nur einige wenige enge Freunde, mit denen ich tiefschürfende, oft sehr heftige Gespräche führte, wo sie einen riesigen Freundeskreis hatte. Obwohl unsere Beziehung sich als eine große Herausforderung entpuppte, sollte sie zur offensten und ehrlichsten Partnerschaft werden, die ich je hatte – vorher wie nachher.

Es war das erste Mal, seit ich vom Heroin abgekommen war, dass ich mich einem Menschen gegenüber, der mir nahe stand, verwundbar fühlte, aber inzwischen hatte ich gelernt, mich zu schützen, und so wagte ich es, dieses neue Territorium zu erforschen. Amandas Mum war an Brustkrebs gestorben, als Amanda zwölf gewesen war, und sie war fest entschlossen, nicht zuzulassen, dass ihr irgendjemand irgendwann wieder so wehtat. Sie weigerte sich strikt, jemanden zu lieben, und ich musste mir fast gewaltsam einen Weg in ihr Herz erkämpfen. Manchmal in den ersten zwei Jahren warf ich das Handtuch, aber sie kam immer wieder zurück und bat mich, es noch einmal mit ihr zu versuchen.

Als wir ein Jahr zusammen waren, brauchten wir beide dringend eine Auszeit, und so beschlossen wir, eine dreiwöchige Campingtour entlang der nördlichen Küste von Neusüdwales zu unternehmen. Ali, die keine Ferien hatte und in die Schule musste, würde in meiner Abwesenheit abwechselnd von Ron, Maud und Vicki betreut werden. Da die Vorstellungen von Somebody's Daughter den Großteil meines Urlaubs von Task Force geschluckt hatten, hatte ich keine große Urlaubserfahrung und war entsprechend aufgeregt, als wir unsere Campingausrüstung in den Wagen luden.

In diesen drei Wochen teilte ich so viel Unbeschwertheit und Glück mit Amanda, bis ich in den letzten Tagen aus einem Waschsalon Ali anrief.

Sie weinte. »Rikki ist tot«, eröffnete sie mir. »Sie hat sich vor zwei Tagen umgebracht.« Ali schluchzte verzweifelt. »Sie ist tot, sie hat sich erhängt.«

»O nein ...«, keuchte ich. »Ich wünschte, ich wäre bei dir. Ich bin froh, dass du bei Vicki und Maud bist. Könntest du bitte Vicki kurz an den Apparat holen, Ali? Hinterher sprechen wir noch einmal miteinander, ja?«

Sie reichte den Hörer an Vicki weiter, die mir erzählte, Rikki wäre ihrer Lebensgefährtin gegenüber gewalttätig geworden, sodass Carey keinen anderen Weg mehr gesehen hatte, als zu gehen, weil sie um Leib und Leben fürchtete. Offenbar hatte Rikki da schon eine Hand voll Tabletten geschluckt. Carey hatte mehrmals versucht, sie vom Haus einer Freundin aus anzurufen, und als Rikki sich auch nach zwei Stunden nicht gemeldet hatte, war Carey zurück nach Hause gegangen. Rikki war bereits tot. Sie hatte sich erhängt.

Ali beruhigte sich langsam wieder, als ich sie wieder am Apparat hatte. »Ich bin so traurig. Ich will nicht, dass Rikki tot ist«, sagte sie.

»Nein, ich auch nicht«, entgegnete ich, »aber vielleicht war es zu schwer für sie, und sie ist glücklicher, da wo sie jetzt ist.« Wir unterhielten uns noch eine Weile, dann legte ich auf. Ich wollte zur Beerdigung in zwei Tagen zurück sein.

Amanda hatte Rikki ebenfalls gekannt, wenn auch nur rein beruflich. Ihre erste Reaktion war Ärger über diese Neuigkeit, die unseren Urlaub unterbrochen hatte, und den richtete sie auch gegen mich. Ich war schockiert, aber dann brach sie zusammen und weinte. Es war, als hätte sich jemand an uns herangeschlichen und uns einen Dolch mitten ins Herz gestoßen.

Am Abend gingen wir mit Kerzen und noch ein paar anderen Sachen an den Strand, um im Mondlicht unser eigenes Abschiedsritual für Rikki durchzuführen. Und in der Hoffnung, dass ihre Seele in der Nähe war, sprachen wir mit ihr. Wir hinterließen eine brennende Kerze am Strand, und auf dem langen, schweigenden Marsch zurück zum Lager drehten wir uns mehrmals um und sahen, dass die Kerze in der Ferne noch brannte. Das kleine Licht sah sehr hübsch aus vor dem Hintergrund von Dünen, Bergen und Meer ... ein einsames flackerndes Licht, das dem Wind trotzte.

»Sie muss hier sein«, sagte ich zu Amanda, als wir uns umarmten. Das Feuer, das so viele Jahre in Rikki gebrannt hatte, war offenbar noch da, auch wenn es sie in ihrer menschlichen Gestalt nicht mehr gab. Tränen liefen uns über das Gesicht. Es war seltsam, Rikkis Tod an diesem abgeschiedenen Ort zu erleben, an dem ich so viel Schönheit und Liebe erlebt hatte.

Zwei Tage später traten Amanda und ich mit gemischten Gefühlen die lange Rückfahrt nach Melbourne an, um an der Trauerfeier für Rikki teilzunehmen.

Kapitel 21

DURCHHALTEN

Nach unserem wunderschönen Urlaub kehrte ich an meine Arbeit bei Task Force zurück und nahm meine Vereinsbesprechungen ebenso wieder auf wie die Theater-Workshops und die Proben. Ali, die nach der Schule zu mir ins Büro kam, um nicht alleine zu Hause herumzusitzen, war ebenfalls aktives Mitglied des Ensembles geworden, trat mit uns auf und brachte eigene Ideen ein, die auf ihrer persönlichen Erfahrung beruhten. Sie belegte in der Schule einen Literatur-und-Theater-Kurs und interessierte sich immer mehr für das Theater als Medium.

Ich war ziemlich im Stress, hatte immer mehr um die Ohren, wobei mein Tag weiterhin um 6 Uhr früh begann, wenn ich mich ins Fitnessstudio aufmachte. Anschließend duschte ich, zog mich an, widmete mich eine halbe Stunde Gesangsproben (ich bereitete mich auf eine Gesangsprüfung vor) und war um 9:30 Uhr im Büro. Ich war selten vor 19 Uhr wieder zu Hause, und das war nur meine reguläre Arbeit bei Task Force. Auch wenn dieser Lebensrhythmus anstrengend war, war ich der Meinung, dass es im Leben so viele wichtige Dinge zu tun gab, dass ich einfach nicht anders konnte als weiterzumachen. Irgendwie hatte ich wohl auch das Gefühl, verlorene Zeit aufholen zu müssen.

1995 beschlossen Ali und ich, unsere kleine Familie

um einen Hund zu erweitern. Obwohl Katze 'Mima' hiervon nicht begeistert sein würde, ließen wir uns davon nicht abhalten. Das bedeutete, dass wir umziehen mussten, und Ali machte sich zusammen mit ihrer Freundin Cara sofort auf die Suche, dies sich allerdings schwierig gestaltete; wir verfügten nur über ein begrenztes Budget, und in der Gegend, die uns gefiel, waren die Mieten hoch wegen der Nähe zur Stadt und zum Meer. Schließlich fiel die Entscheidung auf ein Gebäude in South Melbourne. Die Miete war erschwinglich, aber das Haus war schrecklich heruntergekommen, sodass das ganze Theater-Ensemble bei der Renovierung half. Ali und mir waren diese Äußerlichkeiten nicht so wichtig, uns ging es nur darum, ein zu Hause zu haben, in dem wir einen Hund halten konnten.

Nachdem wir eingezogen waren, begann die Suche nach dem richtigen Hund: Ali wollte unbedingt einen Mischling mit einem Anteil Deutscher Schäferhund. Vicki – sie war nach Melbourne zurückgekehrt und arbeitete jetzt als Verwaltungsangestellte bei Task Force – half uns zusammen mit den Kollegen von Task Force – das Ganze entwickelte sich im Laufe der Wochen zu einer Riesenaktion, bei der wir sämtliche Tierheime der Umgebung abgrasten. Schließlich eroberte ein Welpe Alis Herz im Sturm, und als ich ihn sah, konnte ich sie verstehen – er war so niedlich, auch wenn er für einen zwölf Wochen alten Welpen riesige Tatzen hatte. Ich musste Ali daran erinnern, dass wir keinen großen Garten besaßen. Ali und Cara diskutierten endlos darüber, wie der neue Familienzuwachs nun heißen sollte. Schließlich fiel der Name Charka, inspiriert von dem Wort »Chakra« – was für spirituelle Kinder! Ali und ich waren ganz verrückt auf unseren kleinen Jungen, was mir persönlich bei 'Mima' nie so gegangen war.

Jetzt kam zu meinem voll gepackten Terminplan noch ein morgendlicher Spaziergang mit dem Hund dazu. Nachdem ich einige Jahre versucht hatte, all meinen Verpflichtungen gerecht zu werden, gab mein Körper mir allerdings zu verstehen, dass er von mir erwartete, einen Gang zurückzuschalten. In den kommenden zwei Jahren musste ich dreimal operiert werden. Der erste Eingriff war eine Kleinigkeit: eine Knie-Operation, die nach Jahren Basketball und Aerobic erforderlich geworden war. Ich musste nur einen halben Tag im Krankenhaus bleiben, und die größte Angst machte mir, dass mir zum ersten Mal, seit ich 1985 dem Heroin entsagt hatte, Drogen injiziert werden würden. Als ich nach der OP auf mein Zimmer zurückgebracht wurde, noch ganz benebelt von der Anästhesie, erwartete Amanda mich dort bereits. Sie stieß einen Schrei aus, als sie mich sah. »O mein Gott!«, rief sie und starrte mit großen Augen auf meinen Arm.

»Was ist denn?« Ich versuchte zu sehen, was sie so schockierte, war aber noch zu benommen.

»In deinem Arm steckt noch eine Nadel!«

»Na super! Jetzt fühle ich mich wieder wie ein richtiger Junkie!«, entgegnete ich. Nachdem wir den Schreck überwunden hatten, lachten wir über das Versäumnis, bevor ich die Nadel aus der Armvene zog – es war die Nadel, an die mein Tropf angeschlossen gewesen war.

Nur wenige Monate später ertastete ich einen Knoten in meiner rechten Brust. Ich ging sofort zum Arzt, und obgleich die Untersuchungsergebnisse nicht eindeutig waren, riet der Doktor mir zur sofortigen Operation. Ich wollte aber erst darüber nachdenken. Ich glaubte nicht wirklich, dass die Wucherung bösartig war, andererseits wusste ich, dass die Art emotionaler Stress, wie ich ihn im Gefängnis erlebt hatte, inzwischen als Auslöser für Brustkrebs anerkannt war.

Letztlich beschloss ich, kein Risiko einzugehen, und ließ den Knoten entfernen. Die Operation war erfolgreich, und schlechte Neuigkeiten blieben aus, sodass ich meinen Job bei Task-Force wie gehabt wieder aufnahm, natürlich zuzüglich meiner Pflichten als Vertreterin vierer Organisationen, meines Einsatzes für Somebody's Daughter und meiner Rolle als allein erziehende Mutter. Das Leben war interessant, aber hektisch. Zu hektisch, wie sich rückblickend herausstellte.

Nur zwölf Monate später entdeckte mein Arzt bei einem Routine-Abstrich und einer Krebsvorsorgeuntersuchung eine größere Ansammlung von Zysten an meinem rechten Eierstock, ein Befund, den ein Ultraschall bestätigte. Wieder kam ich zur Operation ins Krankenhaus. Bei der Visite am nächsten Tag teilten die Ärzte mir mit, der Eingriff sei erfolgreich verlaufen. Einen Tag später eröffneten sie mir leicht verlegen, dass sie es versäumt hatten, mir zu sagen, dass sie mir zusammen mit den Zysten auch den rechten Eierstock entfernt hatten ... Ärzte! Ich brauchte mehrere Wochen, um mich von dieser Operation zu erholen, und in dieser Zeit wohnte ich bei Amanda, die mich gesund pflegte. Diesmal beschloss ich, etwas an meinem Lebensrhythmus zu ändern.

Obwohl mir vielleicht noch mehr als anderen bewusst war, wie kostbar das Leben ist, und ich entschlossener war als die meisten, ein Maximum aus jeder Stunde herauszuholen, musste ich mir jetzt eingestehen, dass ich überfordert war und mein Arbeitspensum reduzieren musste. Ich betrachtete meine gesundheitlichen Probleme der vergangenen Jahre als eine Warnung und fasste den Entschluss, bei Task Force zu kündigen. Ich war seit sechseinhalb Jahren dort, und auch wenn ich meine Kollegen ebenso vermissen würde wie die Menschen, die zur Beratung dorthin kamen, brauchte ich

Ruhe. Die öffentlichen Stellen litten solchen Finanz-mangel, und die Nachfrage nach Beratungsstellen war so groß, dass ich nie eine Sekunde Zeit hatte, um zwischendurch Luft zu holen. In meinen Jahren bei Task Force war der Beratungsbedarf drastisch gestiegen. Das ging so weit, dass die Leute inzwischen zwei oder drei Monate warten mussten. Tatsächlich bedeutete das, dass wir wahrscheinlich gar nicht alle sprechen würden, entweder weil das Problem sich zwischenzeitlich erledigt hatte, oder aber, was wahrscheinlicher war, weil sie während dieser Wartezeit an einer Überdosis starben. Anstatt der Inflationsrate und der öffentlichen Nachfrage angepasst zu werden, blieb unser Budget in all diesen Jahren unverändert. Task Force bot eine wirklich sinnvolle und wertvolle Dienstleistung mit wundervollen Beratern, aber so lange mit so knappen Mitteln zu arbeiten ging nicht spurlos an uns vorbei. Das »Burn-out-Syndrom« war oft der Preis für diese Art von Arbeit.

Bevor ich kündigen konnte, musste ich mir allerdings überlegen, wovon wir leben sollten. Ich wusste bereits, dass ich ein Buch schreiben wollte, musste aber auch während dieser Zeit irgendwie meinen Lebensunterhalt verdienen. Ich bewarb mich also beim Australia Council um Fördermittel, die mir zwei Jahre »Auszeit« ermöglichen würden, um neuen Enthusiasmus und neue Kreativität zu entwickeln und mich finanziell über Wasser zu halten. Ich wollte unbedingt ein Buch schreiben, und ich wollte etwas Zeit haben, um ein Pilotprojekt für junge Leute auf die Beine zu stellen – mit Beratungsangeboten über verschiedene Themen wie Drogen, Safer Sex, Beziehungen und alles, womit junge Leute sich schwer tun. Bis dahin arbeitete ich weiter für Task Force.

Einige Monate später waren Amanda und ich im Melbourne Women's Correctional Centre, dem privaten Frauengefängnis in Deer Park, das 1996 Fairlea abgelöst hatte (unsere Kampagne gegen die Privatisierung des Gefängnisses war gescheitert). Ich wollte dort ein Gespräch mit einer 19-jährigen Insassin führen. Obwohl Amanda und ich gemeinsam zum Gefängnis gefahren waren, verhielten wir uns dort so, als hätten wir nichts miteinander zu tun. Amanda, die zahlreiche Proteste organisiert und das Interesse der Medien auf die Zustände im Gefängnis geweckt hatte, erfreute sich nicht gerade großer Beliebtheit bei der paranoiden Anstaltsleitung, und für mich als Ex-Sträfling war es schon schwer genug, Zutritt zu bekommen, auch ohne dass wir zusammen gesehen wurden!

Ich hatte mich bereits ins Besucherbuch eingetragen und war aufgefordert worden, zum Besuchszentrum durchzugehen, als ich plötzlich zurückgerufen wurde.

»Sie sind doch Helen Barnacle, oder?«, fragte eine Gefängnisangestellte, den Telefonhörer in der Hand.

»Ja«, entgegnete ich und fragte mich, was los sein mochte, wobei ich mir einen Blick auf Amanda verkniff.

»Telefon für Sie«, sagte sie und reichte mir den Hörer. Ich konnte es nicht fassen. Ich hatte noch nie einen Anruf im Gefängnis erhalten. Ich hätte nie erwartet, dass man mir eine Nachricht ausrichten, geschweige denn einen Anruf an mich weiterleiten würde!

Ich nahm den Hörer und machte die Augen weit auf, um so Amanda meine Verblüffung zu signalisieren. Ich hatte keinen Schimmer, wer in der Leitung sein mochte. »Hallo, Helen am Apparat?«

»Hi!«, rief eine erregte Stimme am anderen Ende aus. »Hier spricht Maud. Kann du auflegen und mich vom Münzfernsprecher aus zurückrufen?«

»Okay«, entgegnete ich und reichte den Hörer an die Gefängnisangestellte zurück. Amanda blieb im Hintergrund und gab sich desinteressiert, während sie darauf wartete, ins Gefängnis begleitet zu werden.

»Hallo, Maud, ich bin's«, sagte ich, sobald ich sie an der Strippe hatte.

»Ich habe Neuigkeiten, aber ich weiß nicht, ob ich es dir jetzt schon sagen oder warten soll, bis du zu Hause bist. Du findest es in deinem Briefkasten«, sagte sie geheimnisvoll.

»Geht es um die Förderung?«, fragte ich, einer Eingebung folgend.

»Ja«, entgegnete sie ganz aufgeregt.

»Sind es gute Nachrichten?«

»Ja! Sie haben sie bewilligt!«, schrie sie beinahe in den Hörer.

»Du machst Witze!«, antwortete ich überwältigt. »Danke für den Anruf. Ich rufe dich später von zu Hause wieder an.« Maud hatte ebenfalls Fördermittel für Somebody's Daughter beantragt und mit der Post nicht nur hierauf positive Antwort erhalten, sondern außerdem eine Liste der Fördermittel-Empfänger.

Ich ging unauffällig näher zu Amanda hinüber. »Ich bekomme die Förderung!«

»Ist nicht dein Ernst!«, raunte sie. Sie hatte nie wirklich damit gerechnet, dass ich eine Chance hatte, hatte mir aber dennoch geholfen, meine Bewerbung aufzusetzen.

»Gratuliere, Barny«, sagte sie leise, bemüht, in dem sterilen Gefängnisumfeld keine zu große Begeisterung zu zeigen. Ich hätte am liebsten einen Freudentanz aufgeführt, wusste aber, dass man mich dann auf der Stelle einsperren würde! Ich war überglücklich und konnte mein Glück kaum fassen. Die Förderung bedeutete, dass man mir zwei Jahren monatlich ein Grundgehalt zahlen würde, das es mir ermöglichen würde, dieses Buch zu schreiben und mein Pilotprojekt mit den jungen Leuten auf die Beine zu stellen. Außerdem würde ich jetzt in aller Ruhe über meine Arbeit und mein Leben nachdenken können.

Ich versuchte, mich zu beherrschen und auf den Grund meines Besuches zu konzentrieren – ich war gekommen, um die 19-jährige Sharon zu besuchen, die um ein Beratungsgespräch mit mir gebeten hatte. Die Begegnung war vom Gefängnispsychologen organisiert worden, nachdem Sharon geäußert hatte, sich nicht wohl dabei zu fühlen, mit ihm zu sprechen. Da es ihr auf emotionaler Ebene sehr schlecht ging, sie sich aber weigerte, sich ihm anzuvertrauen, hatte dem Psychologen sehr viel daran gelegen, dass ich mit ihr sprach, auch wenn er hoffte, ich würde Sharon überreden, sich in Zukunft an ihn zu halten. In diesem neuen Gefängnis war es nicht üblich, dass man Psychologen von außerhalb mit den Häftlingen sprechen ließ.

Sharon besuchte mich in Abständen bei Task Force, seit sie 15 war. Leider war sie immer zu labil gewesen, um regelmäßig zur Beratung zu kommen, sodass wir ihr immer nur sporadisch hatten helfen können. Sie war zum zweiten oder dritten Mal im Gefängnis, nachdem sie bereits Jugendhaftstrafen verbüßt hatte. Glaubten sie wirklich, das würde ihr eine Lehre sein? Hatte die Gesellschaft auch nur einen Gedanken daran verschwendet, warum dieses Mädchen ein Leben führte zwischen Prostitution und Drogensucht? Es fiel mir schwer zu akzeptieren, dass diese junge Frau immer wieder von neuem bestraft werden musste.

Ich betrat das Besucherzentrum und setzte mich möglichst weit entfernt von den drei anwesenden Gefängnismitarbeitern. Zwei von ihnen würden Sharon möglicherweise nach unserem Gespräch einer Leibesvisitation unterziehen. Der Gedanke daran, dass Frauen nach unseren Gesprächen in dieser Art gedemütigt wurden war mir so unerträglich, dass ich meine Beratungen im Gefängnis eigentlich aufgegeben hatte. In Fairlea hatte ich auf der Krankenstation mit den Frauen reden können, wo keine Leibesvisitationen durchgeführt wurden, aber dieses neue Gefängnis hatte mir dieses Privileg nicht gewähren wollen. Ich fand es unverantwortlich, Frauen diese Demütigung aufzuerlegen, nachdem 80 Prozent von ihnen in der Vergangenheit bereits Opfer von sexuellem Missbrauch und/oder körperlicher Gewalt gewesen waren. Aber es war auch für mich wichtig, Sharon zu sprechen, nachdem sie dem Psychologen gesagt hatte, sie müsse mich unbedingt sehen, und so hatte ich eine Ausnahme gemacht.

Die Tür am anderen Ende des Raumes öffnete sich, und Sharon kam herein. Das lange, glatte goldene Haar fiel ihr um das Gesicht, als sie sich suchend im Raum umsah. Sie sah jünger aus als 19, obwohl sie nach allem, was sie bereits durchgemacht hatte, eigentlich hätte älter aussehen müssen. Sie wirkte gesünder als sonst – wahrscheinlich weil sie sich hier keine Drogen beschaffen konnte, genug schlief und regelmäßig aß. Sie ignorierte die Wärter und lächelte, als sie mich sah.

»Hallo«, sagte sie und umarmte mich.

»Dürfen wir uns raussetzen?«, rief sie über die Schulter den Wärtern zu und steuerte bereits die Tür an, die zu einer kleinen Rasenfläche führte. Ich war erleichtert, dass sie zustimmten, weil sie uns dort zwar ebenfalls beobachten, aber wenigstens unser Gespräch nicht mithören konnten.

»Es gibt so vieles, worüber ich mit Ihnen sprechen

möchte«, sagte Sharon mit einem Anflug von Verzweiflung in der Stimme. Das Lächeln war längst aus ihrem Gesicht verschwunden. »Es gibt so viel, das ich Ihnen sagen muss. Es kommt mir vor, als würde ich platzen, wenn ich nicht bald etwas davon los werde!«

Sie machte ein ernstes und bedrücktes Gesicht. Ich konnte ihr ansehen, dass sie Mühe hatte, sich zu beherrschen. Unter normalen Umständen wäre das der ideale Moment gewesen, sie zu ermutigen, etwas von der angestauten Anspannung abzubauen, aber der Gefängnispsychologe hatte mir klar gemacht, dass sie langfristig mit ihm würde sprechen müssen. Er hatte mir erklärt, dass das Gefängnis keine Psychologen von außerhalb zulasse, weil er bereits dafür bezahlt würde, die Frauen zu betreuen. Er erwartete von mir, dass ich Sharon dazu überredete, sich ihm anzuvertrauen. Offenbar glaubte er, ich besäße übermenschliche Kräfte.

Hiervon abgesehen gefiel es mir nicht, wie er mit der Sache umging, und ich mochte es auch nicht, wie er von den Frauen sprach, die für mich etwas ganz Besonderes waren. Ich hatte nicht das Gefühl, dass er sie respektierte. Nachdem ich selbst mit ihm gesprochen hatte, war ich zu dem Schluss gekommen, dass Sharon gut daran getan hatte, das Gespräch mit ihm zu verweigern. Ich hätte mich bei ihm auch nicht wohl gefühlt. Aber ich befand mich in einer schwierigen Situation, und ich konnte nicht garantieren, dass man mir weiterhin gestatten würde, mit Sharon zu sprechen, sodass ich mich gezwungen sah, sie zu bremsen.

»Ich kann hier drin mit niemandem reden ... Es ist alles so beschissen, und ich kann nicht mit diesem blöden Psychologen sprechen. Er sagt, ich muss mit ihm reden, Sie können mich nicht langfristig betreuen. Stimmt das? Können Sie nicht regelmäßig herkommen? Ich muss mit

Ihnen reden. Sie kennen und verstehen mich. Ich fühle mich, als würde ich platzen, so dringend muss ich mit Ihnen reden!« Sie hob den Kopf und sah mich an, einen verzweifelten Ausdruck auf dem Gesicht. Sie holte tief Luft, und ihre Augen glitzerten von Tränen. Aber sie weinte nicht.

Ich wusste, dass sie einen Kloß im Hals hatte, so wie ich damals. Ich konnte mich noch so gut an dieses Gefühl erinnern ... Darum fühlte ich mich auch heute noch so unglaublich hilflos, wenn ich innerhalb des Vollzugssystems arbeitete. Ich seufzte tief, schloss kurz die Augen und atmete tief durch.

Dann nahm ich sie fest in die Arme.

Ich konnte nicht mehr tun, als ihr zu helfen, durchzuhalten. Gefühle heraus zu lassen, war in diesem Umfeld nicht geeignet, und solange sich am System nichts ändert, wird im Gefängnis nie etwas anderes möglich sein, als irgendwie durchzuhalten.

1999 – 12 JAHRE NACH MEINER ENTLASSUNG

Vorgestern habe ich geträumt, ich würde aus dem Gefängnis entlassen, musste aber unter Polizeischutz gestellt werden, sodass ich nicht wirklich frei war. Ich hatte vor Gericht gegen jemanden ausgesagt, und irgendwelche bösen Jungs wollten mich mundtot machen. Beim Aufwachen fühlte ich mich bedrückt von den alten Erinnerungen, die mich eingeholt hatten. Zwei Wochen zuvor hatte ich ebenfalls vom Gefängnis geträumt, ebenso wie einen Monat davor. Unmittelbar vor meiner Haftentlassung bekam ich einen Ausschlag an einigen Fingern und unter den Augen. Kürzlich, als ich von meiner Haftentlassung schrieb, kehrte der Ausschlag an zwei Fingern und unter den Augen zurück.

Ich bin jetzt frei und fühle mich auch innerlich wirklich frei. Ich würde sagen, dass ich glücklicher bin als die meisten Menschen um mich herum, und doch habe ich immer noch diese Träume. Sie kommen nur sporadisch, und es ist nicht so, als würden sie mich terrorisieren oder mir wirklich Angst machen, aber sie sind ein Zeichen dafür, dass meine Haftzeit sich für immer in meine Psyche eingebrannt hat. Mir ist aufgefallen, dass meine Beziehung zu diesem traumatisierenden Erlebnis sich im Laufe der Zeit gewandelt hat. Anstatt die Erinnerung zu verdrängen oder auslöschen zu wollen, bin ich in gewisser Weise dankbar für das, was ich durchlitten habe. Während ich im wirklichen Leben die Vergangenheit hinter mir gelassen habe, ist irgendwo in meinem Unterbewusstsein die Furcht vor meiner Drogenvergangenheit erhalten geblieben. Die Gewalt, die ich erlebt habe, dringt in meinen Träumen immer noch an die Oberfläche, ebenso wie die Furcht, eingesperrt zu werden, und die Angst vor manchen Menschen, die mein Leben so unsicher und scheinbar wertlos gemacht haben. Ich kann diese Erinnerungen nicht ausradieren und würde es auch gar nicht unbedingt wollen – sie gehören zu dem Menschen, der ich heute bin, und diese Erlebnisse vermischen sich zunehmend mit anderen Erfahrungen.

Ali hat die Highschool abgeschlossen, möchte sich aber mit dem Studium noch etwas Zeit lassen. Sie ist eine glückliche, nachdenkliche, egoistische, ausgesprochen witzige Neunzehnjährige. Sie ist nicht gerne länger von mir getrennt und immer noch eifersüchtig, wenn ich eine Beziehung habe. Sie hätte am liebsten ständig meine ganze Aufmerksamkeit nur für sich allein. Es ist, als fürchte sie, man könnte sie ihr jeden Moment nehmen, obwohl sie sich in unserem gemeinsamen Leben eigentlich sicher fühlt.

Bis Ende 1998 habe ich Songs geschrieben und bin mit dem Somebody's-Daughter-Ensemble aufgetreten; beides war sehr wichtig für mich, vor allem auf kreativer Ebene. Aber jetzt ist für mich die Zeit gekommen, mich anderen Dingen zuzuwenden. Ich hoffe, es ist uns gelungen, viele Menschen über das Gefängnis, Drogensucht und Menschen, die im Gefängnis landen, nämlich Menschen wie du und ich, aufzuklären.

Ich halte oft Vorträge und Workshops auf Kongressen ab, und mein berufliches Dasein gibt mir sehr viel. Meine Arbeit macht mir Spaß, der Umgang mit und das Beobachten von Menschen eröffnen mir ungeahnte Möglichkeiten. Ich genieße meinen Garten daheim, verfolge voller Freude, wie ein von mir gesätes Korn zum Keimling wird, Blätter entwickelt und sich der Sonne öffnet sowie jedem, der sich an seiner Blüte erfreuen möchte. Manchmal gehen junge Pflanzen ein, obwohl ich sie ebenso sorgfältig gehegt und gepflegt habe wie die anderen. Es macht mich traurig, wenn sie braun werden, den Kopf hängen lassen und schließlich umfallen, wieder eins werden mit der Erde. Ich weiß bis heute nicht, warum manche erblühen und andere nicht.

Kürzlich ist unsere Katze Mima gestorben. Sie ist 13 Jahre alt geworden. Ali, Vicki und ich hatten sie während eines Hafturlaubs von mir 1985 aus dem Tierheim geholt. Zuerst waren Ali und ich untröstlich und weinten viel, dann mussten wir lachen bei den alten Geschichten über Mima, vor allem aus der Zeit, nachdem wir unseren Hund Charka angeschafft hatten, den Mima nie hatte leiden können. Mima und ich hatten im Laufe der Jahre viele Gespräche, und auch wenn ich ihre Sprache nicht völlig beherrschte, hatte ich doch das Gefühl, dass wir uns verstanden. Ich war von so tiefer Trauer erfüllt, als wir ihren leblosen Körper vom Tierarzt mit nach Hause brachten, um sie zu begraben. Heute bin ich in der Lage, die Tränen zu weinen, die ich früher Angst hatte, fließen zu lassen, und so konnte ich meine ganze Trauer ob des Verlustes herauslassen.

So viele meiner Freunde und Freundinnen, so viele Menschen, die ich beraten habe, sind so schrecklich jung gestorben. Beim Meditieren spreche ich oft zu ihren Seelen. Obwohl ihr Tod unerträglich traurig war, haben sie mich doch auch gelehrt, wie kostbar das Leben ist. Ich betrachte nicht vieles als selbstverständlich, obwohl auch ich manchmal, wie jeder von uns, vergesse, dankbar zu sein. Wenn ich mich dabei ertappe, mache ich es mir bewusst und erinnere mich.

Ich habe keine Antworten und kann auch anderen Menschen ihre seelischen Qualen nicht nehmen; ich sehe den Sinn meiner Arbeit nicht darin, für andere Lösungen zu finden – jeder muss seinen eigenen Weg finden, und oft lernen wir unsere wichtigsten Lektionen im Leben durch Leid. Allerdings denke ich, dass ich Menschen in Schwierigkeiten beistehen und ihnen den einen oder anderen nützlichen Tipp geben kann.

Ich mag die Menschen, und das andauernde Kümmern ist so wichtig. Während meiner Zeit bei Task Force haben wir oft Personen zu Gericht begleitet und innerhalb unserer beruflichen Möglichkeiten alles versucht, um ihre Inhaftierung zu vermeiden. Wenn wir den Richter von der Wichtigkeit unserer weiteren Unterstützung überzeugen konnten, durften wir mit Verurteilten weiterarbeiten, während diese ihre Strafe innerhalb der Gemeinde ableisteten. Da es uns gelungen war, eine sehr positive Zusammenarbeit mit der Vollzugsbehörde zu erreichen, machten viele Richter eine Therapie der Verurteilten durch uns zur Auflage. Interessant war, dass auch bei Personen, die sich anfangs gegen jede Hilfe unsererseits sperrten, nach einiger Zeit eine Wandlung eintrat infolge der anhaltenden Betreuung, die wir ihnen angedeihen ließen. Tatsächlich war es so, dass in vielen Fällen diese Menschen, die »von Rechts wegen« von uns betreut wurden, den Kontakt zu uns beibehielten – auch lange, nachdem der vom Gericht festgesetzte Zeitraum abgelaufen war. Das Prinzip ist so einfach, dass ich einfach nicht verstehen kann, warum unsere modernen Regierungen es nicht endlich aufnehmen. Gefängnisse der heutigen Art werden niemals funktionieren, werden nur in den seltensten

Fällen eine Rehabilitierung bewirken. Ihr Ziel ist die »Verwahrung«, nicht die spätere Wiedereingliederung in die Gesellschaft.

Sieben von zehn Sträflingen sind Wiederholungstäter und landen früher oder später wieder hinter Gittern. Wenn man keine Verwandten oder zuverlässigen Freunde hat, die einen bei der Haftentlassung abholen, hat man zwei Möglichkeiten: Ein süchtiger Freund holt einen mit einer Spritze ab, oder niemand erwartet einen, weder mit Heroin noch mit sonst was.

Vielleicht erklärt das ja die hohe Rückfälligkeitsrate. Die große Mehrheit der Menschen, die unsere Gefängnisse füllen, haben ein »Drogenproblem«. Für diese Personengruppe ist das kostenintensive Vollzugssystem sinnlos. Und doch versuchen wir, da keine Änderung in Sicht ist, innerhalb dieses Systems unser Bestes zu geben und hoffen derweil weiter auf eine innovativere und produktivere Lösung.

In den zwei Jahren meiner Förderung durch den Australia Council war es mir möglich, verschiedene Arten der Arbeit mit Menschen auszuprobieren, wobei ich meine Interaktionen und Techniken über reine Gespräche hinaus erweitert habe. Ich habe viel gelernt, es hat mir viel Spaß gemacht und ich werde auch weiterhin Kunst und Geschichtenerzählen in meine Arbeit miteinbeziehen. Ich fühle mich frischer und gestärkt nach diesen kostbaren zwei Jahren.

Wie jeder andere auch habe ich Trauer, Glück und manchmal auch Einsamkeit erlebt, aber ich fühle tiefe Dankbarkeit und Demut. Auch fühle ich mich geborgen – ich hätte diejenige sein müssen, die so viele Male starb. Ich weiß noch, dass ich manchmal erst Stunden nach einem Schuss aufwachte, schockiert, so lange bewusstlos gewesen zu sein, und gleich darauf verblüfft, noch zu atmen, noch zu leben. Vielleicht wusste ich ja damals schon, dass ich noch eine wichtige Aufgabe zu erledigen hatte.

Während ich das schreibe, im Mai 1999, ist es draußen nasskalt und stürmisch, aber mir ist warm ums Herz im Wohnzimmer vor dem offenen Kamin. Es ist Samstagabend, und Ali ist mit ihren Freunden aus. Trotz des ungemütlichen Wetters gehen Charki und ich (ich nenne ihn »Chucky«, was Ali gar nicht gefällt – manchmal tue ich es, um sie zu ärgern) spazieren. Ich habe eben mit Sue telefoniert – Sue, mit der ich im Friseursalon gearbeitet habe, als wir beide noch so furchtbar jung waren. Ihre Mum ist vor zwei Tagen gestorben, und am Montag ist die Beerdigung. Ich habe ihr angeboten, etwas für sie zu singen, da ich bei der Beerdigung meiner Mutter nicht dazu in der Lage war. Ich weiß, dass das Betty (Sues Mum) gefallen hätte und sie stolz auf mich wäre. Sue ebenso. Sie hat gesagt, ich solle beim Singen auch an meine Mum denken ...

Charki und ich gehen runter zum Kanal, wo ich ihn ableine, sodass er herumschnüffeln kann. Es ist dunkel und nass und erinnert mich an die Abende in Churchill während meines akademischen Hafturlaubs. Jetzt habe ich anstelle von Ali Charki bei mir – ich sage ihm jeden Tag, dass er »mein bester Freund« ist. Ich glaube, er versteht mich. Ich habe ihn so lieb ...

Heute trage ich meine eigene Jacke und keine geborgte, aber es handelt sich um eine alte Jacke, die ich vor all den Jahren kurz nach meiner Haftentlassung Vicki abgekauft habe. Ich glaube, davor hat sie ihrem Bruder gehört. Das war in einer Zeit, in der wir sehr wenig Geld hatten, und mit dem Kauf war uns beiden gedient. Ich brauchte dringend eine warme Jacke gegen den kalten Melbourner Winter und konnte mir unmöglich eine neue leisten. Ich trage sie immer noch, und sie hält mich immer noch warm und trocken, wenn es regnet.

Erinnerungen ... sie lassen einen nicht los, und jetzt da ich die kalte Nachtluft einatme und die hohen Eukalyptusbäume entlang des Kanals in der Nähe unseres Hauses betrachte, fühle ich Demut und komme mir dabei doch so unschätzbar reich vor.

ENDE

ERFAHRUNGEN

Susan Kushner Resnick

Dunkle Tage der Seele

Susan Kushner Resnick leidet nach der Geburt ihres zweiten Kindes an postnataler Depression. Angstattacken, Apathie und Schuldgefühle machen ihr Leben zur Hölle. Nichts kann Susan mehr glücklich machen, auch nicht ihr Baby. Ihr ist klar, dass es so nicht mehr weitergehen kann, dass sie Hilfe braucht ...

BASTEI
LÜBBE

Susan Kushner Resnick freut sich so auf ihr zweites Kind. Doch nach der Geburt beginnt der Albtraum. Sie kann nicht mehr schlafen, sie hat Angst, die Kontrolle über ihren Verstand zu verlieren. Und sie hat keine Ahnung, dass Tausende anderer junger Mütter die gleichen Qualen durchleiden.

»Dunkle Tage der Seele« ist ein glänzend geschriebener, eindringlicher Bericht über die persönlichen Erfahrungen einer jungen Mutter, die an postnataler Depression litt. Es ist eine Geschichte für alle Frauen, die alljährlich an einer solchen »Wochenbettdepression« erkranken und verzweifelt nach einer Bestätigung suchen, dass auch andere diese Hoffnungslosigkeit durchgemacht und ihr Glück wiedergefunden haben.

ISBN 3-404-61481-X

BASTEI
LÜBBE

ERFAHRUNGEN

Cornelia Müller

Trotz allem gab ich nicht auf

Cornelia reitet für ihr Leben gern. Doch eines Tages kann sie ihre Beine nicht mehr bewegen. Nach drei Monaten im Krankenhaus wird Multiple Sklerose bei ihr diagnostiziert. Doch für Cornelia ist ein Leben ohne ihren geliebten Sport unvorstellbar ...

Vor sieben Jahren trat der Wendepunkt in Cornelia Müllers Leben ein: Nach einer plötzlichen Ohnmacht wird sie in ein Krankenhaus eingeliefert, und erst nach drei Monaten steht die Diagnose fest – Multiple Sklerose. Die damals 23-jährige Dressurreiterin ist fortan auf den Rollstuhl angewiesen. Anfänglich ist Cornelia verzweifelt, doch dann beschließt sie nicht aufzugeben. Sie fängt wieder an zu reiten. Bald gewinnt sie erste Turniere und qualifiziert sich für die Paralympics in Sydney ...

ISBN 3-404-61483-6

BASTEI LÜBBE

ERFAHRUNGEN

Stefanie Bachstein

Du hättest leben können

Nach einem Verkehrsunfall auf dem Schulweg stirbt die siebenjährige Jule im Rettungswagen – doch nicht an den Verletzungen, sondern weil die junge Notärztin sie falsch behandelt ...

BASTEI LÜBBE

Die kleine Jule wird auf dem Schulweg von einem Auto erfasst. Noch im Rettungswagen stirbt die Siebenjährige – weil die Notärztin sie falsch behandelt. Ihre Mutter geht einen ganz eigenen Weg, um diesen tragischen Vorfall zu verarbeiten: Sie sucht das Gespräch mit der jungen Notärztin, entdeckt hinter der Maske der Medizinerin den verzweifelten Menschen und reicht ihr die Hand. Und trotz des Schmerzes um ihr geliebtes Kind beginnt Stefanie Bachstein mit viel Einfühlungsvermögen und Durchhaltekraft einen Kampf für sich, ihre Familie und die Ärztin gegen Versicherungen, Institutionen und Politiker – gegen ein System von Unwahrhaftigkeit und gegen das Mythos von der Unfehlbarkeit der Ärzte ...

ISBN 3-404-61480-1

BASTEI LÜBBE